A democracia inacabada

CONSELHO EDITORIAL

Ana Paula Torres Megiani

Eunice Ostrensky

Haroldo Ceravolo Sereza

Joana Monteleone

Maria Luiza Ferreira de Oliveira

Ruy Braga

Pierre Rosanvallon

A democracia inacabada

Curadoria de Christian Edward Cyril Lynch

Copyright © 2018 Pierre Rosanvallon
Grafia atualizada segundo o Acordo Ortográfico da Língua Portuguesa de 1990, que entrou em vigor no Brasil em 2009.

Edição: Haroldo Ceravolo Sereza
Editora assistente: Danielly de Jesus Teles
Editora de livros digitais: Dharla Soares
Projeto gráfico, diagramação e capa: Danielly de Jesus Teles
Assistente acadêmica: Bruna Marques
Revisão: Alexandra Colontini
Imagens da capa: *Liberté de la presse,* gravura anônima, 1797.

Tradução de Gabriela Nunes Ferreira, Luiz Carlos Ramiro Junior, Paulo Henrique Paschoeto Cassimiro e Antônio Marcos Dutra da Silva.

CIP-BRASIL. CATALOGAÇÃO NA PUBLICAÇÃO
SINDICATO NACIONAL DOS EDITORES DE LIVROS, RJ

R712D

Rosanvallon, Pierre
A democracia inacabada / Pierre Rosanvallon ; curadoria Christian Edward Cyril Lynch. - 1. ed. - São Paulo : Alameda, 2018.

23 cm.

Inclui bibliografia
ISBN 978-85-7939-395-2

1. Ciência política. 2. Democracia. I. Lynch, Christian Edward Cyril . II. Título.

18-47534
CDD: 320
CDU: 32

ALAMEDA CASA EDITORIAL
Rua 13 de Maio, 353 – Bela Vista
CEP 01327-000 – São Paulo, SP
Tel. (11) 3012-2403
www.alamedaeditorial.com.br

Sumário

Prefácio
7

Introdução: Evidências e equívocos
13

Primeira Parte: As bodas da democracia
41

I. A impossível democracia representativa
43

II. A ordem capacitária (o liberalismo doutrinário)
87

III. A cultura da insurreição (o blanquismo)
117

IV. A absolutização do voto (o governo direto)
141

V. A Democracia iliberal (o cesarismo)
163

Segunda Parte: Uma democracia média
199

VI. A impossível república absoluta
201

VII. A revolução silenciosa do mandato
225

VIII. A questão do referendo
253

IX. As câmaras, a rua e a opinião
277

X. A república e a oficina
297

XI. Diferenças e repetições
313

Conclusão
Os novos caminhos da soberania do povo
351

Prefácio

Cicero Romão de Araújo[1]
Christian Edward Cyril Lynch[2]

Professor do Colégio da França e da Escola de Altos Estudos em Ciências Sociais, Pierre Rosanvallon é um dos mais destacados cientistas políticos da atualidade. Expoente da chamada Escola Francesa do Político, formada pela conjunção das reflexões filosóficas de Claude Lefort e historiográficas de François Furet, nas décadas de 1970 e 1980, pode-se dizer que não há assunto crucial da política e da sociedade contemporâneas que seus livros e artigos, já publicados em diversas línguas, não tenham enfrentado. Todos eles, sem exceção, caracterizam-se pela conhecida erudição da escola francesa, combinada à fina análise histórica e conceitual. Haja vista que, infelizmente, poucos itens dessa obra tão importante ainda foram traduzidos no Brasil, o livro que agora chega às livrarias do país só pode ser muito bem-vindo.

Durante os anos 1990, Rosanvallon publicou uma trilogia sobre a história da democracia na França. Seu propósito foi desdobrar o exame dessa experiência em três narrativas: a história do sufrágio universal (*A sagração do cidadão*, de 1992), a da

---

1 Professor Titular de Teoria Política do Departamento de Ciência Política da Faculdade de Filosofia, Letras e Ciências Humanas da Universidade de São Paulo (FFLCH/USP) e diretor-presidente do Centro de Estudos de Cultura Contemporânea (CEDEC).
2 Professor de Pensamento Político Brasileiro do Instituto de Estudos Sociais e Políticos da Universidade do Estado do Rio de Janeiro (IESP-UERJ) e pesquisador da Fundação Casa de Rui Barbosa (FCRB). Membro do Instituto Histórico e Geográfico Brasileiro (IHGB).

representação democrática (*O povo inalcançável*, de 1998) e a da soberania popular (o presente volume, de 2000). *A democracia inacabada*, especificamente, busca compreender a trajetória francesa do tópico mais espinhoso da teoria democrática – justamente a soberania popular –, arrematando assim a reflexão acumulada nos dois volumes anteriores. Para quem não conhece o estilo de investigação do autor, a palavra "história" se presta a equívocos. Embora muito do que ele faz aqui seja tipicamente historiográfico – o estudo de outras épocas, a pesquisa de fontes primárias, a própria construção de uma narrativa cronológica –, o foco de sua atenção é compreender o presente e indicar suas tendências possíveis. A "história longa e ampliada", como ele denomina sua empreitada, não é um mergulho desinteressado no passado, mas a tentativa de desvendar uma trajetória, que não só permita adensar o significado dos eventos contemporâneos, mas, ainda que indiretamente, contribuir com uma orientação. Analisando ou descrevendo, Rosanvallon nunca é um observador impassível.

Por conseguinte, a trajetória desvendada, porém, não é a de uma sucessão pura e simples de fatos. Ou melhor, os fatos são os pensamentos – discursos e escritos – que interagem dinamicamente com os acontecimentos históricos. Uma história "intelectual", sem dúvida, mas de um tipo muito peculiar, na medida em que examina a reflexão política "a quente", feita não por filósofos distanciados, mas por atores-pensadores, gente profundamente implicada nos próprios acontecimentos.[3] Ela toma as ideias como reveladoras práticas de um conjunto de problemas decorrentes da irrupção da democracia como forma de sociedade política: "Se certos textos parecem cruciais, não é apenas porque são expressões do pensamento, mas porque eles representam a formalização de um momento histórico, político ou filosófico específico "(Rosanvallon, 2010, p. 86). Daí que boa parte do material examinado seja composta de discursos impressos em atas e escritos destinados à intervenção num debate específico, dos quais o analista extrai os aspectos que permitem iluminar o tema mais amplo que conduz toda a reflexão. Trabalho árduo e complicado, mas que, pelas mãos habilidosas de Rosanvallon, o leitor há de constatar, resulta numa narrativa precisa e fluente. E mesmo que essa história longa seja a de um país, não deixa de emitir sentidos mais universais, tanto por se tratar de uma experiência

---

[3] Mais sobre esse ponto, ver, de Rosanvallon, *Por uma História do Político* (São Paulo, Alameda Editorial, 2010) e a introdução de Christian Edward Cyril Lynch a essa obra.

exemplar quanto pelo autor manter-se atento ao seu potencial generalizador – como se vê claramente no capítulo conclusivo da obra.

Mas por que a soberania popular é um assunto tão espinhoso? Desde muito cedo – isto é, desde a eclosão dos eventos revolucionários que, a partir de 1789, marcam a política francesa (mas não só) – a questão da soberania popular vai estar no centro dos embates e dos grandes giros da vida nacional. É em nome dela que a sociedade francesa buscará decantar um regime democrático que melhor pudesse traduzir suas aspirações; mas é também em seu nome que ela será tentada, por repetidas vezes, mas de modos diferentes, a transformar esse esforço em alguma outra coisa, geralmente de teor autoritário. Assim se deu, porque a noção de soberania popular é em si mesma de sentido escorregadio, passível não só de controvérsias teóricas, mas de práticas muito distintas, até opostas entre si; mas também porque, ao ver do autor, ela sempre carregou, em seu leque de significados possíveis, alguns que de fato ensejaram aquelas viradas autoritárias.

Na história francesa, principalmente ao longo do século XIX, as chances de estabilizar uma ordem democrática ficaram espremidas entre dois polos conflitantes: as práticas revolucionárias, inspiradas numa concepção "voluntarista", e a rejeição dessas práticas, marcadas por uma concepção "racionalista" da soberania popular. Em outras palavras: num polo, os jacobinos e seus herdeiros, buscando uma forma de governo que expressasse a vontade unificada, o Povo-Um; no outro, uma versão peculiarmente francesa do liberalismo, chamado de "doutrinário", com suas tentativas de implantar um regime político que depurasse aquela vontade de seus componentes supostamente irracionais. Oscilando entre esses polos, vemos surgir uma sucessão de nuances, a começar pela ditadura revolucionária, cujo esgotamento leva a um regime monárquico e liberal, mas profundamente antipopular.[4] Este, defenestrado por nova onda revolucionária, faz o país experimentar uma república de democracia direta (orientada por plebiscitos), que então desemboca num regime de tipo cesarista.

Assim, por mais de setenta anos, a França, que havia sido o primeiro país europeu a superar o Antigo Regime em nome de um princípio completamente novo, sondou, sem sucesso, modos alternativos de convertê-lo num arranjo social e institucional duradouro e satisfatório. Satisfatório, isto é, capaz de combinar as aspirações de

---

4 Veja-se a este respeito, ainda de Rosanvallon, *La monarchie impossible: les Chartes de 1814 et 1830*. Paris, Fayard, 1994.

liberdade e participação contidas no próprio princípio. Até que, por fim, com o advento da Terceira República, após os eventos sangrentos que seguiram a queda do Império de Luís Bonaparte e a Comuna de Paris (1870), democracia e liberalismo, que viviam às turras, iniciaram um processo de convergência. Processo que começou "por cima", articulado por uma elite ilustrada de orientação positivista, que se mostrou capaz de por em pé uma Constituição que durou até a ocupação nazista, no século seguinte. Sua pretensão original, no entanto, apesar de ter admitido o sufrágio universal masculino, estava longe ainda de romper com as concepções de soberania popular que antes haviam desviado a vida política francesa do caminho democrático. Foi preciso a intromissão não planejada de eventos "por baixo", principalmente a partir dos anos 1890, para que esse caminho finalmente se insinuasse.

Tais eventos vão trazer à baila o reconhecimento do pluralismo e da heterogeneidade da sociedade francesa, coisa que havia sido, até então, praticamente ignorada, seja pela elite revolucionária, seja pela elite liberal. É a era da emergência dos sindicatos e dos partidos. Ou, para usar a linguagem tocquevilleana, tão cara a Rosanvallon: é o momento em que os "corpos intermediários" irrompem com toda força na cena política francesa. Por que esse momento é tão importante na reconstrução histórica do autor? Porque ela expõe de forma muito concreta o quadro teórico de fundo da própria reconstrução, isto é, o problema da mediação entre o povo "sociológico", fonte dos interesses parciais, e o povo "político", expressão da vontade geral; problema crucial da representação política, que as concepções voluntarista e racionalista da soberania popular haviam sistematicamente recusado, desde que a Lei Le Chapelier, aprovada nos primeiros anos da Grande Revolução, havia banido as corporações medievais, justamente em nome da vontade indivisível da Nação.[5]

Não é que a Terceira República o tenha resolvido a contento. Nem sequer o formulara conscientemente ou, pelo menos, não dessa maneira. Mas pela primeira vez seu reconhecimento prático tornou possível a experiência de uma "democracia moderada" (*démocratie moyenne*), que aos poucos foi se abrindo à participação

---

5 Sobre essa questão, e como ela é, no caso do autor, informada pela crítica da chamada "segunda esquerda" francesa (da qual o próprio Rosanvallon teve participação ativa) às experiências totalitárias do século XX, em particular a comunista, ver a interessante análise de Andrew Jainchill e Samuel Moyn, "*French Democracy between Totalitarianism and Solidarity: Pierre Rosanvallon and Revisionist Historiography*". The Journal of Modern History 76: 107-154, 2004. O assunto seria objeto de um livro específico de Rosanvallon: *Le modele politique français: la societé civile contre le jacobinisme de 1789 à nos jours* (Seuil, 2005).

social e ampliando as liberdades políticas, especialmente para as classes mais baixas. Porém, exatamente porque as concepções de soberania incompatíveis com seu direito de existir persistem sem encontrar o devido acerto de contas, continuou a ser um problema sempre ameaçado de submersão. É o que Rosanvallon vai constatar ao destrinchar a trajetória da democracia francesa depois de 1945.[6]

"Democracia inacabada", porém, como o autor mostrará no capítulo conclusivo, não significa que essa questão esteja resolvida. Na verdade, ela nunca o será e nem poderia sê-lo. Talvez o ponto crucial da narrativa seja precisamente este: a enorme dificuldade que tiveram os franceses (e não só eles!), e ainda têm, de aceitar essa irresolução essencial, e de conseguir suportar a tensão produtiva que carrega dentro de si, a bem do avanço da própria democracia. A questão parece ainda mais urgente hoje, quando as transformações operadas pelo capitalismo das últimas décadas enfraqueceram a solidariedade que cimentava a comunidade política e levaram a um estado de crise de representação política que parece crônica. Mas este é o assunto dos livros mais recentes de Rosanvallon.

---

[6] "A história da democracia – o sufrágio universal - começou a se generalizar no fim do século 19. No momento da generalização do sufrágio universal o cidadão percebe as vantagens de uma vida social compartilhada, principalmente no nível dos trabalhadores e dos sindicatos. Foram as experiências das dificuldades vividas, principalmente por causa das grandes guerras, que favoreceu a solidariedade que marcou a vida social europeia na segunda metade do século XX. A história da democracia foi, portanto, aquela de uma democratização econômica concomitante a uma democratização política" (Pierre Rosanvallon. *Cacofonia de abcessos: violência, disfunções do capitalismo e crise da democracia*. Rio de Janeiro, Revista Insight Inteligência, 2014, pp. 26-35).

Introdução
Evidências e equívocos

Os equívocos fundadores do governo representativo
A soberania imprecisa
A pane das palavras
Os medos e as impaciências
A especificidade francesa
Uma história filosófica do político
As formas da históri

A democracia representativa impôs-se em seu princípio no momento em que se fragilizou em seu funcionamento. A queda do comunismo sinalizou o recuo de seus inimigos ou de seus críticos mais virulentos, e ela constitui doravante o único horizonte reconhecido do bem político. Mas embora tenha, assim, triunfado como regime, ela está desestabilizada como forma política. Se a democracia pode ser banalmente definida como a realização da soberania do povo, o conteúdo dessa última parece hoje se dissipar. Avanço da mundialização econômica, aceleração da construção europeia, crescimento do papel do direito, poder assumido pelas instâncias de regulação não eleitas, papel mais ativo do Conselho constitucional: múltiplas evoluções convergem para abalar os objetos e os modos de expressão reconhecidos da vontade geral. Enquanto alguns comemoram o que lhes parece atestar um progresso do Estado de direito e uma autonomia maior da sociedade civil, outros ficam alarmados com o que, aos seus olhos, marca um declínio preocupante da vontade e até preveem sombriamente "o fim da democracia". Uma pilha de obras tem se dedicado, nos últimos dez anos, a descrever esse problema e formular essas interrogações. Tais obras já constituem uma imponente biblioteca. O objetivo deste trabalho não é aumentá-la. Talvez ainda não tenha chegado, aliás, a hora de poder fazer uma análise global de um movimento que está apenas começando. Enquanto são também numerosas as publicações dedicadas ao último meio século político, é sobretudo uma perspectiva mais ampla que faz hoje terrivelmente falta para interpretar e recolocar os problemas contemporâneos. O leitor não achará aqui uma história da Va. República, nem um prolongamento de todos os debates recentes sobre o futuro do referendo, o governo dos juízes, a democracia de opinião ou os poderes crescentes do mercado. O objetivo é outro. Consiste em retomar as coisas pela raiz, e esclarecer essas questões situando-as no quadro de uma *história longa e ampliada* do problema da soberania do povo.

Para isso, partamos de uma observação elementar: as interrogações sobre o sentido e as formas adequadas dessa soberania não são novas. Se a soberania se constitui há mais de dois séculos no princípio organizador de toda ordem política moderna, o imperativo traduzido por essa evidência fundadora foi sempre tão apaixonado quanto impreciso. A democracia nunca deixou de constituir um problema e uma solução para a instituição de uma cidade de homens livres. Nela sobrepõem-se há muito tempo o bem e a imprecisão. O que essa coexistência tem de particular é que ela não decorre principalmente do fato de que a democracia seria um ideal distante sobre o qual todos estariam de acordo, sendo as divergências sobre sua definição relativas aos melhores meios para realizá-lo. Longe de corresponder a uma simples indeterminação prática dos caminhos para sua implementação, o sentido flutuante da palavra democracia está relacionado mais fundamentalmente à sua essência. Ela evoca um tipo de regime que nunca deixou de resistir a uma categorização indiscutível. Disso provém, aliás, a particularidade do desencantamento subjacente à sua história. O cortejo das decepções e o sentimento das traições que sempre a acompanharam se tornaram mais vivos na medida em que constatava-se o inacabamento de sua definição. Se essa imprecisão produz esses efeitos deletérios, ela também foi por vezes aceita e mesmo desejada. Como bem apontou Georges Orwell, tal imprecisão possibilita que visões concorrentes do mundo pretendam ser sua mais fiel devota, todas permitindo-se fazer uso da palavra democracia em razão de suas definições variadas.[1] Mas tal flutuação permanece problemática, e constitui o motor de uma busca e de uma insatisfação que ao mesmo tempo custam a se explicitar. É preciso partir desse fato para compreender a democracia: nela se emaranham a história de um desencantamento e a história de uma indeterminação.

Essa indeterminação ancora-se em um sistema complexo de equívocos e tensões que estruturam desde sua origem a modernidade política. Isso já é visível no começo do período revolucionário na França. O primeiro equívoco é o que diz respeito ao sentido atribuído aos procedimentos representativos. Se, de um lado, todos os constituintes de 1789 concordam em reconhecer a necessidade desses procedimentos, de outro lado eles os inscrevem em visões algumas vezes opostas do político. Alguns consideram o governo representativo conforme ao espírito democrático, enquanto outros enxergam nele um tipo de ruptura com esse espírito. Esse equívoco também se encontra na maneira de pensar o sentido e as formas da soberania do povo: essa última pode fazer conviver em um mesmo princípio geral a perspectiva radical de um poder popular imediata e continuamente ativo e a concepção muito mais restritiva de um simples consentimento dado ao exercício da autoridade pelos governantes. A indeterminação democrática é depois marcada pela dualidade da ideia moderna de emancipação, que remete ao mesmo tempo a um desejo de autonomia dos indivíduos e a um projeto de participação no exercício de um poder social. Ela é finalmente alimentada pela sobreposição permanente de uma via social da democracia, subentendida por uma oposição entre os "de cima" e os "de baixo", para dizê-lo de forma simples, e de uma história que poderíamos qualificar de filosófica, derivada da imprecisão propriamente intelectual da definição dessa democracia.

Esta obra se propõe a pensar a questão da soberania do povo a partir de uma história desses equívocos e dessas tensões. Para isso é necessário, desde o início, precisar esses termos antes de acompanhar sua trajetória no tempo. Mas como fazê-lo? Voltando à origem, pode-se dizer. O historiador pode, com efeito, constatar facilmente que a flutuação a ser compreendida não data deste século nem do precedente. É preciso, portanto, começar a investigação em 1789, no momento em que tentam esboçar, pela primeira vez, as instituições que organizarão a vida de uma sociedade senhora de si própria.

---

1   George ORWELL, "Politics and the English Language", in *Shooting an Elephant and Other Essays*, Londres, 1950, p. 84-101.

Os equívocos fundadores do governo representativo.

A França de 1789 e a América de 1787 compartilham uma mesma certeza prática: quer se trate de organizar constitucionalmente uma independência recém-adquirida ou de inventar as formas políticas da ruptura com a uma ordem absolutista, ninguém pensa em instaurar um regime de democracia direta. A instituição de um sistema representativo impõe-se nos dois casos como um tipo de evidência prática. Mas essa evidência encobre uma ambiguidade maior. A democracia pode, com efeito, ser aceita por razões quase diametralmente opostas, e remeter ao mesmo tempo a concepções contraditórias do governo moderno. O sistema representativo pode, por exemplo, ser entendido como um simples *artifício técnico* resultante de uma necessidade puramente concreta (organizar o poder numa sociedade de grandes dimensões). Essa abordagem sugere implicitamente que um tal sistema não passa de um paliativo, o substituto forçado de um simples governo direto dos cidadãos, este sim constituindo, em princípio, o sistema político ideal. Mas a instauração de procedimentos representativos pode também estar ligada a uma *visão filosófica positiva* de suas próprias virtudes. O governo representativo é então considerado como uma forma política original e específica: ele define um governo inédito, alargando a tipologia ternária clássica. Essas duas abordagens são contraditórias na medida em que o governo representativo é compreendido, no primeiro caso, como um *equivalente* da democracia, enquanto, no segundo caso, ele constitui principalmente uma *superação* da democracia. O problema é que esse equívoco conceitual nunca é realmente exposto e teorizado, pois está mascarado pelo reconhecimento comum da necessidade prática de adotar *técnicas* representativas. Daí a ambiguidade fundadora dos regimes políticos modernos. É preciso partir da constituição dessa ambiguidade e de suas formas de expressão para compreender a história acidentada da democracia.

O caso de Sieyès pode servir de guia, pois é exemplar para ilustrar essa ambiguidade: dentre os constituintes franceses, foi ele quem formulou da maneira mais profunda e original a especificidade do governo representativo, ao mesmo tempo em que se revelava incapaz de realmente romper com a temática rousseauniana. Sieyès começou por alargar a compreensão do mecanismo representativo, inscrevendo-o numa perspectiva inédita: a da inserção das atividades políticas no mecanismo geral da divisão do trabalho. Assim, desde os anos 1770 Sieyès encara os "trabalhos políticos" como uma simples atividade social dentre outras.[2] A sociedade moderna pode ser concebida dessa maneira como um tipo de "ordem representativa"[3] na qual cada um limita suas atividades a tarefas bem precisas, aceitando confiar aos outros aquelas para as quais não sente ter capacidade. "A separação dos trabalhos diz respeito tanto aos trabalhos políticos quanto a todos os tipos de trabalhos produtivos, escreve em 1789. O interesse comum, a própria melhoria do estado social exigem que façamos do governo uma profissão particular.[4] Para além do dispositivo técnico que o constitui, o sistema representativo introduz, portanto, uma inovação de alcance mais geral. "Assim, continua Sieyès, a constituição puramente democrática não se torna somente impossível em uma grande sociedade; mesmo no Estado menos extenso, ela é muito menos apropriada às necessidades da sociedade do que a constituição representativa.[5] "Um dos efeitos do sistema representativo na ordem política, especifica ele, é colocar cada função nas mãos de especialistas".[6] Compreendida nesses termos, a noção de governo representativo ultrapassa a questão institucional. Ela se inscreve no quadro de uma reconsideração completa das relações entre a sociedade civil e a esfera política.

A referência ao mecanismo da divisão do trabalho não se limita, aliás, a esse elogio da atividade econômica. Um argumento sociológico de capacidade sobrepõe-se, com efeito, às considerações sobre os benefícios da divisão do trabalho aplicada ao campo político. Para Sieyès, o processo representativo permite assim combinar

---

2   Encontra-se sobre esse ponto nos arquivos de SIEYÈS (Archives nationales 284 AP) notas interessantíssimas dos anos 1770. Podem ser lidos a esse respeito os preciosos estudos de Pasquale PASQUINO reagrupados em *Sieyès et l'invention de la constitution en France*, Paris, Odile Jacob, 1998. Ver também *Des manuscrits de Sieyès, 1773-1799*, publicado sob a direção de Christine FAURÉ, Paris, Honoré Champion, 1999.

3   A fórmula é de SIEYÈS, que aponta: "Se deixar/fazer representar é a única fonte de prosperidade civil" (*Travail: ne favorise la liberté qu'en devenant représentatif*, in *Papiers Sieyès*, Archives nationales : 284 AP 2, dossier 13). Ele precisa mais tarde: "Tudo é representação no estado social. Ela encontra-se tanto na ordem privada como na ordem pública; ela é a mãe da indústria produtiva e comercial, como dos progressos liberais e políticos. Eu digo mais, ela confunde-se com a própria essência da vida social [...]. É constante que se fazer representar na maioria das coisas possíveis, é reforçar sua liberdade, como é diminuí-la acumular representações diversas sobre as mesmas pessoas" (*Opinion de Sieyès sur plusieurs articles des titres IV et V du projet de constitution*, Paris, 2 thermidor an III, p. 5-6).

4   *Observations sur le rapport du comité de constitution concernant la nouvelle organisation de la France*, Versailles, 2 de outubro 1789, p. 35.

5   *Ibid.*

6   Manuscrito de 1795 (Archives nationales : 284 AP 5, 1-4), citado por Murray FORSYTH, *Reason and Revolution. The Political Thought of the Abbé Sieyès*, Leicester University Press, 1987, p. 147.

um acesso mais amplo à cidadania com uma concepção claramente capacitária do poder legislativo. "É para a utilidade comum, considera ele, que eles (os cidadãos) nomeiam representantes bem mais capazes do que eles próprios para conhecer o interesse geral e para interpretar sua própria vontade a esse respeito [...] A grande maioria de nossos concidadãos não tem instrução suficiente, nem tempo livre suficiente para querer se ocupar diretamente das leis que devem governar a França".[7] O sistema representativo permite, nessa perspectiva, associar o princípio de soberania popular a uma forma de distinção social ou, em outros termos, conciliar igualdade política e desigualdade social.

As noções de divisão do trabalho e de seletividade social fundam assim uma visão original do governo representativo, que aparece claramente dissociada dos "autênticos" princípios democráticos. Os argumentos práticos e filosóficos sobrepõem-se assim para fundamentar a afirmação segundo a qual "a França não é, não pode ser uma democracia".[8] Ela não pode ser democrática concretamente, pois uma gestão democrática implicaria que, em um modelo federal desenvolvido, ela se segmentasse em muitas pequenas unidades (nesse ponto, impossibilidade tanto histórica quanto técnica).[9] Ela não pode sê-lo constitucionalmente, pois o modelo representativo a ser construído se propõe a articular governo elitista e legitimidade popular. Sieyès pode assim logicamente concluir a partir dessas reflexões e dessas posições que a diferença entre democracia e governo representativo é "enorme".[10] Embora seja o mais radical e o melhor fundamentado, ele não é o único a pensar nesses termos. No grande debate sobre a revisão da Constituição, no verão de 1791,

---

7   Ibid. BARNAVE nota por seu turno: "O povo é soberano; mas no governo representativo, seus representantes são seus tutores, somente seus representantes podem agir por ele, porque seu próprio interesse está quase sempre vinculado a verdades políticas das quais ele não pode ter o conhecimento nítido e profundo" (discours du 31 août 1791 sur le pouvoir constituant, *Archives parlementaires de 1789 à 1860* [doravante A.P.]. *Recueil complet des débats législatifs et politiques des Chambres françaises,* publicado por M. Mavidal e E. Laurent, 1ª série, 1789 a 1799, t. XXX, p. 115). Em um *Supplément au Contrat social applicable particulièrement aux grandes nations* (Paris, 1791), Paul-Philippe GUDIN escreve : "Os deputados do povo formam uma assembleia de homens de elite: menos numerosa que uma assembleia popular, ela é menos levada pelos ouvidos e tem olhos para se direcionar. Não se trata de um povo que escuta em tumulto um orador, e que aceita ou rejeita com berros sua proposição, depois de ter ouvido bem ou mal um longo monólogo; são homens instruídos e eloquentes que dialogam entre si" (p. 17).

8   Discurso de Sieyès de 7 de setembro de 1789, A.P., t. VIII, p. 594. A expressão retorna diversas vezes sob sua pena.

9   "A França não deve se tornar um *Estado federal*, composto de uma multitude de repúblicas, unidas por um liame político qualquer. A França é e deve ser um só todo" (*ibid*).

10 *Ibid.*

Barnave considera igualmente que a confusão entre essas duas noções constitui o "erro fundamental" dos que se opõem ao projeto.[11] O governo representativo passa a ser mesmo, no limite, compreendido como um antídoto à democracia. Clermont-Tonnerre chega a escrever a respeito da Constituição de 1791: "É talvez a mais engenhosa das invenções políticas aquela que declarou soberana uma nação, proibindo-lhe ao mesmo tempo todo uso de sua soberania. Eis o efeito da adoção de uma constituição representativa".[12] Se os constituintes em seu conjunto reconhecem, com os membros do comitê de constituição, que "não podendo a nação francesa estar individualmente reunida para exercer todos os seus direitos, ela deve ser representada",[13] vários deles esperam vagamente de um governo representativo que ele possa resolver a tensão entre a evidência aceita da soberania da nação e o temor suscitado pelo possível advento de um "despotismo popular", para retomar uma expressão então presente em diversos escritos.

Mas – e esse é todo o problema – os constituintes não se limitam a essa distinção relativamente nítida cujo sentido eles dominam plenamente e que utilizam com toda clareza. A sombra de Rousseau continua a dominá-los e a marcá-los secretamente. O próprio Sieyès abstém-se sempre *in fine* de absolutizar sua argumentação sobre a superioridade, em princípio, do governo representativo. "Toda legislatura, admite ele, tem continuamente necessidade de ser refrescada pelo espírito democrático; logo ela não deve estar excessivamente distante dos representados".[14] Mesmo os mais moderados dentre os homens de 1789 pensam nesses termos. "A representação, explica Mounier, é defeituosa e mesmo quimérica se ela se distancia de seu princípio, ou seja, daqueles que devem ser representados".[15] E o autor de *Qu'est-ce que le tiers-état [O que é o terceiro estado]?* chega mesmo a notar, em uma curiosa inversão, que "é preciso haver democracia em um bom sistema social", debochando da "ignorância crassa" dos que "creem que o sistema representativo é incompatível com a democracia. Como se um edifício fosse incompatível com a sua base".[16]

---

11 Discurso de 11 de outubro de 1791, *A.P.*, t. XXIX, p. 366.
12 Stanislas CLERMONT-TONNERRE, *Analyse raisonnée de la Constitution française décrétée par l'Assemblée nationale*, Paris, 1791, p. 123.
13 *A.P.*, t. VIII, p. 257.
14 SIEYÈS, *Vues sur les moyens d'exécution dont les représentants de la France pourront disposer en 1789*, s.l., 1789, p. 127.
15 *A.P.*, t. VIII, p. 556.
16 SIEYÈS, *Bases de l'ordre social*, manuscrito de 1795 (284 A.P. 5, 1-6) reproduzido em P. PASQUINO, *Sieyès et l'invention de la Constitution en France*, op. cit., p. 185. Esse texto constitui uma

Não poderemos compreender o sentido e os problemas da Revolução Francesa se nos contentarmos em considerar que fatores puramente contingentes (mudanças de conjuntura, incoerências internas, etc.) explicariam variações tão brutais. Elas exprimem, ao contrário, uma tensão subterrânea no pensamento dos constituintes. Os termos do que poderíamos chamar o paradoxo da representação não são nunca claramente expostos, confundindo assim o fundamento da empresa revolucionária. A ambiguidade, é preciso dizer, continua forte mesmo quando é formulada de outra maneira, como na expressão dos membros mais à esquerda da Assembleia que veem na representação um simples instrumento da soberania do povo. Pétion exprimiu bem na Constituinte essa concepção puramente instrumental: "Todos os indivíduos que compõem a associação têm o direito inalienável de concorrer para a formação da lei, dizia; e se cada um pudesse fazer ouvir sua vontade particular, a reunião de todas essas vontades formaria verdadeiramente a vontade geral".[17] Ele também evita colocar realmente a questão do sentido do governo representativo, pressupondo que ela não tem objeto.

A noção do governo representativo oscila entre a perspectiva da realização do ideal democrático e sua negação pura e simples. A representação é alternadamente considerada como um substituto da democracia direta ou uma alternativa a esta. Divididos entre essas duas abordagens, muitos constituintes desejam, de maneira mais ou menos confusa, que o novo regime realize uma combinação entre aristocracia e democracia, retomando assim os laços com as antigas fórmulas do governo misto. O problema, mais uma vez, é que essa diferença, ou essa combinação, nunca são claramente expostas nem elucidaas. Os dois pontos de vista, é importante sublinhar, não opõem dois campos ou duas escolas: eles atravessam os mesmos espíritos e estão misturados nas mesmas obras. Daí decorre logicamente a dubiedade de outro conceito político chave, o da soberania.

A soberania imprecisa

Com a revolução de 1789 instaura-se um consenso em torno da ideia de que "a soberania reside somente no todo reunido".[18] Essa noção toma rapidamente um ar de evidência filosófica, de maneira que ninguém pensa realmente em aprofundá-la;

---

espécie de rascunho do discurso de 2 do termidor ano III.
17 Discurso de 5 de setembro de 1789, *A.P.*, t. VIII, p. 582.
18 Expressão empregada em 3 de julho de 1789 por LALLY-TOLLENDAL, em sua resposta a Talleyrand sobre os mandatos imperativos, *A.P.*, t. VIII, p. 204.

como se ela apenas traduzisse, na linguagem do direito público, os fundamentos mais indiscutíveis da luta contra os privilégios e o despotismo. Essa evidência encobre, no entanto, uma profunda ambiguidade que diz respeito às formas e ao sentido dessa nova soberania que todos parecem querer. Os homens de 1789 oscilam permanentemente entre a visão de uma *soberania-princípio*, relativamente passiva, que não se inscreve na perspectiva de um governo popular, e a visão mais audaciosa de uma *soberania-exercício*. Se eles celebram Rousseau, por outro lado continuam marcados por um cortejo de imagens e de noções saídas do direito público do Antigo Regime. Os atores têm certamente consciência do problema. Vemos assim um Mounier notar: "Eu sei que o princípio da soberania reside na nação [...]. Mas ser o princípio da soberania e exercer a soberania são duas coisas muito diferentes".[19] O problema, no entanto, é que a clarificação dos vínculos entre uma visão restritiva (da qual ele é partidário) e uma visão ampliada da intervenção popular nunca se opera; da mesma forma, nunca é explicitada a formulação elíptica da Declaração dos Direitos afirmando que a soberania reside "essencialmente" no povo.

Esses equívocos aparecem claramente desde o primeiro grande debate de fundo na Assembleia constituinte, sobre o veto real. O termo *apelo ao povo*, que floresce em todos os discursos, à direita e à esquerda, remete a concepções quase opostas da intervenção popular. O veto real como equivalente a um apelo ao povo? Os partidários do sistema insistem nesse ponto: "Esse direito conserva a soberania do povo sem qualquer inconveniente".[20] O veto suspensivo acarreta tecnicamente, com efeito, consequências equivalentes às de um direito de dissolução: ele institui os eleitores como árbitros e reintroduz em proveito do povo um tipo de poder da última palavra. Mas nenhum desses apóstolos do veto pensa em instaurar, graças a esse dispositivo, qualquer forma de democracia direta. "A democracia em um grande Estado é uma quimera absurda", diz Mounier resumindo o sentimento geral.[21] O poder do povo é aqui remetido a casos excepcionais. Enfatiza-se que os casos de apelo ao povo seriam muito raros[22] e convém que "em todas as *circunstâncias*

---

19 *A.P.*, t. VIII, p. 560.
20 SALLE, deputado de Lorraine, discurso de 1º de setembro de 1789, *A.P.*, t. VIII, p. 530. "O veto suspensivo é um tipo de apelo à nação", diz ele ainda (*ibid*, p. 529).
21 Discurso de 4 de setembro de 1789, *A.P.*, t. VIII, p. 559.
22 O duque de LA ROCHEFOUCAULD observa assim: "Nós não podemos temer a espécie de convulsão que poderá produzir a dissolução da legislatura, nem mesmo a influência que os ministros do Rei poderiam ter nas eleições; esses casos de dissolução serão raros" (*A.P.*, t. VIII, p. 549). PÉTION diz ainda que "os chamados ao povo serão muito raros" (*ibid.*, p. 584).

ordinárias, deve-se entregar aos representantes poderes ilimitados".[23] A sanção real como forma de apelo ao povo tem na verdade um alcance essencialmente simbólico. Ela consiste, de uma certa maneira, em deixar simplesmente aberto o espaço da soberania imediata do povo, dar-lhe uma existência virtual. A possibilidade de um apelo último aos eleitores é somente fundada sobre o reconhecimento de que o "poder originário e único" pertence à nação;[24] ele aparece como a realização do que um constituinte qualifica de "soberania primitiva da sociedade".[25] Trata-se nesse caso, portanto, da manifestação de um tipo de soberania limite. Mas o mesmo termo tem em outras bocas e outras penas um sentido bem diferente. Peuchet, por exemplo, convida a considerar o apelo ao povo como "meio de legislação política",[26] devendo as leis, segundo ele, ser discutidas e adotadas por assembleias populares depois de terem sido preparadas por magistrados especializados. Tais proposições são por certo muito minoritárias em 1789, mesmo se a fórmula é aprovada e divulgada por algumas gazetas. No entanto, a imprecisão da redação do artigo VI da Declaração dos Direitos ("A lei é a expressão da vontade geral; todos os cidadãos têm o direito de concorrer pessoalmente ou por seus representantes à sua formação") deixa a porta aberta para enunciados dessa natureza.

A insistência com a qual muitas vozes enfatizam o caráter raro e excepcional do apelo ao povo transpõe essa mesma ambiguidade na ordem do tempo. Opõem-se assim uma *soberania extraordinária*, ligada aos momentos fundadores e aos períodos de crise, exaltada à direita como à esquerda, e uma *soberania ordinária*, que remete a um poder de tipo popular, que desperta mais desconfiança. O equívoco vem do fato de que em 1789 o poder constituinte se confunde com o movimento mesmo da ação revolucionária. Ele é ao mesmo tempo uma força imperiosa de ruptura e um convite à criação de novas instituições. Logo, fica impossível separar a questão

---

23 PÉTION, A. P., t. VIII, p. 582. Não há então porque ficar "temeroso" com o procedimento, nota Salle (*IBID.*, p. 530).

24 RABAUT SAINT-ÉTIENNE, A. p., t. VIII, p. 569. Ele adiciona: "Somente ele [o chamado último aos eleitores] é poder, os outros não passam de autoridades".

25 A expressão é de MALOUET, A. P., t. VIII, p. 535.

26 PEUCHET, *De l'appel au peuple*, s.l., 1789, p. 4. PEUCHET vai aliás muito mais longe em sua visão sobre uma soberania ativa do povo. Com efeito ele aponta: "Nós cremos que tudo o que pode interessar uma cidade ou o território que depende dela, todos os objetos de polícia, os julgamentos em matéria de emprisionamento, as proposições de estabelecimentos, de reformas poderiam ser propostos à assembleia do povo, quer dizer de particulares com assento; e que todos os objetos que interessariam à generalidade do reino [...] seriam da competência do *apelo ao povo* em todas as assembleias de Estado" (*ibid.*, p. 20-21). A adoção de tal procedimento, estima ele, teria a vantagem de felizmente romper com o "hábito de observar a democracia como um monstro" (*ibid.*, p. 24).

da democracia da do poder constituinte durante a Revolução.[27] Mas esse poder demiúrgico só existe como poder mítico das origens, tipo de "palavra do criador".[28] A ideia de *soberania-instituinte* em torno da qual se organiza o Contrato Social não se distingue bem da concepção mais antiga, na verdade medieval, de uma simples *soberania-autorização*.[29] Os homens de 1789 confundem assim constantemente Jurieu e Rousseau.[30] O apelo ao povo é ele próprio muitas vezes justificado em termos que parecem diretamente emprestados das justificações medievais do direito de resistência à tirania. Nos anos que precedem a Revolução, é impressionante constatar que o convite a redigir uma constituição é compreendido sobretudo como um meio de limitação do poder dos governantes. A instauração de um poder propriamente popular não é em lugar algum reivindicada. Na França, como na Inglaterra ou na América, a antiga doutrina do consentimento popular sobrepõe-se assim à nova visão de um povo dono da ordem social e criador de suas normas políticas, dando um caráter impreciso às mais certas evidências.

A confusão permanente das formas da soberania entre o velho e o novo se prolonga na maneira pela qual os atores de 1789 concebem espontaneamente o quadro e o campo dessa soberania. Pode-se constatar, em Paris por exemplo, que os distritos mais radicais fazem espontaneamente referência às antigas franquias municipais para justificar suas aspirações à democracia direta. Nesse espírito, um distrito evoca as comunas medievais estabelecidas "para libertar o povo da autoridade arbitrária dos grandes e das pessoas poderosas" e dos "princípios esquecidos há tempo demais" com o objetivo de legitimar sua reivindicação por autonomia. Os cidadãos de Paris, argumenta-se, apenas retomaram "os direitos imprescritíveis de

---

27 Cf. Egon ZWEIG, *Die Lehre vom "pouvoir constituent". Ein Beitrag zum Staatsrecht den französichen Revolution*, Tübingen, 1909, assim como a tese de Maurice FONTENEAU, *Du pouvoir constitant en France et de la revision constitutionnelle dans les constitutions françaises depuis 1789*, Caen, 1900.

28 A formula é de Portalis l'Ancien, citado por Denis SERRIGNY, *Traité du droit public dês Français*, Paris, 1846, t. I, p. 59. Desde então, diversos comentadores sublinharam essa dimensão de versão secularizada do poder divino, de criar uma ordem sem se submeter a ela, que existe no poder constituinte.

29 Pode-se aqui remeter à obra de Olivier BEAUD, *La Puissance de l'État* (Paris, P.U.F., 1994), na qual ele distingue uma concepção legislativa e uma concepção judiciária da soberania.

30 É, aliás, significativo constatar que *Les Soupirs de la France esclave* de Jurieu foi várias vezes reeditado no início da Revolução. Jurieu escreve: "O exercício da soberania que depende de um só não impede que a soberania resida no povo, como sua fonte e mesmo seu primeiro sujeito" (citado por Franck PUAUX, *Les Défenseurs de La souveraineté du peuple sous le règne de Louis XIV*, Paris, 1917, p. 37).

homens livres, vivendo em comuna", ou seja, os de "fazer suas leis, nomear seus magistrados, ter sua milícia".[31] A reivindicação democrática moderna exprime-se assim sem reflexão em uma linguagem espontaneamente arcaica. O próprio termo "comuna", central em Paris, remete largamente ao passado. Esse vocabulário está, de uma certa forma, além (por seu caráter democrático) e aquém (por sua dimensão arcaica) das formulações constitucionais elaboradas pelos constituintes. É isto, aliás, que explica o fato de que mesmo os distritos mais moderados tenham afirmado o direito da comuna de fazer suas próprias leis, rompendo assim com as definições "oficiais" da soberania popular.[32]

O imaginário político do radicalismo revolucionário liga-se assim, estranhamente, a uma característica notável das teorias políticas medievais. É próprio delas, como se sabe, dissociar o universo dos princípios do universo dos procedimentos. Embora a maior parte dos autores da Idade Média atribua um lugar central à noção de consentimento popular, eles não pensam em definir as disposições precisas que permitiriam dar-lhe uma consistência prática. Há da parte deles uma relativa indiferença em relação ao problema da institucionalização dos conceitos e dos valores.[33] A política é principalmente uma questão de moralidade e de limites. Eles preocupam-se sobretudo em definir o bem, pressupondo que sua realização depende das virtudes do Príncipe, ao mesmo tempo em que pensam a questão política a partir de seus limites (a questão da liberdade é assim apreendida a partir de uma reflexão sobre o tiranicídio). Encontra-se ainda algo disso nos escritos de 1789. O bom regime a ser instituído é essencialmente compreendido como a negação do universo aristocrático e absolutista, e o vigor dos princípios convive com a indeterminação dos meios.

Juristas do século XIX tentarão sair dessa imprecisão através da distinção entre soberania do povo e soberania da nação, a primeira tendo uma dimensão ativamente democrática, a segunda revestindo um caráter liberal, com vistas a fundar um

---

31 Moção do distrito de Minimes de 3 de dezembro de 1789, citado por Maurice GENTY, *L'Apprentissage de la citoyenneté, Paris 1789-1795*, Paris, Messidor, 1987, p. 35-36.
32 Encontram-se sobre esse ponto numerosos elementos na tese de Maurice GENTY (*Le Mouvement démocratique dans les sections parisiennes du printemps 1790 au printemps 1792*, Université de Paris--I, 1991, 4 vol.), assim como na contribuição de Kåre Tønnesson, "La démocratie directe sous La Révolution française. Le cas des districts et sections de Paris", *in* Colin LUCAS (Ed.) *The French Revolution and the Creation of Modern Political Culture*, vol. II, Oxford, Pergamon Press, 1988.
33 Ver as análises bastantes esclarecedoras de Arthur P. MONAHAN, *Consent, Coercion and Limit : The Medieval Origino f Parliamentary Democracy*, Montreal e Kingston, McGill-Queen's University Press, 1987.

verdadeiro Estado de direito, no qual nenhum grupo possa se apropriar plenamente do poder (a nação sendo indissociavelmente a imagem da totalidade social e a designação de um lugar vazio de poder). Mas esses dois termos são sinônimos em 1789. As categorias sociológicas e jurídicas do povo e da nação sobrepõem-se na prática, na rejeição do Antigo Regime. A nação como totalidade abstrata é também uma personagem coletiva bem viva para os homens de 1789. O povo da rua e os autores dos eventos são percebidos como a nação efetiva. "Não podemos nos deixar enganar pelas palavras, nota então Pétion: o povo é a nação e a nação é a coletividade de todos os indivíduos".[34] Em Paris, alguns falam significativamente de "soberano em pé" para qualificar a assembleia de distrito.[35] Para a grande maioria dos homens de 1789, a noção de soberania da nação confunde-se assim com a de soberania do povo, cara a Rousseau. A possível diferença entre essas duas formas de soberania nunca é aventada. Isso se deve essencialmente ao fato de que os constituintes estão longe de ter colocado o tema da relação entre o liberalismo e a democracia. A contradição entre essas duas formas modernas da emancipação – realização da autonomia dos indivíduos, de um lado, e afirmação de um poder coletivo, de outro –não é claramente percebida. Não existe ainda em 1789, repitamo-lo, oposição entre dois pontos de vista já claramente constituídos, cada um sendo defendido por uma tendência política, uma escola de pensamento ou um grupo social: os liberais contra os democratas, os burgueses contra o povo, Sieyès contra Robespierre, por exemplo. Portanto, é adequado falar em um equívoco fundador a respeito da visão revolucionária da soberania do povo.

A pane das palavras

A imprecisão das ideias prolonga-se em 1789 na flutuação da linguagem. Se a estigmatização do despotismo e da aristocracia basta para definir o sentido da ruptura com a antiga ordem, as palavras para qualificar o novo regime são mais hesitantes. Muitos são os que podem deplorar "a pobreza de nossa língua para expressar as ideias políticas, ideias absolutamente novas para a massa da nação".[36] A experiência parece então, de fato, constantemente adiantada em relação à sua formulação. "Guardemo-

---

34 *A.P.*, t. VIII, p. 583. RABAUT SAINT-ÉTIENNE nota por sua vez: "O soberano é uma coisa una e simples, porque é a coleção de todos sem a exclusão de qualquer um" (*ibid.*, p. 569).
35 Citado por Albert SOBOUL, *Les Sans-culottes parisiense en l'an II. Mouvement populaire et gouvernement révolutionnaire (2 juin 1793-9 thermidor an II)*, Paris, 1958, p. 582.
36 Discurso de RABAUT SAINT-ÉTIENNE de 4 de setembro de 1789, *A. P.*, t. VIII, p. 569.

nos, cidadãos, de nos deixar enganar pelas palavras":[37] o aviso corresponde a uma constatação e marca um medo: constatação de uma dificuldade em exprimir uma ambição radicalmente nova e medo de uma recuperação ou um desvio de rota.[38] Nada traduz melhor essa posição durante a revolução do que a relação ambígua com o termo "democracia". Esse último é ao mesmo tempo rejeitado como inadequado e sentido como incontornável.

Embora tudo se organize em torno da soberania do povo, no começo não se fala em democracia para caracterizar o regime político associado a ela. A palavra não faz parte da língua de 1789. Isso se explica facilmente: ela evoca então, principalmente, o mundo antigo, em referencia a Atenas, ou então remete a experiências muito marginais (o *Dictionnaire de l'Académie [Dicionário da Academia]* nota em 1762 que "alguns cantões suíços são verdadeiras democracias"). Ela conserva, sobretudo, o seu sentido etimológico radical. Em sua *Lettre à d'Alembert sur les spectacles [Carta a D'Alembert sobre os espetáculos]*, Rousseau menciona como evidente que em uma democracia "os súditos e os soberanos são os mesmos homens considerados sob diferentes relações".[39] Tanto para Jean-Jacques quanto para todos os homens de seu tempo, um regime democrático caracteriza-se pelo fato de que o povo é ele próprio *legislador* e *magistrado*, exercendo ao mesmo tempo os poderes executivo e legislativo. A democracia funda-se sobre os dois princípios de autogoverno e de legislação direta do povo. "É uma lei fundamental da democracia que só o povo faça as leis", nota Montesquieu[40] em uma fórmula que Jean-Jacques não desaprovaria.

Assim definida, a democracia de Montesquieu e de Rousseau é ao mesmo tempo um tipo-ideal que pode entrar em uma tipologia dos regimes políticos e um modelo histórico empregado em sociedades de pequenas dimensões ou em raras repúblicas antigas de costumes severos. Ao mesmo tempo em que é ligado à Antiguidade ou, ao menos, a alguns de seus momentos e lugares míticos, o regime democrático é então quase sempre associado a imagens de desordem e anarquia. D'Argenson está,

---

37 *Révolutions de Paris*, t. II, nº XVII, 7 de novembro de 1789, p. 3. "Não se deve deixar abusar pelas palavras", repete por seu lado PÉTION, *A. P.*, t. VIII, p.583.

38 Lê-se dessa maneira no artigo já citado de *Révolutions de Paris*: "O abuso das palavras sempre foi um dos principais meios empregados para sujeitar os povos. César não se fez nomear rei, mas *ditador*. Cromwell somente se deu o título de *protetor*. Os nossos reis deixaram nossos tribunais de justiça tomarem o nome *parlamentos*, que apenas convinha à assembleia da nação" (*ibid.*).

39 *Lettre à Monsieur d'Alembert sur les spectacles*, edição crítica por Max FUCHS, Lille e Genève, 1948, p. 155.

40 *De l'esprit des lois*, livro II, cap. II.

nesse sentido, bastante isolado no século XVIII, pois considera que existem "a falsa e a legítima democracia", sendo a primeira carregada de ameaças enquanto a segunda designa possivelmente o governo representativo. "A falsa democracia, escreve, cai logo na anarquia, é o governo da multidão; assim é um povo revoltado: despreza as leis e a razão; seu despotismo tirânico se nota pela violência de seus movimentos e a incerteza de suas deliberações. Na *verdadeira democracia*, age-se através de deputados, e esses deputados são autorizados pela eleição; a missão dos eleitos do povo e a autoridade que os apoia constituem o poder público".[41] D'Argenson é o primeiro autor a separar a palavra democracia de seus referentes antigos e arcaicos e inverter o seu sentido técnico (passagem da noção de autogoverno à de governo representativo). Mas essa inversão decisiva, fundada sobre a clara dissociação entre poder-soberania e poder-governo, está então longe de ser refletida e aceita. Será preciso quase um século para que ela se torne um senso-comum na França.

A conotação "arcaizante" e quase técnica da palavra democracia no século XVIII é uma explicação para o fato de ela estar tão ausente do vocabulário de 1789. A ideia de um regime no qual o povo é diretamente legislador e magistrado não mobiliza ninguém naquele momento, pois ela parece remeter a uma herança longínqua e passada, correspondendo a um estágio ultrapassado da vida política. Para um homem de 1789, a palavra democracia soa como a palavra autogestão soará talvez alguns séculos mais tarde: referido a um passado no qual se misturam uma teoria utópica e uma prática marcada por fracassos e exageros. A conotação pejorativa da palavra é, além disso, quase tão forte quanto sua dimensão utópica e arcaica. Na primavera de 1789, alguns grandes senhores falam assim com desdém de "democracia" para qualificar o estado que resultaria, segundo eles, de um voto por cabeça nos Estados Gerais. Brissot nota então: "A palavra democracia é um espantalho usado pelos malandros para enganar os ignorantes".[42] Fato significativo: não se encontra um só jornal revolucionário, de 1789 ao ano IV da Revolução, que mencione em seu título a palavra democracia ou o adjetivo democrático. São os adjetivos "nacional", "patriótico" ou "republicano" (a partir de 1792) que voltam mais frequentemente às

---

41 *Considérations sur le gouvernement ancien et présent de la France*, Amsterdam, 1765, p. 8.
42 Jacques Pierre BRISSOT, *Plan de conduite pour les deputés du peuple aux états généraux de 1789*, s. l., avril 1789, p. 21. Ver também, sobre esse ponto, as indicações dadas por Robert BOSWELL PALMER, "Notes on the Use of the Word "democracy", 1789-1799", *Political Science Quarterly*, junho 1953; Jens A. CHRISTOPHERSEN, *The Meaning of "Democracy" as Used in European Ideologies from the French to the Russian Revolution*, Oslo, Universitetsforlaget, 1966, e por Raymonde MONNIER, "Démocratie et Révolution française", *Mots. Les languages du politique*, nº 59, junho de 1999.

primeiras páginas das gazetas. Nota-se também de maneira particularmente significativa que a palavra democracia não é pronunciada uma única vez nos debates de 1789 a 1791 sobre o direito de voto. Essa relativa ausência na língua revolucionaria é confirmada pelo exame dos dicionários do período. De 1789 a 1801 aparecem dez dicionários sociopolíticos. Só um concede uma entrada à "democracia"![43] Tanto à direita quanto à esquerda ela parece amplamente ignorada. Isso aparece muito claramente no verão de 1791, no grande debate sobre a revisão constitucional que resume e cristaliza todas as interrogações de teoria política e de organização institucional que marcaram a primeira fase da Revolução. É o termo "governo representativo" que é levantado para definir o novo regime francês. Nesse contexto, a referência à democracia só serve para ressaltar sua especificidade e sugerir o sentido de uma distância e uma inovação. Mas essa distância não é nunca completamente assegurada e assumida. Ao mesmo tempo em que é remetida ao passado, a democracia parece conservar uma capacidade irredutível de informar o futuro. A linguagem dos constituintes mostra bem essa hesitação. Eles sentem, por exemplo, a necessidade de qualificar a democracia de "pura" ou de "bruta" para marcar suas diferenças, como se fosse necessária a especificação de um adjetivo para evitar os equívocos na definição do regime moderno. Mas isso significa, afinal, que eles não conseguem realmente se livrar desses equívocos.

Os medos e as impaciências

A indeterminação democrática não provém somente das flutuações conceituais e dos equívocos fundadores que acabamos de examinar. Ela assume também uma dimensão que podemos qualificar de *social*. De fato, ela resulta igualmente do choque causado pelos medos e impaciências envolvidos nas questões da soberania do povo e do governo representativo. Medo de uma democracia perigosa que exacerbaria seu princípio até transformar-se em uma tirania inédita. Impaciência de ver abolidas as formas de confisco da expressão popular. É impossível compreender a história acidentada da democracia se não a relacionarmos com essas fobias e com as degenerações que assombraram o imaginário político dos atores.

O duplo espectro da aristocracia e da anarquia pesa permanentemente sobre os homens de 1789. A simples evocação do possível surgimento de uma "nova

---

[43] Eu me permito remeter o leitor, sobre esse ponto, aos dados consolidados no meu artigo "L'histoire du mot démocratie à l'époque moderne", *La Pensée politique*, nº 1, 1993, do qual eu retomo aqui alguns elementos.

aristocracia" basta, por exemplo, para tornar suspeitos aos olhos de alguns o processo representativo. O próprio Sieyès compartilha desse temor. "A representação, nota, é feita para os representados; é preciso, portanto, evitar que a vontade geral se perca através de um grande número de intermediários, em um funesto aristocratismo".[44] Os homens de 1789 antecipam assim as observações desiludidas sobre a natureza do governo representativo que os pioneiros da sociologia das organizações, como Michels e Ostrogorski, popularizarão um século depois. O abade Fauchet, que se tornará uma das grandes figuras do clube dos Cordeliers, dá o tom sobre esse ponto: "A aristocracia, adverte Fauchet, é uma doença tão contagiosa que atinge quase inevitavelmente os melhores cidadãos, desde o momento em que os sufrágios do povo os colocaram em representação".[45] Ele multiplica as fórmulas de impacto para denunciar na assembleia comunal uma "casta de representantes" ou uma "companhia de conquistadores da representação", concluindo de maneira desiludida: "Não são mais os antigos aristocratas, são seus adversários que, sem perceber, tornam-se seus sucessores".[46] Essas expressões encontram-se então em numerosos escritos.[47] A separação funcional do representante e do representado torna-se assim possivelmente assimilada a uma distância social e a uma diferença hierárquica. Nesse espírito, fala-se até correntemente do perigo dos deputados se "aristocratizarem"[48] e alguns chegam a considerar que "essa aristocracia é muito mais poderosa do que as dos nobres".[49] Daí decorre uma certa confusão das palavras, os termos de mandatários e de representantes sendo alternadamente considerados

---

44 SIEYÈS, *Vues sur les moyens d'exécution, op. cit.*, p. 127. Em *Délibérations à prendre dans les assemblées de bailliage*, ele fala também em prevenir a formação do espírito aristocrático pela regeneração trienal do corpo legislativo.

45 *Motion faite à l'Assemblée générale des représentants de La Commune*, 20 de novembro de 1789, pelo abade Fauchet, p. 4.

46 *Seconde motion de M. l'abbé Fauchet, sur les droits des représentants et du peuple, faite à l'Assemblée générale des représentants de La Commune de Paris, le 25 novembre 1789*, p. 9-10 e 3-4. Ele teme "ver os direitos do povo sacrificados pela aristocracia representativa, depois de terem sido por tanto tempo sacrificados pelas aristocracias ministeriais, nobres, eclesiásticas, parlamentares, financeiras, que se faziam sentir até nas últimas frações do poder executivo" (*ibid.*, p. 2).

47 Cf., por exemplo, os números IV, XII, XIV, XVII, XIX, XX de *Révolutions de Paris* no outono de 1789. O tema é igualmente onipresente em *L'Ami du peuple*. Encontraremos muitos elementos interessantes nas moções e deliberações das assembleias de distritos, folhetos e brochuras diversos do outono de 1789 reunidos no departamento de manuscritos da B.N. (N. a. fr., 2633 a 2715).

48 Cf. as indicações dadas sobre o uso desse termo por Ferdinand BRUNOT, *Histoire de La langue française des origines à 1900*, Paris, 1937, t. IX, 2e partie, p. 646-648.

49 RAMOND, *À mes concitoyens et aux représentants de notre commune, sur le plan de municipalité de la ville de Paris*, Paris, 26 de agosto de 1789, p. 8.

como sinônimos ou opostos. Percebe-se ao mesmo tempo uma *abordagem social* da representação, essencialmente negativa, e uma *abordagem institucional*, mais positiva. Ao contrário, o espectro constantemente agitado da anarquia gera um tipo de rejeição instintiva. Quase sempre associado a imagens de cenas de rua e de multidões descontroladas, ele contribui para cercar de uma aura negativa toda referência à democracia direta.[50] Alguns evocam nesse quadro o espectro de uma "democracia tumultuosa".[51] O medo do federalismo contribui simetricamente para desencadear as mesmas reações. Duas grandes repulsas sociais, quase viscerais, combinam assim seus efeitos durante a Revolução para embaralhar a compreensão do fenômeno representativo e do sentido da soberania do povo.

A história social da democracia é por isso indissociável de sua história filosófica. Mas as duas histórias não apenas se sobrepõem, elas também se confundem profundamente. Se o medo da democracia perigosa está, por exemplo, diretamente ligado a uma desconfiança de classe, ele exprime ao mesmo tempo incontornáveis problemas de fundo: o dos limites de um poder que repousa sobre simples maiorias, assim como o da relação entre a paixão e a razão. Paralelamente, o temor da democracia confiscada não corresponde somente ao pavor de ver renascer um poder social de dominação do procedimento eleitoral de delegação, ele nasce ainda da constatação do caráter entrópico do sistema representativo. Daí a complexidade do sentimento de decepção que nunca deixou de acompanhar a história da política moderna desde o fim do século XVIII. O desencantamento da democracia é ao mesmo tempo a manifestação da importância de uma divisão da sociedade e a expressão de uma perplexidade sobre a natureza, o sentido e as formas adequadas da emancipação.

A especificidade francesa

Os termos da indeterminação democrática que acabamos de caracterizar em grandes linhas não são de modo algum restritos ao caso francês. A história americana, para mencionar um caso, é estruturada por tensões da mesma natureza. O grande debate de 1787-1788 entre federalistas e antifederalistas sobre o sentido do governo representativo antecipa em vários pontos a formulação de problemas

---

50 Cf. M. DELEPLACE, "La notion d'anarchie pendant la Révolution française" (1789-1791), *Annales historiques de la Révolution française*, janeiro-março de 1992.
51 Cf., por exemplo, MOUNIER, *A. P.*, t. VIII, p. 560.

feita em 1789. Apesar da vivacidade persistente das controvérsias, estamos longe, no caso americano, das oposições radicais que marcaram o processo francês, filosófica e socialmente. Há para começar uma primeira diferença de ordem histórica e cultural: ninguém teme nos Estados Unidos, como na França, que a relação de delegação possa ser assimilada a uma pura forma de dominação. O espectro da aristocracia que domina sempre toda a cena francesa exerce um papel muito menos central nos Estados Unidos. As mesmas palavras não remetem, nesse ponto, a experiências idênticas nem a um mesmo imaginário político dos dois lados do Atlântico.[52] A noção de *aristocracia natural* que é continuamente mobilizada pelos federalistas para justificar um regime que procure articular legitimação popular e governo das elites não é, por exemplo, recusada por seus opositores. Madison e seus amigos, aliás, têm o cuidado de opô-la à definição histórica clássica da aristocracia como uma casta autolegitimada e autoproclamada; da mesma forma que recusam a noção de oligarquia.[53] Um governo dos melhores não poderia assim ser confundido, para eles, com um governo aristocrático. E eles nunca deixaram de denunciar, antecipando as análises sociológicas do século XIX, os desvios oligárquicos que ameaçavam os governos democráticos de aparência exterior mais democrática.[54] O termo aristocracia natural não carrega por isso qualquer das conotações repulsivas que poderia suscitar na França no mesmo período. Os próprios antifederalistas não o rejeitam, assim como não contestam o fato de que essa aristocracia natural possa exercer um papel político. Eles só a consideram como formando apenas uma das partes da sociedade. Se ela deve ter lugar na representação, é necessário que as outras classes possam também exercer um papel.[55] São, no fundo, duas visões sociológicas distintas que determinam as sensibilidades federalista e antifederalista. Os primeiros

---

52 Ver o penetrante texto de Judith SHKLAR, "The American Idea of Aristocracy", in *Redeeming American Political Thought*, University of Chicago Press, 1998.

53 James WILSON defende por exemplo a noção de aristocracia natural estimando que a referência a uma aristocracia "não significa nada mais nesse caso do que um governo dos melhores" (Discurso de 4 de dezembro de 1787 na Convenção da Pensilvânia, *in* Jonathan ELLIOT, *The Debates in the Several States Conventions on the Adoption of the Federal Constitution*, Washington, 1836, vol. II, p. 473).

54 *Le Fédéraliste* (nº 58) nota nesse espírito: "Quanto mais tornamos uma assembleia representativa numerosa, mais ela terá essas enfermidades inerentes às assembleias populares. [...] O aspecto exterior do governo pode se tornar mais democrático; mas a alma que o anima será mais oligárquica. A máquina será ampliada, mas os movimentos serão dirigidos por forças menos numerosas e frequentemente mais secretas" (tradução francesa, Paris, L.G.D.J., 1957, p. 489).

55 Melanchton SMITH exprime-se bem claramente sobre esse ponto nos famosos discursos de 21 e 23 de junho de 1788.

consideram uma sociedade de indivíduos, com interesses relativamente homogêneos, estruturada em torno de dois polos, as elites e as massas; enquanto os segundos a concebem implicitamente como um corpo mais diversificado, constituído por classes ao mesmo tempo distintas e complementares. O aviso contra o perigo de um desvio aristocrático e os pleitos "populistas" dos antifederalistas inscrevem-se, por isso, bem mais no quadro de uma filosofia tradicional do governo misto do que na visão moderna do governo popular.[56]

Não se pode, certamente, negar o caráter claramente elitista das proposições federalistas. Hamilton e Madison não hesitam, por exemplo, em escrever que o governo desejado por eles se caracteriza "pela exclusão total do povo na sua capacidade coletiva de toda participação no governo":[57] a cisão entre representantes e representados está, nesse sentido, implicitamente assimilada a uma distinção de competência e de capacidade. Mas esse ponto de vista pode *coexistir em tensão* com a sensibilidade antifederalista. O debate americano é a esse respeito um *debate interno* à modernidade política. Tão pouco ameaçado ficou de envenenar-se até tomar a forma de um combate extremado que acabou se confinando, pela força da coisas, ao terreno constitucional somente no nível da União. Essa é a segunda grande diferença, de ordem institucional, com a França. A interrogação sobre a natureza do governo representativo em suas relações com a democracia pôde ser refratada e decomposta nos Estados Unidos. Ela se desenvolveu em quadros fortemente diferenciados entre o nível local e o federal, o dos estados ou dos municípios. A "demanda democrática" pôde assim expressar-se e satisfazer-se sob formas brandas: ela se dividiu espacialmente. Fortes tradições comunitárias locais, de tipo "democrático", puderam conviver com uma concepção muito mais elitista do funcionamento federal. Isso marca uma diferença essencial com as condições da experiência francesa. Além da distinção igualmente fundamental dos contextos (simples debate constitucional em um caso, revolução global, indissociavelmente política e social em outro), toda a questão política na França está projetada em um só ponto central, no foco em que as contradições se tornam extremamente agudas.

---

56 É o que os traz paradoxalmente bem próximos de John ADAMS qui estimou em seus *Thoughts on Government* (1776) que uma boa assembleia representativa "deveria ser, em miniatura, um retrato exato do povo em seu conjunto" (reproduzido *in* Philip B. KURLAND e Ralph LERNER [éd.], *The Founder's Constitution*, The University of Chicago Press, 1987, vol. I, p. 108). *The Federal Farmer* (lettre VII) faz também explicita referência à doutrina do governo misto e da representação de classes de Montesquieu.

57 *Le Fédéraliste*, artigo 63, *op. cit.*, p. 528.

O sistema americano rapidamente encontrou uma forma de equilíbrio prático. O ponto de vista federalista ganhou primeiro por pouco no processo de ratificação de 1788, conduzindo à adoção de uma cultura política aberta. Desde 1791, a adoção, por solicitação dos jeffersonianos, das dez primeiras emendas à Constituição modifica sensivelmente a percepção primeira do dispositivo institucional. Mas a prática das instituições contribuiu sobretudo para desarmar as prevenções de uns e diminuir as esperanças dos outros. Se os federalistas venceram institucionalmente, o sistema ficou longe de funcionar como eles pretendiam: a elite competente unicamente preocupada com o interesse nacional não se formou e a importância dos interesses locais manteve-se forte. Ao contrário, os antifederalistas não viram seus prognósticos pessimistas relativos à criação de uma oligarquia nacional de um novo tipo se realizarem; eles também aferiram a centralidade persistente da política local. As interrogações sobre as formas de um bom governo representativo puderam, assim, continuar a se desenrolar livre e normalmente, sem cair na ilusão de que um campo seria o detentor de uma solução simples e evidente.

A terceira diferença entre as duas experiências revolucionárias fundadoras da política moderna é de ordem semântica. Enquanto os franceses não conseguem forjar uma linguagem correspondente à sua experiência, os americanos encontram uma palavra – *República* – que lhes permite crer que resolveram de maneira original as aporias políticas modernas. Seguramente, "República" e "governo representativo" são para eles sinônimos.[58] No entanto, o primeiro termo tem a vantagem de um certo prestígio histórico, uma conotação menos técnica que o torna mais atraente. E, principalmente, ele convém a todo mundo: aos que odeiam visceralmente a monarquia de George III ou aos que destinam a aristocracia à execração pública (sob as formas do Parlamento britânico ou dos altos funcionários britânicos) como aos que temem o despotismo das massas. Ele satisfaz assim a direita e a esquerda, dando uma *solução positiva* para o afastamento do termo democracia. Mesmo assim,

---

58 A República é portanto para Madison o regime que "oferece um remédio" aos problemas abertos pela modernidade política, como ele sublinha em seu célebre artigo 10 do *Federalista*. "Uma República, eu a entendo como um governo no qual a ideia de representação existe, escreve ele [...]. A Democracia e a República diferem em dois pontos essenciais: 1º a delegação do governo na República a um pequeno número de cidadãos eleitos pelo povo; 2º o maior número de cidadãos e a mais vasta extensão do país sobre os quais a República pode se estender" (*Le Fédéraliste, op. cit.*, p. 73), Ver Robert W. SHOEMAKER, "Democracy and Republic as Understood in Late Eighteenth-Century America", *American Speech,* maio de 1966, e Philippe RAYNAUD, "L'idée républicaine et Le fédéraliste", *in* François FURET e Mona OZOUF, *Le Siècle de l'avènement républicain*, Paris, Gallimard, 1993.

a história americana do século XIX mostra que a questão das formas da soberania não se resolve e o termo democracia ressurge nos anos 1830 como uma referência definitivamente incontornável.[59] Mas os americanos não deixaram por isso de pensar que sua República havia introduzido uma inovação histórica feliz na forma dos regimes políticos. Ficaram igualmente orgulhosos e conscientes dessa inovação, para além de todas as suas divergências. Essas condições históricas acentuam a particularidade da experiência americana. Elas levaram à modulação e à refração das tensões constitutivas da democracia moderna, enquanto a França radicalizou suas aporias. Enquanto a América tentava, tateando, encontrar a via de uma democracia representativa original, a França oscilava entre a exacerbação da ordem burguesa ou as vertigens do Terror. Mas é por essa razão que o caso francês merece especial atenção: nele se exprimem em toda a sua amplitude as virtualidades e as fragilidades do imperativo democrático.

Uma história filosófica do político

A ambição deste trabalho é pensar a democracia retomando o fio de sua história. Mas é necessário precisar desde logo que não se trata apenas de dizer que a democracia *tem* uma história. É preciso considerar mais radicalmente que a democracia *é* uma história. Ela é indissociável de um trabalho de exploração e de experimentação, de compreensão e de elaboração de si própria. Se as questões da soberania do povo e do governo representativo estão inscritas em um sistema de indeterminações fundadoras, não poderíamos conceber sua história na forma de um simples desenvolvimento, descrevendo o progressivo triunfo de um regime que só deveria seu inacabamento à força dos preconceitos ou ao poder de seus adversários. É por essa razão que a história filosófica deve necessariamente complementar e alargar a história social: o objetivo é não mais separar história política e filosofia política, mas encontrar o ponto em que os dois métodos acabam por se fundir. A justificativa desse objetivo deve-se ao fato de que a história é ao mesmo tempo a *matéria* e a *forma* da filosofia política. Os conceitos políticos (quer se trate da democracia, da liberdade, da nacionalidade, etc.) só podem ser compreendidos no trabalho histórico de sua elucidação e na tentativa consequente de sua implementação. Essa história filosófica do político à qual nós procuramos dar vida implica, portanto,

---

[59] Cf. Bertlinde LANIEL, *Le Mot "Democracy" aux États-Unis de 1780 à 1856*. Publications de l'université de Saint-Étienne, 1995.

retraçar permanentemente as aporias constitutivas da experiência moderna. Ela convida a retomar o fio histórico de perplexidades, interrogações e tentativas para compreender a história se constituindo como a busca de uma experiência.

Ao contrário de toda oposição de princípio à história social, essa abordagem persegue de uma certa forma seu programa, ultrapassando-o. Ela considera que as representações sociais não podem simplesmente ser assimiladas à ordem da ideologia, remeter a formas de prejuízos refletindo um dado estado das relações sociais, ou se constituir em simples "ideias". É próprio da história filosófica do político salientar que para além da ideologia e dos preconceitos existem representações positivas que organizam o quadro intelectual e mental no interior do qual se estrutura um certo campo do possível em um momento histórico determinado. Trata-se de levar a sério essas representações: elas constituem reais e poderosas "infraestruturas" na vida das sociedades. Longe de uma visão idealista que evitaria levar em conta as forças que estruturam o quadro de ação dos homens, o objetivo é, ao contrário, enriquecer e complexificar a noção de "determinação". Ao lado de representações "passivas", é assim necessário levar em conta todas essas representações "ativas" que orientam a ação, delimitam o campo do possível pelo do pensável e mantêm os problemas em aberto. Essas representações constituem uma matéria absolutamente estruturante da experiência social. Não se trata em absoluto de repelir o método tradicional da história, preferindo o comércio dos grandes autores ou dos oradores parlamentares ao do povo silencioso e sofredor. Mas os dados materiais dessa história só têm sentido quando situados, inseridos em uma história mais conceitual, que por sua vez não se reduz à análise dos grandes autores, mesmo se esses constituem muitas vezes uma via de acesso privilegiada à cultura política de seu tempo. A história social e a história filosófica têm entre si, de uma certa maneira, a relação que os tempos ordinários mantêm com os períodos de revolução. Os conflitos entre as forças de progresso e de reação, o povo e as elites, as pessoas de baixo e os detentores do poder, o choque dos interesses e dos preconceitos fazem de certa forma o cotidiano da história, cotidiano incansavelmente repetido e retomado através da sucessão das figuras da obediência e da dominação, da liberdade e da opressão. No entanto, esse tempo ordinário só ganha um sentido específico quando inserido na transformação das instituições e dos modos de pensar. Se não, o anacronismo ameaça sempre insinuar-se para deturpar o julgamento. A história filosófica do político propõe-se a "segurar as duas pontas da corrente". Procurando constantemente compreender o ponto de interseção da luta dos homens com sua representação do mundo, ela convida a entender o político como o lugar de um trabalho da sociedade sobre si própria.

Deve-se ainda salientar, para lembrar um último ponto antes de fechar essas breves considerações sobre o método, que essa compreensão implica romper com as abordagens normativas. É preciso partir do caráter indeterminado e problemático da política moderna para pensá-la, e não procurar dissipar essa indeterminação com uma imposição de normatividade, como se uma ciência pura da linguagem ou do direito pudesse dar aos homens uma solução razoável à qual eles só precisariam se conformar. É também enganoso tentar exorcizar por um exercício tipológico a complexidade cambiante da busca democrática. O interessante não é distinguir vários tipos de governo representativo ou tentar fazer caber em escaninhos bem definidos as posições dos autores ou as características das instituições. É, ao contrário, tomar como objeto o caráter sempre compósito e sob tensão da experiência democrática.

As formas da história

No caso francês, dois grandes momentos estruturam essa história, os quais iremos estudar. Em um primeiro momento se constrói, a partir de um traçado de seus limites e de seus pontos de reviravolta, o quadro da experiência democrática. Desde que a Revolução fracassa em dar à luz uma forma institucional – a da democracia representativa – que poderia ter se constituído numa estrutura maleável e evolutiva, quatro tentativas radicais de dissipar a indeterminação democrática apresentar-se-ão como propostas ou encarnar-se-ão em instituições. Em cada caso a democracia acaba por dissolver-se na tentativa de realiza-las. Podemos descrevê-las muito sucintamente:

– *O liberalismo doutrinário*: ele persegue a tentativa termidoriana de refrear as paixões e organizar a volta à ordem. Guizot radicaliza a perspectiva de Benjamin Constant, esforçando-se para confinar a democracia aos costumes e à vida da sociedade civil. Isso se dá ao preço de uma negação absoluta da soberania do povo e de uma apreensão muito particular da ideia de governo representativo como poder social. A visão de uma "ordem capacitária" dissolve, nesse caso, o projeto político moderno em uma sociologia.

– *A cultura política da insurreição*: Se ela encontra em Blanqui seu teórico e seu mártir, ela começa a tomar forma desde o período do Terror, no momento em que a perspectiva de uma desinstitucionalização radical da política aparece para alguns, de Sade a Hébert, como a condição da realização da emancipação dos homens. Celebrando a barricada e o fogo salvador de uma ação imediata conduzida por minorias ativas, esse culto da "soberania fulminante" chega também *in fine* a uma negação do imperativo democrático, erigindo a ditadura revolucionária em valor político cardeal.

– *A absolutização e a generalização do procedimento eleitoral* representam uma terceira maneira de pensar a questão da democracia. Pensada como uma possibilidade durante a Revolução por alguns apólogos da ratificação popular das leis, ela constitui a palavra de ordem central da esquerda levantada em 1850-1851, quando é preciso dar um novo impulso à ambição republicana. Os adeptos do "governo direto", de Considerant a Ledru-Rollin, irão então sugerir encerrar dessa maneira a universalização do sufrágio. Terminam por dissolver a democracia em uma negação da essência do político.

– *O cesarismo* vai enfim propor sair das aporias da democracia por um tipo de polarização do político articulada a uma representação-encarnação. A política é nesse caso simplificada em um cara a cara do povo unificado com seu chefe, que exclui todas as outras fórmulas de organização e de expressão legítimas. Afirma-se aí o projeto de uma "democracia não-liberal", na qual a restrição de certas liberdades públicas é teorizada como a condição para uma verdadeira soberania do povo.

São essas quatro "circunscrições" do político que traçam o primeiro quadro da experiência democrática na França, indicando seus limites a partir do traçado de suas caricaturas e de suas patologias. Embora sempre ameaçadoras e prestes a ressurgir, elas serão dominadas com o advento da IIIa. República. Assombrada pelo espectro do cesarismo e da Comuna, essa última se pensa primeiro no modo restritivo de uma *República absoluta*. Ela celebra mais facilmente a democracia como instituição da nação do que a soberania comandante do povo, e ela vê na legitimação de uma aristocracia eletiva a consagração tranquilizadora do governo representativo. Mas essa visão dos pais fundadores deve dar lugar a realidades mais exigentes a partir do fim do século XIX. Sob a pressão dos fatos desenham-se assim, progressivamente, os traços de uma *democracia média*. Sem que a Constituição tenha mudado formalmente, não é mais o regime sonhado pelos Ferry, os Grévis ou os Gambetta que governa doravante os franceses. Os princípios do puro governo representativo são primeiro alterados com o desenvolvimento dos partidos e o controle maior do eleitor sobre os deputados com a adoção de programas. Paralelamente, o campo da vida política cresce com o poder tomado pela opinião, assim como com a multiplicação das formas de expressão extra-parlamentares, não mais se limitando à atividade das Câmaras. O imperativo democrático espalha-se enfim nas diversas esferas da vida social, como atesta particularmente a emergência da palavra de ordem "democracia industrial" depois de 1918. Mesmo se a intervenção mais direta dos cidadãos sob a forma do referendo é repetidamente rejeitada, estabelece-se assim esse novo *regime sem nome*, por vezes qualificado de "democracia semi-direta" ou de "governo semi-representativo".

Os desencantamentos, os medos e as impaciências certamente não desapareceram. Também não foram definitivamente afastadas as margens ameaçadoras: os abismos do totalitarismo constituíram delas uma versão brutalmente agravada no século XX. Mas a democracia média afirmou-se superando essa prova, mesmo tendo ela, doravante, se ligado mais à perspectiva de uma *democracia negativa*. Sob a forma de um equilíbrio ao mesmo tempo precário e modesto, a última metade do século XX acabou por constituir um quadro bem estável para a experiência democrática, prolongando em certos pontos (notadamente com a adoção do referendo) as adaptações implementadas a partir do fim do século XIX.

No entanto, não desapareceu o sentimento de que a democracia continuava inacabada, como testemunharam de maneira estrondosa a irrupção da palavra de ordem autogestão nos anos 1970 ou, de maneira mais difusa, a perda de interesse pela política nos anos 1980. Para além da persistência dessas decepções, uma reviravolta mais ampla parece esboçar-se na aurora do século XXI, marcando talvez a chegada de um "terceiro momento" da experiência democrática. Enquanto antes tratava-se de lutar para que a vontade geral não fosse confiscada, agora é o objeto mesmo da soberania que constitui um problema. A questão do declínio de uma "soberania da vontade"[60] está cada vez mais no centro das preocupações, desenhando um novo mapa dos medos e das impaciências e dando um sentido renovado à interrogação sobre as formas pertinentes da soberania do povo. Estamos agora completamente imersos nesse novo momento da experiência democrática. É por isso que, traçando a história tumultuosa e problemática da soberania do povo, as preocupações do historiador e do filósofo político podem coincidir com as curiosidades e expectativas dos cidadãos. Se a implicação cívica se define como a capacidade de dominar lucidamente, compreendendo-as melhor, as situações complexas nas quais os homens se encontram, o trabalho do historiador e do filósofo político é então parte

---

60 Tomo de empréstimo a expressão de Jean-Marie DONEGANI e Marc SADOUN, *La Ve République Naissance et mort*, Paris, Gallimard, « Follio Histoire », 1999.

fundamental dessa atitude. O conhecimento torna-se nesse caso uma das formas da ação. Essa história filosófica do político que procuramos empreender pode forjar ao mesmo tempo instrumentos de compreensão e ferramentas de intervenção. Em uma época em que se multiplicam as considerações preocupadas ou desiludidas sobre a democracia, este livro pode indicar a via de uma lucidez positiva e construtiva. Longe da renúncia ou das simplificações contemporâneas, ele pretende mostrar que o projeto de uma soberania ativa do povo continua pertinente e pode doravante ser compreendido em termos que reforçam a liberdade ao invés de ameaçá-la.

Primeira parte

As bodas da democracia

A IMPOSSÍVEL DEMOCRACIA REPRESENTATIVA
A ORDEM CAPACITÁRIA (o liberalismo doutrinário)
A CULTURA DA INSURREIÇÃO (o blanquismo)
A ABSOLUTIZAÇÃO DO VOTO (o governo direto)
A DEMOCRACIA ILIBERAL (o cesarismo)

I. A impossível democracia representativa

Os novos caminhos da soberania do povo
A invenção da democracia representativa: a soberania complexa
O Terror ou a desinstitucionalização da política
O trabalho perdido do Termidor

Os novos caminhos da soberania do povo

Como superar os equívocos originários da soberania e da representação? A questão lancinante está em todas as cabeças desde 1789, mesmo não conseguindo se formular em termos claros. Desde 1790 novos caminhos e fórmulas inéditas são experimentados para tentar conciliar os imperativos contraditórios da gestão técnica do número e do respeito à força de comando do povo. São, é claro, os meios mais radicais que se sentem obrigados a avançar e sair da armadilha. François Robert, redator do *Mercure Nacional [Mercúrio Nacional]*, formula assim em 1790 um programa audacioso: "Introduzir uma outra espécie de governo representativo que seja completamente coerente com os princípios da liberdade".[1] Lavicomterie cria até a expressão "democracia representada",[2] anteriormente impensável, para

---

1 François ROBERT, *Le Républicanisme adapté à la France*, Paris, 1790, p. 90-91.
2 Louis de LAVICOMTERIE, *Du peuple et des rois*, Paris, 1791, p. 111.

qualificar o sentido de tal busca. Várias pistas serão então exploradas nessa direção para tentar concretizar essa ambição entre os anos 1790 e 1791. A primeira é a da *democracia de opinião*, pensada a partir do conceito de vigilância. Tratar-se-á, nesse caso, de tentar superar os equívocos originários do governo representativo através da desinstitucionalização da soberania, o exercício difuso da vigilância do povo envolvendo e projetando-se permanentemente sobre a ação de todas as autoridades constituídas. A segunda apoia-se sobre a distinção entre a iniciativa e a sanção na produção legislativa, oferecendo assim a possibilidade de reservar completa e diretamente aos cidadãos um *poder de ratificação*. A terceira tematiza a separação entre o "momento constituinte", mais facilmente submetido aos princípios democráticos, e o "governo ordinário", exercido por instâncias representativas. É, nesse caso, uma gestão diferenciada das temporalidades do político que fundamenta a tentativa de ir além de Rousseau. Retomemos sucintamente cada uma dessas tentativas de reconceitualização das formas da soberania do povo.

Em Paris, mesmo no auge da batalha contra a assembleia municipal, ninguém reivindica nos distritos um governo direto do povo. Uma palavra resume então a forma de soberania almejada: vigilância.[3] É dessa forma que se pretende derrotar a aristocracia representativa, denunciada com violência. *La Bouche de Fer* [*A boca de Ferro*] exibe então sob seu título um olho sublinhado pela fórmula: "Vigilância do povo" (ver *ill.*1, 2, 3). Nicolas Bonneville, que é, ao lado de François Robert, um dos principais porta-vozes das sociedades patrióticas da cena parisiense na primavera de 1791, explicitou esse imperativo em termos extraordinariamente sugestivos: "O poder de vigilância e de opinião (quarto poder censor, do qual ninguém fala), nota ele, porque pertence *igualmente* a todos os indivíduos, porque pode ser exercido por *todos* os indivíduos diretamente, sem representação, e sem perigo para o corpo político, constitui essencialmente a soberania nacional".[4] Bonneville não é

---

3   Cf. Raymonde MONNIER, "Paris au printemps 1791. Les sociétés fraternelles et le problème de la souveraineté », *Annales historiques de la Révolution française*, n° 287, janeiro-março de 1992 ; Maurice GENTY, *L'Apprentissage de la citoyenneté. Paris, 1789-1795*, Paris, Messidor, 1987.

4   *La Bouche de fer*, n° 1, octobre 1790, p. 7 (sublinhado pelo autor). Em um espírito mais negativo, Louis-Sébastien MERCIER também utilizou esse termo para redefinir a noção tradicional de soberania. "O povo, escreve ele, só pode ter a soberania, e se pretende além, erra e se perde. Portanto, o povo não tem o bastante de sua força terrível, que ele próprio deve temer? Não tem o suficiente dessa inspeção rigorosa, desse monitoramento perpétuo que ele pode desenvolver em torno do corpo legislativo, e que nada não lhe pode tirar. Não tem em todos os tempos uma comunicação aberta com a potência que lhe cabe? Não tem o direito de petição que ele conserva essencialmente e que se torna, em outros termos, uma verdadeira censura? Não está presente em todas as deliberações? Não tem uma quantidade imensa de escritos para prevenir os erros?" (*Jean-Jacques Rousseau considere*

certamente uma das grandes figuras intelectuais da Revolução, mas ele conseguiu condensar nessa definição todos os elementos de uma visão original da soberania. Em torno da ideia de vigilância procura-se, com efeito, uma fórmula original para a superação da contradição entre governo representativo e democracia direta.

Os meios dessa vigilância? São evidentemente multiformes. Alguns a imaginam – e a praticam – sob a forma diretamente ativa de uma presença física nas ruas, nas associações e nas tribunas do povo na Assembleia. Mas a maioria dos que celebram a palavra de ordem "vigilância" vê sobretudo no poder da opinião a condição de seu exercício. Os setores mais radicais dos Cordeliers concordam nesse ponto com os liberais avançados do Círculo social, como Condorcet ou Brissot. Esse último explicou, nessa perspectiva, que a liberdade de imprensa não constituía somente uma garantia individual, levando também a uma transformação da própria noção de representação. Uma relação interativa e permanente entre eleitos e eleitores pode sobrepor-se, graças a ela, ao procedimento mecânico e pontual da representação. A liberdade de imprensa permite, para Brissot, dar forma à vontade geral, da mesma maneira que várias pinceladas acabam por compor uma forma reconhecível. Ela é mesmo, diz ele, "o único meio" de que as sociedades dispõem para se organizar pela vontade geral. Essa concepção muito inovadora da opinião como figura da vontade geral estará no centro das reflexões que animam o pequeno meio intelectual que gravita em torno do Círculo social. Além de Brissot e Condorcet, Lanthenas está também entre os que contribuem para teorizar a relação do sistema representativo com a opinião, a noção de "sentimento geral da sociedade" substituindo o conceito rousseauniano de vontade gera.[5] Com a independência da expressão dos pensamentos, explica, a lei será realmente, no seu conjunto, a expressão da vontade geral. Uma democracia de vigilância crítica instala-se assim no interior mesmo do sistema representativo.

O governo representativo "formal" é acompanhado, através do poder da opinião, de uma democracia "informal". Essa última instaura uma vigília permanente que constitui um substituto para uma possível intervenção direta dos cidadãos. O reconhecimento de um "quarto poder" leva assim à formulação em novos termos do problema da soberania e à perspectiva da resolução dos equívocos

---

comme l'un des premiers auteurs de la Révolution, Paris, 1791, t. II, p. 14).

5   A expressão é teorizada por François Xavier LANTHENAS, *De la liberté indéfinie de la presse et de l'importance de ne soumettre la communication des pensées qu'à l'opinion publique*, Paris, 17 de junho de 1791.

originários do governo representativo. Isso se dá com mais razão pelo fato da opinião pública não ser somente concebida por esses autores como *o conteúdo* enfim encontrado da totalidade social (dando ao mesmo tempo uma solução ao problema rousseauniano da diferença entre a vontade de todos e a vontade geral). Ela é também compreendida, de maneira muito esclarecedora, como uma *forma* perfeitamente correspondente ao seu conceito, porque destacada de toda instituição. É próprio da opinião pública, ressalta Bergasse, "não ter qualquer tribunal visível, cujo poder no entanto existe e se reproduz por toda parte".[6] A opinião é um poder absolutamente geral e totalmente eficaz, pois ela não é constrangida por regras nem limitada por procedimentos. Bergasse ajuda, assim, a compreender nesses termos a correspondência "natural" entre o conceito de opinião e o de soberania. "Eu gostaria muito que vocês examinassem se não é no exercício da opinião pública que consiste a soberania de um grande povo", lança ele consequentemente, de maneira muito sugestiva, a todos os devotos de Jean-Jacques.[7]

Associada à ideia de vigilância, a de sanção também exerce um papel importante nos debates parisienses na primavera e no verão de 1791. A verdadeira soberania, ouve-se então com frequência, não reside em um projeto quimérico de governo popular, mas na possibilidade de sancionar as leis. Ao poder da aristocracia representativa, que alguns não param de achincalhar e denunciar, opõe-se essa capacidade de intervenção direta de um outro tipo.[8] Significativamente, é em torno desse tema que se reúnem nessa época os primeiros círculos republicanos e os meios radicais parisienses. A ideia de "ratificação da lei pela vontade geral" serve então como bandeira para todos os que se consideram ardentes discípulos de Rousseau, reconhecendo ao mesmo tempo as constrições derivadas das condições

---

6 Nicolas BERGASSE, *Sur la manière dont il convient de limiter le pouvoir législatif dans une monarchie*, Paris, setembro de 1789 (reproduzido in *A.P.*, t. IX, p. 120).

7 *Ibid.*

8 O tema é, aparentemente, desenvolvido pela primeira vez pelo abade FAUCHET em sua *Motion faite à l'assemblée générale des représentants de la Commune*, em 20 de novembro de 1789, e na obra *De la religion nationale*, Paris, 1789. "A legislação, para ser completa, escreve ele no primeiro texto, deve fazer o círculo inteiro: partir do povo, voltar a ele e retornar ao centro de onde ela rege em seguida todos os raios de um vasto império" (p. 4). RABAUT SAINT-ÉTIENNE e PÉTION exprimem-se também nesse sentido fora do debate sobre o veto real, esse último esboçando pela primeira vez a fórmula de um referendo legislativo. Cf. o capítulo "Du consentement general aux lois" da brochura de RABAUT SAINT-ÉTIENNE, *Principes de toute constitution soumis à l'Assemblée nationale*, agosto de 1789 (reproduzido in *A.P.*, t. VIII, p. 406-407), e o discurso de 5 de setembro de 1789 de PÉTION (*A.P.*, t. VIII, P. 582-584). BARERE lança por seu turno a ideia de um "veto da lei".

de organização de uma sociedade numerosa. É Girardin, um dos grandes amigos de Jean-Jacques (esse último aposentou-se em sua propriedade em Ermenonville), que está entre os primeiros a popularizar essa expressão e a teorizá-la em seu *Discours sur la necessité de la ratification de la loi par la volonté générale [Discurso sobre a necessidade da ratificação da ei pela cvontade geral]*.[9] Girardin, que não poupa palavras duras para criticar o "pretenso governo representativo que degenera a cada dia" e não para de denunciar, com citações do *Contrat Social [Contrato Social]*, sua "monstruosidade", vê na ratificação popular da lei o meio de fazer todos os cidadãos participarem de sua formação".[10] Esse princípio, proclama ele orgulhosamente, "decorre da Declaração dos direitos do homem e do cidadão". Mesmo mobilizando realmente apenas os meios mais radicais, a ideia prospera. Isso se nota no verão de 1791, quando múltiplas vozes se elevam para pedir que a Constituição, lei das leis, seja submetida às assembleias primárias. Longe de um regime representativo clássico e da democracia pura, o modelo de uma *democracia de sanção* ou uma *democracia de ratificação* impõe-se para esboçar um novo caminho à soberania do povo. Embora o termo referendo legislativo ainda não exista, é disso que se trata.

Uma terceira forma de conceber um possível desenlace da contradição fundadora consiste em estabelecer uma distinção clara entre poder constituinte e poder constituído, atribuindo prioritariamente ao primeiro o imperativo democrático. Brissot é um dos primeiros a propor nesses termos a solução para o dilema constitucional francês. A vigorosa defesa dos princípios representativos para a organização dos poderes constituídos vem junto, para ele, com um convite para deixar sempre aberta a porta ao poder constituinte, memória e atualização da soberania originária do povo. Ele pode, assim, tornar-se ao mesmo tempo o defensor intransigente da soberania do povo e o teórico rigoroso do governo representativo. Ele se justifica longamente em uma brochura de agosto de 1791, *Discours sur les conventions [Discurso sobre as convenções]*.[11] A soberania do povo, insiste o texto, não passa de uma "palavra vã" se

---

9 René-Louis de GIRARDIN, *Discours sur la nécessité de la ratification de la loi par la volonté générale*, Paris, 1791 (discurso pronunciado na sessão de 7 de junho de 1791 da Sociedade dos amigos dos direitos do homem e do cidadão).

10 "Para que a lei possa ser realmente a expressão prática da vontade geral, diz ele,, é preciso que todos os cidadãos posssam concorrer à sua formação [...]. Esse direito precioso é a essência e a existência mesma da soberania" (*ibid.*, p. 4),. Nota-se que Girardin funda sua proposição sobre isso que ele qualificou de "direito imprescritível e solenemente problamado pelo artigo VI da Declaração dos direitos do homem e do cidadão" (aliás, é explicitamente feita a referência a esse artigo no subtítulo da obra).

11 BRISSOT, *Discours sur les conventions*, Paris, 1791 (pronunciado na Sociedade dos amigos da

ela não resultar em uma "supremacia ativa sobre os poderes delegados". Brissot toma emprestadas as fórmulas mais radicais dos distritos parisienses para denunciar "o artifício dos Tartufos políticos" que enganam o povo. O que ele recusa? Seguir aqueles que, como Barnave ou Sieyès, acabam por apagar a soberania do povo absolutizando a representação. O que ele deseja? A instituição de um "poder conservador" dessa soberania. "Esse poder existe; vocês todos o conhecem, alega ele: é o poder constituinte. O meio de exercê-lo existe; vocês todos o conhecem: são as convenções.[12]" Manter viva a soberania do povo supõe assim, segundo sua fórmula extraordinária, "ressuscitar em certas épocas o poder constituinte". É assim que Brissot propõe conciliar a fidelidade à inspiração rousseauniana com o reconhecimento do caráter incontornável dos procedimentos representativos. "Se Rousseau tivesse dito que a democracia pura de um pequeno povo oferece mais liberdade do que uma democracia representada, ele teria dito uma verdade, admite. Mas sustentar que não somos mais livres a partir do momento em que somos representados, é colocar Constantinopla ao lado de Londres; no entanto há alguma distância entre esses regimes. Rousseau não teria caluniado o sistema representativo se ele tivesse visto ao lado dele, como na América, um freio às ações dos representantes, em convenções periódicas. O sistema representativo só se torna tirânico onde esse freio não existe. Mas as convenções não eram bem conhecidas no momento em que Rousseau escrevia".[13]

Brissot redefine assim o quadro do problema revolucionário. Ele deixa de apreendê-lo em termos puramente procedimentais (as formas de intervenção direta do povo contrabalançando o desvio representativo) para situá-lo em uma economia geral do tempo político. A *política ordinária* (legislativa e executiva) exerce para ele uma soberania delegada, enquanto a *política extraordinária* (constitucional) se apoia mais diretamente sobre a vontade popular.[14] Ele abre, assim, caminho para as teorias da democracia qualificadas, dois séculos mais tarde, dos dualistas.[15] Brissot vislumbra de

---

Constituição, sessão aos Jacobinos, 8 de agosto de 1791).

12 *Ibid.*, p. 3.
13 *Op. cit.*, p. 18.
14 Em *Qu'est-ce que le tiers état?*, Sieyès é o primeiro a distinguir "representantes ordinários" e "representantes extraordinários" (edição crítica com uma introdução de Edme Champion, Paris, P.U.F., 1982, p. 71). CLERMONT-TONNERRE dissociará mais tarde "a representação extraordinária nomeada Convenção ou poder constituinte" de "a representação ordinária, nomeada Legislatura ou Assembleia nacional, e que é um poder constituído" (Discurso de 21 de setembro de 1789, *A. P.*, t. IX, p. 59).
15 Ver particularmente Bruce ACKERMAN, *We the People*, vol. I, *Foundations*, Cambridge, Mass., The Belknap Press of Harvard UP, 1991.

maneira pioneira a centralidade da relação do poder político com o tempo. O problema da democracia dos Modernos é dar uma forma institucional à enorme distância separando uma simples *soberania-autorização* que pode no limite, como em Hobbes, ser concebida como um momento originário (no qual ficção e história se tornam indissociáveis) e uma *soberania-permanente*, que seria a de um povo constantemente legislador e magistrado.[16] O tempo da constituição marca nesse quadro uma baliza fundamental. Com a organização das convenções, Brissot traz uma solução para todos os que, como Fauchet, desejam uma "reunião periódica do soberano".[17] A democracia é percebida dessa maneira como uma certa formatação política da sociedade no tempo, ao mesmo tempo memória e atualização do contrato social.

As reflexões e sugestões da primavera e do verão de 1791 que acabamos de evocar muito brevemente não formam, evidentemente, um conjunto doutrinário coerente. Brissot ou o abade Fauchet, como todos os que estão no meio do Círculo social, opõem-se assim em pontos decisivos aos panfletários radicais que gravitam em torno do clube dos Cordeliers. As perspectivas dos publicistas mais avançados permanecem aliás muito confusas, oscilando entre o velho e o novo. É chocante, por exemplo, constatar o uso repetido que fazem do antigo adágio *Lex fit ex consensu populi*. A ratificação popular das leis é frequentemente apresentada como uma boa implementação dessa fórmula. Girardin chega a ver nas antigas assembleias do Campo de Marte a prefiguração das instituições revolucionárias a serem criadas![18] A máxima Q.O.T. do direito romano (*Quod omnes tangit, ab omnibus tractari et approbari debet*)[19] é também evocada com frequência. Uma certa indeterminação subsiste, assim, entre uma concepção judiciária da soberania (compreendida de forma restritiva, como uma decisão de última instância, uma forma de habilitação), que serve como referência teórica implícita aos apóstolos de uma redefinição do poder popular, e uma concepção política da soberania (correspondendo mais a

---

16 Se Rousseau toma tão claramente suas distâncias para com o princípio representativo, é justamente porque ele pretende radicalizar a distância em relação às falsas concepções antigas da soberania do povo para pensar esta última como uma potência de instituição. É somente nessa tomada de distância que pode ser compreendida a democracia dos Modernos.
17 Carta de Claude FAUCHET à Sociedade dos jacobinos, 18 de maio de 1791, reproduzida em Sigismond LACROIX, *Actes de la Commune de Paris pendant la Révolution*, Paris, 1894-1921, t. VII, p. 604.
18 Cf. *Discours sur la nécessité de la ratification de la loi par la volonté générale, op. cit.*, p. 19-20.
19 "O que interessa a todo o mundo deve ser tratado e aprovado por todo mundo". Ver André GOURON, "Aux origines médiévales de la maxime *Quod omnes tangit*", in *Histoire du droit social. Mélanges en hommage à Jean Imbert*, Paris, P.U.F, 1989.

uma norma de comando, portanto a uma forma de autogoverno), pressuposta nas reivindicações das seções parisienses. As antinomias que hoje cremos perceber claramente – entre a política dos Antigos e a política dos Modernos, as instituições de participação e as regras de proteção, o direito e a democracia – estão ainda longe de serem constituídas sob a Revolução. Os pontos de vista ultrademocráticos e apaixonadamente monárquicos podem até algumas vezes, por essa razão, parecer sobrepor-se ou, ao menos, entrar em consonância.[20] É normal que seja em tais condições, conflituosas e equívocas, que se busque a implementação de uma soberania recém-proclamada. Mas as perspectivas que se esboçam nesse contexto não têm dificuldade para tornarem-se claras e encarnar-se em projetos constitucionais confiáveis somente por essa razão. Nesse ponto, a história social deve ajudar a história intelectual a apreender o sentido e os limites da efervescência intelectual do período. O grande debate sobre a revisão constitucional do verão de 1791 atesta isso claramente.

As relações de força e os medos sociais subjazem a todas as tomadas de posição do período. Os constituintes estão, nesse momento, bem longe de conduzir um sábio debate filosófico. Em face da sugestão feita por alguns de dar às assembleias primárias um poder de petição para indicar os artigos constitucionais a serem reformados, a grande maioria dos constituintes insurge-se assim: "Vocês saem do sistema representativo e se jogam no sistema democrático", adverte um deles, como que tomado de vertigem.[21] Importa, aliás, ressaltar que é por ocasião desse debate que se forjam as definições mais restritivas do governo representativo. Barnave emprega notadamente, nesse quadro, formulações que continuarão memoráveis. "Quando falamos de provocação de assembleias primárias, de petições individuais cuja maioria poderia forçar o corpo legislativo, insurge-se ele, substituímos o poder representativo, o mais perfeito dos governos, por tudo que há na natureza de mais odioso, mais subversivo, mais nocivo ao próprio povo, o exercício imediato da soberania, a democracia, que se provou pela experiência o maior dos flagelos, mesmo nos menores estados onde o povo pode se reunir".[22] Tudo se passa, para esses homens, como se o governo representativo

---

20 Vêem-se por exemplo membros da direita da Constituinte celebrarem o poder de opinião no intuito de minimizar o interesse de um governo representativo, enquanto um Brissot vê nesse poder um meio de aperfeiçoar o governo representativo e superar seus limites.
21 ANDRÉ, 30 de agosto de 1791, *A. P.*, t. XXX, p. 68.
22 BARNAVE, 31 de agosto de 1791, *A. P.*, t. XXX, p. 115. É a distinção mesma do poder constituinte e do poder constituído que contradiz, no fim das contas, Barnave. Cf. Jean-Luc CHABOT, "Barnave et Le pouvoir constituant", in *Constitution et révolution aux États-Unis d'Amérique et en*

só pudesse existir sob a forma mais estrita. Por essa razão, eles não aceitam que a expressão da vontade geral possa tomar canais diferenciados. "A vontade geral [...] só pode ser expressa pelos representantes do povo": a fórmula dogmática é repetida à larga.[23] Teme-se a "subversão dos princípios do governo representativo",[24] como se não houvesse qualquer instituição política intermediária possível entre a democracia qualificada de "pura" e o governo representativo absoluto. Reconhece-se a nação plenamente soberana, mas só se autoriza sua expressão sob as estritas espécies de seu órgão delegado. Barnave exprime essa ideia em termos vigorosamente inequívocos: "O povo é soberano: mas no governo representativo, insiste ele, seus representantes são seus tutores, somente seus representantes podem agir por ele, porque seu próprio interesse está quase sempre ligado a verdades políticas das quais ele não pode ter conhecimento claro e profundo".[25] O preconceito social e a filosofia prática da soberania somam-se assim na maioria dos constituintes para afastar qualquer compromisso. Por isso eles não podem sequer conceber essa "outra espécie de governo representativo" que alguns procuram esboçar na mesma época.

É preciso esperar a crise do verão de 1792, que provoca a queda da monarquia, para que os acontecimentos tragam realmente para o primeiro plano o imperativo de uma soberania do povo mais diretamente atuante. As tensões propriamente constitucionais (ligadas ao veto dado por Luís XVI a alguns decretos da Assembleia) sobrepõem-se assim ao fato da entrada na guerra para radicalizar as interrogações sobre o sentido e as formas desejáveis do governo representativo. Uma segunda etapa política e um novo ciclo de reflexões e proposições abrem-se então.

A invenção da democracia representativa: a soberania complexa

As práticas políticas e a percepção das instituições serão completamente remodeladas quando a Assembleia declara, em 11 de julho de 1792, "a pátria em perigo". Alguns dias antes, com efeito, ela tinha decretado que se essa medida fosse necessária, todos os cidadãos deveriam considerar-se "em estado de atividade

---

Europe (1776-1815), sob a direção de Roberto Martucci, Macerata, 1995.
23 Cf., por exemplo, FROCHOT, *A. P.*, t. XXX, p. 99. "Se se nega essa asserção, prossegue ele, ataca-se com isso o governo representativo " (*ibid.*). ANDRÉ diz por seu lado: "A vontade presumida da nação de mudanças a serem feitas na constituição deve ser emitida pelo Corpo legislativo" (*A. P.*, t. XXX, p. 111).
24 FROCHOT, *A. P.*, t. XXX, p. 100.
25 Discurso citado de BARNAVE, *A. P.*, t. XXX, p. 115.

permanente". Nesse quadro, a vida ordinária das instituições interrompe-se. Ela se apaga atrás de um princípio primeiro e suficiente: "a lei suprema da salvação do povo". A grande discussão de julho de 1792 sobre as medidas a serem tomadas para a segurança do Estado mostrou muito claramente como se operava essa espécie de retorno à origem nas circunstâncias excepcionais. "A salvação do povo: a Constituição não tem outra base e outra essência" resume Brissot,[26] enquanto o conselho geral da Comuna de Paris nota: "O povo, situado entre a morte e a escravidão, [...] retoma pela segunda vez seus direitos".[27]

A dureza do evento dissipa então, na sua especificidade, todas as incertezas anteriores sobre as formas adequadas do poder popular. Uma vez a pátria declarada em perigo, "o povo retoma o exercício da soberana vigilância", proclama a seção parisiense presidida por Danton.[28] A distância entre o povo e seus representantes dissolve-se na crise,[29] ao mesmo tempo em que desaparece a tensão entre a democracia direta e o governo representativo. Os representantes somem atrás do povo diretamente ativo e todas as leis se apagam diante do imperativo da salvação pública. O poder constituinte, como poder originário, adquire uma consistência imediata e sensível nessas circunstâncias extraordinárias. Em tal contexto, ressalta Condorcet, "não devemos nos surpreender ao ver cidadãos depositando sua salvação apenas em si próprios, e procurando um último recurso no exercício da soberania inalienável do povo; direito que ele tem por natureza".[30] Fica assim afirmado o princípio de uma *soberania permanente* do povo, contrastando com o reconhecimento anterior, mais tímido, de uma simples *soberania originária*.[31]

Ao mesmo tempo, as relações do povo com seus representantes são chamadas à sua ordem original. "Todos os decretos da Assembleia não podem abafar a opinião pública; nós somos apenas seus órgãos e ela sabe se fazer ouvir mais alto" reconhece

---

26 Discurso de 9 de julho de 1792, *A. P.*, t. XLVI, p. 270.

27 Citado por F. BRAESCH, *La Commune du dix août 1792. Étude sur l'histoire de Paris du 20 juin au 2 décembre 1792*, Paris, 1911, p. 128.

28 *Adresse*, de 30 de julho de 1792, da sessão do Teatro-Francês. Citado por A. SABOUL, *Les Sans--culottes parisiens en l'an II, op. cit.*, p. 508.

29 Cf. o que diz Brissot em 9 de julho de 1792: "Quem sou eu? Um representante do povo. Nesta tribuna, eu não sou mais *eu*; eu sou *ele*; eu posso compor por mim; eu não posso compor por ele. Seu interesse, eis minha lei, minha regra invariável" (*A. P.*, t. XLVI, p. 264).

30 CONDORCET, *Instruction sur l'exercice du droit de souveraineté* (9 de agosto de 1792), in *Oeuvres de Condorcet*, Paris, 1847, t. X, p. 533 (ver também *A. P.*, t. XLVII, p. 615).

31 No 25 de julho de 1792, a Assembléia faz o célebre decreto que ordena a permanência das assembleias de sessões.

então modestamente um deputado.³² A insurreição parisiense de 10 de agosto de 1792 dá toda sua efetividade a essa inversão das relações anteriores de soberania. Denunciando o despotismo municipal, as seções declaram sua aspiração à democracia direta, querendo transformar seus representantes em simples mandatários. Em discurso pronunciado em 12 de agosto no clube dos Jacobinos, Anthoine, o prefeito de Metz, resume em termos inequívocos a filosofia implícita do movimento: "O povo retomou sua soberania, nota ele. Uma vez retomada a soberania pelo povo, não resta qualquer autoridade senão a das assembleias primárias; a própria Assembleia nacional só continua a exercer alguma autoridade em razão da confiança depositada nela pelo povo".³³ Uma desinstitucionalização afirmada do político decorre de tal perspectiva. A soberania do povo torna-se então ação direta, puro imediatismo, absolutamente livre de todas as constrições formadas por regras estáveis. Não há mais qualquer questionamento do poder. Essa desinstitucionalização não leva somente, aliás, à invalidação dos procedimentos representativos; ela precipita também uma confusão completa dos poderes em uma só mão. Por todo lado instituem-se assim "comitês de vigilância", órgãos imediatos da soberania, prontos a substituir um poder executivo julgado "em insurreição contra o povo". Esse evento permite, de alguma maneira, a materialização da utopia rousseauniana de sobreposição dos poderes. "Nesses momentos de crise, diz-se, por exemplo, entre os sans-culottes, não são necessários tribunais: o povo é soberano, cabe a ele julgar e executar os culpados".³⁴

Mas, paradoxalmente, a crise exalta e dissolve ao mesmo tempo o poder do povo. As formas de democracia direta experimentadas no verão de 1792 levam, com efeito, à decomposição da autoridade em uma multidão de polos que se reivindicam autônomos, as decisões sendo tomadas e anuladas no dia a dia, retirando todo sentido à noção de lei comum ou à de poder regular. Em seu *Instruction sur l'exercice du droit de souveraineté [Instrução sobre o exercício do direito de soberania]*, Condorcet chamou a atenção para esse paradoxo. Mas como conciliar então o respeito pela soberania imediata do povo com os requisitos de uma incontornável organização do poder? Como, em outros termos, articular o poder do evento, no qual se encarna a soberania com uma evidência sensível, com a regularidade de uma instituição? A Assembleia responde a essa questão decidindo convocar uma Convenção, fixando

---

32 Intervenção de CHABOT, em 25 de julho de 1792, *A. P.*, t. XLVII, p. 128.
33 Citado por F. BRAESCH, *La Commune du dix août 1792, op. cit.*, p. 387.
34 Citado por A. SABOUL, *Les Sans-culottes parisiens en l'an II, op. cit.*, p. 512. Esse exercício popular da justiça marcou principalmente a crise de setembro de 1792.

assim um objetivo único à atividade de todas as assembleias primárias, oferecendo no processo eleitoral a possibilidade da criação de uma forma unificada da voz do povo. Por essa convocação, a Assembleia visa fazer coincidirem a ação imediata e o poder regular. A transferência da soberania ao povo é assim, pode-se dizer, afirmada e canalizada ao mesmo tempo. A *Adresse aux français* [*Moção aos franceses*] de 13 de agosto nota isso claramente: "Para salvar a França, a Assembleia nacional [...] só encontrou um meio: recorrer à vontade suprema do povo, e incitá-lo a exercer imediatamente esse direito inalienável de soberania que a constituição reconheceu e que ela não pôde submeter a qualquer restrição. O interesse público exigia que o povo manifestasse sua vontade pelo voto de uma convenção nacional".[35] A abolição da distinção entre cidadãos ativos e passivos efetiva-se nessa convocação que permite ao poder constituinte retomar uma forma diretamente legível. Para rematar esse reconhecimento, a Convenção deveria, aliás, afirmar em um de seus primeiros decretos que "não pode haver outra constituição senão aquela aceita pelo povo".[36]

Essa tentativa de enquadrar a soberania do povo fracassa em grande medida: em muitos casos, as assembleias primárias ultrapassam o objeto de sua convocação para intervir diretamente no campo administrativo e político. Ao mesmo tempo em que se desenvolvem práticas impositivas de mandato, veem-se inúmeras assembleias primárias destituindo funcionários, nomeando diretamente novos responsáveis, ou mesmo substituindo elas próprias as instâncias administrativas. A preocupação maior da nova Convenção será, assim, encontrar a via para uma institucionalização, ao mesmo tempo eficaz e razoável, do poder popular. Como conservar no tempo o princípio da soberania do povo? Como traduzir em instituições e em regras esse princípio quando o evento já esfriou? É a grande questão que os constituintes de 1793 procuram responder. Ela não é nova, pois constitui desde 1789 o pano de fundo da epopeia revolucionária, mas em 1793 ela é colocada de maneira radical.

Para os convencionais de 1793, o caráter praticamente incontornável de um sistema representativo é, no entanto, tão evidente quanto era para os constituintes de 1789. Os próprios Saint-Just e Robespierre o reconhecem. Em seu *Essai de constitution pour la France* [*Ensaio de constituição para a França*], o primeiro o expõe logo como uma evidência: "A França é uma república; sua constituição é representativa".[37]

---

35 *Adresse* apresentada por Condorcet em 13 de agosto de 1792 (A. P., t. XLVIII, p. 97).
36 Decreto de 21 de setembro de 1792.
37 Projeto de abril de 1793 (A. P., t. LXIII, p. 205).

Quanto a Robespierre, se ele não hesita em lisonjear o movimento parisiense de 1792, denunciando com violência a situação de escravidão na qual se encontra a nação perante seus representantes, toma o cuidado de precisar que sua crítica se refere apenas ao governo representativo "absoluto".[38] O problema continua sendo o de conciliar Rousseau com a representação. "Por que Rousseau que será sempre, em legislação e em política, nossa estrela polar, afirmou que uma verdadeira democracia seria incompatível com um governo representativo?": a perplexidade desse deputado de 1793[39] não é diferente da dos homens de 1789. Se vários dos secionários parisienses desejam, no calor da hora, uma democracia direta, eles não são acompanhados nesse terreno por todos aqueles que refletem sobre a elaboração de uma nova constituição.[40] Como continuar, nessas novas condições, a se inspirar em Rousseau, aceitando ao mesmo tempo o mecanismo representativo? Um conceito irá ordenar e resumir essa busca: o de *democracia representativa*. A expressão não é completamente nova: Condorcet foi o primeiro a empregá-la em 1788,[41] Brissot e Paine haviam-na sugerido em 1791[42] e ela foi esboçada nos meios do clube dos Cordeliers ou do Cercle social. Mas a fórmula não havia sido então particularmente refletida; tinha ficado isolada.

Em 1793, o termo democracia representativa irá, ao contrário, se impor como uma referencia central na discussão constitucional. Através dele se expressa a busca

---

38 As posições de Robespierre, no verão de 1792, sobre o problema do governo representativo são desenvolvidas em dois de seus artigos publicados em *Le Défenseur de la Constitution* (nº 5 e 11; reproduzidos em *Oeuvres complètes de Robespierre*, t. IV, *Les Journaux*, Paris, 1939). A expressão "governo representativo absoluto" encontra-se no primeiro (*op. cit.*, p. 144) enquanto ele denuncia violentamente no segundo o "despotismo representativo" (*ibid.*, p. 328).

39 Charles LAMBERT (deputado da Côte-d'Or), *De la révocabilité des représentants du peuple, et en général de tous les fonctionnaires publics, seul moyen d'avoir une véritable démocratie avec un gouvernement représentatif et de prévenir les insurrections populaires*, Paris, junho de 1793 (reproduzido in A. P., t. LXVII, p. 325).

40 Alphonse AULARD sublinhou esse acordo quase unânime para estabelecer uma república representativa em 1793. Segundo ele, a ideia de que o povo pudesse e devesse exercer diretamente a soberania só foi formulada por um membro da assembleia eleitoral de Seine-et-Oise, que propôs um mandato de acordo com o qual os deputados « pediriam que o povo exercesse sua soberania não por delegados, mas por si próprio » (*Histoire politique de la Révolution française*. Paris, 1901, p. 257).

41 Em suas *Lettres d'un bourgeois de New-Haven à un citoyen de Virginie sur l'inutilité de partager le pouvoir législatif entre plusieurs corps*, in *Oeuvres de Condorcet, op. cit.*, t. IX, p. 84.

42 Cf. Patrice GUENIFFEY, "Brissot", *in* Fr. FURET et M. OZOUF, *Dictionnaire critique de la Révolution française, op. cit.* Na segunda parte de sua obra *Droits de l'homme*, publicado em 1791, Thomas PAINE escreve: "A pura democracia era a sociedade que se governava sem assistência de meios secundários; inserindo a representação na democracia, nós conseguimos um sistema de governo capaz de abraçar e de reunir todos os diferentes interesses, qualquer que seja o tamanho do território e da população" (edição apresentada por Claude MOUCHARD, Paris, Berlin, 1987, p. 209).

por uma consideração mais tangível da soberania do povo. Ele canaliza assim as esperanças da realização do programa revolucionário. Aliás, é impressionante constatar como a expressão e a preocupação surgem no mesmo momento em uma multidão de brochuras. "Se nossa massa nos impede de ter uma democracia pura, tenhamos ao menos a democracia representativa, ou seja, um verdadeiro povo de representantes, constantemente reunidos para zelar por nossos interesses que serão os seus", diz-se por exemplo.[43] O objetivo é mesmo superar a contradição sentida desde 1789. Um convencional o formulou claramente: "Nós não podíamos decretá-lo antes de ter estabelecido que nosso governo seria representativo ou democrático. O sentido ordinário dessas palavras é nulo para nós; nosso governo será ambas as coisas".[44] Se o próprio Robespierre admite, em seu célebre discurso de 10 de maio de 1793 sobre a representação, que há "um problema ainda não resolvido da economia popular", ele indica também que é preciso organizar o poder do povo "de uma maneira afastada tanto das tempestades da democracia absoluta quanto da pérfida tranquilidade do despotismo representativo".[45] É, aliás, igualmente interessante constatar que todo um novo vocabulário político aparece no mesmo período. Enquanto alguns exprimem sua perplexidade – "Por que procurar dar um nome a uma coisa que não existe? Não é querer batizar a criança antes que ele tenha nascido?", pergunta-se, por exemplo, um convencional[46] – florescem expressões inéditas nos discursos e nas brochuras do período. Ouve-se assim falar pela primeira vez de "República democrática", de "República popular", de "Constituição democrática" e mesmo de "soberania representativa".[47]

---

43 A expressão é de Didier THIRION, *La Pierre angulaire de l'édifice constitutionnel*, Paris, maio de1793 (reproduzido em A. P., t. LXVII, p. 407).

44 RABAUT-POMIER, discurso de 22 de maio de 1793 (A. P., t. LXV, p. 192). Para melhor compreender a maneira como são então apreendidas as relações da democracia com a representação, ver a importante discussão de 13 de maio de 1793 sobre a caracterização do regime a ser substituído (A. P., t. LXIV, p. 627-628). "Sem dúvida, diz então Pétion, ele será representativo, mas deve haver uma mistura de democrático porque é preciso que o povo tenha o direito de censura, é preciso que ele possa à sua vontade modificar seus magistrados e fazer reformar suas leis". Para qualificar essa fórmula, Pétion fala significativamente de "governo misto".

45 A. P., t. LXIV, p. 433 e 430. Ele nota, aliás, de maneira significativamente embaraçada a respeito do termo governo representativo: "Esta palavra precisa ser explicada, como muitas outras, ou mais ainda, trata-se bem menos de definir o governo francês do que de o constituir" (*ibid.*, p. 432).

46 LAVIEL, *Réflexions préliminaires sur la constitution française et sur l'organisation d'un gouvernement populaire* (A. P., t. LXVII, p. 249). Em seu relatório de 17 de abril de 1793, ROMME chama a atenção sobre o fato de que o emprego de uma "palavra equívoca" pode então "levar a consequências funestas" (A. P., t. LXII, p. 264).

47 DAUNOU fala de "República democrática" em seu *Essai sur la Constitution* (*op. cit.*, p. 358). A

Mas como dar forma a essas ambições? No meio secionário parisiense, muitos se limitam a sugerir um controle rigoroso dos eleitores sobre os eleitos. Reaparece então a temática dos mandatos imperativos ou a reivindicação de revogabilidade dos representantes subjacente à aspiração a uma certa "democracia mandatária".[48] Espera-se assim da eleição direta ou do aumento do número de representantes uma superação da contradição inerente ao governo representativo, a melhoria dos procedimentos eleitorais conduzindo a uma representação "mais próxima do povo".[49] Esses temas e essas propostas estão longe de ser originais; de fato, como vimos, eles estão anteriormente esboçados nas primeiras críticas do "despotismo representativo". A via para uma democracia representativa inédita que se busca hesitantemente em 1793 desenha-se, no entanto, sob uma perspectiva diferente. É no funcionamento mesmo das instituições, e na sua estrutura, que se vai procurar dar sentido e forma a uma definição mais exigente da soberania do povo. O projeto de constituição que Condorcet apresenta em fevereiro de 1793 o atesta de maneira exemplar.

O objetivo de Condorcet é conceber uma forma de governo representativo que não leve a limitar ou restringir a soberania do povo. "Combinar as partes da constituição de maneira que a necessidade da obediência às leis, da submissão das vontades individuais à vontade geral, deixe subsistir em toda a sua extensão a soberania do povo, a igualdade entre os cidadãos, e o exercício da liberdade natural: tal é o problema que nós temos que resolver", explica ele na introdução de seu célebre relatório.[50] Se "a extensão da República só nos permite propor uma constituição representativa",[51] trata-se então de inventar as formas que permitam satisfazer a ambição democrática aumentada pelos eventos. Como chegar a esse resultado e

---

expressão "soberania representativa" encontra-se em Jean-Louis SECONDS (*De l'art social ou des vrais príncipes de la société politique*, reproduzido em *A. P.*, t. LXII, p. 544). Étienne BARRY fala de "República popular" em seu *Essai sur la dénonciation politique*, Paris, 1793. POULTIER diz desejar uma "constituição verdadeiramente democrática" (*A. P.*, t. LXII, p. 462).

48 Ver, por exemplo, a célebre brochura de Jean VARLET, *Projet d'un mandat spécial et impératif aux mandataires du peuple à la Convention nationale*, dezembro de 1792 (reproduzido em *A. P.*, t. LIV, p. 719-722).

49 Sobre essas tendências, ver Claudine WOLIKOW, "1789-1793, l'émergence de la "democratie représentative"", in *L'An I et l'apprentissage de la démocratie*, sob a direção de Roger Bourdenon, Saint-Denis, Editions P. S. D., 1995.

50 *Rapport* de Condorcet, apresentado em 15 de fevereiro de 1793 em nome do comitê de constituição, *A.P.*, LVIII, p. 583. Resumindo o espírito do projeto de Condorcet, SALLE dirá: "Ele concebia a forma representativa dando à democracia tudo o que ela poderia ter de influência em um povo imenso (*A. P.*, t. LXVII, p. 394).

51 *Ibid.*, p. 584.

conciliar objetivos potencialmente contraditórios? Um conjunto de procedimentos visa a tornar o poder do eleitor o mais imediatamente sensível. Por exemplo, o sistema de sufrágio em dois graus, inscrito na Constituição de 1791 para a nomeação dos representantes e dos administradores, é descartado em benefício da eleição direta. A duração de quase todos os mandatos é também diminuída (fica previsto que o Corpo legislativo, Câmara única, seja renovada anualmente). O número de funções eletivas é, além disso, multiplicado: o Conselho executivo da República, composto por sete ministros, é eleito imediatamente pelos cidadãos em suas assembleias primárias;[52] os três comissários do Tesouro nacional são também nomeados nas mesmas condições. A originalidade do projeto de Condorcet não está, no entanto, nessas propostas, mesmo se a distinção proposta por ele entre um *escrutínio de apresentação* e um *escrutínio definitivo* coloca os primeiros delineamentos teóricos do que será chamado, dois séculos mais tarde, de democracia deliberativa. O próprio Condorcet reconhece, aliás, o alcance limitado dessas medidas que poderiam ser chamadas de "mecânicas" (mesmo considerando que elas bastam para evitar os inconvenientes que poderiam derivar de uma assembleia única). A definição de uma "democracia representativa" requer antes de tudo, aos seus olhos, um tipo de *fracionamento* da soberania do povo.

A grande ideia de Condorcet é pluralizar as modalidades de exercício da soberania do povo, de forma a transformar em jogo de soma positiva as relações da democracia com o governo representativo. Não é diminuindo a representação, e sim aumentando a complexidade que ele pretende reservar um papel maior à intervenção política do povo. Como em 1791, Condorcet primeiro concede em seu plano um lugar central à "ressurreição periódica do poder constituinte" para revisar os textos constitucionais. A noção mesma de soberania do povo fica assim redefinida, inscrevendo-se em um sistema de temporalidades políticas diversificadas. Nessas condições, ela pode sair do quadro monista dentro do qual era antes implicitamente apreendida. Com as convenções, ela é de certa maneira levada a desdobrar-se. Ela passa a existir ao mesmo tempo como *soberania delegada* (o poder legislativo representativo) e como *soberania de controle* (o poder constituinte ressuscitado nas convenções). Sua efetividade depende, portanto, de sua complexidade. Brissot o explicou muito bem, em termos que Condorcet aprovava: "Um Estado bem

---

[52] Pode-se notar que Condorcet considera desde 1791 a eleição do poder executivo, cf. *Sur l'institution d'un Conseil électif* (23 de julho de 1791), in *Oeuvres de Condorcet, op. cit.,* t. XII.

constituído, escreve, deve ter um corpo para fazer as leis, uma ou várias pessoas para representar a nação na execução dessas leis, e um *poder subsistindo em si próprio*, para resistir às usurpações de cada um dos membros do governo e contê-los todos dentro das fronteiras do dever. Um poder delegado sem um outro que o controle e fiscalize tende naturalmente a violar o princípio de sua delegação, e a transformar essa delegação em soberania".[53] Por essa razão, uma certa divisão dos poderes é a condição da preservação efetiva da soberania do povo. Condorcet permite assim pensar o liberalismo, de maneira muito nova, como uma forma da democracia, abrindo o caminho para uma *soberania complexa*. É um tipo de "rousseauismo liberal" que fica assim esboçado, a diversidade das temporalidades da democracia e a pluralidade dos modos de expressão tornando-se a dupla condição para uma soberania mais ativa.

Mas Condorcet vai muito mais longe. Ele propõe instituir "um meio legal de reclamação" que permita à opinião publica intervir no processo legislativo para censurar um texto de lei. Por essa "censura do povo sobre os atos da representação nacional",[54] Condorcet pretende conseguir "conservar em uma maior extensão o gozo do direito de soberania cujo exercício, mesmo sob uma constituição representativa, talvez seja útil para relembrar os cidadãos de sua realidade."[55] Um simples cidadão pode tomar uma iniciativa dessas. Sua proposta deve somente recolher cinquenta assinaturas, o que é muito pouco, para ser recebida pela mesa de sua assembleia primária. Se essa última achar, na sua maioria, depois de ter sido convocada, que convém deliberar sobre a proposta, todas as assembleias primárias da comuna serão chamadas a votar o texto da proposta, um voto favorável levando à organização de um escrutínio ao nível departamental. Basta, segundo diferentes modalidades, que um ou dois departamentos o peçam, para que um decreto do corpo legislativo possa ser submetido ao povo e eventualmente revogado. De outro lado, os cidadãos têm o direito de provocar o julgamento dos funcionários públicos, em caso de abuso de poder ou de violação da lei, e um referendo é instituído "quando o corpo legislativo provoca, sobre uma questão que interessa a toda a República, a emissão do voto

---

53 BRISSOT, *Discours sur les conventions, op. cit.*, p. 5. Sou eu quem sublinho.
54 É como se chama o título VII de seu projeto de constituição. Cf. Michel PERTUÉ, "A censura do povo no projeto de constituição de Condorcet", in *Condorcet, mathématicien, économiste, philosophe, homme politique*, sob a direção de Pierre CRÉPEL e Christian GILAIN, Paris, Minerve, 1989. A ideia de censura já havia sido evocada como uma possibilidade futura nas *Lettres d'un bourgeois de New-Haven, op. cit.*, p. 79-80.
55 Relatório citado, p. 585.

de todos os cidadãos".[56] Um mesmo movimento liga assim, nesse procedimento, a expressão do indivíduo-cidadão à formação da vontade geral. Mas a contribuição mais original de Condorcet é compreender essa última em novos termos.

A vontade geral apresenta para ele um caráter duplamente complexo. Longe de ser um dado preexistente à atividade política, ela resulta antes de um processo contínuo de interação e reflexão entre o povo e os representantes. As estruturas ordinárias do governo representativo e os procedimentos do referendo ou da censura do povo são, portanto, *complementares*: eles constituem *dois momentos*, e ao mesmo tempo duas formas, da soberania do povo. Essa abordagem é extraordinariamente inovadora. Ela permite a superação da oposição entre a visão de Sieyès, para quem a vontade da coletividade só pode existir através de um órgão que lhe dê forma (o povo só se constituindo como sujeito político pela representação) e a dos secionários parisienses, que imaginam o povo como ator político imediato. Se ela deriva de uma interação de tipo institucional, a soberania do povo é também para Condorcet uma *construção histórica*. Ela articula várias temporalidades: tempo curto do referendo ou da censura; ritmo institucional das eleições; tempo longo da constituição. Em cada um dos casos, a expressão do povo constitui uma vontade que é ao mesmo tempo completada, vigiada e controlada pelos outros procedimentos. São apenas expressões diferentes de si próprio que entram em jogo, e não instituições que estariam em oposição. Dessa forma, Condorcet abre caminho para uma profunda renovação da questão da divisão dos poderes. Ao invés de apreendê-la como uma simples balança ou uma divisão equilibrada das prerrogativas, ele a concebe como uma condição para o aprofundamento da democracia, uma vez que somente ela pode dar consistência ao povo real que é sempre um *povo complexo*, em suas duas espécies plurais (como construção histórica e como interação). O povo, em outras palavras, é sempre duplo ou triplo; ele é complexo demais para que uma só de suas manifestações possa resumi-lo e "representá-lo" de maneira satisfatória. A democracia representativa tal como pensada por Condorcet não é, portanto, da ordem da síntese ou do equilíbrio entre dois princípios contraditórios. Permitindo o desdobramento do povo, ela se apresenta como a solução encontrada para o problema da definição do regime dos Modernos.

---

56 *Ibid.*, p. 604. Ver sobre esse ponto a tese de Michel FRIDIEFF, *Les Origines du référendum dans la Constitution de 1793*, Paris, 1931.

Condorcet não é o único a raciocinar nesses termos inovadores. Uma parte das intuições que organizam sua visão encontra-se no extraordinário florescimento de projetos constitucionais publicados na primavera de 1793. Há, nesse momento, um intenso movimento de reflexão política e intelectual, injustamente negligenciado pela maioria dos historiadores,[57] como se a violência dos eventos que o sucederam tivesse eclipsado seu sentido. No entanto, é talvez durante esses meses da Revolução que a inventividade política chega ao auge. Muitos são, então, os que pensam que as aporias de 1789 estão finalmente perto de se resolver. Duas grandes categorias de ideias encontram-se nessa vasta literatura. A primeira diz respeito ao controle de constitucionalidade, enquanto a segunda às formas de intervenção popular.

O problema do controle de constitucionalidade, como vimos anteriormente, é posto na ordem do dia desde 1791. Mas é em 1793 que ele está plenamente integrado a uma visão do progresso democrático. Fato significativo, a expressão "Conselho constitucional" aparece pela primeira vez nessa ocasião.[58] Seu autor vê na instância assim denominada um tipo de tribunal de apelação, regulando as relações entre o povo e seus representantes ou os agentes administrativos. Longe de conceber esse tribunal como um organismo destinado a enquadrar juridicamente a soberania, ele é apresentado, ao contrário, como "o melhor modo de produzir a vontade geral".[59] No mesmo espírito, outros propõem instituir "conservadores da Constituição", com o poder de apelar diretamente às assembleias primárias se o poder legislativo for acusado de ultrapassar seus direitos.[60]

A temática esboçada em 1791 de uma democracia de vigilância ou de sanção é também retomada e fortemente enriquecida. A organização de uma censura do povo encontra-se assim em numerosos projetos. Se muitos contentam-se em sugerir o uso do referendo ou o estabelecimento de um procedimento de ratificação dos textos legislativos,[61] alguns têm em mente modalidades de intervenção mais

---

57 Para uma primeira aproximação, ver Michel PERTUÉ, "Les projets constitutionnels de 1793", in *Révolution et république*, sob a direção de Michel VOVELLE, Paris, Kimé, 1994, assim como a tese de François GALY, *La Notion de constitution dans les projets de 1793*, Paris, 1932.

58 David WILLIAMS, *Observations sur la dernière constitution de la France*, Paris, abril de 1793 (reproduzido in *A.P.*, t. LXIII, p. 589).

59 *Ibid.*

60 *Quelques idées sur une constitution populaire dans un grand État*, brochura anônima publicada no nº 190 (abril de 1793) das *Révolutions de Paris* (reproduzido em *A.P.*, t. LXIII, p. 300).

61 Ver, nessa ótica, P. C. F. DAUNOU, *Essai sur la Constitution*; P.J.D.G. FAURE, *Observations sur le gouvernement de la France*; Jean-Marie CALÈS, *Note sur le projet de Constitution* (reproduzidos in *A.P.*, t. LXII e LXIII). Essa fórmula é a mais presente.

sofisticadas, na esteira de Condorcet. Mas vários outros procedimentos de realização da soberania do povo são também considerados. Reedita-se, por exemplo, a ideia de um "terceiro poder" que possa se opor aos excessos do poder legislativo. Trata-se, nessa perspectiva, de estabelecer "um regulador ou um fiscal que não seja tão vago quanto a opinião de 25 milhões de indivíduos".[62] A expressão é interessante. Ela ressalta o progresso alcançado desde 1791: a preocupação doravante é dar uma forma constitucional precisa aos contrapoderes. A evocação precedente do poder da opinião é acompanhada pela proposta de procedimentos muito meticulosamente descritos. Prunelle de Lierre sugere assim estabelecer "um tribunal da consciência do povo".[63] Concebido como "uma voz imponente para advertir o Corpo Legislativo, se ele desviar; uma força moral e política para trazê-lo de volta à linha constitucional da liberdade, da igualdade e da felicidade do povo", o funcionamento desse tribunal é cuidadosamente descrito por seu promotor em um longo projeto de decreto".[64] Um crime de "lesa-soberania do povo" é até significativamente instituído para sancionar os entraves eventualmente postos à sua ação. Em uma perspectiva próxima a essa, Kersaint defende a ideia da criação de um "tribunal de censores".[65] Concebido como uma instância entre o poder executivo e o poder legislativo, ele tem por tarefa "conservar as formas e as regras do governo, com o direito de apelar ao povo, se os poderes delegados tentassem sair de seus limites".[66] Não podemos agora entrar nas minúcias dessa abundante literatura. Mas é importante ressaltar bem o seu espírito. Distantes das visões liberais clássicas da divisão dos poderes e de sua limitação, todas essas inovações têm em comum com o projeto de Condorcet a compreensão da soberania em bases novas, rompendo com as concepções unívocas do povo. Apreendida assim, a democracia representativa é de fato uma ideia poderosamente

---

62 Cf. por exemplo BACON, *Examen impartial des bases de la nouvelle Constitution*, février 1793 (reproduzido em *A.P.*, t. LXIII, p. 603).
63 Cf. seu discurso de 16 de junho de 1793, com o projeto do decreto correspondente, *A.P.*, t. LXVI, p. 583-586.
64 Que contém nada menos do que 29 artigos substanciais. Eleitos imediatamente nas assembleias primárias, dotados de um amplo poder de investigação, os "homens da consciência do povo" que formam esse tribunal podem obrigar a Assembleia a levar em conta certos objetos ou mesmo decidir apelar diretamente às assembleias primárias.
65 Guy KERSAINT, *De la Constitution et du gouvernement qui pourraient convenir à la République française* (reproduit in *A.P.*, t. LXVII, ver p. 426-427, sobre a formação e os funções do tribunal dos censores).
66 *Op. cit.*, p. 422.

original em 1793. Ela fracassará, no entanto, na tentativa de inscrever-se nos costumes e nas instituições.

A ambição de alargar o campo das tipologias políticas usuais, estabelecendo uma democracia representativa, não vai muito longe. Em sentidos muito diferentes, o Terror e depois o Termidor irão sucessivamente ilustrar esse fracasso. Como? A resposta a essa questão constitui a chave para compreender as contradições históricas em torno das quais se deram as peripécias da democracia francesa.

Os dois momentos caracterizam-se primeiro por uma mesma precipitação dos eventos. São os eventos que comandam, e não as instituições que então organizam a sociedade. Durante o Terror, a política é radicalmente desinstitucionalizada. Tudo acontece a partir do confronto instável entre um comitê todo-poderoso e grupos incontroláveis. Em uma espécie de fuga para a frente, é um *poder selvagem da insurreição* que praticamente se impõe na base, enquanto no topo reina uma ditadura dos comitês. A exaltação da virtude substitui a atenção aos procedimentos formalizados para garantir o sentido positivo da ação pública. Em sentido inverso, com o Termidor é prioritariamente a *obsessão social da ordem* quem manda. Trata-se de conjurar a volta das explosões populares, em uma visão governada pelos imperativos práticos. No primeiro caso, as circunstâncias levam à aceleração da política, fazendo-a acordar; no segundo, ao contrário, os acontecimentos a petrificam e encolhem. Resulta daí também uma diferença quanto aos objetivos principais de uma reinvenção da democracia. As obsessões, os fantasmas, as denegações e os medos gangrenam constantemente a política. Mas a impossível institucionalização de uma democracia representativa tem uma outra causa, que podemos qualificar como intelectual. A dificuldade de pensar a soberania de forma complexa e plural tem também suas raízes naquilo que parece um *intransponível monismo revolucionário*.

O Terror, o Termidor: uma mesma impossibilidade de constituir instituições democráticas representativas; mas dois modelos opostos dessa falha. De um lado, a exaltação do poder da rua, da força física e dos clamores anônimos que incendeiam a cena política. Do outro, um gosto pela ordem que empobrece e encolhe a esfera pública. Nos dois casos, há um confisco da soberania: pelo povo anônimo expresso por um punhado de chefes em um caso; por pequenos grupos de notáveis autoproclamados guardiães dos direitos e da propriedade no outro. Dois momentos que constituem, por conseguinte, duas figuras nascentes da patologia política francesa.

O terror ou a desinstitucionalização da política

A busca pelos caminhos para uma democracia representativa, esboçada na primavera de 1793, é logo abandonada. É essencial explicar esse abandono. Produz-se com efeito nesse momento um fracasso que irá imprimir sua marca durante aproximadamente dois séculos. Os eventos, mais uma vez, têm seu papel nessa situação. Na verdade, são os dados da batalha política no seio da Convenção que praticamente explicam o afastamento do projeto de Condorcet.[67] O debate constitucional fica, ao mesmo tempo, suspenso. Ele só é retomado na metade de abril, cada vez mais dominado pelo enfrentamento entre Girondinos e Montanheses. Os primeiros querem que um texto seja votado o mais rápido possível, pois veem na adoção de uma constituição o remédio para as desordens e divisões que assolam o país. Os segundos consideram, ao contrário, que não há qualquer urgência e que a hora não é para discussão, mas para ação. A Convenção havia assim praticamente abandonado seus trabalhos quando eclode o golpe de Estado popular de 31 de maio e 2 de junho de 1793, que provoca o sinal da insurreição dos departamentos contra Paris. Saindo vitoriosos da prova de força, os Montanheses são levados a deixar de lado suas reticências. O Comitê de salvação pública avalia assim, no começo de junho, que a redação de uma constituição é o único meio capaz de conter o movimento federalista, tranquilizando os departamentos. Por isso é difícil, nessas condições, confundir a discussão na Convenção com a de uma academia de filósofos políticos!

Nesse período, os julgamentos e as propostas em matéria constitucional são, por esse motivo, continuamente modificados e influenciados pelas exigências práticas. As reviravoltas espetaculares na posição de Robespierre atestam esse fato de maneira exemplar. Propõe-se conceder às assembleias primárias a possibilidade de se reunir extraordinariamente quando for o desejo da maioria de seus membros? Ele logo entrevê o advento de um contrapoder ameaçador e exalta-se contra "o excesso de democracia (que) derruba a soberania nacional", opondo uma "democracia pura", julgada perigosa, a uma "democracia que, pela felicidade geral, é temperada pelas leis".[68] Deseja ele domesticar o poder executivo? Ele formula então, em sentido

---

67 Pouca à vontade para contradizer seu conteúdo, os Montagnards criticarão sobretudo a forma do projeto, acusado de ser muito longo e muito complicado. Assim, desde 17 de fevereiro de 1793, COUTHON diz, aos Jacobinos que o texto lhe parece "de uma abstração afetada", estimando que uma constituição deve estar "ao alcance de todo o mundo" (*in* Alphonse AULARD, *La Société des jacobins*, Paris, 1896, t. V, p. 29).

68 Discurso de 14 de junho de 1793, *A.P.*, t. LXVI, p. 530.

inverso, as propostas mais extremas de revogação dos funcionários pelo povo",[69] chegando a sustentar que a vontade do povo não pode jamais ser representada.[70] O gênio político e tático de Robespierre prova então sua formidável eficácia na indiferença a qualquer presunção de coerência intelectual. Mas a dificuldade em dar forma à ideia de democracia representativa não se explica só, evidentemente, por dados circunstanciais dessa ordem. A despeito de sua brevidade, o debate em torno do novo projeto montanhês, apresentado por Hérault de Séchelles em 10 de junho de 1793, tem sob esse ponto de vista uma importância fundamental. Com efeito, ele fornece a chave propriamente conceitual para entender esse fracasso, que pode ser resumida em uma frase: ele resulta da dissociação permanente entre um *hiperdemocratismo conceitual*, que no limite só enxerga uma verdadeira soberania do povo no momento da insurreição, e um *hiperparlamentarismo sociológico*, nostálgico de uma forma de representação-encarnação. Daí decorre um tipo de incapacidade permanente de institucionalizar o campo político.

Para melhor ter a dimensão desse problema, partamos do texto de Hérault de Séchelles, atendo-nos unicamente aos elementos essenciais para nosso objeto. Igualmente fundado sobre o princípio da soberania popular exercida pelo sufrágio universal, na forma ele difere sensivelmente do projeto apresentado por Condorcet. Se Hérault retoma a ideia de referendo, concebido como um direito de veto do povo, ele suprime a diferença introduzida pelo filósofo entre o escrutínio de apresentação e o escrutínio de eleição; rejeita também sua sugestão de fazer eleger diretamente pelo povo, reunido em assembleias primárias, os membros do Conselho executivo e os agentes da tesouraria e da contabilidade. Os primeiros são nomeados, segundo seu projeto, pelo corpo Legislativo, a partir de uma lista elaborada pelas assembleias eleitorais dos departamentos, e os segundos são designados pelo conselho executivo. Além disso, o novo projeto restringe o campo das eleições imediatas à escolha dos

---

69 "Eu quero, diz ele em 10 de maio de 1793, que todos os funcionários públicos nomeados pelo povo possam ser revogados por ele" (*A.P.*, t. LXIV, p. 432). O artigo 14 de seu projeto de Declaração de direitos, apresentado em 24 de abril de 1793, prevê: "O povo é o soberano; o governo é sua obra e sua propriedade, os funcionários públicos são seus comissários. O povo pode, quando lhe parece, mudar seu governo e revogar seus mandatários" (*A.P.*, t. LXIII, p. 199).

70 "A palavra "representante", diz ele em 16 de junho de 1793, não pode ser aplicada a qualquer mandatário do povo, porque a vontade não pode ser representada. Os membros da legislatura são os mandatários a quem o povo deu a primeira potência; mas no verdadeiro sentido, não se pode dizer que eles o representam [...]. É um abuso de palavras"(*A.P.*, t. LXVI, p. 578). Pela primeira vez, esse ponto de vista de Robespierre é aliás repelido pela Convenção, tendo Ducos observado: "A vontade do povo pode ser representada; porque sem esta não haveria outro governo legítimo que não a democracia pura" (*ibid.*).

deputados. A nomeação dos administradores, dos árbitros públicos e dos juízes criminais é delegada a eleitores de segundo grau e o referendo é organizado segundo modalidades muito mais restritivas do que no projeto de Condorcet. Ele é, nesse sentido, menos democrático do que o texto desse último, que dava prioridade ao sistema de eleição direta.[71] Apesar dessas sensíveis divergências, Hérault de Séchelles inscreve-se numa inspiração global que permanece ainda próxima da de seu predecessor. Primeiro, ele mantem plenamente o desejo de expressar o ideal democrático no interior das formas representativas. "A constituição francesa não pode ser exclusivamente *representativa* porque ela não é menos *democrática* do que *representativa*", nota ele no preâmbulo de sua proposta.[72] Ele atribui assim um lugar central à instituição de uma instância de controle da representação, que ele chama de *grande júri nacional*.

Como Condorcet, Hérault participa de uma visão reflexiva da soberania: atestam isso os dois artigos do título IV de seu projeto, "Da soberania do povo": "Artigo I. O povo exerce sua soberania nas assembleias primárias. Artigo II. Ele nomeia imediatamente seus representantes e os membros do júri nacional". Todo cidadão pode recorrer a esse júri que tem como objetivo "proteger os cidadãos da opressão do corpo legislativo e do conselho". Composta de uma pessoa eleita em cada departamento, sua função é eventualmente remeter os culpados aos tribunais, e não aplicar diretamente as penas. A diferença em relação ao projeto de censura exposto por Condorcet é manifesto. O objetivo de Condorcet era permitir uma interação entre o povo e seus representantes na produção das leis, dando ao primeiro uma capacidade de iniciativa e de sanção. Quanto ao júri nacional, ele visa unicamente à contestação dos atos particulares dos poderes constituídos. O objeto das duas instituições é, portanto, diferente.[73] Mas elas derivam de uma mesma visão dualista da soberania. Nos dois casos, há uma constituição simultânea de poderes

---

71 Enquanto Aulard insistia sobre a continuidade entre os dois projetos, as análises contemporâneas põem ainda mais acento sobre as divergências. Para a formulação mais recente sobre o assunto, ver a obra coletiva *La Constitution du 24 juin 1793. L'utopie dans le droit public français?*, Dijon, Éditions universitaires de Dijon, 1997.

72 Discurso de 10 de junho de 1793, A.P., t. LXVI, p. 258 (o discurso de HÉRAULT DE SÉCHELLES e seu projeto constitucional encontram-se nas páginas 256-264). Notamos que Hérault fala indiferentemente de jurado ou juri nacional.

73 Numerosos comentadores cometem o erro de aproximá-lo do que Condorcet chamava também o júri nacional. Em Condorcet, trata-se de uma instituição limitada à esfera jurisdicional, encarregada de se pronunciar sobre os crimes de alta traição. Ela se aproxima da Alta Corte nacional prevista pela Constituição de 1791.

paralelos que derivam imediatamente do povo: a representação e o seu controle. Podemos, portanto, falar também de soberania complexa ou soberania plural a propósito do júri. Hérault, aliás, ressalta sobre ele: "Essa grande instituição da qual a majestade do soberano necessita e que, doravante, estará situada ao lado da própria representação".[74] É mesmo uma instância democrática que participa da soberania e não só uma proteção liberal que limitaria essa última para proteger os direitos dos indivíduos.

Quando Hérault apresenta seu projeto, ele usa os qualificativos mais entusiastas para se referir a essa ideia de júri, que ele coloca no centro do novo dispositivo constitucional.[75] A proposta seria, no entanto, rejeitada na Convenção. Esse episódio pode ter por muito tempo parecido secundário: o projeto seria remetido a uma breve discussão, levado em regime de urgência, cortado pelas notícias do fronte, parte de uma constituição montanhesa natimorta. Mas ele assume, ao contrário, uma importância capital quando o situamos mais amplamente no quadro das tentativas feitas para dar forma ao conceito de democracia representativa. Com efeito, a rejeição do júri nacional vai marcar uma inflexão decisiva na história da democracia francesa, prendendo-a de forma duradoura a suas aporias originárias.

O episódio assume uma tripla significação. Primeiro, ele marca a impossível superação do monismo revolucionário: a soberania só sabe se definir sob a forma de Um. Ele sublinha, depois, a dificuldade de pensar a institucionalização do poder social: o povo só aparece plenamente revestido de seu poder no surgimento criador da ação. Ele mostra, por fim, como é forte a tentação de só conceber a superação das contradições da democracia moderna sob o modo de uma representação-encarnação, que faz a figura do povo borrar-se na de seus representantes. O primeiro ponto é o mais evidente. O estabelecimento de uma instância de controle, eleita ao mesmo tempo e nas mesmas condições que o poder legislativo, é fundamentalmente acusado de levar a um dualismo que traria em si os germes de uma confusão e de uma depreciação da soberania do povo. "Vocês decretaram que a legislatura exerceria a soberania; é ridículo querer montar ao lado dela uma autoridade superior", resume, nesse sentido, um opositor de Hérault de Séchelles.[76] Pouco tempo antes, Robespierre

---

74 *A.P.*, t. LXVI, p. 258.
75 Cf. a propósito da intervenção de RAMEL-NOGARET em 16 de junho de 1793: "Eu faço observar à Convenção que a questão do jurado nacional foi discutida no comitê com a maior atenção; nós nos convencemos que ele era o *palladium* da liberdade" (*A.P.*, t. LXVI, p. 587).
76 Intervenção de THURIOT, 16 de junho de 1793 (*A.P.*, t. LXVI, p, 577). CHABOT nota por seu

já havia desenvolvido um raciocínio análogo para se opor ao estabelecimento de um tribunal. "O que nos importam, dizia ele, as combinações que balançam a autoridade dos tiranos! É a tirania que é preciso extirpar; não é nas querelas de seus senhores que os povos devem procurar o benefício de poder respirar por alguns instantes; é em sua própria força que deve estar situada a garantia de seus direitos[...] Só há um tribuno do povo que eu possa admitir: é o próprio povo".[77] Esses argumentos são muito clássicos. Eles remetem à velha dificuldade de pensar, no direito público francês, a soberania de outra forma que não um poder único, toda decomposição ou todo fracionamento sendo mecanicamente compreendidos como o vetor de um enfraquecimento.

Mais original, pode-se dizer, é o segundo argumento lançado para repelir a ideia do júri; funda-se na declaração da inutilidade da institucionalização de um contrapoder. Que é preciso controlar e fiscalizar os representantes para evitar o advento de um novo despotismo, todo mundo concorda. O problema é a sua organização em uma figura paralela à da representação. "Existe um tribunal desse tipo, é a opinião pública" objeta, significativamente, um dos protagonistas do debate.[78] Ficamos assim na temática vaga da democracia de vigilância, tal como foi formulada na primavera de 1791. É da opinião como poder geral e difuso que se espera um tipo de correção da entropia representativa. "Se não é um tribunal semelhante ao que vos é proposto, será o povo quem examinará a conduta dos mandatários" diz, nesse espírito, Robespierre.[79] A força de convicção trazida por esses dois argumentos no seio da Convenção leva à rejeição do projeto de Hérault. Mas todos enxergam ao mesmo tempo a necessidade de achar uma solução para a possível má conduta dos representantes. "Eu peço o adiamento pois a Convenção deve estabelecer uma medida para garantir o povo contra os possíveis ataques que a representação nacional pode fazer à sua liberdade", explica Billaud-Varenne[80] ao mesmo tempo em que Robespierre confessa finalmente sua perplexidade.[81]

---

turno em 11 de junho: "Não estabeleçamos dois poderes que possam rivalizar um com o outro; não exponhamos o povo à divisão de opiniões entre o corpo legislativo e o jurado nacional" (*A.P.*, t. LXVI, p. 284).

77 Discurso citado de 10 de maio de 1793, *A.P.*, t. LXIV, p. 430.
78 THIRION, 16 de junho de 1793, *A.P.*, t. LXVI, p. 576.
79 *Ibid.*, p. 577.
80 *Ibid.*
81 "Eu penso, diz ele na conclusão de seu discurso que conduz à rejeição do júri, que nós devemos reunir nossas luzes para apresentar as opiniões sobre esse objeto" (*ibid.*).

A democracia inacabada 69

Hérault de Séchelles vai ser levado nesse contexto a apresentar um novo projeto, *Da censura do povo contra seus deputados e de sua garantia contra a opressão do corpo legislativo*.[82] "Nossa intenção, diz ele, foi de dar à seção do povo que elegeu um deputado o cuidado de julgar sua conduta; e nós acrescentamos que um deputado somente seria reelegível depois que sua conduta fosse aprovada por seus representados".[83] Não se trata mais, portanto, de um poder político. É mais um tipo de controle individual e moral.[84] O projeto evita assim as objeções precedentes. Mas a noção fundamental de uma representação nacional, eleita pelos departamentos, fica em contrapartida balançada. Com efeito, se os deputados podem ser julgados por seções particulares do povo, viola-se o princípio, afirmado desde 1789, segundo o qual cada representante pertence à nação inteira. O argumento convence e o novo projeto é ele próprio rejeitado.[85] A ideia ainda continuará a ser formulada aqui e ali[86], mas mesmo assim a página é definitivamente virada. A rejeição sucessiva dos dois projetos marca a virada assinalada. Os elementos de tática tiveram novamente sua importância nesse debate. Junto com a censura do povo e o júri nacional, é também a volta do poder girondino que os Montanheses temem.[87] Consequentemente, eles tornam-se defensores de

---

82 Proposição de 24 de junho de 1793, *A.P.*, t. LXVII, p. 139-140. Ela comporta cinco artigos: "Art. 1º. O povo exerce sua censura nas assembleias primárias sobre a conduta pública dos membros do corpo legislativo. Art. 2. Todo deputado é julgado no final de cada legislatura pelas assembleias primárias que o elegeram. Art. 3. Nenhum deputado é reeleito à legislatura, nem nomeado a qualquer função pública antes da honorável aprovação do povo. Art. 4. As assembleias primárias no caso de censura declaram que o deputado não respondeu à confiança do soberano. Art. 5. O povo garante a si próprio contra a opressão de seus mandatários; seu direito está na sua soberania; seus meios graduados estão nas suas leis, no seu gênio e na sua justiça".

83 *A.P.*, t. LXVII, p. 139.

84 GUYOMAR aponta nesse debate: "Eu apóio esse projeto para que a responsabilidade moral dos deputados não seja ilusória" (*ibid.*). HÉRAULT precisa por seu turno: "As vantagens de nosso projeto são: 1) a popularidade; 2) a de apresentar sem cessar aos representantes do povo seus deveres; 3) a de manter os representantes prontos a prestar contas, se forem requisitados, antes de exercer novas funções" (*ibid.*).

85 O argumento é desenvolvido na sessão de 24 de junho por THURIOT (*A.P.*, t. LXVII, p. 139).

86 Cf. as *Observations* do cidadão RAFFRON que sugerem a criação de um "conselho de censura"; as *Observations sur Le plan de constitution* de Antoine-Hubert WANDELAINCOURT que conclamam a "restabelecer os antigos censores"; o *Projet de constitution* de Jean-François BARILLON faz uma sugestão análoga (projetos publicados em *A.P.*, t. LXVII, em anexo à sessão de 24 de junho de 1793). É preciso notar que esses diferentes projetos diferem todavia muito sensivelmente dos que foram formulados alguns meses antes. Os diferentes autores concebem com efeito os censores como agentes de moralização e de monitoramento. No capítulo "Des censeurs" de seus *Fragments d'institutions républicaines* de junho de 1793 SAINT-JUST escreve nesse sentido: "É preciso em toda revolução um ditador para salvar o Estado pela força, ou censores para salvá-lo pela virtude" (in *Oeuvres completes, op. cit.*, p. 960).

87 Jacques THURIOT teme assim que certos departamentos possam ser "perdidos por intrigantes"

um sistema representativo estrito. Não podemos, no entanto, nos ater a esse tipo de interpretação. Sem o dizer, a Constituição de 1793 leva de fato a cabo, paradoxalmente, através dessa dupla recusa, a transferência da soberania aos representantes que fora tão vivamente criticada na doutrina da Constituinte.[88]

Mas é preciso voltar ao problema da institucionalização. Por trás das sugestões de Condorcet ou de Hérault de Séchelles não há somente um ensaio de pluralização da soberania pensada numa perspectiva reflexiva do poder. Eles procuram também achar um tipo de posição intermediária entre o que poderíamos chamar de soberania selvagem do povo, que se exprime na espontaneidade do motim ou na expressão difusa da opinião, e a soberania organizada, realizada no procedimento eleitoral. Distinção dos graus de institucionalização que corresponde igualmente a uma diferenciação das temporalidades políticas. Condorcet inscreveu claramente nesse quadro de análise seu projeto de censura do povo. A instauração do que ele chama um "meio legal de reclamar" permite escapar da alternativa violência/passividade. Diante da ausência de plasticidade das instituições políticas, é grande o risco, aos seus olhos, de consagrar a insurreição como única forma de intervenção popular concretamente possível. Ao contrário das insurreições que "trazem quase necessariamente males particulares", Condorcet considera que "a forma de reclamação proposta pelo comitê parece prevenir todos esses inconvenientes".[89] Do mesmo modo, ele apreende nesse espírito a utilidade das convenções periódicas de revisão.

O problema não é inédito. Ele já tinha sido posto em 1791, por ocasião da discussão final do primeiro texto constitucional. Os defensores mais intransigentes dos princípios representativos tinham chegado a admitir que não havia qualquer situação intermediária imaginável entre o governo representativo estrito e a insurreição. Por isso eles rejeitavam qualquer ideia de ratificação popular ou de revisão periódica. "Quando uma nova constituição for necessária, uma insurreição a determinará, não hesitavam em dizer; e como esse remédio é extremo, ele será por sua natureza uma garantia suficiente para a nação de que ela só terá uma convenção quando a mais imperiosa necessidade a exigir".[90] Partindo do princípio

---

(Discurso de 24 de junho de 1793, A.P., t. LXVII, p. 140). É preciso com efeito lembrar que os Girondinos propunham então o apelo ao povo nas assembleias primárias para que os eleitores pudessem recusar ou renovar a confiança em seus representantes.

88 O ponto é justamente sublinhado por Lucien JAUME em sua obra *Le Discours jacobin et la démocratie*, Paris, Fayard, 1989, p. 329.
89 Discurso citado em 15 de fevereiro de 1793, A.P., t. LVIII, p. 587.
90 Posição resumida por SALLE, em 31 de outubro de 1791, A.P., t. XXX, p, 107.

de que "os poderes constituintes são a eterna causa das revoluções", Barvane conduzia paradoxalmente à legitimação das revoluções, recusando-se a dar uma forma regular aos poderes constituintes.[91] Parece-me que é ainda a partir desse ponto que é preciso compreender a história acidentada da democracia francesa. Por não encontrar as vias de um reformismo institucionalizado, ela fez sucederem-se os acessos de febre revolucionária e os períodos de obsequioso consentimento ao estado dado do mundo. A obsessão conservadora pela ordem tornou por muito tempo os governantes cegos para as consequências desastrosas dessa disposição. Ao contrário, é porque têm a exata medida dessas consequências que os partidários das convenções periódicas louvam a flexibilidade que elas permitem. "Os que rejeitam, desse modo, as convenções periódicas, resume Brissot, os que só querem convenções irregulares e a pedido do povo, ou no fundo não querem qualquer convenção, ou só buscam inserir a perpetuidade da desordem e da agitação entre as bases de nossa constituição".[92] "Quando um povo livre é bem constituído, sublinha Salle, a insurreição não deve mais ser permitida porque a lei previu tudo. Um povo que precisa de uma insurreição para se constituir é escravo".[93] Condorcet queria ir até o fim dessa questão, para evitar justamente que a soberania do povo fosse condenada a oscilar entre a explosão revolucionária e a rígida expressão institucional.

O aprofundamento dessa questão em 1793 é indissociavelmente prático e teórico, que confunde-se, de uma certa forma, com a própria vida da Revolução. "É preciso que a nova constituição convenha a um povo para quem um movimento revolucionário se encerra, e que, no entanto, ela seja boa também para um povo pacífico", nota Condorcet.[94] O problema da democracia representativa, nesse quadro, é superar a contradição entre a ação revolucionária, como poder sem forma, expressão de um povo instituinte, e o poder instituído representativo.

Hérault de Séchelles encara seu júri exatamente nos mesmos termos. Também para ele o problema é estabelecer um "meio de resistência" alternativo à insurreição.

---

91 Discurso citado em 31 de outubro de 1791, *A.P.*, t. XXX, p. 114.
92 BRISSOT, *Discours sur les conventions*, op. cit., p. 22.
93 Discurso citado de SALLE, *A.P.*, t. XXX, p. 108. Salle observa além disso, muito justamente, que "uma insurreição somente é legítima quando ela é geral, quando ela é unânime; só a unanimidade pode legitimar o emprego da força" (*ibid.*, p. 107). BOURDON DE LA CRONIÈRE nota por seu lado que "as convenções são a única maneira de insurreição que convém a um grande povo" (invervenção de 8 de agosto de 1791 à Sociedade dos jacobinos, in Alphonse AULARD, *La Société des jacobins*, Paris, 1892, vol. III, p. 81).
94 Discurso citado em 15 de fevereiro de 1793, *A.P.*, t. LVIII, p. 583.

"Quando o corpo social é oprimido pelo corpo legislativo, observa ele nesse sentido, o único meio de resistência é a insurreição; mas seria absurdo organizá-la. É impossível determinar a natureza e o caráter das insurreições; é preciso se entregar ao gênio do povo e confiar na sua justiça e na sua prudência. Mas há um outro caso, aquele em que o corpo legislativo oprimiria alguns cidadãos, então é preciso que esses cidadãos encontrem no povo um meio de resistência".[95] François Robert, cuja obra *Le Républicanisme adapté à la France [O Republicanismo aplicado à França]* nós já avistamos em 1791, encontra as palavras mais chocantes para situar a questão. Retomando a ideia de um quarto poder, também ele tenta encontrar um modo de ação intermediário entre a rua e as urnas. Se o corpo legislativo usurpa os seus direitos, "O que fazer? Pergunta ele. O povo não está presente em massa, nem poderia estar; é preciso então uma insurreição? Não, responde ele, não é preciso uma insurreição; é preciso uma instituição que a substitua, que substitua o povo, que seja o povo e que excite a ação ou a inação de todos os poderes constituídos".[96] Uma instituição que substitua o povo e a insurreição: essa extraordinária formulação define perfeitamente em sua radicalidade o desafio da constituição da democracia.

A oposição dos Montanheses a essa abordagem aparece muito claramente no debate de abril de 1793 dedicado à Declaração dos direitos. O artigo XXIX previa: "Os homens reunidos em sociedade devem ter um meio legal de resistir à opressão". Era o espírito das propostas de Condorcet ou das reflexões de Robert.[97] Robespierre e seus amigos opõem-se a essa formulação. "Esse direito está na natureza e vocês o aniquilarão no dia que em que lhe derem um modo legal", explica um deles, enquanto outro adverte: "Não vamos embotar essa arma, regulamentando-a".[98] Celebra-se até "a arte das insurreições" como um modo inédito de existência e de ação do povo.[99] O deslocamento do vocabulário é significativo. Onde uns procuravam instituir um novo poder, outros viam apenas uma tentativa de domesticação do povo,

---

95 *A.P.*, t. LXVII, p. 139.
96 *A.P.*, t. LXIII, p. 387.
97 No mesmo veio, ver igualmente as intervenções de GENSONNÉ, SALLE e VERGNIAUD (*A.P.*, t. LXIII, p. 113-115).
98 Intervenções de GARNIER e de RABAUT-POMIER, 22 de abril de 1793, *A.P.*, t. LXIII, p. 113 e 114. Ver também a brochura de Sylvain PÉPIN, *Observations* (*ibid.* p. 292 sq.).
99 Uma *Adresse du peuple d'Arras au peuple de Paris* vê nelas a manifestação de uma arte política até então desconhecida. "Povos do universo, vocês aprenderam de nós a grande arte das insurreições", lê-se (citado por Jacques GUILHAUMOU, "Nous/Vous/tous: la fête de l'union du 10 de août 1793", *Mots*, nº 10, março de 1985).

reduzindo sorrateiramente seu direito mais sagrado. "Sujeitar a formas legais a resistência à opressão é o último requinte da tirania", resume Robespierre.[100] Vale dizer que então só se pensa a política cindida entre seu centro ordinário e seu limite extremo. Considera-se também, de uma outra forma, que não há qualquer espaço de intervenção, de conflito ou de negociação entre a submissão à ordem estabelecida e a revolta.[101] É verdade que o próprio termo insurreição acaba por ser banalizado nesse período. De tanto ser invocada como um "dever sagrado",[102] a insurreição torna-se quase uma categoria política ordinária. Albert Soboul mostrou bem que a insurreição tal como é mencionada pelos sans-culottes do ano II não remete necessariamente a um golpe armado, qualificando de maneira mais vaga todo um conjunto de ações de resistência, de iniciativas diversas e de atitudes de fiscalização ou vigilância, chegando-se a falar até em "insurreição pacífica".[103]

Para além das variações semânticas, é em todo caso uma mesma desinstitucionalização do político que está em curso; e é também nesses termos que se deve compreender todo o período do Terror. Quando a Convenção decreta, em 10 de outubro de 1793 (19 vendemiário ano II), que "o governo da França é revolucionário até a paz", ela legaliza, pode-se dizer, esse empreendimento. "Nas circunstâncias em que está a República, a constituição não pode ser estabelecida; ela seria imolada por si própria", resume Saint-Just.[104] Nesse quadro, a vida política fica emancipada de toda constrição e de toda forma. Ela é pura ação, expressão não mediatizada de uma vontade diretamente sensível. Ela encarna de maneira quase perfeita o espírito da Revolução no sentido em que fala Michelet, exaltado: "ela

---

100 Artigo 31 de seu projeto de Declaração de direitos, apresentado em 24 de abril, *A.P.*, t. LXIII, p. 199.

101 Patrice GUENIFFEY define bem a propósito o espírito da Revolução como "um absolutismo representativo envolvido por retornos insurrecionais da democracia direta" (*Le Nombre et la Raison, op. cit.*, p. IV). "A realidade de 1793, notam, por outro lado, François FURET e Denis RICHET, não é o cesarismo, é o parlamentarismo" (*La Révolution française*, Paris, Fayard, 1973, p. 208).

102 Cf. o artigo 35 da Declaração de junho de 1793: "Quando o governo viola os direitos do povo, a insurreição é pelo povo e por cada porção do povo, o mais sagrado e o mais indispensável dos deveres".

103 Ver sobre esse ponto as indicações dadas por A. SABOUL, *Les Sans-culottes parisiens en l'an II, op. cit.*, p. 542-547. Em sua *Histoire de la langue française*, Ferdinand BRUNOT assinala também esse deslocamento (cf. t. IX, *La Révolution et l'Empire*, Paris, 1937, p. 855).

104 Discurso de 10 de outubro de 1793 (19 vendemiário ano II). Desde o 28 de agosto, Claude BASIRE anota: "A simples execução das leis constitucionais, feitas para os tempos de paz, seria impotente no meio das conspirações que nos governam" (*A.P.*, t. LXXIII, p. 128). Ver sobre esse ponto o artigo esclarecedor de Olivier JOUANJAN, "La suspension de la Constitution de 1793", *Droits*, nº 17, 1993.

ignorou o espaço e o tempo" – condensando como um raio a energia do universo inteiro e deixando entrever uma dimensão de eternidade no instante fugaz. É a essa utopia que remete durante esses anos o culto da insurreição. Ninguém sublinhou melhor que Sade a candente exigência. Em uma metáfora inspirada e escandalosa, o escritor quis mostrar como somente a libertação radical das regras morais dá sentido à liberdade, aproximando os efeitos do abalo dos costumes do das instituições. É *La Philosophie dans le boudoir* [*A filosofia na alcova*], e seu anexo *Français, encore un effort si vous voulez être républicains* [*Franceses, mais um esforço se vocês quiserem ser republicanos*] que devemos ler para compreender exatamente a atração que exerce e o sentido que assume uma política radicalmente desinstitucionalizada. Tanto quanto Hébert e seus *enragés*, Sade é o grande pensador da insurreição: "A insurreição, escreve, deve ser o estado permanente de uma república; seria tão absurdo quanto perigoso exigir que aqueles que devem manter o perpétuo abalo *imoral* da máquina fossem eles próprios seres muito *morais*, porque o estado *moral* de um homem é um estado de paz e de tranquilidade, enquanto seu estado *imoral* é um estado de movimento perpétuo que o aproxima da insurreição necessária na qual é preciso que o republicano mantenha sempre o governo do qual é membro".[105] A Revolução está, nessa subversão, pronta para devorar-se a si própria, expirando em uma radicalidade que a consome.

O Terror só pode considerar a possibilidade de desinstitucionalizar tão radicalmente o político pretendendo em contrapartida fundar-se, *sociológica e moralmente*, sobre uma fusão de um tipo inédito entre o povo e seus representantes, conduzindo assim à superação da tensão entre o governo representativo e a democracia direta. É dessa terceira maneira que falha a invenção de uma democracia representativa. Para os Montanheses, toda instituição é, de uma certa maneira, percebida como uma interface ameaçadora. A estigmatização da administração e de sua tendência natural a erigir-se em poder autônomo é, por essa mesma razão, igualmente essencial na retórica montanhesa. Mas ela só ganha pleno sentido quando é relacionada ao conjunto do sistema no qual se insere. A denúncia do funcionário, portador de todas as ameaças de despotismo e de corrupção, não se opera, como no modo liberal tradicional, na oposição entre apenas dois termos: a

---

105 *La Philosophie dans Le boudoir*, in *Oeuvres du marquis de Sade*, Paris, Pauvert, 1986, t. III, p. 510. Ver sobre esse ponto os comentários interessantes de Claude LEFORT ("Sade: Le boudoir et la cité", in *Écrire à l'épreuve du politique*, Paris, Calmann-Lévy, 1992).

burocracia contra os cidadãos, o Estado contra a sociedade.[106] Ela remete às relações que se estabelecem entre três elementos: o representante do povo, o próprio povo e o funcionário público. O que Robespierre e Saint-Just denunciam fundamentalmente na figura do funcionário é a barreira perturbadora que ela institui entre os cidadãos e o poder. O governo revolucionário implica para eles na identificação do povo com a Convenção, formando um bloco unido para fiscalizar os atos da administração. A noção de ausência de mediação não se traduz pela elaboração de dispositivos "técnicos" que permitam aumentar a participação direta dos cidadãos, alargando o campo dos procedimentos eleitorais: ela é sobretudo a afirmação de um *ideal de fusão* entre o povo e seus porta-vozes.

A critica às disfunções do sistema representativo leva, da mesma forma, a enxergar na identificação do povo com o poder a condição para a plena realização da soberania. Se Robespierre instruía em 1792 o processo do despotismo representativo, em 1792, ao contrário, ele legitima sua ação partindo do pressuposto da fusão entre o povo e a Convenção, estando esta última definida *a priori* como uma simples "síntese do povo". Nesse espírito, os Montanheses chegam a notar que eles próprios constituem o "corpo vivo da opinião pública".[107] As metáforas de tipo organicista estarão, aliás, continuamente presentes nos textos políticos do período. O Comitê de salvação pública dirige-se aos comitês revolucionários, escrevendo: "Vocês são como as mãos do corpo político do qual a Convenção é a cabeça e nós somos os olhos".[108] É, portanto, graças a uma concepção da representação-encarnação que são superadas as aporias originárias do governo representativo.[109] Robespierre, nota justamente nesse sentido François Furet, "reconciliou miticamente a democracia direta e o

---

106 Mesmo que o discurso de Robespierre pareça às vezes, por razões táticas, dotado de estranhos acentos liberais: "Fujam da maneira antiga dos governos de quererem muito governar, diz ele por exemplo em 10 de maio de 1793 [...]. Devolvam à liberdade individual tudo o que não pertence naturalmente à autoridade pública" (*A.P.*, t. LXIV, p. 431). Ele quer então rebaixar o poder executivo para ampliar o papel da Convenção.
107 A fórmula é de Mar-Antoine Jullien, citado por Raymonde MONNIER, *L'Espace public démocratique. Essai sur l'opinion publique à Paris de la Révolution au Directoire*, Paris, Kimé, 1994, p. 235.
108 Citado por Lucien JAUME, *Échec au libéralisme. Les Jacobins et l'État*, Paris, Kimé, 1990. Encontra-se igualmente, sobre essa dimensão da representação-encarnação entre os Jacobinos, excelentes análises em sua outra obra, *Le Discours jacobin et la démocratie, op. cit.*
109 NECKER reprova vivamente nos Montagnards esse "misticismo" em um texto escrito na primavera de 1793: "Eles são sempre vocês esses eleitos, escreve ele, e vocês em uma exatidão perfeita. Seus interesses, suas vontades são as vossas [...]. E é sempre a palavra *representante* que determina uma tão cega confiança! A palavra dá a ideia de um outro si-mesmo" ("Réflexions philosophiques sur l'égalité", in *Oeuvres completes de M. Necker*, Paris, 1820-1821, t. X, p. 435).

governo representativo, instalando-se no alto de uma pirâmide de equivalências cuja manutenção é garantida por sua palavra, dia após dia. Ele é o povo nas seções, o povo dos Jacobinos, o povo na representação nacional; e é essa transparência entre o povo e todos os lugares onde se fala em seu nome [...] que é preciso constantemente instituir, controlar, restabelecer, como a condição de legitimidade do poder".[110] É essa concepção que lhe permite conclamar, na véspera do 31 de maio de 1793: "Convido o povo a colocar-se, *na Convenção nacional*, em insurreição contra todos os deputados corrompidos",[111] como se o povo e a Convenção devessem doravante constituir um só. Durante o debate constitucional de junho de 1793, um conjunto de deputados montanheses exclama nesse espírito que "o povo está presente", designando os bancos da Assembleia.[112]

A ideia de Robespierre sobre a organização física desejável da sala de sessões do Corpo Legislativo ilustra de forma exemplar esse ideal de fusão entre o povo e seus representantes. "Seria preciso, se fosse possível, diz ele, que a assembleia dos delegados do povo deliberasse na presença do povo inteiro".[113] Na falta disso, ele sonha com um edifício vasto e majestoso que poderia receber doze mil espectadores. "Sob os olhos de um número tão grande de testemunhas, estima ele, nem a corrupção, nem a intriga, nem a perfídia ousariam mostrar-se; somente a vontade geral seria consultada, somente a voz da razão e do interesse público seria ouvida". Tudo o que tende a separar o povo da Convenção é visto como um ataque ao governo democrático.[114]

O povo? Ele é o soberano. Uno e indivisível, como a soberania. Ele só existe para os Montanheses como totalidade atuante, perfeita adequação do conceito de vontade geral à prática social. Ele não é nem uma soma de indivíduos, nem um conglomerado de corpos ou seções. Saint-Just chega a desejar que a representação nacional possa ser eleita pelo povo inteiro como corpo, acusando o projeto de Condorcet,

---

110 François FURET, *Penser la Révolution française*, Paris, Gallimard, 1978, p. 86. Depois do Termidor, uma das reprovações endereçadas a Robespierre e seus amigos será justamente a de ter pretendido se confundir enquanto representante com o povo.

111 Citado por Patrice GUENIFFEY, "Les assemblées et la représentation", *in* Colin LUCAS (éd.), *The French Revolution and the Creation of Modern Political Culture*, vol. II, *The Political Culture of the French Revolution*, Oxford, Pergamon Press, 1988.

112 Sessão de 15 de junho de 1793, *A.P.*, t. LXVI, p. 542.

113 Discurso citado em 10 de maio de 1793, *A.P.*, t. LXIV, p. 431.

114 Em seu *Discours sur la proposition d'entourer la Convention nationale d'une garde armée*, pronunciado aos Jacobinos em 22 de outubro de 1792, SAINT-JUST nota que "o povo concentra sua vontade na Convenção" (*Oeuvres completes*, Paris, Éditions Gérard Lebovici, 1984, p. 370).

fundado sobre o eleitor, de exprimir apenas uma "vontade geral especulativa".[115] O princípio eletivo, obrigatoriamente fundado sobre a expressão de uma escolha ou de uma preferência por indivíduos, não é central para os Montanheses. Eles tendem a modificar esse princípio através de uma série de medidas – o voto em voz alta, a organização de grande assembleias – que têm como função socializar sua organização material, de tal forma que as opiniões dos indivíduos se apaguem ao máximo para fundirem-se em uma única e mesma voz de conjunto. O que resulta para Condorcet de um processo deliberativo meticulosamente organizado é, para Robespierre e Saint-Just, a expressão de um estado de fusão. Daí a impossibilidade evidente, para os convencionais, de reduzir o termo povo a uma determinação sociológica qualquer. Ele não designa nem um grupo nem uma classe, mas um *princípio moral*. Para eles, a democracia tira assim sua consistência e sua efetividade de um duplo movimento de conversão moral dos representantes e de regeneração do povo. "Se o corpo representativo não é puro e quase identificado com o povo, a liberdade é aniquilada":[116] para Robespierre, a virtude dos deputados é ao mesmo tempo a condição de uma semelhança entre eles e o povo (pois esse último é naturalmente virtuoso.)[117] e, por isso, de uma representação adequada, e o fator corretivo das possíveis disfunções mecânicas do sistema político. Mas a realização democrática pressupõe de outro lado, para os Montanheses, a existência de um povo que seja digno de seu novo poder. Daí a centralidade, em seus discursos, do tema da regeneração e o apelo ao advento de um "novo homem".[118] "É preciso, por assim dizer, recriar o povo que se quer devolver à liberdade" resume então Billaud-Varenne em uma célebre fórmula.[119] O Terror vai ser assim compreendido e exaltado como o meio de "criar um caráter nacional que identifique cada vez mais o povo com

---

115 SAINT-JUST, *Discours sur la constitution de la France*, in *Oeuvres complètes, op. cit.*, p. 423.
116 Discurso de 18 de maio de 1791 sobre a reeligibilidade dos deputados, *A.P.*, t. XXVI, p. 204.
117 É um dos leitmotiv nas suas intervenções de 1793 e 1794. Cf., por exemplo, em seu discurso de 10 de maio de 1793: "Estabelecei essa máxima incontestável: que o povo é bom, e que seus delegados são corruptíveis; que é na virtude e na soberania do povo que é preciso encontrar um preservativo contra os vícios e o despotismo do governo" (*A.P.*, t. LXIV, p. 430). Ele fala ainda no dia 8 termidor ano II, na véspera de sua queda, dos "representantes cujo coração é puro".
118 Ver sobre esse ponto os trabalhos clássicos de Bronislaw BACZKO e de Mona OZOUF.
119 Relatório feito à Convenção nacional sobre a teoria do governo democrático, sessão do 1º floreal, ano II (*A.P.*, t. LXXXIX, p. 95). P. GUENIFFEY escreve de maneira bastante sugestiva que podemos falar, a respeito da Convenção, "de "representação de um povo que ainda não existe, contra o povo que existe" ("Les assemblées et la représentation". art. Cit., p. 252).

sua constituição",[120] modelando incessantemente o povo em um duplo trabalho de exclusão política de tudo o que não é ele e de regeneração moral.

O programa de uma democracia representativa fica assim triplamente invalidado pelos Montanheses. É a segunda vez que a Revolução fracassa nessa via. Não é a última, pois o Termidor vai manifestar a mesma incapacidade.

O trabalho perdido do Termidor

A queda de Robespierre, em 9 termidor do ano II (27 de julho de 1794), põe fim ao período do Terror. Em menos de um mês, os dois principais pilares do governo "provisório" do ano II – a ilimitada centralização das decisões e o cadafalso – são quebrados pela Convenção. Tudo muda e, no entanto, nada fica resolvido. Se os convencionais, em sua grande maioria, estão satisfeitos de ter tirado a Revolução da trilha que vinha seguindo, eles permanecem ao mesmo tempo incertos e divididos sobre o sentido da "normalidade" revolucionária a ser restaurada. Qual seria, com efeito, o bom caminho ao qual seria preciso voltar para levar a Revolução ao seu termo: o de 1791? De agosto 1792? Do verão 1793? Alguns sonham em apagar as consequências da proeza nascida das jornadas de junho de 1793 (a tomada do poder pelos Montanheses), enquanto outros desejam somente regularizar a marcha do governo revolucionário. Todavia, essas hesitações são sustadas depois dos motins de prairial. Os termidorianos resolvem então que é hora de "preparar o plano de uma nova constituição razoável".[121] À ambição, formulada pouco tempo antes, de "redigir a nova constituição do universo" (Cloots) e de reescrever o *Contrat Social*, sucede a busca muito mais pragmática dos meios de *terminar a Revolução*.[122] Os homens de 1795 querem antes de tudo organizar o retorno à ordem e tornar impossível uma nova derrapagem destruidora das liberdades. A Constituição, resume lapidarmente Roederer, deve ser feita sobretudo "contra os perturbadores da ordem".[123] Em sua brochura do ano IV, *Des réactions politiques [Das reações políticas]*,

---

120 Relatório citado por BILLAUD-VARENNE, A.P., t. LXXXIX, p. 99.
121 Citado em *Mémoires* de LA RÉVELLIÈRE-LÉPEAUX, Paris, 1895, t. I, p. 229. Ver igualmente sobre esse ponto Clive CHURCH, "Du nouveau sur les origines de la constitution de 1795", *Revue historique de droit français et étranger*, n° 4, 1974.
122 A "discussão sobre os meios de terminar a Revolução" se desenvolve do 1° ao 5 fructidor ano III (*Moniteur*, t. 25, p. 526-561).
123 ROEDERER, "De la Constitution", *Journal de Paris*, 27 germinal an III (16 de abril de 1795), reproduzido em *Oeuvres du comte P. L. Roederer*, Paris, 1853-1859, t. VI, p. 69. "Uma Constituição, escreve ele então, não é outra coisa que um grande e durável instrumento, construído para

Benjamin Constant professa o mesmo credo. Ele erige a noção de moderação em conceito político central, toda a história da Revolução sendo compreendida como um movimento mecânico de gangorra entre momentos de excesso e de zelo e momentos de reação. A estabilização filosófica dos princípios revolucionários está assim diretamente ligada, aos seus olhos, à diminuição progressiva da velocidade desse movimento.

Nessas condições, não é preciso, para os constituintes de 1795, retomar o fio de todas as explorações conduzidas por Brissot, Condorcet ou os secionários parisienses. Esses homens cansados e desiludidos quase se orgulham de abandonar o terreno da filosofia política percorrido em vários sentidos por seus predecessores. Eles fazem, sobretudo, o elogio da experiência, e apelam para o bom senso contra o risco de desvario teórico. Percebe-se bem isso na discussão da *Declaração dos direitos* que se desenrola do 16 ao 19 messidor. "Uma declaração dos direitos, diz Daunou, o verdadeiro pai da Constituição do ano III, deve ser um ponto de ligação dos republicanos e não um arsenal para os sediciosos".[124] Daunou só decide pela manutenção de um texto para não dar argumentos "aos terroristas e aos malévolos". Mas só a palavra princípio já o preocupa, tão cheia de ameaças ela lhe parece, pela própria indeterminação do uso que pode ser feito de seu conteúdo. O tom das intervenções na Convenção é permanentemente marcado por essa desconfiança. Um deputado expõe sua preocupação diante de um texto que apenas adicionaria "uma brilhante série de abstrações filosóficas",[125] enquanto La Révellière-Lépaux dá, sob aplausos, o seguinte aviso: "Eu desejo que nós não nos distraiamos com discussões ociosas, para saber quais serão os que nós colocaremos no papel, dentre esses princípios sobre os quais se discute desde o começo do mundo, e que serão o motivo de querelas intermináveis por toda a eternidade".[126] Daí a pressa com a

---

    estabelecer e manter a ordem em uma grande sociedade [...]. A ordem, a ordem! Eis o objeto de toda Constituição, a tarefa do governo, o princípio de toda prosperidade pública" (Introdução ao primeiro número do *Journal d'économie publique, de morale et de politique*, 110 fructidor an IV; reproduzido em *Oeuvres du comte P.L. Roederer, op. cit.*, t. VI, p. 158-159).

124 DAUNOU, Discurso de 16 messidor, *Gazette nationale ou Le Moniteur universel*, réimpr. Paris, 1854 (doravante *Moniteur*), t. 25, p. 148.

125 Intervenção de Mailhe, *ibid.*

126 LA RÉVELLIÈRE-LÉPAUX, Discurso de 19 do messidor, *Moniteur*, t. 25, p. 171. "Por querer uma república democrática nós não teremos nenhuma, disse ele sob aplausos; por querer dar liberdade política àqueles que não saberiam, que não poderiam de modo algum gozar dela, nós os faremos perder até mesmo a liberdade civil. Eis onde se vai com os princípios extravagantes que nos aborrecem há cinco anos" (*ibid.*).

qual a Assembleia acolhe a ideia de uma declaração dos deveres para servir de complemento e contrapeso à Declaração dos direitos. A rejeição, quase instintiva e visceral, de toda pretensão no domínio da teoria política é assim uma das principais características, sobre a qual pouco se fala, do Termidor. "O gênio mudou", resume laconicamente Eschassériaux, que convida seus pares a desconfiarem das "teorias brilhantes".[127]

Se o pragmatismo dos termidorianos os conduz a renunciar à ambição de abordar frontalmente as aporias fundadoras do empreendimento revolucionário, ele os torna, ao contrário, totalmente abertos para pensar em novos dispositivos constitucionais. Nenhum *a priori* os detém em sua busca dos dispositivos mais adequados à garantia das liberdades e da ordem. Isso fica claro na discussão do problema das duas Câmaras. Ao passo que eles continuam a pensar a nação como um todo, uma unidade indivisível, eles adotam sem hesitação o princípio da divisão do corpo legislativo (o Conselho das Quinhentos e o Conselho dos Antigos). "Tudo impõe a necessidade de opor um dique poderoso à impetuosidade do corpo legislativo, considera Boissy d'Anglas: esse dique é a divisão do corpo legislativo em duas partes".[128] A mesma preocupação em estabelecer uma verdadeira balança dos poderes é marcada também em sua concepção do diretório, que para eles deve permitir ao mesmo tempo concentrar na instituição e dividir nas pessoas a força do governo. Com a Constituição do ano III são também pela primeira vez tratadas de maneira detalhada as *técnicas* do poder executivo, que é reconhecido em sua singularidade e autonomia, enquanto ele havia sido praticamente negado por todo o direito público revolucionário.[129] Ao mesmo tempo, a articulação entre esse poder executivo e a administração se vê meticulosamente definida e pensada num modo hierárquico, enquanto a especificidade do poder regulamentar é juridicamente construída. O pragmatismo liberal dos homens de 1795 os leva assim a pensar sob uma nova luz as instituições políticas. Eles elaboram dessa maneira a primeira constituição pós-revolucionária da França. É no campo da técnica constitucional que eles inovaram poderosamente, marcando a ruptura com seus predecessores.[130]

---

127 ESCHASSÉRIAUX, Discurso de 29 messidor, *Moniteur*, t. 25, p. 270.
128 BOISSY D'ANGLAS, Discurso de 5 messidor, *Moniteur*, t. 25, p. 94. LAKANAL explica por sua vez: "Nossos males passados demonstram a necessidade de dividir o corpo legislativo em dois ramos" (*ibid.*, p. 268).
129 Ver a obra sempre útil de Joseph BARTHÉLEMY, *Le Rôle du pouvoir exécutif dans les républiques modernes,* Paris, 1906.
130 Cf. as contribuições reunidas na obra de Gérard CONAC e Jean-Pierre MACHELON (éd.), *La*

A democracia inacabada 81

Para além do que foi finalmente mantido no corpo do texto do ano III, o período foi marcado por uma extraordinária proliferação de projetos constitucionais. As propostas de Sieyès de instituir um júri constitucional e um tribunato do povo francês são as mais conhecidas.[131] Mas há muitas outras. Tem-se uma dimensão disso consultando a massa das sugestões dirigidas à comissão de preparação da Constituição na primavera de 1795.[132] Uma multidão de autores preocupa-se em encontrar os meios adequados de divisão dos poderes e em determinar os meios de arbitragem entre eles em caso de conflitos. São assim pensadas fórmulas de "Convenção periódica", de "Conselho de censura", de "Senado revisor", de "Conselho observador", de "tribunal conservador da constituição".[133] Percebe-se também que se buscam ainda fórmulas inéditas de realização da soberania do povo (há por exemplo uma extraordinária sugestão de instituir uma "ambulância representativa" para manter um vínculo permanente entre o povo e seus representantes).[134] A preocupação maior é principalmente evitar a expressão política da "coleção tumultuosa dos cidadãos", para retomar a fórmula de uma brochura; toda a inventividade de 1795 é orientada para a busca prática de mecanismos adequadamente protetores das liberdades. No entanto, apesar dos medos e dos cuidados que guiam assim os constituintes do ano III, o novo regime teria podido fazer a França entrar, pela porta liberal, em uma idade de maturidade política. Mesmo sendo apaixonados pela ordem, eles não são de maneira alguma retrógrados. Percebe-se bem isso na matéria do direito de voto: um sufrágio quase universal é para eles a condição para a paz social. Seja por cálculo

---

Constituion de l'an III. Boissy d'Anglas et la naissance du libéralisme constitutionnel, Paris, P.U.F., 1999. Ver também *La Constitution de l'an III ou l'ordre républicain*, Atas do colóquio de Dijon, 3 e 4 de outubro de 1996. Éditions universitaires de Dijon, 1998.

131 Cf. seu célebre discurso de 2 termidor (*Moniteur*, t. 25, p. 291-297). Ver também o desenvolvimento desses projetos em *Opinion de Sieyès sur les attributions de l'organisation du jury constitutionnaire proposé le 2 thermidor* (Discurso de 18 thermidor, reproduzido no *Moniteur* de 26 termidor ano III, ver *Moniteur*, t. 25, p. 442-452.).

132 A Comissão dos onze havia convidado em abril de 1795 os cidadãos a expressarem suas sugestões em matéria constitutional. As memórias enviadas foram mais numerosas do que em 1793.

133 Esses diferentes projetos são apresentados de maneira sintética por Françoise BRUNEL, "Aux origines d'un parti de l'ordre: les propositions de constitution de l'an III", in *Mouvements popularires et conscience sociale, XVII-XIX siècles*, Paris, Maloine, 1985, e por Sergio LUZZATTO, "La Constitution de l'an III et l'opinion thermidorienne", in *Constitution et Révolution aux États-Unis d'Amérique et en Europe, op. cit.*

134 A ideia era organizar nos departamentos sessões parlamentares "imitativas daquelas da Convenção" para manter a unidade da soberania nacional (projeto apresentado por S. LUZZATTO, *op. cit.*, p. 408-409).

ou por convicção,[135] eles permanecem em relação a esse tema "democratas", mesmo se repelem o espectro de uma democracia absoluta. No entanto eles vão fracassar. Como em 1791 e em 1793, as instituições não conseguem realizar o objetivo que lhes havia sido atribuído. A via para uma democracia representativa está, assim, pela terceira vez bloqueada. Mais uma vez, é essencial compreender as razões desse fracasso, que são ao mesmo tempo de ordem política e filosófica.

A causa mais visível do fracasso do Diretório é política. Os governantes, para simplificar, não estiveram à altura de seu texto fundador. O decreto do 5 frutidor ano III, que obriga as assembleias eleitorais a escolher dois terços dos novos deputados dentre os convencionais em exercício, atesta fortemente a sua impotência. Ameaçada à direita e à esquerda, a Convenção termidoriana deve confessar os limites da obra que ela acaba de terminar. A "solução do grande problema da arte social", segundo os termos de Baudin que remete o decreto à Assembleia, não é mais da alçada do pragmatismo. É da permanência dos homens que se espera doravante poder manter o rumo certo. As considerações de ciência política cedem assim o passo às seguranças da sociologia. A multiplicação, a partir do ano IV, dos "golpes de Estado" destinados a corrigir os resultados eleitorais julgados perigosos para o fortalecimento do governo republicano, apenas ilustram de uma outra maneira essa impotência. O Diretório acaba por afundar-se em um parlamentarismo estéril, incapaz de resistir à pressão de nostalgias contraditórias. Ele nada resolveu e nada fez progredir. A obra constitucional do ano III, falou-se muito propriamente, "foi traída pelo regime que ela engendrou".[136] Mas o fracasso é também "filosófico". Com efeito, os termidorianos inscrevem suas ações e suas formas de pensar em dois universos radicalmente distintos, cuja relação eles nunca aventam. De um lado, desejam "socialmente" o advento de uma política desapaixonada, enquanto continuam "mentalmente" imersos no universo rousseauniano.

Se a tentativa de restringir o campo do político é subjacente à obsessão termidoriana com o retorno à ordem, essa ordem só encontrará em última instância sua expressão adequada apoiando-se em uma nova apreensão do lugar do político. A ideia tem sua primeira formulação em 1795 com Lezay-Marnésia. "Em toda

---

135 Cf. BOISSY D'ANGLAS, que aponta: "Seria político, seria útil à tranquilidade separar um povo em duas porções, das quais uma será evidentemente sujeita e outra soberana" (Discurso de 5 messidor ano III, *Moniteur*, t. 25, p. 93). Mesma toada com Danou: "Representantes do povo, diz ele, vocês não dividirão o povo em diversas classes; vocês não fecharão a ninguém as portas de vossas assembleias primárias" (*ibid.*, p. 214).

136 A expressão é de G. CONAC, in *La Constitution de l'an III, op. cit.*, p. 284.

sociedade civilizada, quer dizer, em todos os lugares em que a propriedade fincou raízes profundas, escreve, a consideração da liberdade virá sempre depois da ordem, os interesses políticos depois dos interesses civis, porque é a ordem e não a liberdade que assegura sua garantia; que o homem subsista na sociedade pela parte que ele detém de seu território, e não pela parte que lhe cabe na soberania; que, enfim, ele divida seus direitos de cidadão, enquanto exerce sem divisão seus direitos de proprietário".[137] Para afastar o espectro de uma democracia ameaçadora, Lezay torna-se o arauto das vantagens da felicidade privada sobre a participação pública. Pouco tempo depois, Madame de Stael opõe, no mesmo espírito, as repúblicas antigas fundadas no imperativo cívico e a devoção à pátria com os novos costumes que convidam a "reformar os homens em sociedade pelo temor de perder o que resta a cada um; devemos falar de descanso, segurança, propriedade".[138] Benjamin Constant segue seu passo, começando desde essa época a elaborar sua distinção canônica de 1819 entre a liberdade dos Antigos e a dos Modernos.[139] O próprio Sièyes acaba por pensar nesses mesmos termos o exorcismo da "re-total" que o assombra. É, aliás, um de seus próximos, Charles Thérémin, que, um pouco mais tarde, analisa o Terror como resultando de uma utilização anacrônica de conceito políticos antigos. "Durante o reino do Terror, escreve ele em um texto que vale a pena citar longamente, havia-se, de uma certa forma, assimilado o povo de Paris ao de Atenas, haviam-se criado, ao invés de operários industriosos, senhores ociosos [...]. Essa parte do povo prefere passar seu dia nas Sociedade populares ou nas tribunas da Convenção, ganhando apenas quarenta tostões por dia e vivendo mal, mas ocupando-se de assuntos públicos, sentindo-se a senhora". Ela preferia esse tipo de vida verdadeiramente ateniense, a ocupar-se nos campos, nas oficinas e nas lojas com as diversas tarefas da indústria. Foi uma proeza naquele momento, cujo objetivo era dar ao povo o gosto pela República, e o desgosto pela monarquia. Mas o que aconteceu? Deram-lhe o gosto por uma república que não pode subsistir, ou seja, pelo regime aristocrático dos Gregos e dos Romanos; e é preciso agora trazê-lo de volta para o regime industrial de uma República moderna, fundada não sobre o

---

137 Adrien LEZAY, *Qu'est-ce que la Constitution de 93?*, Paris, an III.
138 Mme de STAËL, *Réflexions sur la paix intérieure* (1795), in *Oeuvres complètes de Mme de Staël*, Paris, 1838, t. I, p, 58. Ver também *Des circonstances actuelles qui peuvent terminer la Révolution et des principes qui doivent fonder la République en France* (1798), edição crítica por Lucia OMA-CINI, Genève, Droz, 1979.
139 Ver suas primeiras formulações no livro XVI de seus *Principes de politique* (1806), editados por Étienne Hofmann, Genève, Droz, 1980.

ócio, mas sobre o trabalho de todos.[140] É a partir dessa crítica que se organiza, no fim das contas, a visão termidoriana de uma política esfriada.

O problema é que ela se funda sobre uma interpretação altamente discutível da história do processo revolucionário. A visão termidoriana de um retorno à ordem confundiu de maneira exemplar o que era do domínio das constrições da história com o que provinha da própria indeterminação do projeto de 1789. É verdade que foram esses imperativos da ação que levaram ao alargamento constante do campo do político a partir de 1789. A essência mesma da Revolução é que tudo nela se torne imediata e evidentemente político: a exacerbação das paixões é então a condição de existência "normal" de uma atividade social toda movida pela urgência da instauração de uma nova ordem. Mas os homens de 1795 acreditaram ao mesmo tempo que a política poderia ser bruscamente dispensada assim que as paixões revolucionárias esfriassem. A necessidade proclamada em todo lugar de "terminar a Revolução" e de restaurar a ordem os leva assim a confundir a gestão de uma situação com a resolução de uma aporia.

Ao mesmo tempo em que esperam o advento de uma tal liberdade dos Modernos, os constituintes do ano III permanecem imersos no universo rousseauniano. Eles estão obcecados pelo imperativo de ordem, mas retomam sem discussão a definição coletiva da soberania inscrita na Constituição de 1793 ("a universalidade dos cidadãos franceses é o soberano") e tomam como uma evidência incontestável o postulado de 1791 segundo o qual "a lei é expressão da vontade geral". Um moderado como Cambacérès pode, assim, convidar a distinguir as leis orgânicas que têm por objeto direto "o exercício da soberania do povo" e considerar como legítima "a impaciência de fazer o povo gozar dos benefícios da democracia",[141] enquanto Daunou pleiteia um direito de sufrágio aberto a todos. Alguns moderados podem então afirmar da forma mais natural do mundo: "Nós somos uma república democrática".[142] Se eles contestam vivamente os projetos anteriores de ratificação popular das leis e tornam muito difícil o processo de revisão, eles não deixam de

---

140 Charles THÉREMIN, *De l'incompatibilité du système démagogique avec le système d'économie politique des peuples modernes*, Paris, an VIII, p. 7-8.

141 Discurso de 29 germinal ano III, apresentando o primeiro estado das reflexões da comissão de preparação da nova constituição (*Moniteur*, t. XXIV, p. 244-245). Ver os desenvolvimentos de Michel TROPER, "La Constitution de l'an III ou la continuité: la souveraineté populaire sous la Convention", in *1795. Pour une République sans révolution*, sob a direção de Roger DUPUY et Marcel MARABITO, Presses universitaires de Rennes, 1996,

142 BOURDON (de l'Oise), 25 vendémiaire ano III (*A.P.*, t. XCIV, p. 210).

aceitar sem reservas a organização de referendos constitucionais (um referendo será organizado para a Constituição do ano III).[143] Os homens do Diretório vão até mais longe, já que instituem uma nova "festa da soberania do povo" para celebrar o seu caráter sagrado.[144] Precisando as condições de organização dos festejos, François de Neufchâteau chega a sugerir que uma homenagem especial seja feita ao "autor imortal do *Contrat Social*", sob a forma de uma floresta de estandartes reproduzindo citações da obra.[145] Aliás, são esses moderados que concedem com entusiasmo a Rousseau as honras do Panthéon, consagrando-o como referência intelectual central. A ruptura com o universo de 1793, vê-se, ainda está longe de ser consumada. Se Roederer pode, por exemplo, exclamar, falando do Terror: "A democracia! A democracia! Eis o infernal poder dessa época",[146] ele também é intelectualmente incapaz de realmente romper com Rousseau. É dessa contradição que provém a impossibilidade em que se encontram os homens de 1795 de compreender os equívocos originários da cultura política francesa. Sua inteligência e sua sensibilidade ficam descompassadas. Os preconceitos sociais e culturais que os movem não se sobrepõem aos conceitos políticos que continuam a alimentar sua abordagem das instituições.

Sièyes ilustra de maneira exemplar essa contradição. Seus escritos e seu grande discurso do 2 termidor do ano III manifestam notadamente com clareza seu embaraço e sua inquietação intelectual. Seguimo-lo sem dificuldade quando ele denuncia como seus contemporâneos a "magia das palavras", estigmatiza os poderes ilimitados "que são um monstro em política" e crucifica os "lisonjeadores" que os atribuíram ao povo. Em algumas fórmulas impactantes, ele resume até muito bem a dificuldade francesa. "Essa palavra, considera ele, falando da soberania, só se impôs tão colossal à imaginação porque o espírito dos franceses, ainda cheio de superstições reais, se viu compelido a dotá-la de toda a herança de atributos pomposos e de poderes absolutos que deram brilho às soberanias usurpadas; [...] Parecíamos dizer, com um tipo de orgulho patriótico, que se a soberania dos grandes reis era tão poderosa, tão terrível, a soberania de um grande povo deveria ser ainda outra coisa".[147] Mas Sièyes fica por aí.

---

143 Cf. A. LAJUSAN, "Le plébiscite de l'an III", *La Révolution française*, n° 6,, 1911 (série de três artigos).
144 Paralisação de 28 pluviôse ano VI (*Moniteur*, t. XXIX, p. 157-158).
145 Circular de 30 pluviôse ano VII (*Moniteur*, t. XXIX, p. 612-613).
146 Prefácio de 1794 a uma tradução de *De cive* de HOBBES. Citado por SAINTE-BEUVE em seu artigo consagrado a Roederer em *Causeries du lundi* (s.d., t. VIII, p. 344).
147 Em *Bases de l'ordre social*, ele vai mais longe: "A soberania tomada por um poder supremo que dominaria e abraçaria tudo não existe" (*op. cit.*, p. 184).

Ele não especifica os critérios e conceitos que permitiriam pensar essa limitação. Nesse discurso inspirado e poderoso, com expressões às vezes obscuras e envolventes, sua reflexão na verdade gira em falso. Ele não tem mais domínio intelectual sobre o evento. Se ele opõe com força, em uma fórmula memorável, "os planos ruins de re-total" à ideia de "re-pública", ele é incapaz de discernir as condições de transformação da segunda nos primeiros. Ora, é justamente aí que reside a chave da ambiguidade revolucionária. Nesse ponto, não devemos nos deixar enganar pelas formulações de Sièyes. Quando ele afirma em 1795 que "nós nos enganamos quando falamos da soberania do povo como não tendo limites",[148] ele ainda está longe de chegar a elaborar a teria liberal clássica do poder neutro.[149] Seus próximos não deixam, aliás, de sublinhar que ele continuava a admitir sem reserva o princípio dessa soberania popular, mesmo se ele convidava a colocar-lhe limites.[150] Se Sièyes é obrigado a constatar, no ano III, que seu projeto de 1789 de conciliar a visão rousseauniana da soberania com a perspectiva liberal-individualista é problemática, ele não o recoloca realmente em questão. Ele contenta-se em esconder, por trás de fórmulas declamatórias, uma contradição da qual ele não consegue superar intelectualmente os termos.

Os termidorianos ficam prisioneiros dessa contradição entre os dois universos, democrático e liberal. Mas por não pensar os termos dessa contradição, eles se revelam incapazes de superá-la. É, portanto, uma disputa, como se sabe, que Sièyes acaba procurando para tentar resolver, no 18 brumário, o problema constitucional e político francês. Por não ter, por três vezes, conseguido esboçar o caminho para uma democracia representativa, os franceses serão depois levados a perigosas radicalizações para entrar na modernidade política.

---

148 *Limites de la souveraineté*, manuscrito do ano III (284 AP 5, 1-4), reproduzido por P. PASQUINO em *Sieyès et l'intervention de la constitution en France, op. cit.* p. 179.

149 Ver sobre essa questão o esclarecimento de Mauro BARBERIS, "Thermidor, le libéralisme et la modernité politique", in 1795. *Pour une République sans révolution, op. cit..* É nisso que Sieyès se opõe ao liberalismo de Coppet. Sobre a comparação entre o Sieyès de 1789 e o de 1795, ver também Bronislaw BACKZO, "Le contrat social des Français: Sieyès et Rousseau", *in* K.M. BAKER (éd.), *The French Revolution and the Creation of Modern Political Culture*, vol. I, *The Politique Culture of the Old Regime*. Oxford, Pergamon Press, 1987.

150 O ponto é fortemente sublinhado em *Théorie constitutionnelle de Sieyès, Constitution de l'an VIII. Extraits des Mémoires inédites de M. BOULAY DE LA MEURTHE*, Paris, août 1836. "Ninguém admitia mais francamente que ele o princípio fundamental de todo governo livre, o da soberania do povo, escreve Boulay: é no povo que ele juntava a fonte de todos os poderes públicos; é, por consequência, do povo que, segundo ele, deveriam emanar todos os poderes diretamente ou indiretamente (p. 17), Boulay nota que Sieyès desejava sobretudo adotar esse princípio para definir o povo como um corpo organizado e não como uma multitude.

II. A ordem capacitária
(o liberalismo doutrinário)

A obra dos liberais doutrinários, particularmente a de Guizot e de Royer-Collard, constitui sob a Restauração o esforço mais sistemático para retomar a problemática dos constituintes e propor uma filosofia moderna da soberania assim como uma teoria do governo representativo que não caia nas pegadas, nos erros ou nos impasses da Revolução. Sua empreitada distancia-se, desde o ponto de partida, da dos homens de 1789 e de 1795. As circunstâncias explicam em grande medida a distância entre as duas gerações. Os doutrinários pensam, assim, que sua esperança de terminar a obra revolucionária acompanha a entrada da história em um período "positivo".[1] Mas o fracasso dos revolucionários tem sobretudos aos seus olhos uma dimensão intelectual: ele traduz sua incapacidade de formular os princípios e de conceber instituições aptas a fundar a ordem na liberdade. "A verdadeira tarefa de nossa época, conclui Guizot, [...] é a de purgar os princípios de 1789 de toda mistura anárquica. Essa mistura foi natural, inevitável; era a consequência da primeira situação, do primeiro emprego das ideias de

---
1 Nesse sentido, François GUIZOT sublinha o caráter para ele puramente circunstancial da teoria da soberania do povo. Ele escreve que: "Ela foi o pretexto racional de uma necessidade prática. É um expressão simples, ativa, provocante, um grito de guerra, o sinal de alguma grande metamorfose social, *uma teoria de circunstância e de transição*" (*Des moyens de gouvernement et d'opposition dans l'état actuel de la France*, Paris, 1821, p.145-146). Pela mesma razão, e logicamente, "quando a circunstância não existe mais, quando a transição já se operou, o tema cai, quer dizer que as palavras que a exprimem não suscitam mais as mesmas idéias, não trazem mais o mesmo sentido" (ibid., p.146).

1789. Essas ideias serviram para destruir o que existia então, governo e sociedade; elas adquiriram nesse trabalho um caráter revolucionário. Chegou o momento de livrá-las desse caráter e de trazê-las de volta ao seu verdadeiro e puro sentido".[2]

Guizot e seus amigos pensaram os problemas da Revolução em sua ligação com as primeiras formas da indeterminação democrática. Por isso eles não se contentam em opor preguiçosamente 1789 a 1793, como o farão frequentemente os liberais da geração seguinte. O encerramento da Revolução implica para eles na redefinição de seus fundamentos primitivos e, portanto, na retomada das raízes das questões da representação e da soberania. Os constituintes e os termidorianos, julgam eles em primeiro lugar, não foram até o fim em suas reflexões. Eles não souberam distinguir e articular claramente as dimensões liberal e democrática da noção de soberania da nação. Se esta pode levar a postular a existência de um lugar vazio e não apropriável do poder, a distância com relação à noção de soberania do povo não é, segundo eles – e eles estão certos nesse ponto – jamais elaborada. Paralelamente, o conceito de representação não é nunca construído de forma operante, oscilando entre uma abordagem tradicional da representação dos interesses particulares e uma concepção construtivista da formação do interesse geral (na qual o Parlamento é concebido como órgão que dá vida e figura à totalidade social). Nos dois casos, mobiliza-se um mesmo tipo de relação ambígua com Rousseau, que pretende conciliar fidelidade no plano dos princípios com distância prática. Para desfazer esses equívocos, os doutrinários vão romper claramente com o universo de Jean-Jacques. À absolutização da vontade, eles vão primeiro opor a ordem da razão. Eles sugerem depois substituir o universo subjetivo dos direitos individuais por um mundo organizado por um saber objetivo. Eles propõem finalmente conjurar o espectro de um poder do número através de uma redefinição das próprias palavras. "Aceitando abertamente a nova sociedade francesa, tal como a fez toda a nossa história, e não só 1789, resume Guizot, eles propuseram-se a fundar seu governo sobre bases racionais e, entretando, muito diferentes das teorias em nome das quais havia-se destruído a antiga sociedade, ou das máximas incoerentes evocadas para reconstruí-la. Chamados alternadamente a combater e a defender a Revolução, eles colocaram-se, desde o início e corajosamente,

---

2   Discurso de 14 de março de 1838, in F. Guizot, *Histoire parlamentaire de France*, Paris, 1863, T.III, p.153.

na ordem intelectual [...]. Suas ideias se apresentavam como apropriadas para regenerar e ao mesmo tempo encerrar a Revolução".³

A soberania da razão

Os doutrinários vão propor sair das aporias revolucionárias fazendo do conceito de *soberania da razão* a pedra angular de sua nova filosofia do político. Para bem entender seu alcance, é preciso antes, brevemente, relembrar a evolução das abordagens da questão da soberania do povo depois do fim do Terror.

Em face do perigo de "re-total" que constitui depois de Termidor o pano de fundo de toda reflexão política, os homens do Diretório procuram primeiro a via de uma limitação prática desse poder. Sièyes, como vimos, é o primeiro a identificar claramente o perigo e formular essa exigência em seus célebres discursos do ano III. Se ele almeja então a instituição de um júri constitucionário para limitar o poder legislativo, ele continua, no entanto, a se inscrever em uma visão classicamente rousseauniana. Ele se contenta, pode-se dizer, com um tipo de correção "prudencial" dos princípios do *Contrat Social*. Benjamin Constant, por sua vez, irá mais longe.⁴ Se a sua teoria do *poder neutro* prolonga e racionaliza as intuições de Sièyes,⁵ ele vê as coisas de maneira diferente do autor de *Quest-ce que le tiers état [O que é o terceiro estado]*? Ele critica primeiro frontalmente Hobbes e Rousseau para tentar fundar filosoficamente a limitação da soberania, enquanto Sièyes se contentava em imaginar um tipo de regulação mecânica dessa soberania. Mesmo concedendo ainda que o princípio da soberania do povo "não pode ser contestado",⁶ Constant afirma por exemplo que "a

---

3   F. Guizot. *Mémoires pour servir à l'histoire de mon temps*, Paris, 1858, t.I, p.158-159. Para uma abordagem do conjunto da filosofia política de Guizot e dos doutrinários, permito-me remeter a Pierre Rosanvallon, *Le Moment Guizot*, Paris, Gallimard, 1985, que desenvolve de forma detalhada certos temas abordados neste capítulo.

4   Mesmo reconhecendo que a inflexão devisiva foi dada por Sieyès. "É a Sieyès que devemos o princípio cujo reconhecimento é o mais necessário, em toda organização política, a limitação da soberania. Ele teve coragem de proclamá-lo no seio da Convenção que abusou terrivelmente da soberania ilimitada" ("Souvenirs historiques. À l'ocasion de l'ouvrage de M. Bignon", Primeira carta, *Revue de Paris*, fevereiro de 1830, reproduzida em *Benjamin Constant publiciste*, 1825 – 1830, coletânea de textos editada por Ephraïm HARPAZ, Genève, Slatkine, 1987, p.176). Ver sobre esse ponto a coletânea *Benjamin Constant et la Révolution française, 1789-1799*, Genève, Droz, 1989.

5   O livro VIII de seus *Fragments d'un ouvrage abandonné sur la possibilité d'une constitution républicaine dans un grand pays* tem por título: "De um poder neutro ou preservador, necessário em todas as constituições" (esse manuscrito inédito de 1806 foi pulicado pela primeira vez por Henri GRANGE em 1991, pelas edições Aubrier).

6   Benjamin Constant, *Principes de politique applicables à tous les gouvernements*, in B. Constant, *De la liberté des Modernes*, textos escolhidos et comentados par Marcel Gauchet, Paris, 1980, p.269..

soberania só existe de uma maneira limitada e relativa",[7] limitada como deve ser pelo respeito aos direitos dos indivíduos. Ele é assim levado a criticar a obra da Revolução, que se contentou em operar uma translação da soberania de um rei absoluto para um povo igualmente todo-poderoso. "É o grau de força e não os depositários dessa força que é preciso acusar, sublinha ele em uma página famosa. É a arma e não o braço que é preciso punir. Há massas pesadas demais para a mão dos homens. O erro dos que, de boa fé em seu amor pela liberdade, concederam à soberania do povo um poder sem limites, vem da maneira como se formaram suas ideias em política. Eles viram na história um pequeno número de homens, ou mesmo um só, em posse de um poder imenso, que fazia muito mal; mas sua ira dirigiu-se contra os possuidores do poder, e não contra o próprio poder. Ao invés de destrui-lo, eles só pensaram em deslocá-lo. Era um flagelo, eles o consideraram um conquista".[8] O autor de *Adolphe* chegaria, nessa base, a uma negação da própria noção de soberania, remetendo soberania do povo e direito divino a um mesmo opróbrio. "Risquemos de nosso vocabulário a palavra soberania propriamente dita", escreve ele em seus últimos artigos (curiosamente desconhecidos).[9] Mas como operar essa subtração? Constant silencia sobre esse ponto. São os doutrinários, Royer-Collard primeiro, sobretudo Guizot depois, que irão propor uma resposta à questão assim formulada.

"Não há nada mais difícil do que realmente descartar a soberania do povo, nota Royer-Collard; ela fica no espírito dos que a combatem; ela é implicitamente reconhecida por todos aqueles que só sabem escapar dela pelo poder absoluto ou pelo privilégio".[10] Royer-Collard é o elo entre a geração liberal de 1820 e a do Diretório; ele próprio foi membro do Conselho dos Quinhentos e compartilhou diretamente as interrogações de Sièyes e seus contemporâneos. Ele foi testemunha da dificuldade desses últimos em romper plenamente com a inspiração rousseauniana e, atrás dela, com toda a filosofia monárquica anterior da soberania. Talvez melhor do que Benjamin Constant, ele percebeu o vínculo que une secretamente a concepção revolucionária da soberania do povo ao absolutismo. Nos dois casos, as derivações do poder provêm para ele do postulado de que o poder pode encarnar-se adequadamente e sem perigo

---

7   Ibid., p.271.
8   Ibid., p.270-271.
9   B. CONSTANT, "De la souveraineté", *Le Temps*, 12 de fevereiro de 1830, reproduzido em B. Constant, *Positions de combat à la veille de juillet 1830. Articles publiés dans "Le Temps" 1829-1830*, coletânea editada por Ephraïm Harpaz, Genève, Slatkine, 1989, p. 102.
10 Discurso de 27 de maio de 1820, reproduzido In Prosper de BARANTE, *La Vie politique de Royer--Collard. Ses discours et ses écrits*, Paris, 1861, T.II, p.32-33.

em uma pessoa ou em uma coletividade. Para prevenir a *hubris* democrática, Royer-Collard convida, consequentemente, a romper com um tal subjetivismo político. A garantia das liberdades implica aos seus olhos uma despersonalização do político. "A diferença entre a soberania do povo e a soberania constituída dos governos livres, conclui ele, é que, na primeira, só há pessoas e vontades, e na segunda, só há direitos e interesses".[11] Ele define assim o que poderíamos chamar de soberania do direito ou, mais precisamente, uma soberania constitucional. O raciocínio de Royer-Collard é solidamente construído. Mas ele não conduz necessariamente à almejada objetivação do político. Se os interesses constituem dados materiais da experiência social, eles só podem, com efeito, ser constituídos e reconhecidos por indivíduos, eles próprios particulares. A noção de interesse é assim falsamente simples. Longe de remeter sem equívoco ao mundo objetivo, ela situa-se, ao contrário, na articulação entre os dois universos do saber objetivo e do conhecimento subjetivo. Os interesses são fatos de experiência ao mesmo tempo que de conhecimento (é por isso, aliás, que a tradição utilitarista pode fundar sobre os interesses a perspectiva democrática, sobrepondo saber e opinião). Daí a necessidade sentida por numerosos liberais nos anos 1820 de formular ainda de forma diferente o problema. Sua busca vai se cristalizar em torno da noção de soberania da razão.

Falando, em 1826, sobre a teoria da soberania da razão, *Le Globe [O Globo]* escreve que é "a teoria do século".[12] É a partir dela que os publicistas liberais pretendem rejeitar tanto Rousseau quanto Bonald, os partidários da soberania do povo e os defensores do direito divino. Guizot a formula com brilho em suas aulas sobre as origens do governo representativo, proferidas entre 1820 e 1822.[13] Ele segue primeiro os passos de Constant e de Royer-Collard para negar toda validade a uma apropriação da soberania. "Eu não acredito, escreve, nem no direito divino nem na soberania do povo, tal como são quase sempre entendidos. Eu só consigo enxergar ali as usurpações da força. Eu acredito na soberania da razão, da justiça, do direito: é esse o soberano legítimo que o mundo procura e sempre procurará; pois a razão, a verdade, a justiça não se encontram em lugar algum completas e infalíveis. Nenhum

---

11 Discurso de 17 de maio de 1820, reproduzido *ibid.*, p.18. Sua defesa da monarquia constitucional repousa portanto logicamente sobre o postulado de que o rei é uma instituição e não uma pessoa.
12 Introdução em *Le Globe* a um artigo de Guizot intitulado "De la souveraineté" (25 de novembro de 1826, t. IV, p.235).
13 Ele redige também, entre 1821 e 1823, o manuscrito de uma obra intitulada "De la souveraineté". Eu editei e anotei este importante manuscrito de 1823, *Philosophie politique: de la souveraineté*, em anexo à reedição de F. Guizot, *Histoire de la civilisation en Europe*, Paris, Pluriel, 1985.

homem, nenhuma reunião de homens as possui e pode possui-las sem lacunas e sem limites".[14] Guizot parte assim da falibilidade de todo poder humano, dado que permanece sempre a certa distância da razão, e repele nessa base a pretensão de qualquer poder a arrogar-se os atributos de uma soberania completa em nome de uma transcendência radical da razão e da justiça. Seu liberalismo não provém da liberdade-autonomia dos indivíduos. Ele é de ordem epistemológica e não moral ou política. As teorias clássicas da soberania do povo ou do absolutismo monárquico provêm para Guizot, ao contrário, de uma necessidade de ver as coisas e os poderes claramente designados e estabelecidos. Elas correspondem a uma forma secularizada de segurança religiosa, e parecem oferecer à ação dos homens um ponto de apoio firme. A reflexão sobre a idolatria política através da qual ele introduz seu projeto de obra sobre a soberania é a esse respeito significativa, e vale a pena citá-la um pouco longamente. "O homem criou ídolos para si, nota ele; ele os chamou de Deus e os adorou. [...] Assim como ele se deu ídolos, o homem se deu senhores. Ele tentou situar a soberania sobre a terra assim como a divindade. Ele quis que sobre ele reinasse um poder que tivesse, à sua obediência, um direito imutável e certo. Ele não conseguiu fixar, sem limite e sem retorno, nem sua obediência nem sua fé. Ele investiu dessa soberania originária e infinita ora um, ora vários homens, aqui uma família, lá uma casta, acolá o povo inteiro [...]. É a história das sociedade humanas. Espantamo-nos com suas revoltas contra os poderes antigos e longamente reverenciados. Devemos nos espantar com sua confiança em poderes novos que elas acolhem. Elas temem os déspotas e querem o despotismo em algum lugar, a qualquer preço. Frequentemente deslocado, o poder absoluto sempre obteve um asilo, um trono".[15]

Afirmando que a soberania pertence à razão, Guizot dá uma conclusão lógica a essa reflexão. Ele só mantém a palavra para melhor negar seu conteúdo. A razão doutrinaria à qual Guizot se refere é, com efeito, uma razão transcendente à qual os indivíduos não poderiam jamais ter pleno acesso. Não é a razão utilitária de Destutt de Tracy que define o bem e o mal, o justo e o injusto, pelo que é conforme à natureza humana e própria para assegurar sua felicidade. Cousin se tornará o teórico dessa concepção impessoal e absoluta da razão, criticando violentamente a abordagem utilitarista. O homem, para Cousin, não pode nunca dizer "eis a verdade". O cogito não pode levar à razão porque quando o homem diz "eu penso", ele apenas emite uma

---

14 F. Guizot, *Du gouvernement de la France depuis la Restauration et du ministère actuel,* Paris, 1820, p. 201.
15 F. Guizot, *Philosophie politique: de la souveraineté, op.cit.,* p.319-320.

opinião particular, um sentimento. O critério da verdade não está nem na opinião, nem no testemunho dos homens: é a razão única em sua essência e em sua pureza primitiva; razão absoluta que é apenas recebida pelo eu e perde seu caráter quando se coloca como razão pessoal ou privada. Essa razão doutrinária está, portanto, nas antípodas da razão kantiana, que funda seu direito na autonomia da vontade. Indo até o fim em sua lógica, Guizot não se contenta em criticar o princípio da soberania política. Também para ele não teria cabimento a soberania pessoal. "Não é verdade, escreve, que o homem seja senhor absoluto de si próprio, que sua vontade seja seu soberano legítimo, que em nenhum momento, a nenhum título, ninguém tenha direito sobre ele sem seu consentimento".[16] Se a vontade não é o soberano legítimo do homem, não é dela que ele recebe as leis morais cuja existência ele reconhece. A limitação do poder, que não se identifica com a razão, tem, consequentemente, como corolário a redução dos direitos da vontade. "Ao invés de elevar todas as vontades ao nível dos soberanos, conclui Guizot, era preciso proscrever em todo lugar o poder absoluto ao invés de lhe oferecer abrigo em cada vontade individual, e reconhecer a cada homem o direito, que lhe pertence, de obedecer apenas à razão, ao invés de lhe atribuir o direito, que ele não tem, de obedecer apenas à sua vontade". Tal é a essência da teoria doutrinaria da soberania da razão. Ela é liberal na medida em que denuncia todas as formas de despotismo e denega a qualquer poder o direito de se dizer verdadeiramente soberano, mas nem por isso ela faz concessões aos direitos intrínsecos do indivíduo.

A representação como metáfora

A obra de reconceitualização empreendida pelos doutrinários não se limitou a desconstruir a noção de soberania. Ela foi logicamente seguida de uma redefinição do governo representativo. Nesse ponto também, os liberais de 1820 marcam sua distância em relação à geração anterior. Eles identificam primeiro claramente a natureza dos equívocos relativos à representação que se formaram desde 1789. Onde um Barnave e um Sièyes hesitam ainda entre uma conceitualização filosófica do governo representativo como alternativa à democracia e uma abordagem prática da representação como substituto técnico de uma impossível democracia direta, os doutrinários vão decidir. Para afastar essa "democracia pura" que eles rejeitam como seus predecessores, eles não vão se contentar em opô-la de maneira mágica

---

16 *Ibid.*, p.366.

ao governo representativo, como fizeram Sièyes e Roederer assim como os *Feuillants* (Duport, Barnave) ou, mais tarde, os "liberais de Coppet", com Benjamin Constant e Madame de Stael. Com efeito, Guizot e seus próximos consideraram que eram os próprios termos dessa oposição que não estavam corretamente colocados, levando a uma confusão e a uma reviravolta permanente dos conceitos. Eles sabem também que não basta uma teoria modernizada do governo misto, à moda inglesa ou americana, para canalizar a aspiração democrática, limitando-a e controlando-a ao mesmo tempo. Os doutrinários se propõem fundamentalmente a afastar o espectro do poder popular e da irrupção do número redefinindo o próprio conceito de representação.

"É a palavra representação que, mal compreendida, confundiu todas as coisas":[17] o diagnóstico de Guizot resume a análise doutrinária da questão. Em um discurso famoso, Royer-Collard explicitou em termos impressionantes essa interrogação. "A revolução tal como se operou para a desgraça dos séculos não é outra coisa senão a doutrina da representação em ação, assinala ele. Sem dúvida podemos atribuir causas que precederam, que concorreram, como o deslocamento da consideração, o das riquezas e das luzes e sobretudo a corrupção dos espíritos mais ainda do que a dos corações. Mas se, no seio dessa mesma corrupção, não se tivesse elevado uma assembleia para a qual essa doutrina mágica da representação fosse o instrumento irresistível de um poder até então desconhecido; apesar da impetuosidade do ataque, não teríamos visto todas as barreiras caírem de uma vez só como por encanto, e o trono cair por si próprio e a sociedade se dissolver e tudo enfim se estragar, e confundir-se numa ruína comum. [...] É a usurpação da representação que precede todas as outras, que as sugere talvez em parte; e foi ela também que as tornou tão fáceis".[18] Para sair das indeterminações revolucionárias é assim necessário, para Guizot e Royer-Collard, romper com as abordagens anteriores que compreendiam a representação como uma tecnologia política ou como uma relação sociológica. Em vias paralelas, embora ligeiramente diferentes, eles levaram até o fim a discussão dessa ideia tradicional de representação.

---

17 *Histoire des origines du gouvernement représentatif (cours de 1820-1822)*, Paris, 1856, t.II, p.133). "A palavra, continua ele, foi mal compreendida, pois formamos uma idéia falsa da soberania e da liberdade. Isso nos obriga a remontar mais longe" (*ibid.*).

18 Discurso de 24 de fevereiro de 1816 sobre as eleições, *in* Paul Barante, *La Vie politique de Royer-Collard, op. Cit.*, t.I, p.231-232.

"Como uma nação pode ser representada?" pergunta Royer-Collard antes de demonstrar que o princípio representativo comporta uma contradição interna. "A palavra representação é uma metáfora, observa ele. Para que a metáfora seja justa, é necessário que o representante tenha uma verdadeira semelhança com o representado; e, para isso, é preciso que o que faz o representante seja exatamente o que faria o representado. Segue-se daí que a representação política supõe o mandato imperativo, determinado a um objeto ele próprio determinado, tal como a guerra ou a paz, uma lei proposta, etc. Com efeito, só nesse caso fica provado, visível, que aquilo que o mandatário faz é o que teria feito o mandante, ou que o mandante teria feito o que o mandatário faz".[19] A representação acaba por essa razão negando a si própria; pois paradoxalmente ela só tem consistência se a sua distância em relação ao princípio democrático se apaga.[20] Logo, é inútil, para Royer-Collard, pensar em tomar o princípio representativo para manter à distância o perigo democrático. Dirigindo-se a seus pares, ele conclui abruptamente que a "denominação governo representativo é, pois, evidentemente falsa e enganadora". Só há para ele *poderes*, e não uma representação. Isso significa que, se a monarquia constitucional inclui uma câmara eletiva, essa última não pode pretender "representar" a sociedade e encarnar assim uma forma de legitimidade de natureza democrática: a Câmara dos deputados é para ele apenas um poder instituído pela Carta, ela não tem existência autônoma. A eleição muda completamente de sentido em tal perspectiva: ela tem uma pura função procedimental (constituir uma assembleia) e não consiste de modo algum no exercício de um direito. "A eleição deriva da existência constitucional da Câmara, diz ele; ela é uma continuação e uma consequência disso".[21]

Guizot parte, como Royer-Collard, do paradoxo lógico da representação. Ele apoia-se mesmo em Rousseau para levar até o fim o argumento e deduzir que "toda representação é quimérica".[22] Mas Guizot acusa o autor do *Contrat Social [Contrato Social]* de não ter ido até o fim em seu percurso. Se a representação é sempre enganadora e tirânica, já que ela tende a destituir o homem da disposição permanente de sua vontade, isso deve conduzir a considerar todo governo como praticamente

---

19 *Ibid.*, p.227.
20 "Eu acredito ter provado, conclui ele, que, fora da eleição popular e do mandato, a representação é apenas um preconceito político que não se sustenta, mesmo sendo tão difundido e tão acreditado" (*ibid.*, p.229).
21 *Ibid.*, p.224.
22 *Histoire des origines du gouvernement représentatif, op. cit.*, t.II, p.134.

impossível e ilegítimo. Guizot analisa a partir daí a ilusão moderna como a busca do ideal rousseauniano por outros meios. Ela reside na mistura da água e do fogo: da sagração filosófica da vontade enxertada na adoção técnica da representação.[23] Enquanto a radicalidade filosófica de Rousseau sobre a inalienabilidade da vontade o levava a uma certa modéstia e a uma grande prudência institucional (a democracia sendo reconhecida como viável apenas em pequenas repúblicas e em sociedades frugais e virtuosas), os homens de 1789 pretenderam combinar a radicalidade do poder com o princípio representativo. É aí que tem origem aquilo que, para Guizot, é indissociavelmente uma ilusão e uma ameaça. Mas, ao invés de concluir como Royer-Collard que é preciso negar toda validade ao princípio representativo, ele propõe mudar sua matéria e sua forma.

A redefinição da representação opera-se para Guizot em duas direções. Ele realça primeiro o caráter arcaico das abordagens procedimentais chamando a atenção para o caráter cada vez mais informacional das relações entre o poder e a sociedade no mundo moderno. Ele sugeriu, nesse sentido, compreender a natureza do governo representativo a partir de uma reflexão sobre a publicidade. Mas Guizot interpreta também a representação como um processo de tipo cognitivo, e não mecânico. Nas duas perspectivas, a relação considerada como "natural" entre a representação e a eleição é posta em questão, abrindo caminho para uma dissociação das duas noções; dissociação julgada fundamental para desarmar as reivindicações de alargamento do sufrágio e relativizar o alcance das restrições implicadas pelo sistema censitário.

A aproximação entre a publicidade e a representação não tem nada de inédito em 1820. É um grande topos político do século XVIII, e nós salientamos a importância das reflexões sobre a imprensa e a representação no meio do Cercle social durante a Revolução. Mas os doutrinários sistematizam esses primeiros esboços e os inscrevem em uma visão histórica longa das transformações da política. Enquanto um Brissot considera, por exemplo, a expressão da opinião como uma muleta ou um complemento do sistema representativo, Guizot faz do reino da publicidade a condição do advento de uma política "pós-representativa". É esse o sentido de toda a sua reflexão histórica sobre as origens e as transformações do governo representativo. "Pensando bem, escreve ele nesse espírito, o que caracteriza as instituições que a França possui e às quais a Europa

---

23 "Certos espíritos menos poderosos que o seu, e, por isso mesmo, menos capazes de se subtrair ao jugo das necessidades sociais, acreditaram poder conservar o princípio sem aceitar todas as suas consequências, resume ele[...]. Então reapareceu, apesar de Rousseau, e do seu raciocínio correto, a teoria da representação, quero dizer, da representação das vontades" (*Ibid*, t. II, p. 135-137).

aspira não é a representação, não é a eleição, não é a deliberação, é a publicidade. A necessidade de publicidade, na administração dos assuntos públicos, é o traço essencial do estado social e do espírito do tempo. É uma condição imperiosamente ligada a todas as instituições, e sem a qual elas não podem satisfazer as sociedades modernas. Onde falta publicidade, pode haver eleições, assembleias, deliberações; mas os povos não acreditam nelas, e têm razão".[24] Voltando a essa questão em seu grande curso sobre o governo representativo, ele reconhece a importância da divisão dos poderes e da eleição mas, escreve ele, "considerando a teoria, talvez a publicidade seja o caráter mais essencial do governo representativo".[25]

Celebrando a publicidade, os doutrinários querem principalmente "arcaizar" o procedimento eleitoral, esperando ao mesmo tempo enfraquecer as reivindicações de alargamento do sufrágio ou de melhoria das suas formas de organização. A dissociação entre a eleição e a representação operada na compreensão extensiva dessa última leva primeiro a superar uma certa "contradição técnica" dos governos modernos que aspiram a se conformar com a razão empregando procedimentos que favoreçam a eclosão das paixões. "A eleição, escreve nesse sentido Guizot, é, por natureza, um ato brusco e pouco sujeito à deliberação; se esse ato não se liga a todos os hábitos, a todos os antecedentes dos eleitores, se ele não é, de alguma forma, o resultado de uma longa deliberação anterior, a expressão de sua opinião habitual, será muito fácil surpreender sua vontade, ou levá-los a escutar somente a paixão do momento; então a eleição carecerá de sinceridade ou de razão".[26] Ao contrário, a publicidade mantém fluxos permanentes de comunicação entre a opinião e o governo. Nessa ótica de comunicação política, os mecanismos eleitorais só desempenham um papel, afinal, secundário. Não é enquanto meio de expressão arbitrária das vontades que eles importam, eles só têm sentido como parte de um conjunto mais amplo de circulação das ideias e das opiniões. Daí a minúcia com a qual Guizot se debruçou sobre a organização dos escrutínios, visando a reduzir ao máximo a ruptura entre o ato eletivo e os hábitos da vida social, insistindo na necessidade de reunir os eleitores onde gravitam ordinariamente seus outros

---

24 F. Guizot, "Des garanties légales de la presse", *Archives philosophiques, politiques et littéraires*, Paris, 181, t. V, p.186.
25 *Histoire des origines du gouvernement représentatif, op. cit.*, t.I, p.124. Não surpreende que tenha sido ele a descobrir alguns desses textos que Habermas estimou que Guizot havia feito a primeira formulação clássica do "reino da opinião pública" (Jürgen HABERMAS, *L'Espace public. Archéologie de la publicité comme dimension constitutive de la société bourgeoise*, Paris, Payot, 1978).
26 *Histoire des origines du gouvernement représentatif, op. cit.*,. T. II, p.242.

interesses. A perspectiva é quase a de chegar a uma supressão da distinção entre a eleição e a pesquisa de opinião, o escrutínio e a conversação social. Apresentando em 1830 à Câmara dos deputados o projeto de lei sobre a reeleição dos deputados nomeados funcionários, ele mostra que essas eleições parciais funcionam como um "tipo de pesquisa perpétua". Guizot aborda nos mesmos termos o problema da regulação da sociedade familiar. A família, explica, é "a mais doce das sociedades", mesmo se nem a mulher nem as crianças votam sobre as vontades do marido ou do pai. Guizot retoma aqui a metáfora clássica do poder paterno sob uma nova ótica. Não se trata de calcar a organização da sociedade sobre a estrutura do poder paterno como para os filósofos do século XVIII, mas de mostrar em que medida o poder paterno é afinal mais moderno em seu funcionamento do que se supõe. Ele repousa de fato, estima Guizot, sobre um sistema interativo de negociações informais e de transações formais. "O que importa depois disso, nota ele, que o direito de sufrágio não se manifeste sob uma forma material, pela presença de uma urna e do depósito de um voto? Que importa que ele não esteja escrito nas leis da sociedade nem garantido pelas necessidades de suas relações?".[27] Apesar das aparências, insiste ele, "em nenhum lugar o direito de sufrágio é mais real e extenso. É na família que ele chega mais perto da universalidade". Ao contrário, o voto formal pode ser apenas um tipo de "carta anônima da vida social",[28] manifestando um déficit de interação social normal.

Por mais essenciais que sejam, os mecanismos centrais sobre os quais se apoia o governo representativo (o sistema das Câmaras e a publicidade do poder) não poderiam conter toda a sua significação. A vida e as necessidades da sociedade devem também inserir-se em um trabalho muito mais capilarizado da representação. A publicidade substitui, no fim das contas, uma abordagem mecânica por uma concepção interativa das relações entre sociedade e governo. Ela alarga a noção de representação com a de comunicação política. A publicidade, nota Guizot, opera um trabalho de revelação recíproca do poder e do público. Se o seu verdadeiro ofício é o de ajudar a governar é porque, segundo os termos de Rémusat, "em nossos grandes impérios modernos, com suas grandes populações, os cidadãos só podem comunicar-se e tomar ciência de suas opiniões através da imprensa; só através dela a autoridade pode receber deles e lhes devolver a luz, e essa troca é necessária para

---

27 *Philosophie politique: de la souveraineté*, op. cit., p.381.
28 Expressão atribuída à Guizot por Émile FAGUET, *Politiques et moralistes du XIX siècle*, Paris, s.d., t.I, p.94.

que os cidadãos e a autoridade andem nos mesmos caminhos".[29] O que é próprio das sociedades modernas, continua ele, é que "a sociedade se faz representar a si mesma".[30] O advento de um poder social de tipo inédito resulta principalmente desse trabalho pelo qual a sociedade e o governo se apresentam um ao outro, imbricam-se um no outro e revelam-se ao mesmo tempo a si próprios.

Sobrepondo no princípio da publicidade uma liberdade e um meio de governo, os doutrinários trazem à sua maneira uma resposta às aporias da cultura política revolucionária. Todas as restrições trazidas ao direito de sufrágio ficam também, dessa forma, relativizadas: com a entrada na idade da publicidade, a função social da eleição pode declinar sem dano. Um pensamento incontestavelmente inovador do político liga-se assim inextricavelmente, nos doutrinários, a uma visão reacionária da história e da sociedade.

A sagração das capacidades

Partindo do fato de que a razão, e não a vontade, é a soberana, Guizot chama também de representação o procedimento de reconhecimento dessa razão. No limite, para Guizot não há nada a ser "representado", no sentido etimológico do termo; não se trata mais de procurar exprimir vontades individuais ou interesses coletivos. A representação não é para ele uma tecnologia política ou um agente de transformação sociológica: ela qualifica uma operação de tipo cognitivo. Daí a nova definição que ele lhe dá: "O que se chama de representação não é uma máquina aritmética destinada a recolher e a denominar as vontades individuais. É um procedimento natural para extrair do seio da sociedade a razão pública, a única que tem o direito de governar".[31] Não se trata mais de resolver uma aritmética complexa dos interesses e das vontades, mas de "recolher, de concentrar toda a razão que existe esparsa na sociedade",[32] "de extrair da sociedade tudo o que ela possui de razão, de justiça, de verdade, para aplicá-las ao seu governo".[33] Essa operação cognitiva é evidentemente indissociável de um trabalho de tipo sociológico, já que são sempre *in fini* homens que pensam o mundo. Rémusat explicitou isso em termos perfeitamente claros:

---

29 Charles de RÉMUSAT, *De la liberté de la presse*, Paris, 1819, p.12
30 *Ibid.*, p.35.
31 *Histoire des origines du gouvernement représentatif*, op. cit., t.II, p.150.
32 F. Guizot, "Élections", in *Discours académiques, suivis de trois essais de philosophie littéraire et politique*, Paris, 1861, p.406.
33 *Histoire des origines du gouvernement représentatif*, op. cit., t.I, p.98.

"Nenhuma soberania absoluta é realizada nesse mundo, escreve, mas, invisível e presente, a razão suprema fala à razão humana, e só a ela. Todos ouvem sua voz, não o bastante para segui-la igualmente, mas o suficiente para serem obrigados a segui-la. Daí a ligação das inteligências, daí essa sociedade espiritual que serve de fundo e de exemplar à sociedade civil. A quem pertence portanto o poder político? Aos mais capazes de fazer prevalecer a lei comum da sociedade, saber, a justiça, a razão, a verdade".[34]

Por conseguinte, o tema sociológico das capacidades prolonga naturalmente a abordagem doutrinária da soberania da razão e da representação (Guizot define a capacidade como "a faculdade de agir segundo a razão").[35] A capacidade estabelece um ponto de encontro entre a ordem da razão e a ordem da ação humana. Ela abole a distância entre direito natural e direito positivo e resolve seu antagonismo em um *processo cognitivo*. Essa noção de capacidade é a pedra angular de toda sua filosofia política, o núcleo duro ao qual conduzem a teoria da soberania da razão e a filosofia da história dos doutrinários. "É a mais bela e a mais útil conquista que nós fizemos em quinze anos, dirá Guizot em 1831. O princípio da capacidade política destronou efetivamente a anarquia".[36] É por uma sociologia que os doutrinários pretendem assim dissipar os equívocos da cultura política revolucionaria. O movimento já havia sido começado pelos termidorianos. Os constituintes do ano III haviam insistido tanto no advento de uma nova elite social e política quanto no estabelecimento de mecanismos constitucionais para terminar a Revolução e garantir a ordem, o ideal de um poder de notáveis inspirando toda sua obra.[37] Mas os doutrinários realizam o movimento radicalizando uma visão sociológica do político. Com eles, não há mais a indiferenciação sociológica da teoria política. A ruptura com os grandes autores clássicos é considerável. Quando Hobbes, Locke, Rousseau, Sièyes ou Condorcet tentavam pensar os fundamentos da ordem social, era a instituições ou a mecanismos políticos que eles confiavam a tarefa de regular as paixões e de compor uma aritmética política da justiça. Eles partiam do homem no singular, como ser genérico, e pensavam como arquitetos as condições do viver junto. A teoria do

---

34 *Le Globe* de março de 1829, t. VII, p.157.
35 Art. citado, "Élections", p.385.
36 Discurso de 8 de fevereiro de 1831, *Histoire parlamentaire de France, op. cit.*, t. I, p.214.
37 BOISSY D'ANGLAS diz nesse sentido: "Devemos ser governados pelos melhores: os melhores são os mais instruídos e os mais interessados na manutenção das leis" (Discurso de 5 de messidor do ano III, *Moniteur*, t. XXV, p.92).

Estado ou a do mercado não repousavam sobre uma sociologia. Muito diferentes são os doutrinários. É na própria estrutura social que eles procuram, com o princípio de capacidade, os mecanismos reguladores do político.[38]

Concentrar a razão e selecionar as "capacidades" constituem para os doutrinários as duas faces de uma mesma empresa, indissociavelmente cognitiva e social. "Em toda sociedade, nota Guizot, existe uma certa soma de ideias justas e de vontades legítimas sobre os direitos recíprocos dos homens, sobre as relações sociais e seus resultados. Essa soma de ideias justas e vontades legítimas fica dispersa nos indivíduos que compõem a sociedade, e desigualmente repartida entre eles, em razão das infinitas causas que influem sobre o desenvolvimento intelectual e moral dos homens".[39] O objetivo do governo representativo é assim facilmente estabelecido: "recolher em toda parte os fragmentos esparsos e incompletos desse poder, concentrá-los e constitui-los em governo".[40] Esse tema estará no centro da visão liberal dos anos 1830, remetendo-a à temática mais antiga da eminência eletiva. Para Guizot e os doutrinários, as "capacidades" não se reduzem, com efeito, a variáveis econômicas banais (que um dispositivo puramente censitário poderia facilmente captar), elas caracterizam de maneira ao mesmo tempo mais imprecisa e mais global uma relação geral com a inteligência da sociedade e seu movimento.[41] "É próprio do governo representativo, diz nesse espírito o duque de Broglie, extrair do meio da nação a elite de seus homens mais esclarecidos, reuni-los no topo do edifício social, em um recinto sagrado, inacessível às paixões da multidão, e lá, fazê-los deliberar em voz alta sobre os interesses do Estado".[42] É o procedimento eleitoral que será

---

38 Essa perspectiva foi a mesma de todos os grandes pensadores reacionários pós-revolucionários, como Bonald, que advogava uma reconstituição social (que não poderia ser para ele outra coisa que o retorno a uma sociedade de ordens), para sair da anarquia ligada ao advento do indivíduo. O século XIX é, sob este aspecto, o *século da sociologia*. Por óticas evidentemente diferentes, Auguste Comte, Guizot ou Bonald se fazem sociólogos pela necessidade do problema. Eles têm em comum a busca pelas condições de um novo modo de incorporação do político no social. O nascimento da sociologia pode ser apreendido como uma resposta ao que foi percebido como uma falência da filosofia política clássica (do século XVI ao XVIII). Ela é uma tentativa de dar forma e inteligibilidade a uma sociedade que não tem mais formas institucionais evidentes através das quais possa ser ao mesmo tempo compreendida e conduzida.

39 *Histoire des origines du gouvernement représentatif*, op. cit., t.II, p.149.

40 *Ibid.*, p.150. "O sistema representativo, escreve ele ainda, se propõe a descobrir e a concentrar as superioridades reais e naturais do país para aplicá-las em seu governo" (*Ibid., p.305*).

41 Não desenvolvo esse ponto que tratei longamente em meu trabalho *Le Moment Guizot*, op. cit. (cf. O capítulo "Le sacre des capacités").

42 Discurso sobre o projeto de lei eleitoral de 1820, *in* duque Victor de BROGLIE, *Écrits et discours*, Paris, 1863. "Acreditamos, escreve no mesmo espírito SISMONDI, que o governo representa-

notadamente encarregado de chegar a esse resultado. "O objetivo da eleição, resume Guizot, é enviar ao centro do Estado os homens mais capazes e mais acreditados do país; é uma maneira de descobrir e de constituir a verdadeira, a legítima aristocracia, aquela aceita livremente pelos povos sobre os quais ela deve exercer seu poder".[43] A eleição tem, nessa perspectiva, um caráter puramente funcional. Ela não é nem a fonte da legitimidade nem a consequência da igualdade civil entre os homens. Por isso não é deferida a todos como o exercício de um direito, mas a somente alguns como uma função. É somente a capacidade que confere a possibilidade de votar, sendo os eleitores para Guizot simples funcionários da razão. No limite, outros procedimentos, como o exame ou o concurso, poderiam ser pensados para chegar a esse objetivo de seleção das capacidades.

Assim resumida, a função do sistema representativo e dos mecanismos eleitorais que o acompanham é produzir uma elite. "A superioridade sentida e aceita, escreve o chefe dos doutrinários, é o vínculo primitivo e legítimo das sociedades humanas; é ao mesmo tempo o fato e o direito: *é o verdadeiro, o único contrato social*".[44] Mas como definir uma noção moderna de superioridade que não caia na trilha de um inaceitável sistema de privilégios? Os liberais propuseram sucessivamente abordar dois tipos de resposta a essa pergunta. A primeira é a da *aristocracia eletiva*, forjada pelos homens do Diretório e os redatores da Constituição do ano VIII; a segunda é justamente a do *poder capacitário*, elaborado pelos doutrinários. As diferenças entre as duas propostas permitem compreender a natureza do impasse no qual se colocaram progressivamente Guizot e seus amigos.

Seguindo as reflexões esboçadas desde o ano III por Boissy d'Anglas e Daunou, Madame de Staël convida os republicanos, no ano VI, a repensar os fundamentos da democracia em termos inequívocos: "É preciso que eles adotem algumas das ideias

---

tivo é uma feliz invenção para colocar em evidência os homens eminentes que se encontram em uma nação" (*Études sur les constitutions des peuples libres*, Bruxelles, 1836, p.51). Prosper DUVERGIER DE HAURANNE nota igualmente que "o governo representativo tem por finalidade principal levar à direção do governo os homens melhores e mais capazes" (*Des principes du gouvernement représentatif et de leur application*, Paris, 1838, p.XX).

43 Art. citado, "Élections", p.395. "O governo representativo, diz ainda GUIZOT, não é o governo da maioria numérica pura e simples, é o governo da maioria dos capazes" (*Histoire des origines du gouvernement représentatif*, op. cit.,, t.I, p.111).

44 F. GUIZOT, *Des moyens de gouvernement et d'opposition dans l'état actuel de la France*, op. cit., p.164. Sou eu quem sublinha. "O poder pertence à superioridade. Entre iguais, ele nunca teria nascido", continua (*ibid.*).

da aristocracia para estabelecer as instituições populares".[45] Esse estado de espírito está no ar do tempo. Assim, não é espantoso ver Sièyes propor, no ano VIII, no momento em que é discutido o novo projeto de constituição, um sistema de *listas de notabilidades* para regular o conjunto do dispositivo eleitoral.[46] Sièyes pretende dividir a nação entre parte *governante* e parte *governada*, permitindo assim por em prática o princípio segundo o qual "a autoridade vem de cima e a confiança de baixo". O conjunto do sistema é regulado no topo por um colégio dos Conservadores que pode assim afastar os "maus cidadãos". O mecanismo é complexo, mas o objetivo é simples: "Afora a elite representativa, resume Sièyes, ninguém tem o direito de representar, ninguém tem o direito de falar em nome do povo".[47] Essa formulação é um sinal dos tempos. Ela encerra de uma certa maneira a história aberta dez anos antes: aquele que afirmava, em 1789, ter completado a ciência política, doravante só vê salvação na constituição de uma elite política.

Se Sièyes imagina o sistema das listas de notabilidade, coube a Roederer qualificar da maneira mais convincente o novo regime como uma *aristocracia eletiva*, considerando que ele constituía a forma finalmente encontrada da democracia representativa que muitos revolucionários haviam desejado. "A aristocracia eletiva, de que Rousseau falou há cinquenta anos, escreve ele, é o que chamamos hoje de democracia representativa [...] O que significa a palavra eletiva ao lado da palavra aristocracia? Significa que esse pequeno número de sábios que são chamados a governar só devem seu direito à escolha, à confiança dos seus concidadãos; em uma palavra, a uma eleição inteiramente livre e independente de condições de nascimento. Então! Não é justamente isso que significa a palavra democracia ao lado

---

45 Mme de STAËL, *Des circonstances actuelles qui peuvent terminer la Révolution et des principes qui doivent fonder la République en France*, éd. Citada *supra*.

46 Podemos lembrar rapidamente seu funcionamento inscrito na Constituição: cada *arrondissement* elege uma "lista de confiança de primeiro grau" formada de um décimo de seus membros; as listas comunais que resultam disso procedem novamente a uma redução a um décimo para formar as listas departamentais; uma terceira redução da mesma proporção leva à formação de uma lista nacional de notabilidades. Os membros da lista nacional não podem ser inscritos definitivamente antes de aceitos pelo *collège des Conservateurs* (chamado Senado conservador na Constituição do ano VIII). Os membros dessas listas elegerão, segundo seu nível, os funcionários locais, departamentais e de representantes nacionais. Para uma descrição precisa do mecanismo, ver *Théorie constitutionnelle de Sieyès, Constitution de l'an VIII*, extrato das *Mémoires inédits de M. BOULAY DE LA MEURTHE*, Paris, agosto de 1836; J.BOURDON, *La Constitution de l'an VIII*, Rodez, 1941. Ver também a memória de Paul GAUCHER, *Les Projets constitutionnels de Sieyès et la Constitution de l'an VIII* (I.E.P. de Paris, 1954-1955), que reproduz vários textos.

47 *Théorie constitutionnelle de Sieyès*, op. cit., p.6.

da palavra representativa? Aristocracia eletiva, democracia representativa são, pois, uma única e mesma coisa".[48] A Constituição do ano VIII representa para Roederer o desfecho indissociavelmente intelectual e político da experiência revolucionária. Ela encontra enfima fórmula do novo regime ao qual a ciência política aspirava: "A nova constituição, alega ele, é a única que preenche, dentre os sistemas comuns, as condições requeridas para constituir uma representação nacional, e oferece as primeiras ideias obtidas até agora de um verdadeiro sistema representativo, isento tanto dos horrores da demagogia, quanto das opressões da aristocracia".[49]

Guizot e os doutrinários vão propor uma alternativa a essa teoria eletiva da eminência. Eles primeiro constataram o fracasso da Constituição do ano VIII. Eles também puderam observar as contradições persistentes de Sièyes, que acaba por sonhar, no fim do percurso revolucionário, em conciliar as vantagens da eleição com as da hereditariedade, imaginando quase um sistema representativo que pudesse dispensar o mecanismo eleitoral".[50] Eles irão até o fim nesse caminho procurando distanciar-se ao máximo do sistema da eleição. Como determinar então um *procedimento alternativo* para distinguir a eminência, uma vez que são rechaçadas ao mesmo tempo a instituição social das diferenças (o privilégio) e uma seleção pelo sufrágio universal, julgada incerta ou perigosa? A ideia doutrinária de capacidade procurou abrir essa via, fazendo sobreporem-se uma *qualidade social* (a capacidade de *agir* segundo a razão) e uma *aptidão para discerni-la* (a capacidade simultânea de *reconhecer* a razão). Seu limite está no fato de ser ineluctavelmente levada a se restringir a um princípio estreito de *autorreconhecimento*. É de fato um grupo particular que termina, nesse quadro, por se declarar detentor da razão. Os adversários dos doutrinários concentrarão logicamente suas críticas sobre esse ponto, acusando-os de querer dominar o mundo, chamando de razão pública suas opiniões particulares.[51] Aliás, Guizot e seus amigos escorregarão significativamente desde sua chegada ao poder rumo a uma banal apologia de seus interesses de classe. "Nós somos o governo

---

48 Discurso de 13 de ventoso do ano IX (4 de março de 1801), em *Oeuvres du comte P. L. Roederer,* Paris, t. VII, 1858, p.140.
49 "Du gouvernement représentatif", Journal de Paris, 17 de frimário do ano VIII, retomado em *Oeuvres du comte P. L. Roederer,* Paris, t. VI, 1858, p.393.
50 Ver seu trabalho *Bases de l'ordre social, op. cit.*
51 MAINE DE BIRAN, a princípio próximo dos doutrinários, termina por criticá-los vivamente por esta razão, denunciando-os como "sectários políticos" que pretendiam "reger os povos e os governos em nome de uma certa opinião que eles chamam razão pública, da qual se constituiem os orgãos ou os intérpretes exclusivos" (citado por Agnès ANTOINE, "Maine de Biran et la Restauration", *Commentaire,* n°76, inverno de 1996-1997).

da burguesia", dirá Résumat em uma fórmula célebre.⁵² A luta política contra o regime poderá com isso tomar imediatamente a forma de uma luta social.

Se toda a ambiciosa construção intelectual dos doutrinários acaba assim por desmoronar, estragando-se em um banal governo de classe, sua história coloca a questão fundamental de saber se existe um intermediário procedimental possível entre a eleição e o exame. O exame promete um modo de seleção e de julgamento objetivos. Aplicado à política, ele pressupõe que os interesses e as situações possam constituir um objeto de conhecimento social e político, a fim de legitimar o comando daqueles que dominam esse mesmo conhecimento. Daí um problema de circularidade: é aquele que funda a norma que exerce o poder. A eleição procede a uma escolha com uma característica oposta: ela deixa indeterminados os critérios de avaliação das pessoas. No limite, cada eleitor pode utilizar seus critérios pessoais, a eleição aparecendo como uma resultante mecânica, não racionalizada e não explicitada, de uma multiplicidade de escalas de valores e de sistemas de preferência. A eleição permite, em outros termos, deixar em aberto a questão dos fatores de escolha. Ela pode, por conseguinte, contentar-se com uma participação tão larga quanto possível; e ela deve mesmo fazê-lo para fundar sua legitimidade. A função epistemológica primeira do sufrágio é assim afirmar uma indiferença moral e uma neutralidade cognitiva como fundamento da paz social, ou seja, do reconhecimento por todos da igualdade como base do contrato social. Mas essa abordagem só é aceitável se a política não for uma ciência ou, ao menos, se for reconhecido que os valores e os interesses não podem ser constituídos em objetos de conhecimento.⁵³ Se não, o exame será autorizado, a eminência tornando-se nesse caso um poder transmitido, não mais através do privilégio, mas através de uma cadeia de reconhecimento do saber regulada por um corpo de saber especializado.

O problema dos doutrinários é que eles ficaram no meio do caminho. Eles aceitaram o procedimento eleitoral, relativizando-o consideravelmente e reduzindo drasticamente o acesso às urnas. Eles louvaram as capacidades, mas sem

---

52 Discurso de 13 de março de 1834, A.P., 2ªsérie, t. LXXXVII, p.328. Ver também o célebre discurso de 3 de maio de 1837 de Guizot sobre o poder das novas classes médias (*Histoire parlamentaire de France, op. cit.,* t.III, p.66-95).

53 Os replicanos dos anos 1830 concentrarão sobre esse ponto sua crítica ao regime. "A política é uma ciência especial?[...]Evidentemente não, nota *La Revue Républicaine* [...]. A questão eleitoral está mal colocada sobre o terreno da capacidade política. Se a verdadeira questão se encontrasse ali, seria preciso renunciar à realização de um goveno representativo qualquer, aristocratico ou popular" ("Introduction", t.I, 1834, p. 27-28). "A capacidade politica de certas classes é um romance doutrinário ou liberal", lê-se ainda nessa publicação ("Revue du progrès social", t.II, 1834, p. 213).

serem capazes de produzir uma elite intelectual claramente distinta das simples superioridades sociais. Assim, eles perderam nos dois quadros, fazendo do regime de Julho um colosso com pés de barro. Sobretudo, eles afinal não trouxeram uma resposta duradoura às aporias fundadoras da cultura política revolucionária. Eles simplesmente enriqueceram com uma forma intelectual inédita o repertório das tentativas regressivas de sair dela.

A exorbitância das palavras

Os doutrinários não se preocuparam apenas em reconceitualizar a política moderna elaborando uma filosofia liberal em ruptura radical com o princípio de soberania do povo. Eles também quiseram introduzir uma nova arte de governo, persuadidos de que o domínio do imaginário social tinha se tornado tão decisivo quanto a capacidade de manejar instrumentos de coerção e aparelhos administrativos. "O grande mistério das sociedades modernas, é o governo dos espíritos", lembrava Guizot ao longo de toda a sua vida.[54] Seu objetivo é não dissociar os meios "internos" e "externos" de governo, em uma perspectiva teórica que antecipa em quase um século a noção gramsciana de hegemonia. Por essa razão, eles deram muita atenção à linguagem política, certos de que as palavras contribuíam para guiar as ideias, sendo elas próprias portadoras de ameaças ou promessas. Daí, também, o que se pode qualificar neles de "estratégia semântica" para designar o seu empreendimento de reformulação das noções de soberania e de representação, com o objetivo de dissociá-las do universo mental revolucionário. A maneira como eles tentaram redefinir a palavra democracia prolonga esse esforço conjunto.

Nos primeiros anos da Restauração, o termo democracia evoca apenas os maus tempos do Terror, quando não remete banalmente à Antiguidade. Ele é assim cuidadosamente mantido à distância por muitos publicistas. Em suas reflexões sobre a política e a liberdade modernas, um Benjamin Constant consegue nunca usar a expressão. No entanto, nem por isso a palavra democracia deixa de fazer parte, irremediavelmente, da herança revolucionária, como as expressões soberania do povo e governo representativo. É preciso, pois, transigir com ela. Os doutrinários vão, paradoxalmente, desempenhar um papel essencial na aclimatação de seu uso. Mas a palavra ganhará com eles um novo sentido. Ela vai designar a *sociedade* igualitária moderna e não mais o regime político associado às repúblicas gregas e romanas, ou à

---

54 F. GUIZOT, *Mémoires pour servir à l'histoire de mon temps*, op. cit., t. III, p.14.

ideia de intervenção do povo nos assuntos públicos. A reviravolta é consagrada, em 1836, quando Tocqueville publica a primeira parte de sua *Démocratie en Amérique* *[Democracia na América]*. Mas ela é iniciada bem antes, sob a Restauração. Em um célebre discurso de 1822, o decano dos liberais doutrinários, Royer-Collard, fixaria, em termos que continuarão clássicos por toda uma geração, o novo sentido sociológico da palavra democracia. A democracia, explica ele, é um "estado social", ao mesmo tempo que ela encarna o poder prestes a realizá-lo, ela "quis mudar o estado interior da sociedade, e ela a mudou".[55] "Através de muitas desgraças, continua ele, a igualdade dos direitos, que é a verdade da democracia, prevaleceu; reconhecida, consagrada, garantida pela Carta, ela é hoje a forma universal da sociedade, e é assim que a democracia está em todo lugar". A democracia não designa, portanto, um regime político, mas um tipo de sociedade.

A palavra democracia entra assim paradoxalmente no vocabulário para definir a sociedade moderna em uma época na qual o sufrágio censitário reina (somente 140.000 eleitores votam por volta de 1820). Ela impõe-se definitivamente no momento em que é o termo república que aparece como portador das aspirações políticas radicais. Com efeito, os publicistas de extrema esquerda do período não fazem referência à democracia. Os principais textos programáticos dos movimentos republicano e socialista nos primeiros anos da monarquia de julho atestam esse fato. A palavra democracia não figura nem no *Manifeste de la Societé des amis du peuple* *[Manifesto da Sociedade dos amigos do povo]* (outono de 1830), nem no *Programme de la Tribune, Doctrines républicaines [Programa da Tribuna, Doutrinas republicanas]* (janeiro de 1833), nem no célebre *Discours du citoyen Desjardins sur l'association républicaine* [*Discurso do cidadão Desjardins sobre a associação republicana*] (abril de 1833). Nesses diferentes manifestos, os homens de extrema esquerda falam simplesmente de soberania do povo ou de república para exprimir suas aspirações. Em 1842, o *Dictionnaire politique [Dicionário político]*, publicado por Pagnerre, que é muito representativo das ideias republicanas do período, dedica apenas um curto artigo à democracia. Se ele nota que "a democracia é o triunfo completo do princípio da igualdade, o fato definitivo de nossa época, o fato do futuro", ele remete rapidamente os leitores aos artigos "Soberania" e "República", esses dois termos devendo precisar, respectivamente, o princípio filosófico da democracia e sua aplicação institucional e

---

55 Discurso na Câmara dos deputados de 22 de janeiro de 1822, A.P., 2ª série, t. XXXIV, p.133. "A aristocracia e a democracia, diz ainda, não são apenas vãs doutrinas entregues a nossas disputas: são poderes[...]. Antes de falarmos sobre elas, elas existem ou não" (*ibid.*).

política. Entre os republicanos, Auguste Billiard está relativamente isolado ao assimilar, em seu *Essai sur l'organisation démocratique de la France [Ensaio sobre a organização democrática da França]* (1837), os termos república e democracia, fazendo o elogio da "democracia pura".[56] Se a democracia qualifica, sobretudo, um tipo de sociedade nos anos 1830, ela não designa ainda, portanto, o regime político ideal que será mais tarde unanimemente celebrado. A república ou o socialismo aparecem muitas vezes à esquerda como os únicos objetivos mobilizadores. É significativo constatar que Armand Carrel publica, em 1835, um artigo intitulado: "Não se deve confundir democracia e república". O objetivo aos seus olhos é realizar a segunda, enquanto a primeira estaria já em grande parte estabelecida. "A França é uma democracia e não uma república, escreve ele [...]. O princípio democrático está bem e devidamente admitido na constituição existente; se nela ele só está armado com fracas atribuições, ele a domina logicamente".[57] É o princípio republicano o único que realiza o verdadeiro princípio da soberania do povo, estima ele e a maior parte de seus amigos políticos, sejam eles moderados como ele ou mais radicais. O termo democracia aparece, por essa razão, muito menos ameaçador do que era durante a Revolução.

Para Guizot e seus amigos, falar em democracia consiste, ao contrário, em reivindicar a obra sociológica e jurídica da Revolução, afastando radicalmente, ao mesmo tempo, a herança política republicana. Estimam que a Revolução criou uma sociedade mais do que um regime. Rémusat opõe claramente assim a "boa" democracia, "invadindo a sociedade", "da qual a igualdade é o símbolo", à palavra democracia "tomada em sua má acepção", ou seja, assimilada ao sufrágio universal e ao poder popular.[58] Relembrando mais tarde esses debates dos anos 1820 e 1830, ele insistirá sobre a ruptura intelectual que ele e seus amigos haviam exprimido dissociando, na análise, ordem política e ordem social.[59] Essa distinção, enfatizará

---

56 Ele define a democracia como a ausência de separação entre governados e governantes e propõe, para realizá-la, a divisão do país em "cidades elementares", de forma a tornar possível o "governo do povo pelo povo".

57 Armand CARREL, artigo publicado em 9 de dezembro de 1835 no *le National*, retomado em *Oeuvres politiques et littéraires d'Armand Carrel*, Paris, 1858, t. IV, p. 378-381.

58 Discurso de 7 de outubro de 1831 no qual se propõe a "explicar a palavra democracia", A.P., 2ª série, t. LXX, p.439-440.

59 Cf. seu artigo muito importante "De l'esprit de réaction, Royer-Collard e Tocqueville", *Revue des Deux Mondes*, 15 de outubro de 1861. "Foram os doutrinários, nota ele, que mais salientaram essa distinção, bem percebida por Sieyès no começo da Revolução, e que se dedicaram com mais insistência a destacar todas as suas consequências" (p.795). "A igualdade de direitos, este é o verdadeiro nome da democracia", escreve ele ainda (*ibid.*).

ele, permitia não mais confundir negativamente a democracia com a deliberação da multidão e apreendê-la positivamente a partir dos costumes, dos interesses e da legislação civil. "A democracia está na ordem social, nota Rémusat. É esse o resultado mais certo, com maior repercussão da Revolução".[60] "A democracia moderna, diz por sua vez Guizot, não se aplica à vida política [...]. Ela não aspira ao poder, ela não aspira a governar ela própria, ela quer intervir no governo o suficiente para que ela seja bem governada, e que possa, em toda segurança, dedicar-se à vida doméstica, aos assuntos privados".[61] A democracia "societal" pode assim reger a sociedade civil e o princípio das capacidades, organizar a sociedade política, os direitos civis e os direitos políticos ficando ao mesmo tempo legitimamente dissociados (os primeiros sendo direitos permanentes e universais enquanto os segundos são essencialmente variáveis). Enquanto essa democracia societal corresponde, para Guizot, a uma idade desenvolvida da civilização, a democracia "política" qualifica para ele, ao contrário, uma etapa primitiva das sociedades. Ele insiste longamente nesse ponto em seu *Histoire des origines du gouvernement représentatif [História das origens do governo representativo]*. Quando estuda as instituições inglesas da Idade Média salienta, por exemplo, que a prática das eleições por aclamação popular e a realização de assembleias de cavaleiros não prefiguram em nada o mundo moderno e que elas constituem apenas arcaísmos, traduzindo uma incapacidade de deliberar racionalmente e de escolher segundo critérios claramente estabelecidos. Essa análise de Guizot é então largamente compartilhada[62] e a virada semântica que ela implica está suficientemente consagrada nos anos 1830 para que Villemain possa escrever, em sua introdução à edição de 1835 do *Dictionnaire de l'Académie française [Dicionário da Academia francesa]*, que "a democracia está nos costumes".

Claro, Tocqueville é agora para nós aquele que ilustra com mais vigor e talento essa compreensão social do fato democrático. Fazendo da igualdade das condições o fator chave da redefinição moderna da estrutura da sociedade, ele consagra, desde o primeiro tomo de sua *Démocratie en Amérique [Democracia na América]*, a definição sociológica e antropológica da democracia. Mas é impressionante constatar que ele

---

60 Ibid.
61 Discurso de 5 de outubro de 1831, *in* F. Guizot, *Histoire parlamentaire de France*, op. cit., t.I, p.316.
62 Em uma obra contemporânea (*Commentaire sur "L'Esprit des lois" de Montesquieu*, 1819), DESTUTT DE TRACY distingue três graus de civilização: no primeiro grau, democracia ou despotismo (ignorância/força); no segundo grau, aristocracia com um ou vários líderes (opiniões/religião); no terceiro grau, representação com um ou vários líderes (razão/filosofia).

aparece nessa matéria para seus contemporâneos como um simples herdeiro dos doutrinários. "Nós só queremos considerá-lo como um tipo de continuador de Royer-Collard com relação a essa grande questão da democracia", observa assim Rémusat.[63] Todo o interesse da obra de Tocqueville reside, no entanto, no fato de que ela manifesta a impossibilidade de nos limitarmos a essa definição. O sentido da democracia não fica jamais estabilizado na sua obra,[64] o fato moderno da civilização ficando permanentemente atravessado pela irresistível pressão da soberania do povo sobre as instituições de governo. Isso é muito perceptível em seus manuscritos. "A democracia constitui o estado social, o dogma da soberania do povo constitui o direito político. Essas duas coisas não são análogas. A democracia é uma maneira de ser da sociedade, a soberania do povo é uma forma de governo", diz ele,[65] mas ele volta, algumas páginas depois, a essa clara separação escrevendo que "soberania do povo e democracia são duas palavras perfeitamente correlatas; uma apresenta a ideia teórica, a outra a sua realização prática".[66] Sua oscilação atesta assim ao mesmo tempo a virada semântica e seu limite, como se fosse impossível dissociar completamente o social do político e construir o novo em ruptura com o antigo.

Não é de espantar o fato de que o equívoco tocquevilleano tenha sido sentido pelos doutrinários como uma ameaça. Por isso eles não deixarão de denunciá-la e de procurar rebaixar essa "democracia movediça" somente à sua acepção societal. Para tanto, eles preocupar-se-ão em produzir uma resposta argumentada ao autor de *Démocratie en Amérique*. Em uma obra publicada em 1837, *De la démocratie nouvelle ou Des moeurs et de la puissance des classes moyennes en France [Da democracia nova ou Dos Costumes e do poder das classes médias na França]*, Édouard Alletz opõe assim a "velha democracia", definida como "governo das massas", "poder do número", "autoridade da imprudência e da miséria", e a "nova democracia", que repousa sobre o sistema representativo e a igualdade perante a lei.[67] Alletz pretende assim definir "a possibilidade de uma democracia sem sufrágio universal".[68] Guizot

---

63 Art. citado, p.801.
64 Cf. os onze sentidos da palavra "democracia" que James T. SCHLEIFER levanta em Tocqueville em *The Making of Tocqueville's Democracy in America*, Chapel Hill, University of North Carolina, 1980.
65 Manuscritos de Yale, citado por J.-C. LAMBERTI, *Tocqueville et les deux démocraties*, Paris, P.U.F., 1983, p.33
66 Manunscritos de Yale, *ibid.*, p.30.
67 Cf. a apresentação de sua introdução, *op. cit.*, t.I, p. VIII-XIII.
68 *Ibid.*, p. VIII.

retoma no mesmo ano esse tema em um importante artigo, "De la démocratie dans les sociétés modernes".[69] Ele também distingue a democracia moderna da democracia das repúblicas antigas, entendendo a primeira como "a limitação de todos os poderes pelo regime representativo, a igualdade civil, a igual admissibilidade de todos para as funções públicas e a extensão das liberdades individuais".[70] Mas esse artigo deixa ao mesmo tempo perceptível os limites do empreendimento doutrinário de reeducação do imaginário político. "Há, conclui ele laconicamente, algo de verdadeiro, de muito verdadeiro no fato que todos estão de acordo em reconhecer, de que a sociedade atual é democrática. *Mas há também algo de obscuro, de muito obscuro ainda*".[71] A obscuridade evocada por Guizot? Ela corresponde banalmente, na verdade, à impossibilidade finalmente sentida de limitar-se à sábia democracia da igualdade civil e à tranquilizadora soberania da razão. Os eventos se encarregaram por duas vezes, em 1830 e 1848, de demonstrá-lo brutalmente, mesmo se em condições diferentes.

As jornadas de 1830 colocaram um problema difícil para todos os teóricos dos anos 1820. Com efeito, para derrubar o regime de Carlos X, isolado em sua escalada reacionária, eles tomaram parte em um movimento que parecia consagrar o retorno do princípio de soberania do povo. As barricadas dos Três Gloriosos simbolizaram com brilho a vitória de um poder de baixo sobre um poder de cima: a queda do regime exprimiu nos fatos o direito da nação de escolher ela mesma o seu governo. A Revolução trouxe brutalmente a vida política de volta ao que parecia a todos os atores uma evidência essencial: a força de comando da vontade popular. Se as doutrinas da legitimidade dos ultras estraçalharam-se no evento, as prudências e precauções dos liberais também foram minadas. A própria imprensa moderada celebrou então o que o *Le Temps* chamava de maneira significativa o "restabelecimento da soberania".[72] Durante a discussão da nova carta, um deputado notava, como se fosse óbvio: "É preciso dizer que é do povo e só do povo que parte a soberania; é preciso dizê-lo, sobretudo no momento em que o povo escolhe um chefe e delega a uma nova dinastia o exercício de uma parte dessa soberania".[73] Está de fato claro aos olhos de todos que

---

69 *Revue française*, novembro de 1837, t. III, p. 1390225.
70 Art. citado, p. 224.
71 *Ibid.*, p. 194.
72 *Le Temps*, 31 de julho de 1830. Ver também sobre esse ponto a *Lettre de M. De Cormenin sur la charte et sur la pairie*, Paris, 1831.
73 Intervenção de PERSIL na Câmara em 7 de agosto de 1830, A.P., 2ªsérie, t. LXIII, p.68.

o texto constitucional de 1830 era imposto pelo povo, longe de ser outorgado pelo rei como em 1814.

É compreensível que, nesse contexto, várias vozes tenham se levantado para reivindicar a convocação de assembleias primárias, que elegeriam uma câmara constituinte para redigir uma nova carta em nome do povo. Se foram, naturalmente, os jornais radicais que orquestraram o movimento nesse sentido, a ideia de organizar uma ratificação popular do texto elaborado pelos deputados em exercício foi mais amplamente partilhada.[74] Se nenhuma consulta, mesmo limitada ao corpo censitário, foi afinal organizada, o pressuposto de uma aquiescência popular ao texto elaborado pela Câmara esteve claramente presente. Depois da leitura da Carta, o próprio duque de Orléans disse: "Eu recebo com uma profunda emoção a declaração que vocês me apresentam; eu a enxergo como a expressão da vontade geral". Para escapar dos projetos de ratificação que os assustava, os liberais moderados sentiam-se também obrigados a afirmar que o povo havia-se virtualmente expressado. Thiers falava, por exemplo, de uma "lenta, perseverante e laboriosa ratificação", dizendo com irritação: "O que se quer mais? Papel timbrado, quer dizer deliberações de assembleias primárias ou registros feitos nos cartórios? Na verdade, tais malabarismos não são de nossa época".[75] Dupin, Guizot e seus amigos apresentavam a massa de indicações e de deputações, o que equivalia aos seus olhos a uma ratificação nacional.[76] Mas esses moderados sentiram a armadilha; eles não pararão, depois disso, de afastar essas origens propriamente revolucionárias do regime. Eles tentarão proceder a esse exorcismo remetendo os eventos de julho de 1830 ao seu caráter puramente circunstancial.

A grande preocupação desses liberais foi evitar o possível retorno de uma expressão da soberania popular. Para isso, eles quiseram conjurar o reaparecimento de um poder constituinte que encarnava a mais evidente modalidade dessa expressão. Por ocasião de dois grandes debates, o primeiro sobre a hereditariedade do pariato e o segundo sobre a regência em 1842, esforçaram-se para remetê-lo a um passado

---

74 La Fayette, por exemplo, se pronuncia nesse sentido, enquanto florescem as brochuras que lembram um certo estado de espírito de 1791. Eu me refiro às minhas investigações em *La Monarchie impossible. Histoire des chartes de 1814 et 1830*. Paris, Gayard, 1994.

75 Adolphe THIERS, *La Monarchie de 1830*, Paris, 1830, p. 41 (ver sobre esse ponto todo o capítulo IV: "La monarchie de Juillet avait-elle besoin d'une ratification populaire?").

76 "Não há uma pequena comuna que não tenha enviado seu prefeito, seu capitão ou seu coronel da Guarda Nacional", escreve THIERS (*ibid., p.40*). Essa pseudorratificação foi lamentada mais tarde, tendo mesmo alguns partidários do regime considerado após 1848 que era preciso vê-la como uma das causas essenciais da queda da monarquia de Julho.

considerado definitivamente encerrado. Dupin seguiu assim os passos de Portalis para reduzi-lo a um tipo de poder fundador. "Fala-se do poder constituinte como se ele estivesse sempre presente; errado, acena ele. Quando a constituição de um povo é estabelecida, o poder constituinte desaparece. É a palavra do criador que comanda uma vez para governar sempre".[77] Thiers dizia igualmente: "O poder constituinte existiu, eu sei [...]. Mas ele não existe mais".[78]

Estava-se longe de poder contentar-se, nesse contexto, com uma simples apologia da soberana da razão. À sombra dos doutrinários, toda uma plêiade de juristas tentarão enfrentar o problema, visando pôr fim a uma "confusão de ideias"[79] que eles julgavam prenhe de ameaças. Alguns definiam classicamente a soberania do povo como uma ficção, no sentido jurídico do termo. "A soberania do povo, notava nesse sentido Barante, é um princípio incontestável, mas um princípio abstrato, cuja existência não é mais real do que a existência do contrato social".[80] Sublinhando no mesmo sentido que a noção exprimia uma "verdade mal concebida", Pinheiro-Ferreira concluía: "Foi muito inapropriadamente que se disse que o povo é soberano. O que se queria e o que se deveria ter dito é que ele está na origem da soberania".[81] Outros arriscavam a expressão "soberania latente", opondo-a à de "soberania permanente",[82] ou compreendiam a soberania do povo como um conceito essencialmente negativo. Berriat Saint-Prix escrevia, por exemplo: "O princípio da soberania do povo não tem grande importância considerado afirmativamente [...]. Ele tem antes um valor negativo".[83] Mas essas argúcias e essas prudências revelaram-se sempre vãs quando, no final das contas, era preciso justificar o sufrágio censitário. Se Royer-Collard podia afinal admitir: "Há duas soberanias do povo, uma verdadeira, outra falsa",[84] não era

---

77 Discurso de 20 de agosto de 1842, *Annales du Parlement français*, sessão de 1842, Paris, 1842, t. V, p.97.

78 *Ibid.*, p.82.

79 Silvestre PINHEIRO-FERREIRA, *Cours de droit public interne et externe*, Paris, 1830, t.I, p.160.

80 Prosper de BARANTE, *Questions constitutionnelles*, Paris, 1849, p.4.

81 S. PINHEIRO-FERREIRA, *Cours de droit public, op. cit.*, t.I, p.168. Ver no mesmo sentido os desenvolvimentos de Louis-Antoine MACAREL, *Éléments de droit politique*, Paris, 1833 (ver principalmente o título II, "De la souveraineté").

82 Denis SERRIGNY, *Traité de droit public des Français*, Paris, 1846, t. I, p. 34 e 38.

83 BERRIAT SAIN-PRIX, *Commentaire sur la charte constitutionnelle*, Paris, 1835, p. 35-36. "No sentido, prossegue ele, de que ele exclui todo princípio contrário; por exemplo, aquele que funda a autoridade sobre a graça de Deus, ou sobre uma possessão imemorial, ou mesmo sobre as luzes pretendidas daqueles que a exercem" (*ibid.*). Ver também J.-L.-E. ORTOLAN, *Cours public d'histoire du droit politique et constitutionnel*, Paris, 1844.

84 Discurso de 4 de outubro de 1831, A.P. 2ªsérie, t. LXX, p. 361.

para opor duas teorias constitucionais, mas para designar dois campos. Com efeito, as coisas eram simples para ele: de um lado estavam seus amigos que dispunham "da força sob as leis da justiça" e, de outro, seus adversários que agitavam um "símbolo grosseiro da força". Havia igualmente uma banal defesa ideológica de classe por trás da expressão empregada por Guizot, "soberania social organizada". Devia-se aí também compreender "soberania da classe dirigente". Fato significativo, era sempre por um argumento de ordem e de autoridade que Guizot acabava por encerrar seus discursos sobre o assunto. "Nós somos os únicos órgãos regulares e legítimos da soberania nacional, concluía ele no debate de 1842 sobre a Regência. Afora nós, só há usurpação ou revolução".[85] Com isso, sugeria-se que somente a força poderia *in fine* conjurar o risco da exorbitância das palavras pela realidade e pretendia-se, mais uma vez, que não havia nada entre a ordem e a insurreição.

O mesmo obstáculo da realidade colocou-se de novo frente aos doutrinários em 1848. A virada de 48 atestou de modo exemplar o ressurgimento da face da democracia que eles queriam ocultar. O advento do sufrágio universal modificou então bruscamente a língua política, dando de novo uma consistência desejável ao antigo imperativo revolucionário de uma participação de todos na coisa pública. Guizot não deixará de deplorar isso constatando, não sem despeito: "A palavra democracia tem perspectivas e promessas infinitas [...]. Eis o segredo de sua força".[86] A revolução de 1848 fica assim resumida na ruptura semântica que a acompanha. "O caos, escreve nesse sentido Guizot, esconde-se hoje sob a palavra: *democracia* [...]. Tal é o império da palavra democracia que nenhum governo, nenhum partido ousa viver, ou pensar no poder sem inscrever essa palavra na sua bandeira".[87] Mas o despeito de Guizot em seu panfleto de 1849 não é o de um filósofo que lamenta a imprecisão subitamente acrescida das palavras. Quando ele denuncia "a perpétua confusão, em nossa política, em nossas ideias, em nossa linguagem, entre o verdadeiro e o falso, o bem e o mal, o possível e o quimérico"[88] e quando ele convida a dissipar essa confusão inscrita, segundo ele, na palavra democracia, ele não o faz em uma obra de reflexão. É simplesmente o burguês amedrontado e cego por uma exorbitância imprevista do trabalho da igualdade entre os homens que se exprime então. Se a democracia designa um regime, ela corresponde

---

85 Discurso de 18 de agosto de 1842, *Annales du Parlement français*, vol. citado, p.35.
86 F. GUIZOT, *De la démocratie en France*, Paris, janeiro de 1849, p. 12-13.
87 *Ibid.*,p. 9-10.
88 *Ibid.*,p. 65.

também a um movimento social. O historiador da civilização esteve sempre, aliás, consciente disso. "A democracia, chega ele a escrever, é um grito de guerra; é a bandeira do grande número colocado em baixo, contra o pequeno número colocado em cima. Bandeira erguida ora em nome dos direitos mais santos, ora em nome das paixões mais grosseiras e mais insensatas; erguida ora contra as usurpações mais iníquas, ora contra as superioridades mais legítimas".[89] Legítima ontem, quando se tratava de derrubar a sociedade de privilégios, a democracia compreendida nesse sentido parece-lhe um tornar-se um risco desde que as conquistas essenciais da igualdade e da mobilidade foram realizadas: "O que era antes democracia seria hoje anarquia", conclui.[90]

Se a democracia pode assim ser compreendida como um *movimento social*, não é possível pensar, como Guizot, que a civilização pôde aboli-la remetendo-a a uma história passada. Se é vão limitar filosoficamente o sentido da palavra democracia, é porque ela remete sempre à história do conflito entre os despossuídos e os detentores da palavra e do poder; conflito sempre renovado e nunca realmente superado. Para além do estabelecimento estável de um Estado de direito, a questão da democracia fica, nesse sentido, sempre em aberto, tanto no sentido de uma interrogação filosófica a respeito das formas adequadas do domínio, por uma coletividade, de sua própria história, quanto de um conflito social sobre a repartição dos bens políticos. É por tê-lo esquecido que os doutrinários fracassaram. Eles desenharam nesse movimento a primeira figura – reacionária – de um projeto de realização utópica da democracia. Outros, com pretensão revolucionária, substituiram-no depois.

---

89 "De la démocratie dans les sociétés modernes", art. citado, p.197.
90 *Ibid.,p. 225.*

III. A cultura da insurreição
(o blanquismo)

Uma política da energia

A ordem "estável e regular" que a Monarquia de Julho pretendia instaurar durou pouco. Vários tumultos começam a eclodir a partir de 22 de dezembro de 1830, no dia seguinte ao decreto que determinava o destino dos ministros de Charles X. Como nenhuma condenação à morte é anunciada, a multidão sente-se enganada e Paris vive sua primeira jornada de rebelião pós-revolucionária. A pilhagem de Saint-Germain-l'Auxerrois e a destruição do arcebispado em fevereiro de 1831 mostram aos que ainda tinham dúvidas que a desordem não era circunscrita. De março a setembro de 1831, os incidentes multiplicam-se ainda nas ruas de Paris: saques de lojas, assaltos contra embaixadas, reuniões tumultuosas, inícios de revoltas. "Era quase possível crer-se em 1792, nos belos dias dos Jacobinos e dos Cordeliers", nota um observador.[1] A questão era exatamente saber se a Revolução não estava retomando seu curso, contradizendo brutalmente a pretensão do regime de Julho de tê-la terminado. A revolta dos operários das fábricas de seda, em novembro de 1831, mostra, além disso, que Paris não é a única envolvida. Mas é a insurreição parisiense

---

1 Citado por Paul THUREAU-DANGIN, *Histoire de la monarchie de Juillet*, Paris, 1884, t. I, p. 417. Sobre o conjunto desses eventos, ver Werner GIESSELMANN, *"Die Manie der Revolte". Protest unter der Französischen Julimonarchie* (1830-1848), Munich, R. Oldenbourg Verlag, 1993, 2 vol.

de 5 e 6 de junho que causa o maior alarme. "Uma nova revolução em Paris"; é o que estampam então em suas vitrines, em grandes letras, as bancas de jornais.[2] A participação ativa nos eventos dos alunos da Escola politécnica e das outras grandes escolas públicas indica a profundidade do descontentamento. Amplificados e prolongados pela ação de numerosas sociedades populares então criadas, esses eventos expressam o desconforto e a decepção de um país que tem a sensação de ter tido confiscada sua vitória de julho de 1830.

A França está em ebulição porque tem o sentimento de que seus direitos foram tomados. Muitos são os que falam, como Cormenin, em "usurpação da soberania do povo".[3] Privada do direito de voto, a maioria dos franceses só pode exprimir-se nas ruas. À questão "Por que há motins em Paris e nos departamentos?", *La Tribune* [*A Tribuna*] responde simplesmente: "Porque os direitos do povo não foram respeitados".[4] Uma palavra selvagem impõe-se assim à ação, na falta de uma instituição que possa portá-la. A insurreição pode, portanto, ser compreendida como uma constrição trazida pelo sufrágio censitário. É nesse sentido que muitos contemporâneos adotam a célebre fórmula de 1793: "A insurreição é o mais sagrado dos deveres". Se se justifica dessa forma que a política ultrapasse seu campo, é somente porque uma política "normal" não é considerada possível; pressupõe-se que isso não ocorreria se todos os cidadãos pudessem aceder às urnas. Ninguém exprimiu melhor essa forma de apreender as coisas do que Victor Hugo. Em *Les Misérables [Os Miseráveis]*, ele opõe uma legítima *insurreição-ressurreição*, que traduz o sobressalto moral e a ação desesperada de um povo oprimido e amordaçado, ao *motim*, fúria puramente destrutiva, força obscura alimentada pelas paixões mais turvas. "O sufrágio universal, conclui ele, tem o mérito de dissolver o motim em seu princípio, e dando o voto à insurreição, tira-lhe a arma".[5] A maior parte dos republicanos pensará nesses termos. Isso explica, aliás, a importância da oposição da urna e do fuzil nas imagens populares de 1848.

Mas nem todos se limitam a essa abordagem. Para alguns, a insurreição não é somente uma desordem imposta pela tirania ou pela privação dos direitos. Ela é ao mesmo tempo uma *forma política e social*, plenamente positiva em si mesma,

---

2   Relatado por Charles de RÉMUSAT, *Mémoires de ma vie*, Paris, 1959, t. II, p.580.
3   *Lettre de M. De Cormenin sur la charte et sur la pairie*, Paris, 1831, p. 2.
4   *La Tribune*, 2 de outubro de 1831.
5   *Les Misérables*, Paris, Gallimard, "La Pléiade", 1951, p. 1104. É preciso ler sobre o tema o conjunto do capítulo, magnificamente inspirado, "Le 5 juin 1832".

e uma *postura moral*, que realiza o imperativo moderno de autonomia. Assim os atores muitas vezes celebraram a espécie de função de encarnação que se operava no levante popular, tornando imediatamente visível e sensível a figura do povo. Na insurreição, ele se exprime como poder originário, força diretamente atuante, poder sem formas, resolvendo dessa maneira a tensão inerente a toda institucionalização do social. A insurreição vem a se confundir com o próprio povo, a forma política e a figura social combinando-se perfeitamente numa forma enfim adequada da generalidade social. Nas grandes narrativas desses momentos históricos, costuma-se falar, como se isso fosse óbvio, da insurreição como uma pessoa que avança ou recua, sofre ou expressa sua alegria, impõe respeito ou se corrompe na embriaguez.

Toda uma poética da barricada prolongou, de 1830 a 1848, essa celebração moral e política da insurreição. Em sua fúria contra junho de 1848, Victor Hugo, em célebres páginas, viu nesses eventos apenas uma "acrópole de pés-descalços", uma "titânica cesta de entulhos", o "farrapo de um povo".[6] Mas toda a iconografia desses anos mostra que a barricada também materializou em outras circunstâncias um sentimento de unidade e de coerência. Se ela representou um tipo de "altar da anarquia" aos olhos amedrontados do mundo burguês, ela também construiu, ao contrário, um "novo Gólgota" para muitos de seus atores.[7] Seu caráter militarmente derrisório, logo estigmatizado por Marx, pesava pouco em relação à sua dimensão indissociavelmente moral e simbólica. Com a barricada, pode-se dizer, a insurreição toma forma ao mesmo tempo em que ganha força. Ela estabelece um objetivo para os insurretos e lhes dá uma identidade visível. Ela se impõe, enfim, como um tipo de poder moral erigido na cidade, sob a forma de um protesto físico. Poder-se-ia falar, nesse sentido, de um romantismo da insurreição e da barricada, do qual as gravuras da época multiplicaram as calorosas alegorias.

O reconhecimento moral da insurreição e a celebração poética da barricada correspondem ao sentimento contestatário dominante nos anos 1830 e 1840. Mas outras abordagens, muito mais radicais, são também notadas. Alguns celebram assim a ação violenta por suas virtudes próprias. Esse é o caso de alguns dirigentes de sociedades populares como a Sociedade dos amigos do povo. Assim um dos

---

6 Cf. o capítulo "La Charybde du faubourg Saint-Antoine et la Scylla du faubourg du Temple" em *Les Misérables, op. cit.*

7 Ver as contribuições de Thomas BOUCHET, de Emmanuel FUREIX e de Alain PAUQUET em *La Barricade*, sobre a direção de Alain CORBIN e Jean-Marie MAYEUR, Paris, Publications de la Sorbonne, 1997.

principais animadores dessa última, Godefroy Cavaignac, muitas vezes exaltou o valor da insurreição em si mesma, enquanto expressão incandescente e verdadeira, verdadeira porque incandescente, de toda ação política. "A força revolucionária" é, aliás, o título que ele escolhe para o prefácio exaltado que faz em 1833 à coletânea *Paris révolutionnaire [Paris revolucionária]*.[8] "As revoluções, lê-se ali, são as únicas páginas da história que merecem que abramos, que levantemos o livro. As revoluções são o recurso da humanidade, sua expiação, sua revanche [...]. Pois é nessas grandes ações do homem que a força desenvolve seu caráter, todo o seu poder progressista".[9] Ressurgem politicamente em escritos desse tipo o culto da energia e o desprezo pelas instituições para as quais Sade havia metaforicamente indicado, quarenta anos antes, o ardente programa. Constitui-se pouco a pouco nessa direção uma verdadeira filosofia política da insurreição. Um nome simboliza sua exigência e seu sentido: o de Blanqui.

Auguste Blanqui não é só o primeiro grande teórico da revolução permanente. Sua própria vida atestou sua determinação de rebelde, visceralmente hostil a todo compromisso, adversário irredutível da política parlamentar.[10] Os trinta e quatro anos de sua vida passados atrás das grades comprovam essa determinação. Aquele que foi chamado "l'Enfermé (O Encarcerado)"[11] não parou de imaginar golpes ou de sonhar com um grande abrasamento do mundo, o único capaz de transfigurá-lo. A ação revolucionária permite, para ele, a libertação da sociedade de seus tristes fardos. Ela condensa o espaço e o tempo de tal forma que pode perfeitamente fazer com que realidade e seu conceito se sobreponham. A insurreição não é, portanto, somente um meio, uma forma de ação dentre outras: ela constitui em si mesma, segundo

---

8   *Paris révolutionnaire*, Paris, 1833, 4 vol. A coletânea é composta de uma série de artigos celebrando os grandes momentos históricos da ação revolucionária em Paris. Ela foi composta pelos grandes nomes da oposição radical da época: Trélat, Raspail, Cavaignac, Flottard, Marrast, Pyat, Laponneraye, etc.

9   *Ibid.*, t. I, p. LXXIII.

10 Ver principalmente as várias obras de Maurice DOMMANGET: *Auguste Blanqui, des origines à la révolution de 1848*, Paris, 1969; *Auguste Blanqui et la révolution de 1848*, Paris, 1972; *Un drame politique en 1848 (Blanqui et le document Taschereau)*, Paris, 1948; *Blanqui et l'opposition révolutionnaire à la fin du Second Empire*, Paris, 1960; *Blanqui à Belle-Île*, Paris, 1935; *Blanqui, la guerre de 1870-71 et la Commune*, Paris, 1947; *Auguste Blanqui au début de la III République*, Paris, 1971; *Les Idées politiques et sociales de Blanqui*, Paris, 1957. É preciso também se reportar a Samuel BERNSTEIN, *Auguste Blanqui*, Paris, 1970, e à súmula de Karl Hans BERGMANN, *Blanqui: Ein Rebell in 19. Jahrhundert*, Francfort, Campus Verlag, 1986. A consulta do conjunto de manuscritos conservados na Bibliothèque nationale (reunidos em uma vintena de grandes volumes) é indispensável. Eles contêm em particular notas e correspondências muito importantes (citados como *Papiers Blanqui*).

11 É o título célebre do livro de Gustave GEFFROY, *L'Enfermé*, Paris, 1926 (2 vol.).

uma extraordinária fórmula, "um ato fulminante de soberania".[12] Ela encarna por isso, à maneira de um diamante negro, a ideia democrática desembaraçada de suas contingências ameaçadoras, solução enfim encontrada na ação para as aporias primeiras da soberania do povo. Nela toma forma um tipo de "democracia utópica", livre de toda disposição institucional precisa. É também a razão que permite considerar que a insurreição é uma *arte* para Blanqui (a expressão será também retomada por Marx). Com efeito, ela é uma forma perfeitamente eficaz, organização diretamente legível, significante perfeitamente sobreposto ao significado.

Blanqui não se contenta em sonhar com insurreições. Na sucessão das sociedades secretas das quais ele foi a alma ou o instigador, ele não parou de procurar realizá-las. Em 12 de maio de 1839, ele se lança pela primeira vez nessa aventura. Com Barbès e Martin Bernard, ele liderou nesse dia algumas centenas de jovens febris, membros da sociedade secreta das *Saisons* (*Estações*) que, armas em punhos, lançaram-se à ação, certos de que povo de Paris os seguiria com entusiasmo, derrubando como um castelo de cartas o regime infame de Julho. Mas a empreitada fracassa rapidamente, sobretudo por falta de planos. Nesse dia, Blanqui foi mais vítima de suas ilusões do que da Guarda nacional. Ele irá meditar sobre esse fracasso durante longos anos na prisão. De lá ele só sai em 1848, inalterado. Ele continua persuadido de que basta um golpe para modificar o curso das coisas, o povo seguindo espontaneamente a voz das armas. Mas ele quer doravante colocar do seu lado todos os trunfos táticos, através de uma preparação minuciosa e metódica da ação. Desde então, confundem-se nele o teórico e o estrategista.

Blanqui celebrou incansavelmente as virtudes intrínsecas do ardor revolucionário; "enérgico" é um dos adjetivos chave de seu vocabulário. A energia é no seu espírito aquilo que dissolve as resistências, que permite operar uma fusão das pessoas e das coisas, que transfigura a realidade. "A inatividade é a morte", resumia ele de forma lapidar.[13] "Ao contrario, uma revolução, sublinhava ele, determina no corpo social um trabalho instantâneo de reorganização semelhante às combinações

---

12 BLANQUI, "Pourquoi il n'y a plus d'émeutes", *Le Libérateur*, nº 1, 2 de fevereiro de 1834, reproduzido em Louis Auguste BLANQUI, *Oeuvres, t. I, Des origines à la révolution de 1848*, textes rassemblés et présentés par Dominique Le NUZ, Nancy, Presses universitaires de Nancy, 1993, p. 268 (esta edição critica, a melhor, foi interrompida).

13 Nota de 7 de abril de 1860. Ciado por M. J. VILLEPONTOUX e D. LE NUZ, "Révolution et dictature", in *Blanqui et les blanquistes*, Paris, Sedes, 1986, p. 107. "A revolução, nota de sua parte Henry Celliez, próximo aos meios blanquistas, é um fato constante e contínuo; ela é a manifestação da ação social [...]. A Revolução não termina jamais" (*Devoir des révolutionnaires*, Paris, 1840, p. 3).

tumultuosas dos elementos de um corpo dissolvido que tendem a se recompor em uma nova forma".[14] É a atitude que constitui o fundo do que se pode chamar de blanquismo.[15] É importante salientar que o objetivo, para ele, não é somente preconizar as rupturas contra as meias-medidas, opor a radicalidade do processo revolucionário às ilusões das práticas reformistas. Trata-se antes de tudo de colocar uma verdade energética no fundamento da política. O meio e o fim sobrepõem-se perfeitamente na ação assim concebida. A política é um força de vida e um poder criador, abolindo em seu princípio a distância mortal entre as intenções e a realidade; ela da significado a si mesma diretamente, parafraseando um célebre texto de Marx. Mais ainda, a voz das armas é, nessa perspectiva, a única que cumpre plenamente a vontade; nela desaparece toda distância entre intenção e realidade; ela é um acordo totalmente realizado entre o poder e a palavra. "Em presença dos proletários armados", resume, exaltado, Blanqui, "obstáculos, resistências, impossibilidade, tudo desaparecerá".[16]

Ninguém exprimiu melhor essa ardente ambição do que Gustave Tridon, o principal discípulo de Blanqui e seu interlocutor preferido. Em um texto inspirado e inquietante, *La Force [A força]*, ele formulou em termos memoráveis um credo político inédito, fazendo eco à celebração blanquista do ferro e do fogo.[17]

"*Ó Força! rainha das barricadas, esperança dos potentados e dos povos, cortando com a palavra e o aço, tu que brilhas no relâmpago e no motim, tu que fazes crescer a seiva no coração das árvores e dos povos, relha profunda que revira os campos do mundo, é em tua direção que os prisioneiros estendem suas mãos acorrentadas, é a*

---

14 *Sur la Révolution*, 1850. Reproduzido em Louis Auguste BLANQUI, *Écrits sur la révolution, Oeuvres complètes*, t. I, *Textes politiques et lettres de prison*, présenté et annoté par Arno Münster, Paris, Galilée, 1977, p. 307 (essa edição das obras, igualmente interrompida, completa aquela mais recente, de Dominique Le Nuz, para os escritos posteriores a 1848). Nas suas notas, ele assimila "o cataclisma impressionante da morte da sociedade decrépita" a um "fenômeno criador" (*Papiers Blanqui, N. A. Fr., 9580, f° 68*). Ele escreve também no dia 5 de julho de 1852 a Charles Fauvety: "Nada resolve os problemas como uma grande agitação social" (*ibid., 9580, f° 37*).

15 Cf. o célebre apelo blanquista *Aux Communeux* (1871): "Nós somos revolucionários [...] pois sabemos que a fraqueza, como a legalidade, mata as revoluções, e que a energia as salva" (reproduzido em Charles DA COSTA, *Les Blanquistes*, Paris, 1912, p. 48).

16 *Avis au peuple* (brinde de 25 de fevereiro de 1851), in *Écrits sur la révolution, op. cit.*, t. I, p. 331. "As armas e a organização, nota ele ainda, eis o elemento decisivo do progresso" (*ibid.*).

17 "Quem tem ferro tem pão! Assinla Blanqui [...]. A França eriçada de trabalhadores em armas é o advento do socialismo" (*Papiers Blanqui, N.a.fr., 9584-2, f°19*). Expressões retomadas no "brinde" de 25 de fevereiro de 1851 (*op. cit.*).

ti que apela o oprimido. Divindade soberana, mais poderosa do que os Cristos, os Jupiteres e os Jeovás, lava das multidões e dos vulcões.

Faz de cada homem um guerreiro, de cada mulher uma heroína, arma o velho e a criança, dá o impulso que quebra as muralhas, a fúria que entorta os canhões, o desespero que se esconde sob os escombros [...]

Vem, grande caluniada, e põe a serviço do futuro toda energia que gastastes combatendo-o. Não és a fonte de todo ardor e de todo pensamento? Pois a Ideia, esse arrogante esboço, é ainda você; a Justiça é você. Teu triunfo será o da humanidade".[18]

A exaltação da força, sempre saudada com uma maiúscula, que se encontra em Blanqui e Tridon, abre assim o caminho para uma nova filosofia da vontade, à qual Nietzsche dará sua completa amplitude. A consequência política dessa imperiosa poética da energia revolucionária? Ela é afirmada por Tridon de maneira lapidar: "Todos os desastres da democracia vêm de seu desprezo pela Força; sem a força, nada se funda e nada se escoa. É a lança de Aquiles e a clava de Hércules".[19]

Essa visão só ganha o seu verdadeiro sentido quando é relacionada à sua fonte primeira: a assimilação da política à guerra. O imperativo não é somente moral. "Não se pode esconder que existe guerra de morte entre as classes que compõem a nação", nota o Encarcerado em um de seus primeiros escritos.[20] Blanqui é, nesse ponto, uma sombra invertida e radicalizada dos defensores da ordem burguesa que queriam conter nos limites dos subúrbios a massa do povo considerada preocupante. Fazendo eco a Guizot, que fala dos trabalhadores braçais como de uma "população exterior", ele constata: "O proletário ficou de fora".[21] Mas Blanqui não reivindica nesses termos um lugar justo para os operários; seu objetivo não é procurar uma via de integração à nação de uma população marginalizada ou esquecida. Ele deseja uma ruptura mais essencial, fundando o advento de uma nova sociedade na destruição das classes consideradas inimigas. Para isso, ele se vê muito mais como um grande estrategista militar do que como militante ou propagandista. Sua ambição não é discursar para as multidões para convertê-las ao seu ponto de vista ou mobilizá-

---

18 *La Force*, in Gustave TRIDON, *Oeuvres diverses*, Paris, 1891.
19 *Ibid.*, p. 97. "Infelizmente, escreve ele ainda, a democracia não tem nem a experiência, nem o temperamento da força" (*Ibid.*, p. 108).
20 *Adresse à la Société des amis du peuple*, 2 de fevereiro de 1832, reproduzido em *Oeuvres* (éditées par D. Le NUZ), *op. cit.*, t. I, p. 207. A expressão torna-se frequente em seus escritos.
21 *Le Procès des quinze. Défense du citoyen Louis Auguste Blanqui devant la Cour d'assises*, Paris, 12 de janeiro de 1832, reproduzido em *Oeuvres, ibid.*, p. 194. A expressão de Guizot é retomada por Walter BENJAMIN em *Paris, capitale du XIX siècle*, Paris, Cerf, 1989, p. 164.

las eleitoralmente, mas tomar o poder pela força. Daí o interesse constante que ele dedicou às questões militares e organizacionais. Blanqui foi sempre fascinado pelos problemas de armamentos e de técnicas de combate.

Do mais profundo de sua cela, ele nunca deixou de esboçar planos de ataque, de imaginar barricadas impenetráveis, de calcular a necessidade de fuzis e munições. Seu verdadeiro grande livro é *Instruction pour une prise d'armes* [*Instrução para uma tomada de armas*], que ele meditou durante trinta anos e redigiu pelo fim do Segundo Império.[22] "Este programa é puramente militar, diz ele logo, e deixa inteiramente de lado a questão política e social sobre a qual aqui não é o lugar de falar".[23] Isso basta para resumir sua verdadeira atração e marcar, ao contrário, o campo de suas indiferenças. Sua ambição secreta é se impor como o grande teórico da guerra das ruas. Blanqui não negligencia nenhum detalhe para descrever o que constitui aos seus olhos a essência da atividade revolucionária. Ele avalia os méritos respectivos dos diferentes armamentos, faz planos de fortificações, pensa na utilização dos esgotos, calcula as normas de abastecimento, prevê a presença dos serviços de saúde. Nada lhe escapa. Ele se absorve inteiro na minuciosa descrição de um tipo de enorme jogo de construção revolucionário do qual ele gaba-se de ser o único a deter a chave. A guerra civil é para ele a expressão acabada e plenamente adequada da luta política. Do fundo de sua prisão, nos anos 1850, ele retoma assim incansavelmente o desenrolar das jornadas de junho de 1848 para analisar precisamente as razões de sua sangrenta derrota.[24] Seus verdadeiros adversários não são os ministros e os chefes de governo, mas os generais encarregados de reprimir o motim. O marechal Bugeaud não redige, aliás, em 1894, um pequeno livro, *La Guerre des rues et des maisons* [*A Guerra das ruas e das casas*], para fazer face às "discórdias civis transportadas para a rua"?[25] É primeiro contra ele que quer ganhar "a guerra civil das ruas" identificada com a empreitada revolucionária.

---

22 Cf. a edição crítica, BLANQUI, *Instructions pour une prise d'armes, suivi de l'Éternité par les astres*, textes établis et présentés par Miguel ABENSOUR et Valentin PELOSSE, Paris, 1972.

23 *Ibid.*, p. 21.

24 Ele confessa assim sua fascinação por um argumento ouvido sobre o tema na prisão. "Um M. D'Havrincourt, nota ele sobre sua prisão em 1850, veio expor a teoria estratégica da guerra civil. Não se deve jamais deixar permanecerem as tropas nos locais de motins. Elas se pervertem no contato com os facciosos, e se recusam a metralhar na hora das repressões...O verdadeiro sistema é a construção de cidadelas dominando as cidades suspeitas, e sempre prontas a destruí-las. Mantemos os soldados em guarnição, ao abrigo do contato popular" (Auguste BLANQUI, *Critique sociale*, Paris, 1885, t. II, p. 232-233).

25 Maréchal BUGEAUD, *La Guerre des rues et des maisons*, manuscrito inédito apresentado por

A guerra sobrepõe para Blanqui um imperativo prático de ação e uma categoria moral. Nela encarna-se de maneira tangível uma cultura da resistência, rompendo visivelmente com todas as múltiplas armadilhas da submissão. Ela simplifica a política e o social, desenhando com evidência a linha de separação dos campos em presença. Por isso ele fica extraordinariamente à vontade quando o enfrentamento com a Alemanha traz brutalmente de volta as coisas ao enfrentamento direto do amigo e do inimigo.[26] Nas colunas de *La Patrie en danger* [*A Pátria em perigo*], ele exalta a abnegação dos combatentes, notando febrilmente que "todo o mundo se prepara para morrer nas barricadas",[27] ao mesmo tempo em que disserta ao longo das colunas sobre o alcance comparado dos rifles e das espingardas de percussão, a localização das peças de artilharia, a disposição dos bastiões, a constituição das unidades de combate. Sente-se que ele está então plenamente à vontade.

Essa cultura da insurreição e da guerra das ruas concentra a política em um lugar central que atrai e absorve todas as energias. Ela pressupõe uma polarização do espaço e do tempo em uma cena central, na qual poderá ser representado um ato tão brutal quanto decisivo. Daí o vínculo muito forte que une essa cultura à cidade-capital. Paris é para Blanqui o local obrigatório da revolução; tudo converge para ela e tudo se exprime nela. Ele não foi o único no século XIX que exaltou o papel de Paris. Se os poetas e os escritores celebravam de seu lado a capital das artes, eles saudavam também a cidade das grandes manifestações populares e das lutas vitoriosas contra o despotismo. Herzen falava nesse espírito da "estrela condutora dos povos", enquanto Henrich Heine considerava-a como "a cidade da igualdade, do entusiasmo e do martírio", e Gustave Lefrançais como "a cidade revolucionária por excelência".[28] Blanqui vai mais longe. Por certo, ele também vê em Paris um tipo de capital militante do mundo: "Paris, escreve ele, é um orador gigante que se dirige ao mundo inteiro com sua voz toante e cuja palavra ressoa até às extremidades da terra",[29] mas é de um novo universalismo que se trata. Não é mais, como em 1789 ou em 1792, o dos diretos e dos valores; trata-se para ele sobretudo de um *método*

Maïté Bouyssy, Paris, Jean-Paul Rocher, 1997, p. 113.

26 "Na presença do inimigo, escreve ele, não existem partidos nem diferenças. É impossível a convivência com um poder que traía a nação. O governo saído do grande movimento de 4 de setembro representa o pensamento republicano e a defesa nacional" (*La Patrie en danger*, 1871, p. XXVII).

27 *Ibid.*, p. 18.

28 Expressões citadas por M. DOMMANGET, *Les Idées politiques et sociales d'Auguste Blanqui*, op. cit., p. 174-176.

29 *Papiers Blanqui*, N.a.fr., 9581-1, fº145.

político. Decorre daí uma verdadeira refundação do empreendimento revolucionário. Por isso, Paris é o teatro obrigatório da insurreição tal como ele a compreende. Toda a sociedade deve, com efeito, se concentrar e se resumir em um ponto reduzido para poder ser revolucionada em um relâmpago, por um golpe. É porque "Paris é uma verdadeira representação nacional"[30] que a ação radical ganha assim sentido e pode tomar forma. A revolução supõe uma polarização do espaço público e político coerente com a cristalização no tempo dos "atos fulminantes de soberania". "Paris é a fornalha, entrevista por Danton, onde queima o metal em fusão, o mundo ardente de onde sairá a grande estátua da liberdade", resume Tridon.[31]

O ódio e o desprezo pela democracia

Se o termo "democracia formal" ainda não foi forjado em 1830 para servir de contraste cômodo nos meios revolucionários, é exatamente isso, no fundo, que para Blanqui e seus amigos se trata de denunciar. Desde os primeiros meses do regime de Julho, Blanqui distancia-se violentamente de todos os que, na trilha de Cormenin ou dos republicanos moderados, pleiteiam uma reforma do regime. "A constituição e as leis escritas são apenas uma questão puramente regulamentar, nota ele então lapidarmente.[...] Que aconteça o que for com essa brincadeira banal tão pomposamente chamada de "nossas instituições", nós não nos preocupamos com isso, nós somos profundamente indiferentes com a forma, e vamos direto ao fundo da sociedade".[32] Não devemos nos enganar sobre o sentido de uma formulação tão abrupta. Não é só a timidez das ideias reformadoras que Blanqui crucifica em nome de um radicalismo explícito. A crítica vai mais longe. Ela denega todo interesse e toda validade à ação política ordinária, em suas duas modalidades: a vida das instituições e a atividade parlamentar.

Blanqui não se limita a pensar que a revolução tem por objetivo mudar os detentores da soberania. Para ele, são as próprias instituições que devem de alguma forma ser abolidas. "O poder, julga ele, é opressor por natureza".[33] A "verdadeira" política que

---

30 *Papiers Blanqui*, N.a.fr., 9590-1, f°377. A expressão se encontra também na *Critique sociale, op. cit.*, t. I, p. 208. "Paris, escreve ele ainda, é, ao mesmo tempo, a cabeça, o coração e os braços da França" (*Papiers Blanqui*, N.a.fr., 9592-1, f°497).
31 G. TRIDON, *Les Hébertistes* (1864), reproduzido em *Oeuvres diverses, op. cit.*, p. 19.
32 "Nossa bandeira é a igualdade", *Le Libérateur*, n° 1, 2 de fevereiro de 1834, reproduzido em *Oeuvres, op. cit.*, t. I, p. 260-261.
33 *Critique sociale, op. cit.*, t. II, p. 99.

se trata de instaurar não deve, portanto, fixar-se em um quadro preestabelecido; ela só existe em movimento, e não poderia ser constrangida por regras e procedimentos. Blanqui está aqui nas antípodas de um Lamartine, que opõe as duas Repúblicas de 1792 e de 1848, notando: "A primeira era um combate, nós quisemos que a segunda fosse uma instituição".[34] Ele se liga mais ao estado de espírito dos ultrarrevolucionários de 1793 e 1794 que procuravam manter um clima de exaltação permanente. Como eles, Blanqui afirma fortemente que a verdade da ação política só se revela na fúria das imprecações e no paroxismo dos gestos. O grande homem da Revolução francesa é para ele Hébert. É para o autor de *Père Duchesne* e sua radicalidade erigida em sistema que se volta sua simpatia. Contrariamente a Louis Blanc e muitos outros revolucionários que celebram sobretudo Robespierre, ele não deixa de marcar sua distância em relação ao homem dos comitês. O Incorruptível continua a ser para Blanqui sobretudo um parlamentar, um político, cujo terreno natural de ação se situa nos corredores ou nas reuniões dos clubes e da Convenção, na melhor das hipóteses um teórico (ele chega a qualificá-lo com desprezo de "Napoleão prematuro").[35] Blanqui acredita mais na força corrosiva da ação, no poder imediatamente regenerador da destruição da ordem estabelecida, na tensão que conserva intacta a intenção primeira. A entropia do mundo é o que o assombra. Fazer de tudo para evitar que o ardor das manhãs revolucionárias se embote, tal é sua obsessão. É preciso evitar a qualquer custo que se reproduza a triste história da Assembléia Legislativa: "Ela começa pela energia, ela acaba pelo desfalecimento", nota ele laconicamente.[36] Portanto, não é de espantar que um dos livros cultuados no meio blanquista seja *Les Hébertistes*, que Tridon publica em 1854.[37] O Encarcerado declarará em várias oportunidades a sua admiração pela obra incisiva.[38]

---

34 Discurso de 12 de junho de 1848, *in* Alphonse de LAMARTINE *La France parlamentaire (1834-1851). Oeuvres oratoires et écrits politiques*, Paris, t. V, p. 327.
35 Expressão empregada nas suas *Notes inédites sur Robespierre* (1850), reproduzidas em *Écrits sur la révolution, op. cit.*, p. 315.
36 *La Patrie en danger, op. cit.*, p. 262.
37 Obra reproduzida nas *Oeuvres diverses, op. cit*. "A revolução não é apenas um teatro de frases, ultrapassada continuamente pelo movimento parisiense, essa cena épica e trágica onde declamam oradores conduzidos pela onda popular; ela reside nas entranhas da plebe, nos piquetes dos bairros, nos mugidos das seções e clubes, nesses homens obscuros ou execrados, sempre em ação, que exasperavam os fortes, reanimavam os fracos, semeavam por toda parte o ódio aos tiranos e aos dogmas, e reconduziam ao caminho revolucionário, à boca dos canhões, os convencionais, muito superestimados" (*ibid.*, p. 19).
38 Blanqui escreve o prefácio da obra. Ver a correspondência com Tridon nos *Papiers Blanqui*, N.a.fr., 9592-2, f°55-316.

Blanqui aspira a uma desinstitucionalização radical do político celebrando os momentos sombrios do Terror. Ele atira a vida parlamentar como um todo à execração pública, recusando-a em seu princípio. Ferozmente denuncia a "marmita representativa" de seu tempo, já imortalizada com verve por Paul-Louis Courrier: "Essa bomba aspiradora e pisoteante, descreve ele, que pisoteia a matéria chamada povo, para dele aspirar milhares incessantemente depositados nos cofres de alguns ociosos, máquina impiedosa que mói um a um vinte e cinco milhões de camponeses e cinco milhões de operários para extrair o mais puro de seu sangue e transfundi-lo nas veias dos privilegiados".[39] Mas seu pessimismo é mais profundo. O sistema representativo é intrinsecamente criticável aos seus olhos, pois ele não pode escapar dos fardos e das contradições que o fundam. Blanqui é também o primeiro a utilizar o termo "feira" para qualificar a enganação eleitoral, ao mesmo tempo em que retoma as expressões "gado" ou "rebanho" para descrever a massa dos eleitores manipulados.[40] "Todos esses pretensos representantes da nação, escreve ele ainda, só cuidam de si próprios, de suas famílias, de seus amigos. Um deputado é muito inábil se seu mandato não se torna o sustento de seu futuro e do futuro de todos os seus. Assim acontecem as coisas em tempo ordinário".[41] O sistema representativo só é para ele "um fetichismo que custa caro aos povos",[42] chegando a falar em "peste parlamentar". Mesmo quando não se degradava, o parlamentarismo seria condenável aos seus olhos naquilo que constitui o princípio de sua existência: a crença nas virtudes da discussão racional e da deliberação. Para além de uma suspeição em relação à legitimidade de um sistema que ele considera fatalmente confiscado pelos "artistas das palavras"[43] e pelos poderosos, Blanqui rejeita a pretensão das assembleias de exprimir o país e conduzi-lo. Ao "desastroso prestígio das assembleias deliberativas",[44] ele opõe a ação direta que nunca mente. Impossível ser mais radical. Mas ele vai mais longe: recusa a própria noção de um programa político.

Para Blanqui, a ação não é só um meio, ela encontra também sua finalidade em si mesma. "Um programa socialista deve ser breve", como aponta no esboço de seu

---

39 *Le Procès des quinze (12 janvier 1832), op. cit.*, p. 191.
40 Expressões recolhidas por Maurice DOMMANGET na correspondência (inédita) de Blanqui com Félix Lacambre (cf. *Les Idées politiques et sociales de Blanqui, op. cit.*, p. 225).
41 *La Patrie en danger, op. cit.*, p. 266.
42 *Ibid.*, p. 113.
43 *Ibid.*, p. 265.
44 *Ibid.*, p. 278.

"Programme d'un jornal socialiste" (*Programa de um jornal socialista*).[45] Blanqui não parou de multiplicar as formas para zombar da "comédia dos programas", vendo neles apenas "romances sobre o futuro".[46] "Quanto ao socialismo prático, afirma ele na tentativa de eliminar qualquer ambiguidade, *é a própria revolução*. Sem compromisso de seita nem de Igreja, ele é eclético e toma emprestado de todos os sistemas os meios para cumprir sua missão: derrubar para reconstruir sobre a base da igualdade".[47] Por isso ele recusa igualmente toda visão utópica, em completa ruptura com Cabet ou Pierre Leroux, por exemplo: "Todas essas discussões sobre as formas possíveis da sociedade futura não passam de escolástica", afirma ele abruptamente.[48] O objetivo é é absorvido pelos meios de ação; por isso é pouco importante desenhar seus contornos com antecedência. O poder criador não vem da natureza das ideias ou da descrição das políticas a realizar-se: ele reside no processo mesmo da subversão revolucionária. Nesse ponto, seu credo nunca mudou.[49] Blanqui não tem nada de doutrinário. Ele nunca foi o homem das controvérsias teóricas nem dos debates filosóficos,[50] razão pela qual combateu violentamente os proudhonianos, acusados de se afundar na discussão das ideias e em utopias concretas. Esse traço característico do blanquismo teve grande peso na atração e mesmo no fascínio que ele exerceu sobre seus partidários. Os milhares de indivíduos que participaram das diversas sociedades secretas das quais ele foi o instigador foram antes de tudo homens de ação, enfeitiçados pelo lado militar e clandestino das empreitadas projetadas. Tal fato também explica a dispersão da família blanquista depois do desaparecimento de

---

45 *Papiers Blanqui*, N.a.fr., 9591-2, fº375.

46 "La Comédie des programmes" é o título dado a um artigo publicado por Blanqui no *L'Égalité*, no dia 16 de junho de 1878 (ele reproduziu um texto redigido em abril de 1851). Ele fala ainda da "miragem fantástica dos programas", de "nevoeiros do reino da utopia".

47 *Papiers Blanqui*, N.a.fr., 9548-2, fº150.

48 Julgamento formulado diante de Lagargue, o genro de Marx. Relatado por Alexandre ZÉVAÈS, *Auguste Blanqui, patriote et socialiste français*, Paris, s.d., p. 127.

49 Uma carta de 5 de julho de 1852 para o fourierista Charles Fauvety o resumiu em algumas frases fortes. "A organização presente, escreve ele, é uma barreira que nos mascara o futuro e o cobre de um nevoeiro quase impenetrável. Daí tantos sistemas diversos que se acreditam todos de posse exclusiva da verdade [...]. Nada resolve os problemas como uma grande agitação social [...]. É que uma revolução faz jorrar como um raio do espírito de todos o que flutuava como uma nuvem no pensamento de alguns. É o momento de tempestades para renovar a atmosfera. (*Papiers Blanqui*, N.a.fr., 9580, fº 37)

50 "Comunismo e proudhonismo, zomba ele, disputam furiosamente nas margens de um rio, para dedicir se a outra margem é um campo de milho ou um campo de trigo. Eles quebram a cabeça para resolver a questão antes de superar o obstáculo. Ah! Atravessemos primeiro! Veremos do outro lado!" (*Papiers Blanqui*, N.a.fr., 9580, fº 51.

seu chefe, o gosto pelo golpe conduzindo tanto à extrema direita quanto aos meios anarquistas e libertários.[51]

No entanto, Blanqui não é só um crítico impiedoso do regime parlamentar e do sistema representativo. Ele continua até o fim marcando sua suspeição em relação aos procedimentos eleitorais e mostrando sua indiferença, e mesmo seu desprezo, pelo sufrágio universal. A ruptura com os meios republicanos "clássicos", moderados ou radicais, é gritante. Com efeito, todos estão de acordo, desde o começo dos anos 1830, em fazer do sufrágio universal a "arca sagrada" que levará à renovação da sociedade; ao mesmo tempo fazem do sufrágio censitário o símbolo que resume o regime infame de Julho. Louis Blanc, Cormenin, Ledru-Rollin ou os redatores do *National [Nacional]* se unem, nessa crença, aos meios mais radicais de *La Tribune [A Tribuna]*. Mesmo Laponneraye vê no sufrágio universal a arma decisiva nas mãos dos trabalhadores. Blanqui logo se afasta desse quase-dogma republicano. No momento em que a *Revue Républicaine [Revista Republicana]* admite francamente que seu projeto não faz mais do que radicalizar as ideias de 1789, atribuindo de volta o lugar central ao princípio da soberania do povo, ele escreve em uma de suas primeiras brochuras: "A extensão dos direitos políticos, a reforma eleitoral, o sufrágio universal podem ser excelentes coisas, como meios somente, não como objetivo".[52] A distância com relação ao conjunto das famílias republicanas só é mais espetacular em 1848.

Na primavera de 1848 Blanqui toma distância do entusiasmo geral com os novos direitos políticos do povo. É bem verdade que vemos também Proudhon interrogar o funcionamento e a validade do sufrágio universal. Mas ele denuncia unicamente sua falta de organicidade para almejar uma política das comunidades em ruptura com a filosofia individualista dominante. Ele não contesta que a voz das urnas possa adequadamente expressar a do povo, desde que procedimentos representativos satisfatórios sejam utilizados. Blanqui não toma precauções em sua hostilidade. Em duas famosas *Petições* (de 6 e 14 de março de 1848) ele vai, de fato, na contra-

---

51 Sobre esse ponto muito interessante da evolução dos blanquistas, ver: Patrick H. HUTTON, *The cult of the Revolutionary Tradition: the Blanquists in French Politics, 1864-1893*, Berkeley, University of California Press, 1981; Jolyon Michael HOWORTH, "The Myth of Blanquism under the Thrid Republic (1871-1900)", *The Journal of Modern History*, setembro de 1976; Jacques NÉRÉ, "Les blanquistes au temps du boulangisme", in *Blanqui et les blanquistes, op. cit.*; Marc CRAPEZ, *La Gauche réactionnaire, mythes de la plèble et de la race*, Paris, Berg International, 1997.

52 *Propagande démocratique*, Paris, s.d. (por volta de 1835), p. 1 (reproduzido em *Révolutionnaires et néo-babouvistes de 1835 à 1847*, in *Les Révolutions du XIX siècle*, 2ª série, 1834-1848, Paris, Edhis, s.d., t. VI).

corrente, fazer campanha pelo adiamento das eleições. A causa de sua hostilidade contra a abertura das urnas? Ela se exprime em algumas fórmulas cortantes: "O voto hoje seria uma surpresa e uma mentira", "a classe dos trabalhadores, acostumada ao julgo por longos anos de compressão e de miséria, não participaria do escrutínio, ou então seria conduzida por seus senhores, como um rebanho cego", "o povo não sabe, é preciso que ele saiba".[53] Publicamente, Blanqui reivindica primeiro um adiamento de seis meses, com argumentos explicitamente políticos: "As eleições, se elas se realizarem, serão reacionárias", alega ele.[54] Mas muito rapidamente ele pede um adiamento *sine die*. Enquanto os franceses comungam de algo que parece um verdadeiro sacramento da vontade geral, Blanqui se afasta. Alguns meses mais tarde, depois das jornadas de junho, ou mais ainda, após as eleições presidenciais de dezembro de 1848, ele será acompanhado por alguns outros, sempre muito minoritários, em sua denúncia da ilusão eleitoral".[55] Porém está realmente isolado na primavera de 1848. O vigor de suas posições chama a atenção. Qual é a sua verdadeira motivação? Não é difícil perceber as razões de fundo que estão sob os argumentos de conjuntura: Blanqui desconfia de um povo que não considera à altura das circunstâncias históricas. Essencialmente, seu julgamento é motivado por um elemento de capacidade intelectual e política.

O povo incapaz e a ditadura revolucionária

Para Blanqui, dizer que o povo não é capaz significa dizer que ele se revela inapto a pensar de maneira autônoma. O povo é uma argila mole na qual se imprimem sem esforço as ideias dominantes. "Como não ver, escreve ele nesse espírito, que a manifestação política de um povo será sempre o reflexo das ideias que lhe foram dadas a beber, e que depois de vinte anos de despotismo, de servidão, de embrutecimento sistemático, só pode eclodir do escrutínio o grão semeado

---

53 As duas *Pétitions* são reproduzidas nos *Écrits sur la révolution*, op. cit., t. I, p. 162-166.
54 *Deuxième pétition pour l'ajournement des élections*, op. cit., p. 166.
55 É o caso de Alphonse ESQUIROS, autor da célebre obra *Histoire des Montagnards* (1847). "O sufrágio universal praticado como foi pelos membros do Governo provisório é, a nossos olhos, um dos embustes da Revolução de 1848, escreve esse último no *L'Accusateur public*. Longe de exprimir os interesses democráticos, esse sistema, ao contrário, deu forças à aristocracia do monopólio. Assim deveria ser. A classe burguesa, tendo o privilégio da instrução, da fortuna, da leitura, deve trazer para as operações do escrutínio uma tática e um conhecimento dos quais a classe trabalhadora não desconfia ("Déceptions", n° 1, 11 de junho de 1848). Mas Esquiros, sem ser blanquista, está muito próximo, pois em 1848 pertence ao Clube do povo (cf. Suzanne WASSERMANN, *Les Clubs de Barbès et de Blanqui en 1848*, Paris, 1913).

nos cérebros? Foi o que aconteceu em 1848 e 1849 pela inépcia dos democratas".[56] Blanqui não se contenta, como muitos republicanos ou socialistas, em suspeitar da "ignorância rural", embora ele use sobre esse ponto fórmulas especialmente duras. Seu julgamento é mais largo e mais radical. O povo em seu conjunto não está ainda, aos seus olhos, à altura de sua tarefa histórica. Não há sequer o "bom povo" das cidades sobre o qual as forças revolucionárias poderiam se apoiar. Ele o disse em fórmulas de rara brutalidade: "A tríade sabre-moeda-aspersório, escreve ele, só pode manter-se pela violência e pelo embrutecimento. O sufrágio universal é seu miserável escravo, segurado pelo colarinho pelo policial e pelo padre, com o capital que o escolta, com o pé no seu traseiro [...] Como se espantar? O ignorante mal é um homem e pode-se levá-lo como a um cavalo, com a rédea e a espora. Adestrá-lo para o trabalho e a obediência, essa é a única preocupação do senhor".[57] Não se sabe se a ligação familiar do filho de um subprefeito do Império e de uma mãe nascida Brière de Brionville se mistura em Blanqui à visão revolucionária para considerar o povo de tão alto e tão longe (sobre ele, nota Victor Hugo: "Havia nesse homem um aristocrata quebrado e pisoteado por um demagogo").[58] Mas a distância social e a distância política produzem os mesmos efeitos e induzem as mesmas atitudes. Não é, aliás, difícil compor uma inquietante antologia das expressões empregadas por Blanqui e seus amigos para isso: "povo mole", "turba de escravos e imbecis", emprego frequente do termo "populo" para ligar uma aparência de simpatia à realidade da distância.[59] Sua oposição muito viva ao princípio das candidaturas operárias tem aí sua origem: é a capacidade revolucionária e não a experiência social que deve guiar para ele a luta política. Também não é de se espantar, nessas condições, que descubramos Blanqui violentamente hostil ao voto das mulheres.[60] Sua extrema

---

56 *La Patrie en danger*, op. cit., p. 272.
57 *Papiers Blanqui*, N.a.fr., 9590-1, f° 380. Blanqui não está longe de pensar, como certos filósofos sensualistas do século XVIII, que uma grande parte do povo permanece nos limites da humanidade, em um tipo de animalidade. "Quantos animais rivalizam,, se não se mostram superiores aos homens na manipulação da matéria, escreve ele. Não é a destreza manual é somente a ideia que faz o homem" (*Ibid.*, f°379).
58 Victor HUGO, *Choses vues*, t. II (1847-1848), édition établie par Hubert Juin, Paris, Gallimard, "Folio", 1972, p. 447.
59 Ver, sobre esse ponto, o conjunto de citações recolhidas na tese de Maurice PAZ, *Auguste Blanqui, le révolutionnaire professionnel*, Aix-en-Provence, 1974, p. 88-90.
60 "Passou por alguns cérebros socialistas qualquer ideia ridícula de outorgar à mais bela metade do gênero humano os direitos políticos e eleitorais, escreve ele. Ela não se furtará de usá-los para seu suicídio" (*Papiers Blanqui*, N.a.fr., 9592-1, f° 127). "Sob pena de ruína, prossegue ele, a urna eleitoral só será permitida ao sexo frágil apenas *uma geração após a queda do Cristianismo*.Enquanto

misoginia só redobra uma reticência mais ampla com relação ao povo. Ela opera ao mesmo tempo como máscara e reveladora dessa reticência. O antissemitismo que nele aparece às vezes violentamente remete, aliás, à mesma coisa.[61]

Blanqui mantém essas posições por toda a vida. Suas reticências não desaparecem após 1848 e o aprendizado progressivo do direito de voto universal. Vinte anos mais tarde, ele fala ainda do sufrágio universal como "admirável para o futuro e bem fatal para o presente"[62] e denuncia com uma virulência ainda maior, se isso é possível, o que qualifica como "despautério democrático".[63] Por que, com efeito, instalar no coração da vida política um princípio que desemboca na "falcatrua eleitoral" e na "candidatalha"?[64] O sufrágio universal permanece sempre "mentira e ilusão", o governo do povo é "tão impossível quanto uma viagem à lua".[65] Que objetivos políticos estabelecer depois de ter pronunciado julgamentos tão pessimistas? Como, em outros termos, pensar a tomada e a gestão do poder sem se apoiar no povo, julgado incapaz e manipulado? A resposta do Encarcerado é tão simples quanto brutal: pela ditadura revolucionária.

Entre a natureza do comando militar da insurreição, necessariamente centralizado, e a forma do governo revolucionário subsequente, há para Blanqui uma total continuidade. A ideia já está presente na proclamação que se segue ao golpe abortado de maio de 1839. Ela se propaga rapidamente nos meios radicais. Desde 1840, a Sociedade democrática francesa, que agrupa em Londres um conjunto de exilados, publica assim um muito revelador *Rapport sur les mesures à prendre et les moyens à employer pour mettre la France dans une voie révolucionnaire le lendemain d'une insurrection victorieuse*[66] [*Relatório sobre as medidas a tomar e*

---

existir um padre, os homens prudentemente manterão as mulheres afastadas. [...] Comecemos por deixar de lado a religião, e depois será possível deixar entrar o gênero feminino" (*Ibid*.itálico no texto original).

61 Sobre os judeus manipuladores do povo, ver a impressionante carta a Rougié de 7 de agosto de 1852. "O sufrágio universal, escreve ele, é um caso julgado. Ele está sempre do lado dos lobos, nunca das ovelhas. [...] É a coroação definitiva de Rothschild, a ascensão dos judeus. Eis uma realização singular das ideias de fevereiro" (*Papiers Blanqui*, N.a.fr., 9584-1, f° 70-71).

62 *La Patrie en danger, op. cit.*, p. 271.

63 *Ibid.*, p. 273.

64 Carta a Félix Lacambre de 30 de março de 1863, reproduzida *in* M. DOMMANGET, *Blanqui et l'opposition révolutionnaire à la fin du Second Empire, op. cit.*, p. 29.

65 *Papiers Blanqui*, N.a.fr., 9590-1, f° 107.

66 *Rapport* lido na Sociedade democrática francesa, em Londres, na sessão de 18 de novembro de 1839 e publicado em Londres em 1840 (reproduzido em *Révolutionnaires et néo-babouvistes de 1835 à 1847, op. cit.*, t. VII).

os meios a empregar para por a França em uma via revolucionária no dia seguinte a uma insurreição vitoriosa]. Esse documento afirma abruptamente a imperiosa necessidade de não organizar eleições. "Como a grande maioria do povo poderia se enganar na escolha dos homens que ela julgaria dignos de serem levados ao poder e, assim, trazer um grande prejuízo à Revolução, lê-se no documento, os Republicanos, os autores da insurreição, deverão tomar a iniciativa sobre isso proclamando imediatamente como diretores da nação os homens que saberão ser os mais capazes de dirigi-la no sentido dessa revolução".[67] No mesmo ano, o jornal *L'Égalitaire [O Igualitário]*, de Théodore Dezamy, figura emblemática dos meios neo-babouvistas, publica também uma longa defesa da ideia de ditadura revolucionária. Ele parte igualmente da constatação da imaturidade do povo ("o povo está tão anarquizado, tão mortificado pelos vínculos da servidão...") para justificar sua tomada de posição: "Para que a liberdade apareça, é preciso que homens enérgicos obriguem o povo, por assim dizer, a manifestar seus desejos mais ardentes".[68] Blanqui dará uma extraordinária repercussão a essas tomadas de posição ainda marginais.

Blanqui e seus amigos neo-babouvistas, aliás, não inventaram essa ideia da ditadura revolucionária. Eles a retomaram de Babeuf. A conspiração urdida em 1796 pelo animador do *Tribun du peuple [Tribuno do povo]* constitui apenas, propriamente falando, um episódio secundário da história conturbada do Diretório. Mas o pequeno grupo que está na origem do projeto, que reúne Babeuf, Antonelle, Buonarroti e Sylvain Maréchal, deixou uma marca: a narrativa feita por Buonarroti da empreitada e de seus objetivos em um grosso livro em dois volumes, publicado pela primeira vez em 1828, *Conspiration de l'égalité dite de Babeuf [Conspiração da igualdade dita de Babeuf]*.[69] É a obra que funda intelectualmente o socialismo dando-lhe seus grandes temas: a coletivização da propriedade, a realização da igualdade, a ideia de que a Revolução francesa é apenas o primeiro ato de uma revolução social vindoura. Desde o início dos anos 1830, um pequeno meio, rapidamente qualificado de neobabouvista, organiza-se em torno da retomada desse programa.[70]

---

67 *Ibid.*, p. 39.
68 "Réfutation de l'article 'Babouvisme' inséré dans le *Journal du peuple*", *L'Égalitaire, journal de l'organisation sociale*, nº 2, juin 1840, p. 56.
69 A edição mais recente é a da Éditions sociales (Paris, 1957, 2 vol.). O livro de Bunarroti "é *O Príncipe* do socialismo", diz Maxime LEROY (*Histoire des idées sociales en France*, Paris, Gallimard, 1954, t. III, p. 345).
70 Ver S. BERNSTEIN, "Le néo-babouvisme d'après la presse (1837-1848)", in *Babeuf et les problèmes du babouvisme*, Paris, 1963, e Alain MAILLARD, *La Communauté des égaux. Le communisme*

Théodore Dezamy, Jean-Jacques Pillot, Voyer d'Argenson, Charles Teste multiplicam os escritos e os projetos referindo-se a Babeuf. O próprio Cabet, primeiro autor a se qualificar abertamente de "comunista" considera-se um continuador. Blanqui inscreve-se igualmente nessa filiação, mas de uma outra maneira. Não é o *Manifeste des Égaux* [*Manifesto dos Iguais*] de Sylvain Maréchal nem o programa das reformas econômicas e sociais imaginado por Babeuf que chamam sua atenção. Ele está, sobretudo, interessado na perspectiva tática dos conspiradores. Aliás, sabe-se que ele teve a oportunidade de falar longamente sobre isso com Buonarroti, que faz a ponte entre a geração revolucionaria e a dos homens de 1830-1840.[71]

Blanqui fica fascinado pela narrativa política de Buonarroti. Dela retira a justificação de sua visão insurrecional. O autor de *Conspiration*, com efeito, descreve longamente as condições de constituição de um "comitê secreto", a preparação meticulosa do dispositivo armado, as formas de chamado público à insurreição. Ele liga essa empreitada sobretudo à legitimação refletida de uma estrita divisão de trabalho entre um povo julgado cego e seus chefes revolucionários, os únicos considerados lúcidos. Buonarroti multiplica nesse espírito as fórmulas cortantes e resume: "Jamais a massa do povo chegou ao grau de instrução e de independência necessário para o exercício dos direitos políticos".[72] A solução? Ela é evidente para ele: são "os sábios que querem realizar a felicidade de seus concidadãos subjugados"[73] que devem pensar na mudança e desencadeá-la. Os chefes da insurreição não são, portanto, os oficiais de um exército de manobra. Eles devem também, segundo uma extraordinária fórmula, ser considerados como incontornáveis "professores da sociedade".[74] Blanqui inscreve-se na perspectiva dessas apreciações, muitas vezes negligenciadas pela massa dos leitores de Buonarroti, mais atentos ao conteúdo do programa social exposto. Ele vai fazer delas uma verdadeira doutrina.

---

néo-babouviste dans les France des annés 1840, Paris, Kimé, 1999.

71   Cf. Alessandro GALANTE-GARRONE, *Philippe Buonarroti et les révolutions du XIX siècle*, Paris, 1975, e Elisabeth EISENSTEIN, *The First Professional Revolutionist: Filippo Michele Buonarroti (1776-1837)*, Cambridge (Mass.), 1959.
72   *Conspiration pour l'égalité, op. cit.*, t. I, p. 173-220.
73   *Ibid.*, p. 82. "Existe a justiça e a necessidade, prossegue ele, de que eles próprios se invistam da ditadura da insurreição, que tomem a iniciativa, que se revistam do título glorioso dos conjurados pela liberdade, que se erijam em magistrados salvadores de seus concidadãos" (*Ibid.*, p. 85).
74   *Ibid.*, p. 77.

No fim dos anos 1860, ele resume em uma nota de cerca de cinquenta páginas, *Le Communisme, avenir d'un peuple*,[75] [*O Comunismo, futuro de um povo*] o conjunto de suas opiniões relativas às formas de governo a serem instauradas após o triunfo da insurreição. Ele retoma, sistematizando-as, todas as suas ideias antes esboçadas. Sua grande obsessão? Evitar que se reproduza o que considera o dramático erro de 1848. "O chamado precipitado ao sufrágio universal em 1848 foi uma traição refletida [...]. Um ano de ditadura parisiense em 1848 teria poupado à França e à história o quarto de ano que se encerra".[76] O que conta aos seus olhos, para retomar uma famosa fórmula de Barbès, "não é a soberania do povo, mas a soberania do objetivo".[77] A revolução é para ele impossível se um pequeno grupo exercendo um poder tutorial não toma a dianteira para guiar o país em direção ao estabelecimento do comunismo. Frente a um povo considerado "mudo", é um punhado de estrategistas e de sábios que deve tomar a palavra e o poder. Como Blanqui imagina na prática essa ditadura de transição? Explica que: "Se forem precisos dez anos desta vez, não hesitemos"; contudo, em outros manuscritos fala em vinte anos.[78] Em 1870, sua proposta de uma "ditadura de guerra" simplifica a questão e reduz seu alcance. "Seiscentas mil baionetas que são hoje toda a França, concentrada em Paris, têm sozinhas o direito de exprimir a vontade nacional, insiste ele então [...] Sozinha, portanto, a França em armas representa a nacionalidade em pé diante do invasor. Toda a vida do país concentrou-se nessa elite poderosa, a imagem e a égide da pátria. Cabe a ela governar ao mesmo tempo que combater?"[79] Mas a guerra terminada e a revolução continuada? Blanqui permanece muito vago. Ele não determina qualquer limitação real à duração da ditadura; ele até admite implicitamente que ela pode continuar como sistema

---

75 Reproduzido na *Critique sociale*, op. cit., t. I, p. 173-220.

76 *Ibid.*, p. 207-208. Podemos citar a anedota que diz que os blanquistas do final do século XIX amavam citar uma pagina dos *Souvenirs* de TOCQUEVILLE para justificar suas posições. "Existiram, escreve esse último, revolucionários mais perversos do que os de 1848, mas não acredito que tenha havido mais tolos; eles não souberam nem se servir do sufrágio universal e nem evitá-lo. Se eles tivessem corajosamente sustentado a ditadura, eles poderiam ter tido [A Assembleia] algum tempo em suas mãos. Mas eles imaginaram tolamente que seria suficiente chamar a massa para a vida política para uni-la à sua causa e que, para fazer a República ser amada, seria suficiente dar direitos sem procurar benefícios" (Paris, Gallimard, 1965, p. 115-116).

77 Intervenção diante da corte de Bourges (maio de 1849), relatada por A. S. MORIN, *Les Hébertistes modernes*, Paris, 1870, p. 13.

78 *Papiers Blanqui*, N.a.fr., 9590-1, f° 377.

79 *La Patrie en danger*, op. cit., p. 74-75.

permanente de governo até que nasça um homem novo, pleno indivíduo senhor de si próprio,[80] e que morram as formas tradicionais do Estado.[81]

Assim, a visão política de Blanqui se articula, de uma dupla maneira, em torno de uma teoria do conhecimento. Ele salienta primeiro, já o notamos várias vezes, que a emancipação pressupõe a instrução, porque ela é a condição prévia para a saída do mundo das necessidades e para possibilidade de uma expressão realmente autônoma da vontade. Daí esse vínculo que deve para ele se estabelecer entre o voto e a instrução. Para que o sufrágio universal tenha um sentido e uma utilidade, repetiu ele por toda a sua vida, "é preciso que a luz se faça até nos menores vilarejos".[82] Para Blanqui, está claro que a ignorância é "filha da servidão".[83] Mas o Encarcerado não se limita a esse ponto de vista que radicaliza, desfazendo-a, a tensão entre o número e a razão subjacente ao universo mental dos republicanos do século XIX. A instrução não é só um meio ou uma condição para a emancipação. Ela define a própria natureza da sociedade a ser construída. "O comunismo, escreve ele de maneira impressionante, é a única organização possível de uma sociedade sábia ao extremo".[84] Só o conhecimento liberta, para ele, da necessidade, permitindo aos indivíduos plenamente autônomos reconhecer "a igualdade absoluta" (segundo sua própria formulação)[85] como única forma racional do vínculo social, comunidade e individualidade equivalendo-se então perfeitamente. É nesse sentido profundo que a instrução encontra sua finalidade em si própria e pode ser considerada como "a única resposta possível aos enigmas da esfinge social".[86] Ela exerce para ele o mesmo papel que a abundância para Marx: ela simplifica o social e resolve em si mesma suas contradições.

O ateísmo de Blanqui tem suas raízes nessa constatação. Talvez por não conseguir definir de maneira filosoficamente elaborada a natureza dessa sociedade

---

80 Para ele, o estabelecimento do comunismo é a unica salvaguarda do indivíduo, enquanto "o individualismo é o seu extermínio" (*Critique sociale, op. cit.*, t. I, p. 189).
81 Blanqui chega a uma doutrina do declínio do Estado. Em suas "notas" datadas de novembro de 1848, ele sublinha que "o governo por excelência, fim último das sociedades, é a ausência de governo". (*Papiers Blanqui*, N.a.fr., 9581, f° 24). Em um manuscrito de 1867, ele considera o futuro sob a forma de um *self-government* (*Ibid.*, N.a.fr., 9590-1, f° 106).
82 *Deuxième pétition pour l'ajournement des élections, op. cit.*, p. 166.
83 "Quem faz a sopa deve comê-la", artigo não publicado, redigido por *Le Libérateur* (março de 1834) in *Oeuvres, op. cit.*, t. I, p.293.
84 *Le Communisme, avenir de la société*, note citée, p. 212. "Entre essas duas coisas, instrução e comunismo, escreve ele, o laço é tão estreito que uma não pode ser feita sem a outra" (*Ibid.*, p. 178).
85 *Ibid.*
86 *Ibid.*, p. 190.

de conhecimento que ele deseja, ele estigmatiza o que lhe parece ser o seu inverso absoluto: o mundo da religião. Com ele, o anticlericalismo muda de natureza. Ele não consiste mais somente em denunciar uma opressão e uma ilusão, como faziam os filósofos materialistas do século XVIII. Blanqui toma um sentido direta e completamente político, resumindo quase sozinho toda a crítica do mundo. Nesse ponto, vai muito mais longe do que Marx, que prolonga sua crítica da alienação religiosa para uma crítica do capitalismo. Para Blanqui, o ateísmo é por si só a pedra de toque da empreitada revolucionária. Daí a sua virulência e sua radicalidade. Não é estranho, portanto, vê-lo redigir fervorosamente uma estranha obra, *L'Éternité par les astres, hypothèse astronomique*[87] [*A Eternidade pelos astros, hipótese astronômica*]. Aquele que editará no fim de sua vida *Ni Dieu ni maître* [*Nem Deus nem senhor*] sente, com efeito, a imperiosa necessidade de ir até o fim das galáxias para fundar a morte de Deus e a recusa a todo poder exterior às leis dadas da natureza. A extinção do cristianismo exerce para ele o papel da abolição do capitalismo para Marx.

Para conduzir a indissociável luta anticlerical e política, ao mesmo tempo em que busca-se gerar a ditadura revolucionária, Blanqui coloca no centro de seu dispositivo a ação de uma minoria que possui a compreensão da sociedade e de seu futuro. O culto da insurreição e a sagração dos estrategistas que o acompanham encontram assim seu prolongamento e seu ponto de chegada em uma sociologia das elites responsáveis por guiar o povo. Instaura-se assim uma divisão de trabalho, julgada temporária, entre o povo e seus dirigentes revolucionários. "O povo é o trabalho, escreve ele; os homens devotados que o conduzem são a inteligência"[88]. Mesmo se são, por vezes, tratados por denominações mais militantes como "operários do pensamento", "párias da inteligência" ou "sem classe",[89] esses homens de elites não deixam de constituir o grupo separado que pensa e organiza, frente a um povo reduzido a simples executor. Blanqui acaba paradoxalmente por seguir nesse ponto os passos de Guizot. Os dois homens encarnam, é certo, as posições mais opostas possíveis. Mas tanto um quanto o outro fazem da posse de uma capacidade, *in fine*, o princípio justificador de uma distinção:

87　Publicado em 1872. Sobre o sentido do ateísmo radical dos blanquistas, ver as observações judiciosas de M. CRAPEZ, *La Gauche réactionnaire, op. cit.*

88　*Papiers Blanqui*, N.a.fr., 9592-3, f⁰ 6. "Não é a habilidade manual, é a idéia que faz o homem, escreve ele. O instrumento da libertação não é o braço, mas o cérebro" (*Ibid.*, 9590-1, f⁰ 379).

89　"Milhares de pessoas de elite, escreve ele, definham nas baixezas da miséria. Eles são o horror e o medo do capital. O capital não se engana em seu ódio. Os *déclassés*, exército invisível do progresso, são hoje o fermento secreto que infla secretamente a massa e a impede de cair no marasmo. Amanhã, eles serão a reserva da revolução" (*Papiers Blanqui*, N.a.fr., 9590-1, f⁰ 382).

um e outro denunciam por isso simetricamente o que eles pensam ser a ilusão democrática. A referência à lucidez revolucionária de Blanqui traz um mesmo tipo de desconfiança que o imperativo de razão nos chefes dos liberais doutrinários. Nos dois casos, o julgamento filosófico e social sobre a incapacidade do povo se esconde atrás de uma apreciação pretensamente circunstancial da difusão insuficiente das Luzes. Para remediar a obscuridade que aliena o povo, Blanqui preconizava em 1848 "o envio aos departamentos de cidadãos encarregados de levar para lá a luz democrática".[90] "Só os professores são os verdadeiros revolucionários", escrevia ele então.[91] Mas quem é politicamente qualificado para ser o juiz do saber? Como Guizot, Blanqui não escapa da armadilha da autorreferência. Ele também quer criar um povo à sua imagem antes de pensar em lhe entregar a liberdade de ser ator da própria história.

Uma palavra de borracha

"Após as derrotas de 1849, nós não partilhávamos as *ilusões da democracia vulgar* agrupada em torno dos governos provisórios *in partibus*". É Engels quem se expressa nesses termos prefaciando a obra de Marx, *A Luta de Classes na França*.[92] Ele pretendia assim denunciar os republicanos europeus de esquerda como Ledru-Rollin, Mazzini ou Ruge, exilados em Londres. Mas Blanqui é ainda mais violento a respeito deles. Em um texto de combate da primavera de 1851, ele se volta contra a "deplorável popularidade dos burgueses disfarçados de tribunos" e vê aí o perigo que ameaça a revolução de amanhã, o mesmo que a destruiu ontem.[93] A fé dos Ledru-Rollin, Arago ou Louis Blanc nos efeitos necessariamente libertadores e progressistas do sufrágio universal é o que provoca seus mais negros ódios, responsáveis que são por minar em seu princípio a ação revolucionária. Enquanto muitos republicanos clássicos criticavam esses homens de 1848 pelo 15 de maio de 1848 e pelo 13 de junho de 1849, acusados de ter empurrado o país para a reação à direita,[94] Blanqui, ao contrário, os acusa de insuportável moderação. Mas não é somente uma possível

---

90 *Première pétition pour l'ajournement des élections, op. cit.*, p. 164.
91 *Papiers Blanqui*, N.a.fr., 9581, fº 24. "São esses, continua ele, que fazem a tarefa séria e durável; eles têm em suas mãos o futuro da sociedade".
92 Friedrich ENGELS, "Introduction" a Karl MARX, *Les luttes de classes en France (1848-1850)*, Paris, Éditions sociales, 1970, p. 16.
93 Aviso ao povo (brinde de 25 de fevereiro de 1851), in *Écrits sur la révolution, op. cit.*, p. 329.
94 Essas duas jornadas foram o teatro de ações do tipo insurrecional. A primeira viu a invasão da Assembleia por uma manifestação de militantes da causa polonesa; a segunda foi marcada por uma importante manifestação de representantes da esquerda republicana em Paris.

falta de energia ou uma ilusão tática que ele estigmatiza. Ele vai muito mais longe: é a própria ideia democrática que está em causa. A democracia é uma palavra vazia de sentido: tal é o sentido último de seu propósito. Criticando os que se dizem democratas, ele vê nesse qualificativo apenas "uma etiqueta emprestada à fraseologia dos escamoteadores". "O que é então um democrata, por favor? Essa é um palavra vaga, banal, sem acepção precisa, uma palavra de borracha".[95] Isso equivale a dizer claramente que a emancipação dos homens não poderia se definir em relação ao ideal de uma cidade deliberante.

---

95 Carta a Maillard de 6 de junho de 1852, in *écrits sur la révolution, op. cit.*, p.355.

IV. A absolutização do voto (o governo direto)

A formação de uma palavra de ordem

"Com o sufrágio universal, seremos felizes agora", diz um dos personagens de Flaubert em *L'Éducation sentimentale* [*A Educação sentimental*]. Para os republicanos dos anos 1830 e 1840, a atribuição do direito de voto a todos os cidadãos, mesmo que somente masculinos, iria acabar com o mundo dos privilégios e da corrupção e instaurar sem problemas um mundo harmonioso governado pela vontade geral. A primavera de 1848 traz essa esperança com um fervor tocante. Mas as decepções chegam rápido. Logo se percebe que a igualdade diante das urnas não basta para resolver a questão social. Constata-se também que ressurgem as contradições do sistema representativo, que haviam sido relativizadas por longos anos pela injustiça do censo. Uma série de eventos baliza esses decepções, da repressão das jornadas de junho à eleição de Louis Napoléon, para culminar, em 30 de maio de 1850, na votação de uma lei que priva três milhões de cidadãos de seu direito de voto. A partida forçada para o exílio de uma parte dos chefes históricos do partido republicano só aumenta o sentimento de amargura, simbolizando fisicamente um tipo de despossessão dos ideais democráticos. Se alguns homens de esquerda se deixam novamente seduzir pelo sonho de uma insurreição para realizar seu objetivo, a maioria se dá conta de que a formulação vaga demais desse objetivo está também diretamente em causa. Daí a verdadeira febre de reflexão e de reconceitualização que toma conta dos decepcionados com a República de 24 de fevereiro, retomando, com meio século de distância, a radicalidade das interrogações revolucionárias. Da primavera de 1850 ao verão de 1851, multiplicam-se assim os artigos e os livros que procuram reproblematizar a questão da soberania do povo, de tal forma que ela não possa ser abolida pelos procedimentos e as instituições destinadas a realizá-la. "A República democrática está ainda por se organizar", nota então um próximo de Pierre Leroux, resumindo o sentimento geral dos que haviam constituído a nova Montanha de 1849.[1]

A "representomania": se a expressão é de Millière, o redator do *Prolétaire*[2] [*Proletário*], a crítica que ela pressupõe pode ser encontrada em vários escritos de 1850. O sistema representativo aparece, com efeito, como o principal responsável, aos olhos dos republicanos de esquerda, pela não realização das promessas de 1848. São aqueles que Victor Considerant denuncia ao longo de artigos em *La democratie pacifique* [*A democracia pacífica*] como "os homens da delegação" os apontados como a causa de todas as decepções. A delegação? Ela é ao mesmo tempo uma "prisão", uma "mistificação", uma "armadilha", constituindo "a enganação perpétua da democracia política". "A soberania do povo que se exerce por representante nada mais é que uma sombra", insiste o chefe da escola de Fourier, que enxerga na delegação o mecanismo que leva ao "enterro formal" dessa soberania em seu próprio nome.[3] Ele não é o único a se mostrar assim severo. Mesmo Émile de Girardin se exalta violentamente contra as "apostasias contínuas" dos eleitos pelo povo. "A causa de nossos males, resume por sua vez o jovem Renouvier, está na aplicação do sistema representativo à democracia".[4] Mas o que fazer para evitar o confisco da vontade geral? Alguns

---

1 Julien LE ROUSSEAU, *De l'organisation de la démocratie*, Paris, 1850, p. 189. "O princípio democrático é ainda uma abstração", lamenta ele ao mesmo tempo.

2 Jean-Baptiste MILLIÈRE, *Constituition de la démocratie ou le gouvernement direct du peuple par lui-même*, Le Puy, 1851, p. 8. Ver também em seus *Études révolutionnaires* (Paris, 1851) o capítulo « De l'usurpation de la souveraineté ».

3 Victor CONSIDERANT, La Solution ou le gouvernement direct du peuple, 4ª ed., Paris, março 1851, p. 16-18. As citações precedentes são tiradas dessa obra (p. 13, 25, 52, 69). "O povo, escreve ele ainda, se encaminha no dia determinado às urnas eleitorais. Nelas deposita seu voto e eis a soberania no cofre do qual ele não possui mais a chave" (*ibid.* p. 22).

4 Gouvernement direct. *Organisation communale et centrale de la République. Projet présenté à la-nation pour l'organisation de la Commune, de l' enseignement, de la force publique, des finances, de l'État*, pelos cidadãos H. BELLOUARD, BENOÎT (Du Rhône), F. CHARASSIN, A. CHOUIPPE, ERDAN, Ch. FAUVETY, GILARDEAU, Ch. RENOUVIER, J. SARGENT,etc. Paris, 1851, p. 2. Se a advertência ao leitor é assinada por Renouvier e Fauvety, foi o filósofo o verdadeiro autor do

sugerem retomar os caminhos dos mandatos imperativos.[5] Vê-se até reaparecer a ideia antiga do sorteio dos representantes do povo.[6] Mas uma fórmula e uma ideia ganham logo quase todos os gostos: o *governo direto*. É em torno dessa palavra de ordem que se organizam durante alguns meses os projetos e as esperanças.

A expressão "governo direto" é desconhecida antes de 1850. Ninguém havia falado em democracia direta ou governo direto durante a Revolução: o projeto mais radical da primavera de 1793 tinha se contentado em apelar vagamente para um "governo do povo".[7] Nos anos 1840, os primeiros revolucionários a se qualificarem como comunistas tinham por certo evocado o advento de uma "democracia pura" (Théodore Dezamy) ou de uma "democracia compacta" (Cabet). Mas tratava-se para eles, sobretudo, de qualificar uma forma de sociedade e não um modelo político; e eles tinham explicitamente julgado impraticável uma intervenção direta dos cidadãos em larga escala.[8] Assim como a palavra, a ideia de governo direto, é completamente nova em 1850. Dois jornais terão um papel importante para popularizar e dar eco à ideia: *La Démocratie pacifique [A democracia pacífica]*, publicado pelos discípulos de Fourier, e *La voix du proscrit [A voz do proscrito]*, que reúne Ledru-Rollin e seus amigos exilados em Londres. Do verão de 1850 ao outono de 1851, aparecem na publicação fourierista mais de trinta artigos dedicados a esse tema. Os primeiros devem-se à pena de Rittinghausen, um socialista alemão eleito em 1848 para o parlamento de Frankfurt, que havia fundado com Marx e Ruge *La Nouvelle Gazette rhénane*[9] *[A Nova Gazeta Renana]*. Eles serão reunidos no começo de 1851 numa brochura divulgada, *La Législation directe para le peuple ou la véritable démocratie*[10] *[A legislação direta*

---

livro. Cf. Louis FOUCHER, *L Jeunesse de Renouvier et sa première philosophie (1851-1854)*, Paris, 1927, p. 155-170.
5 Por exemplo Charles-François CHEVÉ em seu *Cathécisme socialiste*, Paris, 1850, p. 5-6.
6 L. -J. DURIEUX, *Plus d'élections, plus de représentants du peuple, par un système nouveau et légal. 1851 puis 1852*, Paris, 1851, p.8 (propõe um sorteio anual).
7 Cf. John OSWALD, *Le Gouvernement du peuple, ou plan de constituition pour la république universelle*. Paris, 1793 (cf. a nova edição com introdução e notas feitas por Yves BLAVIER, Paris, Éd. De la passion, 1996). Ele se limita a preconizar a eleição de todos os funcionários públicos e a ratificação de leis pelo sufrágio universal.
8 Cf. Théodore DEZAMY, *Code de la communauté*, Paris, 1843, p. 250-256. Étienne CABET defende explicitamente uma « democracia representativa » (*Comment je suis communiste*, Paris, 1840, p. 11).
9 Cf., sobre essa importante figura do socialismo alemão que permanecerá uma referência teórica maior na França e na outra margem do Reno até o fim do século, o artigo de Emma RITTINGHAUSEN, "Maurice Rittinghausen", *La Revue socialiste*, vol. XVII, maio de 1893.
10 A brochura reúne os três artigos publicados em *La Démocratie pacifique* dos dias 8, 15 e 22 de setembro de 1850.

pelo povo ou a verdadeira democracia]. Victor Considerant, por sua vez, reúne as contribuições que ele dedica à questão em *La solution ou le gouvernement direct du peuple*[11] *[A solução ou o governo direto do povo].* Mas uma pilha de outras contribuições sobre o mesmo tema é também publicada em *La Démocratie pacifique [A Democracia pacífica],* notadamente sob a pena d'Alyre Bureau, de François Coignet e de Victor Hennequin. *La Voix du proscrit [A voz do proscrito]* é um jornal igualmente dinâmico. Uma vintena de artigos durante o mesmo período eleva a questão a tema doutrinário central. Os mais notados são da os de Ledru-Rollin, que os lança na primavera de 1851 em duas edições separadas, *Du gouvernement direct du peuple* [Do governo direto do povo] e *Plus de Président, plus de représentants [Não mais Presidente, Não mais representantes].* Mas vários são também publicados com a assinatura de Charles Delescluze, o futuro chefe da Comuna.

As brochuras de Considerant, Ledru-Rollin e Rittinghausen têm um enorme impacto. É em grande parte em torno delas que se organiza o debate político da esquerda republicana na primavera de 1851. Assim, Proudhon as comenta em uma de suas obras doutrinárias mais importantes, *Idée générale de la Revolution au XIX siècle [Ideia geral da Revolução no século XIX],* e Louis Blanc lhes dedica dois opúsculos críticos, *Plus de girondins* [Não mais girondinos] e *La République une et indivisible* [*A República una e indivisível].* Mas a ideia de governo direto não se deve apenas a esses poucos autores.[12] É espantoso constatar que ela é rapidamente apropriada por republicanos e socialistas de sensibilidades muito distintas. Jean-Baptiste Millière, homem próximo de Cabet que fora em 1848 secretário do clube da Revolução presidido por Barbés, se torna também seu propagandista em *Constitution de la démocratie ou le gouvernement direct du peuple par lui-même*[13] *[Constituição da democracia ou o governo direto do povo por si próprio].* Félix Pyat a louva na *Feuille du peuple [Folha do povo]* e César Bertholon no *Vote Universel [Voto universal].* Paul de Flotte se refere a ela

---

11 Reunião dos artigos publicados em 17 e 24 de novembro, depois 8 de dezembro. A primeira edição é de dezembro de 1850. A quarta é de março de 1851, testemunhando o sucesso da brochura. Salvo menção em contrário, todas as obras e brochuras citadas nas páginas que se seguem foram publicadas em 1851.

12 Para uma primeira aproximação com esta literatura, ver Fabrizio BRACCO, "Democrazia diretta e democrazia rappresentativa nel dibattito tra democratici e socialisti in Francia, 1850-1851", *Annali dela facoltà di scienze politische, materiali di storia,* 7, t. II, Università di Perugia, 1982-1983, assim como Marcel DAVID, "Le "gouvernement direct du peuple" selon les proscrits de la seconde République", in *La Pensée démocratique,* Presses universitaires d'Aix-Marseille, 1996.

13 *Op. cit.* Esta importante obra curiosamente não se encontra na Biblioteca Nacional de França [B.N.F.]

em um volumoso trabalho teórico, *De la souveraineté du peuple ou essai sur l'esprit de la révolution*[14] [*Da soberania do povo ou ensaio sobre o espírito da revolução*], enquanto Constantin Pecqueur, o grande pensador econômico do socialismo, escreve um importante *Traité de la souveraineté ou Nouveau contrat social*[15] [*Tratado da soberania ou Novo contrato social*]. Uma obra coletiva como *Gouvernement direct. Organisation centrale e communale de la République* [*Governo direto. Organização central e comunal da República*], publicada sob a direção de Renouvier com a ajuda de Charles Fauvety, atesta por si só a diversidade de meios e de sensibilidades que se reconhecem na nova palavra de ordem. Se as simpatias do filósofo pela escola de Fourier são então notórias, seu companheiro é conhecido por seus vínculos estreitos com Blanqui. E o punhado de colaboradores que eles reúnem é muito eclético: militantes babouvistas convivem com jornalistas de tendência "democ-soc".[16]

Um monte de jornais republicanos independentes, em Paris e na província, se tornam também adeptos do governo direto. "Nunca, antes de 1848, uma ideia lançada na imprensa tinha angariado mais simpatias à bandeira da revolução", escreve assim legitimamente Ledru-Rollin.[17] Sinal inequívoco, os diferentes setores da opinião republicana e socialista irão brigar para se atribuir a paternidade do que aparece como a grande ideia nova do período. Se Rittinghausen é incontestavelmente o pai da expressão,[18] *La Voix du proscrit* [*A voz do proscrito*] irá no entanto disputar com *La Démocratie pacifique* [*A democracia pacífica*] seu

---

14 A obra que conclama a uma "soberania direta e completa do povo" convida a suprimir todas as delegações de poder. Ela foi lida e muito comentada.

15 Com o subtítulo *De la souveraineté. Gouvernement direct du peuple*. Ainda inédito, o manuscrito se encontra na Bibliothèque de l'Assemblée nationale onde está depositado o essencial dos papéis de Pecqueur. Sobre esse documento, do qual não pude tomar conhecimento diretamente, ver Jean-Pierre FERRIER, *La Pensée politique de Constantin Pecqueur*, Paris, 1969, p. 56-68.

16 Joseph BENOIT (du Rhône) e Frédéric CHARASSIN eram assim militantes neobabouvistas lioneses muito conhecidos.

17 LEDRU-ROLLIN, « Du gouvernement direct du peuple » *La Voix du proscrit*, 19 de abril de 1851, p.359. O artigo dá uma lista de 4 jornais parisienses e de 21 jornais nos departamentos que defendem a ideia (lista publicada em *La Démocratie pacifique* de 27 de abril de 1851). Ela está incompleta: *La République universelle* de PRADIÉ foi notadamente esquecida.

18 Considerant o assinala na última página de *La Solution ou le gouvernement direct du peuple*: "A ideia da aplicação atual do governo direto vem da Alemanha. Eu o confesso com humildade." Mas essa frase, presente na primeira edição, foi suprimida nas posteriores! CONSIDERANT contou também seu encontro com RITTINGHAUSEN e sua descoberta da ideia em *Les Quatre Crédits* (Paris, 1851, p. 152-154). É a segunda obra de Considerant, geralmente ignorada, que aborda a questão do governo direto sustentando, do ponto de vista de uma análise principalmente econômica, que o povo pode viver sem governo.

papel pioneiro. *Le Populaire [O Popular]*, dos amigos de Cabet, tenta também num certo momento atribuir-se o papel principal.[19] Mesmo uma revista moderada como *La République universelle [A Republica universal]* pretende ter desenvolvido pela primeira vez a tese do governo direto.[20]

Esse tema constitui realmente o eixo de unificação doutrinária do partido democrático em 1851? É sobretudo, na verdade, a fortuna da própria palavra que é digna de nota. Mesmo que seja compreendida em direções muito diferentes e às vezes até opostas, como veremos adiante, ela oferece a todos a promessa de um renascimento da ideia republicana e de uma realização do imperativo político moderno. "Governo direto" tem um sentido claro, em sua brevidade ao mesmo tempo familiar e nova. Por isso esse termo predomina sem dificuldade sobre outras denominações da reformulação do projeto democrático ensaiadas naquele momento. Não é tanto um conceito constitucional ou sociológico quanto um conjunto de imagens e de evocações que se expressam através dele e explicam o prestígio geral de que goza durante alguns meses, antes que o golpe de Estado do 2 de dezembro venha ditar outras urgências aos republicanos de esquerda.

Se a palavra de ordem do governo direto parece unificar em uma mesma crítica as energias dos decepcionados com a República de 24 de fevereiro, ele reúne na verdade sob um vocábulo comum concepções muito diversas do progresso democrático. Quase todo autor de artigo ou de brochuratem seu próprio sistema em mente. Duas abordagens principais podem, no entanto, ser distintas para facilitar a análise. Para Ledru-Rollin e seus amigos da Montanha, trata-se essencialmente de retomar o espírito da Constituição de 1793. Victor Considerant, Rittinghausen e toda a movimentação inspirada em Fourier que gravita em torno de *La Démocratie pacifique [A Democracia pacífica]* se inscrevem, por sua vez, na perspectiva mais radical e mais inédita de uma forma de autogoverno da sociedade. Por trás dessa diferença, são implicitamente duas análises do fracasso de 1848 que se opõem.

Aos olhos de Ledru-Rollin, não é preciso inventar nada para realizar o ideal democrático. Desde as repúblicas da Grécia e de Roma, pensa ele, a soberania viva e ativa do povo dorme no fundo da consciência humana. A ideia de governo direto do povo não é, portanto, uma invenção recente. Ela é uma experiência e uma

---

19 Ver a polêmica entre *Le Populaire de 1841* (14 de março de 1851) e *La Voix du proscrit* (resposta de Charles Delescluze em 13 de abril de 1851).

20 Cf. Pierre PRADIÉ, « De l'organisation du gouvernement direct », *La République universelle*, t. II, 1º de maio de 1851, p. 123-124.

aquisição da qual basta "despertar a lembrança"²¹ combatendo todas as formas de resistência que não pararam de se opor a ela. O modelo a ser realizado já foi assim descoberto: é o da Constituição de 1793 na qual se resume e se concentra todo o espírito da Revolução, ela própria a herdeira e a realização de uma história longa da emancipação. Ledru-Rollin e os homens da Montanha exilados em Londres se inscrevem assim na tradição dos republicanos radicais do começo dos anos 1830. Como eles, pensam que a Constituição de 1793 e a Declaração dos direitos de Robespierre contêm a verdade definitiva e suficiente da democracia moderna. *La voix du proscrit* [*A voz do proscrito*] não parou de reiterá-lo, semana após semana. Desde seus primeiros números, Charles Delescluze dedica assim toda uma série de artigos aos textos fundadores de 1793, qualificando-os de "definitivos" e de "inatacáveis".²² A ideia de governo direto do povo, se constitui "a ideia-mistério que será o direito e a fé do amanhã", apenas retoma aos seus olhos aos "textos sagrados de nossa primeira revolução".²³ Todos os equívocos e as discussões de 1793 são então esquecidos, como se Hérault de Séchelles, Saint-Just e Robespierre não tivessem eles próprios hesitado ou não se tivessem contradito. Para Ledru-Rollin e seus amigos, o capital intelectual revolucionário se reduz a um catecismo simples e intangível. Enquanto um Robespierre não para, por exemplo, de oscilar ao sabor dos imperativos táticos entre apologia e crítica do sistema representativo, Ledru-Rollin abriga-se atrás de uma única citação para apoiar seu propósito redutor e fundar seu breve credo.²⁴

Se a filosofia política que está subentendida nessa apreensão do governo direto é apresentada como um retorno a 1793, o mesmo ocorre com o que se refere aos meios práticos de sua realização. O exercício do governo direto significa para os redatores de *La Voix du proscrit* [*A voz do proscrito*] que o próprio povo vota as leis nas assembleias eleitorais, exercendo assim "sem entraves" sua plena soberania.

---

21 LEDRU-ROLLIN Du *gouvernement direct du peuple*, Paris, 1851, p.4.
22 Ver seu editorial, « Aide-toi, le ciel t'aidera », no primeiro número de 27 de outubro de 1850. Ver também "La Constituittion de 1793" (números 3 e 4 de 10 e 17 de novembro de 1850).
23 Charles RIBEYROLLES, « le gouvernement direct du peuple », *La Voix du proscrit*, 2 de março de 1851, p. 261. « A tradição foi rompida em 1793 (…) Reatemos com a cadeia do tempo", assinala por seu turno Ledru-Rollin (*Plus de Président, plus de représentants, op. cit.*, p. 8). No *Populaire*, Georges VAUZY pergunta, por esta razão, a propósito do governo direto, se "tudo isso é mesmo novo", referindo-se igualmente à Constituição de 1793, "superior àquela de 1848" ("Respect à nos traditions révolutionnaires", editorial de 13 de dezembro de 1850).
24 "O mandatário não pode ser representante; é um abuso de palavras, e já, em França, começa-se a voltar atrás desse erro" Louis Blanc não terá dificuldade em opor-lhe citações contrárias de Robespierre!

Os representantes seriam nesse quadro substituídos por simples "delegados" eleitos anualmente, cuja tarefa se limitaria à preparação das leis submetidas ao povo e à regulação, por decreto, das "coisas secundárias" ou das que entram nos "detalhes da administração". Essa ideia efetivamente retomava a distinção operada por Hérault de Séchelles entre a proposição das leis, cabendo ao Corpo legislativo, e a aceitação das leis, cabendo ao povo.[25] Governo direto significa, então, simplesmente *democracia de sanção*, no sentido que demos a essa expressão lembrando algumas propostas das primaveras de 1791 e 1793. Trata-se, mais propriamente falando, de um sistema de *legislação direta*.

Ledru-Rollin apenas preconiza uma concepção extensiva do referendo. Ela constitui uma interpretação que podemos qualificar de "minimalista" da ideia do governo direto. A admiração com a qual muitos jornais do campo democrático citam, no outono de 1850, o referendo municipal organizado em Cincinnati para decidir sobre um projeto de estada de ferro, atesta o eco encontrado por essa abordagem minimalista.[26] A visão de Considerant ou de Rittinghausen é, por sua vez, mais ambiciosa. Os redatores de *La Démocratie pacifique* [*A Democracia pacífica*] contestam primeiro a validade da distinção feita por Ledru-Rollin entre as leis que seriam votadas pelo povo e os decretos que seriam da alçada da Assembleia e seus delegados. "Ledru-Rolin, critica assim Rittinghausen, quis se posicionar entre o princípio da representação e o da legislação direta; ele esquece que um princípio exclui o outro. Se o povo é legislador, ele deve fazer todas as leis, sem exceção, livremente, sem peias; se ele não consegue fazer isso, se há outros legisladores além dele, ele tem *patrões*. Não há meio termo".[27] Todas as manipulações e os embustes podem, com efeito, se esconder atrás de uma distinção apresentada como um *a priori* puramente técnico. Ele é também criticado por aceitar que o simples silêncio do povo possa ser entendido como uma aceitação, como se o povo desse assim uma aprovação tácita equivalente a um consentimento expresso. Mas Rittinghausen e Considerant vão mais longe: eles recusam a distinção operada entre os momentos da proposição e do voto. Se o primeiro instaura um ministério "eleito pelo povo inteiro", eles recusam-lhe o direito de submeter

---

25 Contrariamente aos constituintes de 1793, no entanto, Ledru-Rollin se pronuncia pela instauração de um presidente do poder executivo, eleito pela assembleia dos delegados e revogável por ela.
26 Ver, por exemplo, o artigo dedicado à experiência em *La Démocratie pacifique* de 10 de novembro de 1850.
27 M. RITTINGHAUSEN, *La Législation directe par le peuple et Ledru-Rollin* (março de 1851), incluso na coletânea *La Législation directe par le peuple et ses adversaires* (1852), nouv. Ed., Bruxelles, 1891, p. 66.

projetos de lei à deliberação coletiva. A única iniciativa dessa instância é a de decidir em qual dia ocorrerão no país inteiro as deliberações relativas a um objeto sobre o qual é preciso legislar. Esse ministério deve, além disso, obrigatoriamente desencadear esse procedimento se um número determinado de cidadãos o requiser. Para Rittinghausen, a legislação direta não se confunde com o procedimento do referendo, esse último podendo no máximo ser considerado como uma "forma transitória" da primeira.[28] Assim sendo, é uma perspectiva muito mais radical do que a de Ledru-Rollin que se abre. Só falta apresentá-la mais precisamente para captar verdadeiramente seu sentido e expor os pressupostos sobre os quais ela repousa.

A ideologia do poder simples

Como organizar de maneira prática o governo direto? Retomemos para isso as exposições de Considerant e Rittinghausen. O "modelo" elaborado por Rittinghausen é o primeiro a ser publicado. É, portanto, em torno de seus proposições que se organiza a maneira pela qual os diferentes autores veem as coisas. Já indicamos brevemente o espírito geral de seu projeto. Mas é, na verdade, a essas indicações muito sucintas que ele se limita. Ele se contenta em mencionar que o povo deve ser dividido em seções de mil cidadãos cada, que todos podem tomar a palavra nos debates dirigidos por um presidente eleito no começo da sessão, e que somente o objeto geral da lei a ser elaborada pelo povo é determinado por um ministério eleito pelo sufrágio universal. Como esperar que uma lei possa ser elaborada em tais condições? Rittinghausen não vê aí qualquer dificuldade. Para ele, basta fazer a distinção nos debates entre o que é da ordem do *princípio* e o que remete a *questões subordinadas*. Para ilustrar seu propósito, ele dá o exemplo de uma lei a ser produzida sobre o problema da prescrição em matéria criminal. Segundo sua distinção, a primeira questão a ser decidida nas assembleias do povo é a da legitimidade do próprio princípio. Assim, o presidente de cada uma delas abre o debate para saber se deve ou não haver prescrição. Depois de ter ouvido os diferentes pontos de vista (que classicamente opõem, no caso em foco, o direito prussiano e o direito francês), os cidadãos decidem. Se a prescrição é mantida, eles examinam sucessivamente as diferentes questões subordinadas que

---

28 Sobre esta distinção, ver as indicações dadas por Emma RITTINGHAUSEN em seu artigo "Maurice Rittinghausen", art. citado, p. 581. Rittinghausen lastimará a confusão entre os dois termos, legislação direta e governo direto, vendo aí a perda de atração progressiva desse último conceito. Cf. sua "Quatrième lettre sur la législation directe", publicada em *Le Prolétaire* (4 e maio de 1856), reproduzida em suas « Lettres sur la législation directe », *La Revue socialiste*, t. XXIII, março de 1896, p. 337.

dela logicamente decorrem: a prescrição deve ser a mesma para os crimes, os delitos e as contravenções de polícia? Se não, depois de quanto tempo haverá prescrição para os crimes? Etc... Todos os resultados desses votos sucessivos são depois centralizados no nível nacional, uma simples "comissão de redação" compondo em seguida sem dificuldade um texto de lei "claro e simples". A exposição do sistema choca por seu lado extraordinariamente sumário. Mas Rittinghausen não vê aí o mínimo problema. "Essa operação é simples e só demanda um pouco de trabalho e de tempo [...]. A lei sairá de uma maneira orgânica das próprias discussões", justifica ele de fato.[29] Não é de estranhar, portanto, que menos de quatro páginas, em relação às centenas escritas pelo autor sobre a questão do governo direto, sejam dedicadas à descrição prática dos procedimentos a serem implementados![30] Victor Considerant não é mais explícito, mesmo se ele se mostra um pouco mais falante na exposição das condições da redação definitiva das leis e se distingue os procedimentos a serem realizados segundo a natureza das questões tratadas. Também para ele o importante é emplacar a ideia diretriz de uma nova ordem política na qual o povo possa, nas suas seções, "fazer diretamente a lei e decidir todos os atos do governo". As coisas são abordadas numa perspectiva similar por todos os autores de artigos e obras sobre a questão. É mais uma filosofia política do que verdadeiros planos de reforma ou esquemas constitucionais que eles expõem. Esse é inclusive o caso do projeto mais elaborado, desenvolvido em quase quinhentas páginas, por Charles Renouvier, *Gouvernement direct. Organisation communale et centrale de la République* [*Governo direto. Organização comunal e central da República*]. Toda essa literatura pressupõe a simplicidade e a evidência do que ela recomenda e se considera ao mesmo tempo dispensada de explicar seus mecanismos práticos.

"Nós evitamos nos estender mais longamente sobre a organização da legislação direta, nota Rittinghausen. Em uma matéria como essa, justifica ele, é preciso indicar em grandes traços o que resulta imediatamente, absolutamente, do princípio que produzimos e afastar todos os detalhes passíveis de várias soluções diferentes".[31] É

---

29 M. RITTINGHAUSEN, *La Législation directe par le peuple ou la véritable démocratie*, op. cit., p. 24-25.

30 É surpreendente constatar que nos treze longos artigos que ele dedica em *La Démocratie pacifique* (de 25 de maio a 30 de novembro de 1851) a responder aos críticos do governo direto, Rittinghausen se limita constantemente aos princípios e não aborda os problemas do funcionamento do sistema (artigos reunidos em *La Législation directe par le peuple et ses adversaires*, op. cit.).

31 M. RITTINGHAUSEN, *La Législation directe par le peuple ou la véritable démocratie*, op. cit., p. 27-28.

dizer, ao mesmo tempo, que o poder inovador está na ideia geral e que os problemas de implementação são subalternos e fáceis de resolver. Daí a indiferença de toda essa literatura com os aspectos institucionais e sua pouca atenção dada às contradições práticas que podem aparecer entre projetos animados por uma mesma intenção. "Que importam as objeções, e os partidos e as pessoas, sublinha Considerant. Os rios fluem, a maré sobe, a terra gira. Quem os deterá?[...] as ideias verdadeiras, claras, simples são pássaros que não podemos mais prender na gaiola depois de alçarem voo".[32] Ele fala ainda de um "sistema visível como a luz" com o qual "tudo teria sido fácil em 1848". "Se o governo provisório tivesse feito isso [...], ele teria resolvido esse formidável problema do poder democrático", assegura ele.[33] Basta que a ideia seja simplesmente enunciada para que ela se imponha logo com a força da evidência. Por isso os adjetivos "simples" e "fácil" voltam exaustivamente nesses textos. Sua onipresença exprime uma visão do mundo na qual as únicas causas reconhecidas de um infortúnio residem na ação negativa de poderes exteriores ao povo, sejam a rotina ou a opressão de classe.

No entanto, o predomínio da simplicidade não vem somente da força mestra da evidência. Ele decorre também, para esses autores, de uma mudança radical na natureza do político numa sociedade onde a soberania do povo se exerce em sua plenitude sob a forma do governo direto. Uma "velha" política caracterizada pela gestão das pessoas é substituida, nesse quadro, por uma política "nova" definida pela discussão das coisas. A uma escolha *difícil* dos homens sucede uma determinação *fácil* das decisões substantivas. "Podemos nos enganar sobre um homem que conhecemos pouco e que nos engana; é mais difícil enganar-se sobre um princípio, sobre um direito, sobre um sentimento, ou sobre seu interesse", ressalta assim Considerant.[34] Onde o povo só pode se pronunciar sobre as pessoas impera a "soberania fictícia", na medida em que "As ditas pessoas absorvem e exercem de maneira absoluta, por um tempo qualquer, a soberania".[35] Em um universo onde se discutem os princípios e as políticas reais, pode ao contrário desabrochar uma soberania real. Basta então ter bom senso e boa fé para efetuar escolhas de maneira justa e racional. "O bom senso do povo saberá bem distinguir a verdade do erro, e

---

32 V. CONSIDERANT, *La Solution ou le gouvernement direct du peuple*, op. cit., p. 67-69.
33 *Id.*, p. 26.
34 ID., *Les Quatre Crédits*, op. cit., p. 154. J.-B. MILLIÈRE conclui no mesmo espírito que "os partidos desaparecerão para só deixar subsistir opiniões" (*Constitution de la démocratie*, op. cit., p. 55).
35 V. CONSIDERANT, *La Solution ou le gouvernement direct du peuple*, op. cit., p. 55.

na maior parte das vezes ele poderá votar por inspiração, sem precisar perguntar aos oradores o que convém aos seus verdadeiros interesses", sublinha assim Millière.[36] Quando se avaliam princípios e procedimentos, as paixões devem se apagar sem esforço, da mesma forma que os interesses particulares se calam quando o povo em corpo é chamado a determinar o espírito das leis. O governo direto é, portanto, em si próprio um fator de simplificação do político.

A ideologia do governo simples que está subentendida na visão desses apóstolos do governo direto se enraíza finalmente em uma concepção muito específica do papel social das leis e de suas condições de produção. A possibilidade do governo direto apoia-se primeiro sobre o postulado da facilidade da ação legislativa, desde que bem distintos os princípios diretores e a determinação das condições de sua implementação. "A ciência legislativa se reduz a poucas coisas, insiste assim Rittinghausen. Procurem, no assunto mais vasto, a questão de princípio e resolvam-na. Se a resolverem bem, tudo está dito: o que falta se limita a duas ou três questões no meio das quais nem os mais cegos poderão se perder".[37] A legislação direta não encontra, por isso, qualquer obstáculo na capacidade ou disponibilidade do povo. O socialismo alemão considera, portanto, que a aporia fundadora da democracia moderna, tal como Rousseau a havia formulado, pode ser resolvida dessa maneira. É porque o filósofo de Genebra "não tinha nenhuma ideia da simplificação das leis e da redução das matérias da legislação", considera ele, que achava impossível que o povo pudesse ser legislador e governar ele próprio em um Estado de grande dimensão. A esse efeito simplificador de ordem quase técnica acrescenta-se, para os propagandistas do governo direto, um fator de tipo sociológico: o advento de uma sociedade verdadeiramente regida pela vontade geral deve, segundo eles, conduzir a um estrito Estado de direito, tanto mais limitado quanto sua tarefa se reduz a garantir as liberdades fundamentais de todos. "A soberania real do povo, justamente porque ela termina a revolução política moderna, suprime nove décimos dos trabalhos que têm absorvido nos últimos trinta anos nossas assembleias legislativas, explica nesse sentido Victor Considerant. Nove décimos do tempo dessas assembleias eram empregados, com efeito, na fabricação de leis regulamentares, compressivas

---

36 J.-B. MILLIÈRE, *Constitution de la démocratie*, op. cit., p. 51.
37 M. RITTINGHAUSEN, *Lettres sur la législation directe* (inicialmente publicado em Bruxelas em 1855 e 1856 em *Le Prolétaire*), na coletânea citada, p. 333. "Quando se está no verdadeiro, assinala por seu turno Considerant, as coisas se arranjam sempre com muito mais facilidade do que se imagina. A falsidade complica; a verdade simplifica" (*La Solution ou le gouvernement direct du peuple*, op. cit., p. 49).

ou repressivas, para as quais a competição dos partidos e a ebulição revolucionária forneciam o eterno objeto ou o eterno pretexto. Tudo isso desaparece. Esse trabalho de Danaides acaba depois da proclamação pura e simples das liberdades que os governos externos à nação lhe disputaram nos últimos sessenta anos. A tarefa é portanto singularmente simplificada".[38] É também por esse segundo motivo que o número de leis que o povo deverá fazer no futuro será muito restrito e que suas funções legislativas lhe tomarão, consequentemente, pouco tempo. Renouvier insistiu especialmente, mas como filósofo desta vez, sobre essa dimensão: "Se leis são necessárias para viver em sociedade, só é necessário um pequeno número delas [...] Quando o povo tiver aceitado sua constituição, suas leis orgânicas e um código muito sucinto das leis gerais que devem servir de regra aos cidadãos em suas relações mútuas, não vemos que necessidade poderia haver de fazer mais novas leis".[39] Esse comentário é fundamental. Ele sugere, com efeito, que a ideia de governo direto não pode ser somente considerada como uma utopia política, no sentido de que ela erigiria banalmente uma impaciência em imperativo histórico. Ela se inscreve igualmente em toda uma cultura filosófica e política racionalista nascida das Luzes.

Ao culto rousseauniano de uma vontade continuamente mandante, os partidários do governo direto opõem, na verdade, a perspectiva de uma rarefação do político. O povo não precisará passar seu tempo discutindo e votando as leis porque a regulação da sociedade poderá ser assegurada de forma econômica. "Economia" que repousa sobre um postulado de racionalidade legislativa: a capacidade das "boas leis" de exprimir generalidades permite a sua limitação. Nelas, os princípios absorvem o campo dos possíveis, todos os casos particulares dos quais a realidade é constituída encontram um quadro de interpretação e uma norma de classificação suficientes. A maneira pela qual Considerant, Rittinghausen e Renouvier opõem de forma quase obsessiva os "princípios" e os "detalhes" se inscreve assim na grande tradição do racionalismo político do século XVIII. Eles seguem os passos do abade de Saint-Pierre ou de Beccaria para se opor a Rousseau e considerar que se as leis se fundam sobre a razão e a generalidade, elas não devem ser numerosas. É preciso acrescentar

---

38 *Id.*, p. 47 « Nos nossos dias, com o que se ocupa bom número de membros do corpo legislativo, pergunta por seu turno Millière? O tempo deles é dedicado quase exclusivamente a duas coisas: a derrubada das instituições republicanas e a partilha do poder (...). Se forem retiradas do *Bulletin* todas as leis que, nos últimos três anos, foram feitas para restringir nossos direitos e destruir as liberdades conquistadas em fevereiro, restariam muito poucas, e o Povo teria podido votá-las em alguns dias" (J.-B. MILLIÈRE, *Constitution de la démocratie, op. cit.*, p. 49).

39 *Gouvernement direct, op. cit.*, p.322.

que essa economia legislativa tem também uma dimensão moral explícita. Em *Gouvernement Direct* [*Governo direto*], o futuro autor de *Science de la morale* [*Ciência da moral*] considera que a multiplicidade das leis coloca um obstáculo à moralização da espécie humana qualificado como "insuperável". Os códigos, assegura ele, são apenas "muletas" cuja utilidade, necessária numa "sociedade manca" deve se apagar em uma sociedade avançada. "Contentemo-nos, portanto, com o apoio de um simples bastão, conclui ele, esperando que nos sintamos suficientemente fortes para andar de uma vez sobre nossas próprias pernas, sem outras guias que os olhos de nosso corpo e nossa consciência".[40] A perspectiva do governo direto deve mais a Helvetius – ao qual se refere, aliás, Renouvier – que aos sans-culottes do ano II.

A aproximação da ideia do governo direto com essa filosofia moral e política do racionalismo do século XVIII explica a facilidade com a qual ela se difundiu, apesar de todas as críticas práticas que podiam lhe ser endereçadas. A perspectiva de um *governo simples* que ela implica não deixou nunca, com efeito, de corresponder na França a uma forma desejável do político. Ela foi, aliás, tanto melhor acolhida quando estava em consonância com a velha certeza republicana de que um regime fundado no sufrágio universal só poderia ser um "governo barato", segundo uma fórmula muito usada sob a Monarquia de Julho.[41] Não há assim uma grande distância entre a "República barata" apregoada por Mathieu de la Drôme e o "governo direto" de Considerant. Daí o prestígio difuso gozado por essa última expressão em meados do século XIX. Bem além dos círculos próximos de Fourier ou dos republicanos radicais, vê-se significativamente um Émile de Girardin, sempre à procura das modas e das ideias singulares, apreendê-la publicando sucessivamente em 1851 *Le Gouvernement le plus simple* [*O governo mais simples*] e *L'Abolition de l'autorité par la simplification du gouvernement* [*A Abolição da autoridade pela simplificação do governo*].[42] Mesmo se o conteúdo desses textos aparece muito distante do dos autores que citamos, só o fato de aprenderem uma parte de sua mensagem já atesta, por si só, o seu eco.

A ideia de governo direto se liga, portanto, radicalizando-a, à longa tradição legicêntrica francesa. Ela se prolonga através de uma recusa teórica em pensar o

---

40 *Id.*, p. 323.
41 Cf. P. ROSAVALLON, «L'idéal du gouvernement à bon marché», in *L'État en France de 1789 à nos jours*, Paris, Éd. Du Seuil, 1990.
42 Ver também seu artigo « Du gouvernement direct du peuple » (6 de março de 1851) incluso em Émile de GIRARDIN, *Questions de mon temps*, Paris, 1858, t. IX, p. 132-159.

poder executivo, compreendendo-o apenas como um de seus "detalhes de aplicação", indissociavelmente deixados à margem dos fatos e do pensamento. Fora da lei que domina a realidade com seu princípio de generalidade, não há nenhuma forma justificada do político para Considerant ou Rittighausen. Reencontra-se aí uma dimensão essencial da cultura política revolucionária. Nessa, o poder executivo já era concebido como puramente subordinado, ocupado em aplicar mecanicamente a lei da qual ele deveria ser apenas um servidor sem iniciativa. Roederer havia simbolicamente proposto, desde 1791, que todos os ministérios se intitulassem *Ministério das leis de...*, para marcar bem seu caráter subordinado.[43] Era, de fato, sobretudo na Assembleia, tanto em seus múltiplos comitês quanto nas reuniões plenárias, que se instruíam os dossiês e se tomavam as decisões. Sob a Convenção, os comitês acabarão assim por constituir uma verdadeira administração paralela e o movimento culminará na supressão oficial dos ministros, em 1 de abril de 1794. A decisão inscrevia-se certamente em um contexto político excepcional. Mas não nos enganemos, ela apenas radicalizava uma concepção do poder executivo que estava, desde o século XVIII, no coração da cultura política francesa. É ela que continuará a se expressar ao longo do século XIX, seja sob a forma moderada do parlamentarismo ou mais exaltada do governo direto. É daí que provém também a recusa francesa em pensar positivamente a divisão dos poderes. É nessa perspectiva que se deve compreender a denúncia feita por Renouvier dos ministérios, acusando-os de ser apenas "fortalezas da burocracia"[44] e sua proposta concomitante de voltar à gestão do país por comitês parlamentares. "A administração central da França está inteira em sua assembleia nacional", escreve ele nesse espírito.[45] Quando ele denuncia o poder executivo como "necessariamente usurpador por natureza",[46] o filósofo apenas segue os passos de seus predecessores. Não é de estranhar vê-lo finalmente afirmar que "a soberania permanente do povo" passa pela supressão do poder executivo.

A concepção de um poder executivo mecânico, quase transparente, remete também, por um lado, a toda a ideologia econômica do século XVIII, como veremos adiante (para essa, a esfera do político é limitada e é possível se contentar com um poder fraco e simples devido à existência de mecanismos de autorregulação na

---

43 Cf. sua intervenção na Assembleia constituinte de 10 de abril de 1791 (*A. P.*, t. XXIV, p. 691).
44 *Gouvernement direct, op. cit.*, p.333.
45 *Id.*, p. 356. Ver toda a descrição de sua "divisão da assembleia em comitês" (*ibid.*, p. 331-360).
46 *Id.*, p. 44.

sociedade civil). Mas essa visão corresponde a uma abordagem muito redutora da ação propriamente política. Pode-se facilmente imaginar que o poder executivo consiste em uma pura aplicação da lei e que as disposições legislativas podem bastar para resolver todas as dificuldades da vida social. A arte da política, que consiste em gerir o imprevisto e o acidente, não é verdadeiramente reconhecida e levada em conta. Os apóstolos do governo direto apenas se inscrevem no que pode ser qualificado de *ideologia francesa do poder simples*.

Pode-se, no entanto, abrir mão de um órgão político central? Todos os detratores do poder executivo reconhecem que é impossível. Considerant admite que é preciso uma "instituição central qualquer".[47] A arrogante e inchada "máquina governamental" que ele denuncia dá assim lugar a um órgão modestamente qualificado de "gerência" ou de "Comissão da assembleia geral do povo", essa última funcionando sob o olhar das massas e resolvendo apenas "questões de segunda, de terceira, de quarta ordem, de mínima importância". "Nesse sistema, conclui ele, isso é visível como a luz, a gerência nacional, qualquer que seja, exerce uma função, não um *poder*." A renovação discreta das palavras é destinada para ele a exorcizar a ameaça das coisas. É dessa maneira trivial que se impõe também a ideologia. Ela funciona como uma máquina de reeducar a imaginação dos homens pela magia das palavras. De modo a que por trás das humildes aparências da nova linguagem não possa sequer ser dita e pensada a reaparição do antigo Senhor. Já Renouvier não tem essa prudência. "Na hipótese onde nos colocamos, escreve ele, nós não precisamos refazer o dicionário. As palavras Estado e governo, ou melhor, as coisas que elas exprimem, não contêm mais nenhum perigo".[48] Mais nenhum perigo: não seria possível dizer as coisas mais brutalmente. Considerando-se radicalmente distinta do antigo mundo, a nova sociedade não pode sequer imaginar ser julgada como ele. Vê-se bem por aí que a força da ideia de governo direto não deriva da credibilidade dos modelos que ela evoca. É unicamente a realidade do que ela denuncia que a constitui e a legitima.

Da absolutização do voto à extinção do político

"Se o povo faz seus próprios negócios, escreve Victor Considerant, o direito absoluto em matéria de governo e de soberania estando consumado, o objetivo da

---

[47] V. CONSIDERANT, *La Solution ou le gouvernement direct du peuple*, op. cit., p. 51 (e p.52 por todas as citações que se seguem).
[48] *Gouvernement direct*, op. cit., p.303.

evolução política da história moderna foi atingido".[49] *Fazer seus próprios negócios*: a fórmula começa a se impor nos diferentes meios socialistas de meados do século XIX como uma palavra de ordem central. Notadamente, ela retorna constantemente sob a pena dos apóstolos do governo direto, parecendo quase resumir seu programa na linguagem de todos os dias. Mas ela nos interessa, sobretudo aqui, por causa do equívoco que contem. Se ela traduz primeiro a aspiração de que o povo aja sem representantes, ela remete também à perspectiva de uma autonomia da sociedade civil. Portanto, são duas relações sensivelmente diferentes que residem na expressão. De um lado, o mais manifesto, um puro rousseauismo que ultrapassa, de um modo sociológico e mecânico, as aporias constitutivas da democracia moderna. Trata-se de popularizar a soberania, constatando que a universalização do sufrágio não bastou para isso. O objetivo é por isso absolutizar e generalizar o procedimento do voto. "A soberania *efetiva* do povo resolve definitivamente o problema político", resume Considerant.[50] Mas, de um outro lado, não o enfatizamos bastante, ela se enraíza em uma filosofia implícita da harmonia natural dos interesses na qual a capacidade do autogoverno da sociedade está ligada a uma dissolução da instância propriamente política. Sempre o mesmo Considerant fala, nesse sentido, de "espontaneidade dos indivíduos" para descrever os meios futuros da reforma social. A visão de Fourier das harmonias está aí diretamente subjacente. É ela que esclarece e radicaliza a ideia de poder simples.

Um poder simples, um comando da generalidade, leis pouco numerosas: é a passagem do governo (complexo) dos homens à administração (simples) das coisas que se esboça, por trás da palavra de ordem do governo direto. Renouvier e seus amigos o sugeriram claramente. Com seu projeto, explicam eles, a Assembleia nacional "não ficará mais, como no passado, ocupada unicamente em legislar e governar, mas será encarregada de administrar a sociedade".[51] O próprio termo "governo direto" se alarga nesse quadro. Ele não qualifica simplesmente uma *técnica* da soberania. Ele designa igualmente uma *forma* de poder. A uma compreensão polarizada e institucionalizada do político, substitui-se uma abordagem difratada. "Não basta querer o governo direto, é preciso também querer o *governo imediato*",

---

49 V. CONSIDERANT, *La Solution ou le gouvernement direct du peuple*, op. cit., p. 43.
50 *Id.* Sou eu quem sublinha. "A questão da esfinge democrática se encontra resolvida, diz ele ainda, porque se o governo é o povo, ou seja a esfinge mesma, ele não se devorará."
51 *Gouvernement direct*, op. cit., p.357.

explica Renouvier em uma fórmula extraordinária.[52] Ele pretende nesse espírito aproximar organização central e organização comunal da República. Sem entrar nos detalhes de seu plano, que pressupõe notadamente o recorte do país em vastas comunas-cantões de dezoito mil habitantes, pode-se resumir os grandes princípios que inspiram sua iniciativa e definem esse "governo imediato" que eles desejam.

A ideia primeira é encarar de outra forma o campo do político. "Nós não duvidamos, de nossa parte, escrevem eles nesse sentido, da possibilidade de distribuir a vida coletiva entre alguns miliares de grupos sem enfraquecer o centro nacional".[53] "Entre o federalismo e a organização municipal, não há nada em comum", precisam eles, para evitar qualquer confusão sobre a natureza de sua proposta.[54] Sua perspectiva não é em absoluto a de uma *descentralização*: é mais a de uma *disseminação* do poder. O que eles recusam é a ideia de uma soberania que seria fundada sobre "a absorção de toda vida social e política da nação".[55] Aliás, nossos autores não se limitam a essa comunalização do político. Eles chegam a desejar que se apague a diferença entre regulação política e governo de si. "Quando cada cidadão é suficientemente livre e esclarecido para fazer sua lei ou somente para concorrer à confecção da lei geral, a constituição nacional só pode ser a manifestação do espírito público", escrevem eles nessa direção.[56] Estamos aqui muito longe de uma simples demanda por uma superação "técnica" dos limites do governo representativo. O objetivo é muito mais ambicioso: é o de eliminar na raiz a contradição entre emancipação individual e poder coletivo. Trata-se para isso de refundar a noção mesma de soberania, sobrepondo a conquista de uma maior autonomia pessoal ao movimento de reapropriação-desconstrução do poder social. Eles pretendem assim, com efeito, não dissociar soberania individual e soberania coletiva; combinar, segundo seus próprios termos, "liberdade autonômica" do indivíduo e "princípio social". Em páginas poderosas e inspiradas, o redator do projeto de "governo direto" convida assim a realizar e superar em um mesmo movimento o ideal comunista e a aspiração individualista. "Liberdade, república, democracia, autonomia (autonomia, quer dizer, legislação de si próprio,

---

52 *Id.*, p. 6. É ele quem sublinha.
53 *Ibid.*, p. 7.
54 E responder às críticas de Louis Blanc, que acusava os partidários do governo direto de tender a multiplicar as soberanias e de ressucitar assim o girondismo.
55 Id.
56 Ibid., p. 26.

governo de si próprio), tudo isso é uma coisa só e essa coisa é a verdade política".[57] Lei política e lei moral devem, portanto, finalmente coincidir nessa perspectiva. O jovem Renouvier fornece assim um primeiro esboço, mas marcado por suas simpatias fourieristas do momento, de sua futura filosofia.[58]

"Nós não queremos nenhum poder, nem legislativo, nem executivo, nem judiciário, chega ele a dizer, e se tomarmos as palavras Estado e Governo na acepção que lhes foi dada até agora, podemos dizer que nós não queremos nem um, nem outro".[59] Estamos, portanto, bem longe, nesse caso, do universo rousseauniano. As iniciativas de Fauvety e de Renouvier se parecem mais com teorias de superação da política. Esse último não passa nessa época de uma espécie de Adam Smith de extrema esquerda, e ele se encontra estranhamente próximo de um Thomas Paine e de um William Godwin.[60] Ele acredita em uma possível harmonia natural dos interesses e assegura, como os liberais do século XVIII, que os homens não saberiam *fazer* as leis e que eles devem mais modestamente se contentar em *descobrir* as leis da natureza. Somente a detenção do poder por pequenos grupos minoritários explica aos seus olhos que um fosso tenha podido se formar entre as leis positivas e as leis naturais.

A abordagem procedimental da legislação direta, como a exprime Ledru-Rollin, se depara com uma dificuldade prática: ela pressupõe a unanimidade do povo. A expressão direta, como procedimento, e a unanimidade, como figura social, devem se sobrepor, para que a vontade geral tome forma. Mas essa condição de unanimidade se mostra evidentemente muito difícil de realizar na prática. Rittinghausen já havia reconhecido o problema, consentindo: "A legislação direta não realiza o ideal da liberdade". "Por mínima que seja a minoria nos votos, admite ele na conclusão de sua brochura, não é menos verdade que essa minoria deverá obedecer a leis que ela desaprovou. Assim nós nos limitamos a apresentar a legislação direta como o passo decisivo a ser dado em direção ao brilhante futuro que a humanidade vê aberto diante de si".[61] Os republicanos de esquerda "tradicionais" tinham, aliás, posto essa

---

57 Id., p. 4.
58 Para o Renouvier da maturidade, ver a tese de Marie-Claude FIGEAT-BLAIS, *Charles Renouvier (1815-1903), une philosophie de la république*, Paris, E.H.E.S.S., 1998.
59 *Gouvernement direct, op. cit.*, p.303.
60 Remeto sobre este ponto às investigações que dediquei a esta questão em *Le Capitalisme utopique. Histoire de l'idée de marché*, nouv. éd., Paris, Éd. Du Seuil, 1999.
61 M. RITTINGHAUSEN, *La Législation directe par le peuple ou la véritable démocratie, op. cit.*, p. 47.

questão no centro de sua crítica. Louis Blanc, em sua brochura *Plus de girondins* [*Não mais girondinos*] ou Antoine Leray, em seus artigos de *La Presse* [*A Imprensa*] ou do *Bien-être universel* [*Bem- estar universal*], acusavam por esse viés de despotismo os partidários do governo direto e daí deduziram paralelamente a superioridade dos procedimentos representativos para constituir o país em um todo unificado.[62] Considerant e Rittinghausen podiam se indignar com essas suspeitas e denunciar os "aristocratas do partido popular",[63] mas eles sabiam que o argumento cabia. Daí a consequente minoração, para eles, da ideia de referendo.

O requisito de unanimidade só ganha sentido a seus olhos na perspectiva de um perecimento do político. A realização *substantiva* da democracia supõe a superação de seu caráter procedimental. "Em uma república definitiva, em um estado normal de sociedade, nota nesse espírito Renouvier, as palavras maioria e minoria não teriam o significado estreito que nós lhes atribuímos hoje".[64] A unanimidade, em outras palavras, torna-se uma *qualidade social* e não é mais um fato de aritmética política. Ela caracteriza uma sociedade na qual não se exerce mais qualquer constrição pessoal sobre os indivíduos, a atividade desses sendo regida somente por leis objetivas.

É ao se inscreverem em uma perspectiva dessa natureza que Marx e Proudhon consideraram que os campeões do governo direto não iriam até o fim de suas pressuposições. Marx conhecia bem Rittinghausen, que havia colaborado ao seu lado na *Nouvelle Gazette rhénane* [*Nova Gazeta Renana*]; ele também tinha lido Considerant. Mas a ideia de governo direto continuava bastarda para ele. Ela era ainda prisioneira de um "fetichismo democrático".[65] Ele compartilhava plenamente a virulenta crítica desenvolvida por Proudhon em seu *Idée générale de la Révolution au XIX siècle* [*Ideia geral da Revolução no século XIX*] (publicado em julho de 1851). "O governo direto e a legislação direta me parecem os dois maiores despautérios dos quais já se falou nos fastos da política e da filosofia", escrevia ele brutalmente.[66]

---

62 O argumento não cessará a partir de então de ser utilizado para desqualificar o procedimento do referendo.

63 A expressão é de Rittinghausen.

64 *Gouvernement direct, op. cit.*, p.318. Para ele, a distinção minoria/maioria não terá nenhum sentido político, tornando-se puramente circunstancial e factual. A existência de uma minoria não será mais então o sinal de uma ausência de unanimidade.

65 Ver a carta a Engels de 8 de Agosto de 1851, *in* Karl MARX, Friedirich ENGELS, *Correspondance*, t. II (1849-1851), Paris, Éditions sociales, 1971, p. 274. Pode-se assinalar que Rittinghausen não havia conseguido fazer a questão do governo direto ser debatida no congresso de Bâle (1869) da Iª Internacional. Era a prova das críticas e das reservas que a cercavam.

66 Pierre-Joseph PROUDHON, *Idée générale de la Révolution au XIXe siècle*, in *Œuvres complètes*

importante, sustenta com efeito Proudhon, é abolir a própria noção de governo e não somente mudar sua forma. Assim, a escolha decisiva não é entre governo direto e sistema representativo, é mais fundamentalmente entre governo, qualquer que seja, e *anarquia*. Para ele, nossos autores apenas reproduzem e assentam o que ele chama de "preconceito governamental". Trata-se de ser muito mais radical e ir além da ideia democrática, considerada como "o último termo da evolução governamental".[67] É assim de forma completamente oposta a Rousseau que se deve pensar a verdadeira emancipação.[68] Portanto, a única boa fórmula política é, simplesmente: "Não mais governo". "Nem monarquia, nem aristocracia, nem mesmo democracia, já que esse terceiro termo implicaria em um governo qualquer, agindo em nome do povo, e se dizendo povo. Sem autoridade, sem governo, mesmo popular: "A Revolução está aí [...]. Direto ou indireto, simples ou composto, o governo do povo será sempre o escamoteamento do povo".[69] É a administração que deve suceder ao governo dos homens: Proudhon reencontra aí completamente o Saint-Simon do *Catéchisme des industriels* [*Catecismo dos industriais*].

A absolutização do voto encontra assim seu desfecho na abolição do político. Ao contrário do que já foi sustentado,[70] as teorias do governo direto não antecipam tanto o futuro e sim desenham uma das figuras paradoxais da virada da democracia contra si própria.

---

de P. -J. Proudhon, nouv. Ed. por C. BOUGLÉ e H. MOYSSET, Paris, 1923, p. 180. O conjunto do quarto estudo, « Du principe d'autorité" é dedicado a discutir Considerant, Ledru-Rollin e Rittinghausen. Ver também o sétimo estudo: "Dissolution du gouvernement dans l'organisation économique". Encontram-se também nos *Carnets* inúmeras notas sobre essa questão (cf. *Carnets de P.-J. Proudhon*, editado por Pierre Haubtmann, Paris, 1974, t. IV).

67 Op. cit., p. 184. A democracia conduz por esta razão a uma "inevitável deserção do poder à causa popular". Pode-se notar que certos teóricos socialistas propõem então o emprego de uma nova palavra, "pantocracia", para marcar a diferença entre o que seria a forma plenamente realizada de soberania do povo e a simples "democracia", etapa intermediária designando de maneira mais limitada o poder do maior número. Cf. Benjamin COLIN, "Plus de gouvernement", *L'Homme. Journal de la démocratie universelle*, 19 de abril de 1856 (esse jornal de exilados franceses em Jersey foi reeditado por Edhis).

68 Proudhon fala do *Contrat social* como uma "obra-prima de malabarismo oratório" e assinala: "A fama de Rousseau custou à França mais ouro, mais sangue, mais vergonha, do que o reinado detestado das três famosas costesãs (*Idée générale de la Révolution au XIXe siècle, op. cit.*, p. 195).

69 Id., p. 199.

70 Um dos principais teóricos suíços do referendo no século XIX, Théodore CURTI escreve nesse mesmo espírito: "Se Rittinghausen e Considerant não puderam tirar nenhum sucesso prático, seus escritos não deixam de ser na história da legislação direta *majestosas fundações* " (*Le Référendum*, trad. francesa., 1905, p. 209).

V. A Democracia iliberal (o cesarismo)

A noção de bonapartismo não remete apenas a uma experiência histórica particular. Ela também designa um modelo político original, juntando duas referências por longo tempo contraditórias na vida francesa: a fé no racionalismo administrativo e o culto da soberania do povo; a ordem e a democracia, para dizer de outro modo. Napoleão I tentou reconciliar esses dois elementos em uma síntese que julgava suscetível de terminar o episódio revolucionário. Ele agiu nesse sentido, com a compreensão intuitiva que tinha das coisas, mas sem que uma verdadeira teoria acompanhasse e esclarecesse sua iniciativa. Porém, não aconteceu o mesmo com Luís Napoleão, que se tornaria Napoleão III. Desde os anos 1830 ele tentou formalizar o sentido da experiência de seu tio, para dar um formato ao que ele esperava realizar. Assim, preocupou-se em inscrever o bonapartismo numa teoria elaborada de democracia moderna, precisando o modelo original do que podemos chamar de *cesarismo*. Enquanto o bonapartismo define uma fórmula política e administrativa, no sentido mais lato do termo, o cesarismo designa de forma mais limitada uma concepção da democracia (que pode se inserir enquanto tal no modelo mais extenso do bonapartismo).

Ainda mais claramente que seu tio, Luís Napoleão coloca no centro de sua filosofia política a concepção revolucionária da soberania. "Vindo de uma família que deveu sua ascensão ao sufrágio da nação, escreve ele em 1843, durante sua prisão no forte de Ham, eu mentiria à minha origem, à minha natureza e ao que mais faz parte do senso comum, se não admitisse a soberania do povo como base fundamental de toda organização política.[1] E diz ainda: "Eu considero o povo o proprietário e os governos, quaisquer que sejam, os cultivadores".[2] Após as duas tentativas abortadas de golpe de Estado, em Estrasburgo em 1836 e depois em Bolonha em 1840, as proclamações que ele dirige aos franceses são testemunho desse credo de origem revolucionária.[3] E não é apenas por cálculo. Louis Blanc testemunhou o calor autêntico com o qual Luís Napoleão lhe falou da soberania do povo e do sufrágio universal quando o visitou no forte de Ham.[4] Em suas *Rêveries politiques [Devaneios políticos]* de 1832, o projeto de constituição que ele traz faz vários empréstimos ao texto de 1793, o que lhe valeu o reconhecimento dos republicanos da época.[5] "A República democrática será objeto de meu culto; eu serei seu sacerdote", promete ele aos franceses.[6] Em suas publicações, seus amigos não hesitam em falar no "povo santo".[7] Por todas essas características, Luís Napoleão se inscreve claramente no quadro da cultura política revolucionária. Ele se mostrará, aliás, um adversário resoluto do sufrágio censitário durante a monarquia constitucional. E fará da crença no sufrágio universal, como se sabe, um elemento chave na justificação do golpe de estado de 2 de dezembro.[8]

Mas Luís Napoleão não se detém aí. Se o fizesse, ele não seria mais do que um republicano comum. O que constitui o cesarismo reside numa abordagem da soberania do povo inscrita num contexto tríplice: uma concepção da expressão popular através do procedimento privilegiado do plebiscito; uma filosofia da representação como encarnação do povo em um chefe; uma rejeição a qualquer corpo intermediário que possa ser obstáculo a uma relação direta entre o povo e o poder. Esses diferentes traços

---

1 Carta ao Sr. redator do *Journal du Loiret*, 21 de outubro 1843, in *Oeuvres de Louis-Napoléon Bonaparte*, Paris, 1848, t. I, p.134.
2 Carta a seu preceptor, Narcisse Vieillard, com a data de 29 de janeiro de 1836 (citado em Philippe SÉGUN, *Louis-Napoléon le Grand*, Paris, Le Livre de Poche, 1992, p.72.) .
3 Em sua "Proclamation à l'armée" feita em Estrasburgo, escreve ele: "Eu vou à frente de vocês como representante da soberania do povo" (citado por Adrien DANSETTE, *Louis-Napoléon à la conquête du pouvoir*, Paris, 1961, p. 115).
4 Louis BLANC, *Révélations historiques*, Leipzig, t. II, 1859, p. 22-223.
5 O projeto se encontra ainda na edição de 1848 das *Oeuvres de Louis-Napoléon Bonaparte* (*op. cit.*, t. I, p. 82-96). Mas ele seria retirado nas edições que apareceram no Segundo Império!
6 *Débarquement de Louis-Bonaparte à Boulogne. Sa proclamation au peuple français*, s.d. (1840).
7 Citado por Robert PIMENTA, *La Propagande bonapartiste en 1848*, Paris, 1911, p. 58.
8 O sufrágio universal é imediatamente restabelecido então, depois de ter sido fortemente restringido pela lei de 31 de maio de 1850.

dão maior precisão ao bonapartismo para qualificar o cesarismo. Cesarismo que define aquilo que se pode chamar de uma *democracia iliberal*.⁹ Ao mesmo tempo em que é consagrado o poder de legitimação e de sanção do povo (através de eleições livremente organizadas), as liberdade públicas (de imprensa, de organização partidária, etc.) não são reconhecidas, sob o pretexto de que elas parasitam a expressão livre e imediata da vontade geral, enquanto o povo é unicamente compreendido como uma espécie de totalidade que não se pode decompor.

A teoria do plebiscito

A democracia plebiscitária se apresenta essencialmente como uma alternativa às formas clássicas do governo representativo. Desde a primavera de 1848, os jornais bonapartistas fazem da denúncia do sistema parlamentar um de seus temas maiores. Eles não se limitam a apontar para os fenômenos de entropia em obra nos mecanismos representativos, como era corrente fazer desde 1789. Um desprezo endereçado aos que são qualificados de "falastrões inativos" ou de "belos faladores" se sobrepõe entre eles às considerações de fundo. Os principais elementos da retórica antiparlamentar que culminará no fim do século encontram sua primeira expressão coerente nas publicações bonapartistas do período, como o *Napoleón républicain [Napoleão republicano]*. Ao longo de suas páginas são vilipendiadas as "verborragias e mentiras" dos deputados, que são comparados a "porcos para engorda" que só pensam no dinheiro e levam a França à perdição.¹⁰ Tanto no tom quanto no vocabulário, esses textos já ressoam acentos boulangistas ou diversamente extremistas que constituirão o horizonte de uma certa decomposição política no final do século.

Às interfaces consideradas inevitavelmente deformantes, os partidários de Luís Napoleão opõem as virtudes da relação direta entre o povo e o poder. "Entre o povo e seu soberano, não há nenhum intermediário que se arrogue o direito de substituir um ou outro", dizem eles para resumir sua posição.¹¹ A teoria do apelo ao povo ordena logicamente toda sua visão das instituições políticas. Falando do espírito da Constituição de 1852, Luís Napoleão, que é então apenas o novo presidente da

---

9 Empresto a expressão democracia iliberal de Fareed ZAKARIA ("De la démocratie illibérale", *Le Débat*, n⁰ 99, março-abril 1998, artigo traduzido da revista *Foreign Affairs*). Mas dou-lhe um sentido mais preciso, como se verá mais à frente.
10 Cf. R. PIMENTA, *La Propagande bonapartiste en 1848*, op. cit., p. 58-59.
11 *Id.*, p. 59.

República, nota: "O chefe que vocês elegeram é responsável perante todos: ele tem sempre o direito de fazer apelo ao vosso julgamento soberano, a fim de que, em circunstâncias solenes, vós possais reafirmar ou retirar vossa confiança nele".[12] Em dois momentos, em dezembro de 1851 e janeiro de 1852, ele busca e encontra assim o assentimento direto do povo em sua tentativa de refundação. Será preciso esperar até 1870, como se sabe, para que um novo apelo seja lançado aos franceses com o objetivo declarado de legitimar pelas urnas as diversas reformas institucionais levadas a cabo a partir de 1860. Longe dos anos de um autoritarismo *a posteriori* justificado como circunstancial, o Segundo Império encontra nesse plebiscito a ocasião de um tipo de redefinição de si mesmo.

A cabeça pensante do regime, Émile Ollivier, resumiu bem os argumentos dos partidários do plebiscito. Ele sublinha antes de tudo que a existência de uma lacuna, ou mesmo de uma oposição, entre o povo e seus representantes, é um fato retirado da experiência e que não se trata, de forma alguma, de uma pressuposição arriscada. Os fatos invocados? Ollivier lembra que o governo de 1848, sustentado pela grande maioria dos parlamentares, propôs ao povo o nome do general Cavaignac no momento em que a escolha das urnas se movimentava massivamente na direção de seu oponente, Luís Napoleão. Ele também invoca o exemplo helvético: "a prática do referendo na Suíça, diz ele, transformou em verdade experimental incontestável o fato de que com frequência o povo pensa de forma diferente dos deputados que elegeu e que possivelmente reelegerá.[13]" "O povo, conclui ele, não expressa seu pensamento pela eleição de deputados."[14] O próprio Napoleão III fez dessa constatação a chave de sua filosofia política. "As câmaras nunca representaram fielmente a opinião pública", dizia ele.[15] A razão dessa separação não está somente ligada, segundo os defensores do regime, a uma infidelidade culpada; ela procede da diferença de natureza entre uma eleição e um plebiscito. A eleição, eles sublinham, consiste em uma escolha de pessoas. Ela jamais é totalmente "política": leva também em consideração elementos

---

12   *Adresse*, precedendo a publicação da Constituição de 14 de janeiro de 1852 (*Bulletin des lois de la République française*, n⁰ 479, p.53). Ver sobre essa questão Denis KETCHEDJIAN, *La Théorie de l'appel au peuple sous le Second Empire*, D.E.S. de science politique, Université de paris, faculté de droit, 1964.

13   Émille OLLIVIER, *L'Empire libéral*, Paris, t. XIII, 1908, p. 329.

14   *Id.*, p. 325.

15   Carta de 28 de maio de 1872 a um lorde inglês. Cf. Bernard MÉNAGER, "Le bonapartisme pouvait-il être parlementaire ? », *in* Jean TULARD, *Pourquoi réhabiliter le Second Empire ?*, Paris, Bernard Giovanangeli, 1998.

de julgamento específico. Ela valoriza conhecimentos e qualidades particulares. "O apelo ao povo ou o referendo, considera Émile Ollivier, oferece o único meio de saber o que um povo pensa sobre as coisas e sobre as instituições, *para além de toda consideração pessoal*".[16] É antes uma ideia, uma vontade que pode se exprimir nesse contexto, enquanto a eleição proporciona, sobretudo, a expressão de preferências e a distinção de pessoas. O plebiscito é, por isso, a instituição política central do modelo bonapartista.[17] O sistema da candidatura oficial prolongava para seus promotores a fórmula do plebiscito, polarizando as eleições legislativas de maneira que elas tomassem a forma de uma apreciação global do regime, antes que a escolha de uma adição de deputados. A ideia era, paralelamente, reunir o eleitorado em torno de algo que poderia compor sua unidade, e não representá-lo em sua diversidade.[18] As eleições legislativas constituíam, pois, verdadeiros "plebiscitos de confirmação".[19]

Mas a utilidade do plebiscito não se limita a essa dimensão. Émile Ollivier insiste também sobre a pluralização dos tempos e das formas da soberania dele resultantes. "De tal forma, explica ele, a soberania do povo não se exerce apenas no minuto em que o cidadão coloca na urna uma cédula nomeando um deputado; ela está sempre viva e pode se tornar ativa a qualquer instante".[20] Se ele é um instrumento autônomo da expressão da vontade geral, o plebiscito exerce também o papel de um tipo de contrapoder. Émile Ollivier fala abertamente a esse respeito de "contrapesos do corpo legislativo".[21] Força de equilíbrio que tem por função limitar o que ele chama de "onipotência parlamentar" ou de demolir o que ele qualifica como "tiranos parlamentares".[22] Em suma, há aqui um argumento "liberal", e não somente um

---

16 Émille OLLIVIER, *L'Empire libéral*, Paris, t. XIII, 1908, p. 327. Sou eu quem sublinha.

17 Para uma primeira aproximação ao problema, ver as contribuições reunidas em Frédérich BLUCHE (sob a dir. de), *Le Prince, le peuple et le droit. Autour des plebiscites de 1851 et 1852*, Paris, P. U. F., 2000.

18 Cf. Patrick LAGOUEYTTE, *Candidature officielle et pratiques électorales sous le Second Empire (1852-1870)*, Université de Paris-I, 1990, 5 vol.

19 Pierre de LA GORCE assinala que essa concepção das eleições legislativas como equivalentes a um "plebiscito suplementar" (segundo uma fórmula empregada em 1º de fevereiro de 1852 na *Constitutionnel*) foi muito cedo formulada pelos partidários do regime (*Histoire du Second Empire*, Paris, 1894, t. I, p. 55).

20 Id., p. 329. Sou eu ainda quem sublinha. É baseado nesse raciocínio que um Laboulaye se aproxima aliás *in fine* do regime (ver *Plébiscite du 8 mai 1870. Lettre adressée par M. Édouard Labouyale au comité plébiscitaire de Rueil*, Versalhes, 28 de abril de 1870, e « Le Plébiscite de 1870 », *in* Edouard LABOULAYE, *Questions constitutionelles*, Paris, 1872).

21 É. OLLIVIER, *L'Empire libéral, op. cit.*, t. XIII, p. 323.

22 « Nós queremos o plebiscito, porque ele reconduzirá cada um a seu lugar, assinala por seu lado

argumento "democrático", como precedentemente, que é mobilizado para justificar a utilidade do plebiscito. Quando Émile Ollivier fala da "ilusão decepcionante do parlamentarismo",[23] a fórmula pode ser entendida de duas maneiras complementares. Ela informa ao mesmo tempo uma impaciência democrática e uma decepção liberal. Émile Ollivier pode se apresentar logicamente sobre esta base como o verdadeiro defensor da liberdade política. Retraçando a história deste ano de 1870, ele nota: "Eu resolvi então ajudar o Imperador a estabelecer um governo de liberdade na França. Pesai minhas expressões. Eu não disse restituir a liberdade, mas sim estabelecê-la. Ela nunca existiu realmente até aquele momento".[24] Essa segunda dimensão é essencial. Ela permite explicar a ligação de um certo número de personalidades ao regime.

Se o plebiscito fez avançar para seus partidários tanto a causa da liberdade quanto a da democracia, ele corresponde também, aos seus olhos, a um certo gênio francês. Já sob a II República os bonapartistas clamavam pela revisão da Constituição num espírito qualificado como nacional. O governo parlamentar, resumia então lapidarmente Granier de Cassagnac, "não é um fato nacional, mas uma utopia de importação".[25] A acusação será repetida durante vinte anos pelos defensores do regime. Ela continua central em 1870. Lembrando as posições republicanas, Émile Ollivier escreve: "o fundo dessa argumentação era a negação do princípio democrático e a reprodução da tese oligárquica tomada pela burguesia francesa da aristocracia inglesa".[26] Esses julgamentos abruptos marcam uma ruptura nas referências usuais do bem político. No momento em que os liberais e os republicanos moderados - dos quais muitos se refugiaram para além do Canal da Mancha depois do golpe de 2 de dezembro – alçam ao pináculo as instituições políticas britânicas, os meios bonapartistas se referem com insistência aos Estados Unidos e à Suíça. A Inglaterra nos anos 1860 é um país atravessado por uma grave crise política e social.[27] Mas a conversão de modelos políticos de referência que se opera então não

---

o barão Jérôme DAVID. A grande voz da nação não se dirige como uma intriga parlamentar" (Discurso de 5 de abril de 1870, *Annales du Sénat et du Corps législatif, op. cit.*, p. 294). *Id.*, t. V, p. 97-98.
23 É. OLLIVIER, *L'Empire libéral, op. cit.*, t. XIII, p. 325.
24 *Id.*, t. V, p. 97-98.
25 Adolphe Granier de CASSAGNAC, *La Révision de la constituition*, Paris, 1851, p. 45.
26 É. OLLIVIER, *L'Empire libéral, op. cit.*, t. XIII, p. 273 Prosper MÉRIMÉE, muito ligado ao regime, nota no mesmo espírito: "A democracia parlamentar é uma das piores formas de governo em um país em que falta uma forte aristocracia" (carta de 22 de maio de 1869, in Lettres à Panizzi, 1850-1870, Paris, Calmann-Lévy, t. II, 1881, p. 362).
27 Cf. "La crise anglaise", *in* Pierre GUIRAL, *Prevost-Paradol (1829-1870), pensée et action d'un li-*

obedece a motivos conjunturais. Ela corresponde, sobretudo, a uma nova apreensão do problema democrático na França. O interesse pela América se dá em termos que não são mais os mesmos de Tocqueville, em que a aproximação filosófica cede lugar a considerações muito mais instrumentais. A obra de Laboulaye é um testemunho exemplar. Na série de trabalhos que consagra aos Estados Unidos, ele dá ênfase sobretudo ao modelo constitucional americano.[28] Os defensores do regime farão da referência às instituições americanas um elemento decisivo de propaganda, apoiando-se sobre elas para conquistar o certificado de autenticidade democrática. O próprio Imperador esboçou várias vezes essa aproximação, em resposta às acusações de iliberalismo apoiadas na referência britânica. "Nossas formas constitucionais, que têm uma certa analogia com aquelas dos Estados Unidos, não são defeituosas por diferirem daquelas encontradas na Inglaterra", diz ele em 1866 diante do Corpo legislativo.[29]

O exemplo suíço também era frequentemente invocado nos meios bonapartistas. Luís Napoleão deu o tom em 1833, ao publicar suas *Considérations politiques et militaires sur la Suisse* [*Considerações políticas e militares sobre a Suíça*], obra na qual sustentou que Napoleão Bonaparte se fez protetor e conservador das antigas assembleias de habitantes, as *Landsgemeinde*, que existiam nos cantões submetidos à autoridade francesa. Émile Ollivier fará, em 1870, a aproximação entre o plebiscito imperial e o referendo suíço, vendo neles duas variações de um mesmo modelo político que só se diferenciavam pelo fato de que o primeiro estava ligado a uma monarquia e o segundo a uma república.[30] Apoiando-se nos exemplos políticos suíço e americano, a teoria bonapartista do plebiscito poderia aspirar à respeitabilidade e, mais ainda, apresentar-se como uma doutrina do futuro em face de um sistema parlamentar supostamente remetido a um arcaísmo representativo. A questão do plebiscito

---

béral *sous le Second Empire*, paris, 1955. Ver também J. R. JENINGS, « Conceptions of England and Its Constituition in Nineteeth-Century French Political Thought", *The Historical Journal*, vol. XXIX, n° 1, 1986.

28 LABOULAYE dedica ensaios a Tocqueville. Mas ele mesmo escreve diretamente *De la constitution américaine et de l'utilité de son étude* (1850), *Le États-Unis et la France* (1862), *Histoire politique des États-Unis* (3 vol, 1855-1866). Sobre esta dimensão de sua obra, ver Walter D. GRAY, *Interpreting American democracy in France. The carreer of Edward Laboulaye, 1811-1883*, Newark, University of Delaware Press, 1994. Consultar de Françoise MÉLONIO, *Tocqueville et les Français*, Paris, Aubier, 1993.

29 Discurso pronunciado dia 22 de janeiro de 1886 na abertura da sessão legislativa, *Annales du Sénat et du Corps législatif*, Paris, 1866, t. I, p. 2.

30 Cf., principalmente, É. OLLIVIER, *L'Empire libéral, op. cit.*, t. XIII, p. 327-328.

bonapartista faz sentido no quadro de referências e de denegações que invocamos. Mas não poderemos compreender o conjunto se permanecermos em considerações de caráter tão geral. O quadro que esboçamos em grandes traços convém tão bem a uma definição maximalista da democracia direta quanto a uma concepção mais restritiva da intervenção popular. É o caso, então, de limitar a análise. A consideração do *objeto* do plebiscito demanda os ajustes e as precisões necessárias.

O plebiscito não é de forma alguma considerado pelos líderes do Segundo Império como uma técnica política que teria validade geral. Eles tomam o cuidado de marcar a distância em relação a todas as ideias de legislação direta pelo povo. Émile Ollivier se mostra muito claro sobre esse ponto em 1870. "Há um exagero em todas as ideias democráticas, afirma ele. Não se deve submeter à deliberação do povo leis que para serem julgadas demandam conhecimentos que não se encontram com frequência nem mesmo nas assembleias de elite".[31] A via do plebiscito? Para Ollivier ela é muito estreita: "Do mesmo modo que o plebiscito seria um detestável instrumento de governo normal, mesmo num país democrático; ele oferece vantagens, num país com sufrágio universal, para o exercício correto do poder constituinte".[32] Afirmar que o povo é mestre de seu destino conduz, acima de tudo, a reestabelecer um lugar central à ratificação popular da Constituição. Enquanto a ideia havia sido rejeitada por uma grande maioria em 1848 e o debate de 1851 sobre a revisão mostrara como, três anos mais tarde,[33] essa ideia ainda encontrava pouco eco, Luís Napoleão fez da sanção popular ao texto constitucional a pedra fundadora do regime que instaurou. O texto de 1870, aprovado pelo plebiscito, consagra definitivamente esse poder constituinte do povo. Mas estamos longe, nesse contexto, de uma verdadeira alternativa ao regime parlamentar; trata-se, no máximo, de uma correção. Émile Ollivier fala sempre prudentemente de "referendo ratificativo" para qualificar o procedimento.[34] A crítica viva ao sistema representativo permanece

---

31 Discurso de 4 de abril de 1870, *Annales du Sénat et du Corps législatif*, Paris, 1870, t. III, p. 274.
32 Émile OLLIVIER, *Principes et conduite*, Paris, 1875, p. 114. O exercício pelo povo do poder constituinte é expressamente reconhecido pelo artigo 14 da Constituição de 1870.
33 Só alguns legitimistas propõem em 1848 a ratificação popular da Constituição. Eles são seguidos apenas por 42 deputados de 775 votantes (ver *Compte rendu des séances de l'Assemblée nationale*, 1848, t. IV e V, sessões de 15 de setembro e 23 de outubro de 1848). Em 1851, se os bonapartistas ou alguns republicanos isolados como Laboulaye demandam a ratificação, a grande maioria dos republicanos, levada pelos argumentos de Cavaignac e Quinet, se opõe vivamente.
34 É. OLLIVIER, *L'Empire libéral, op. cit.*, t. XIII, p. 328. Em suas *Rêveries politiques* (1832), Luís Napoleão assinalava já a propósito das bases do projeto de constituição que ele apresentava: "O povo teria o poder eletivo e de sanção" (in *Oeuvres de Louis-Napoléon Bonaparte*, Paris, 1848, t.

inscrita numa visão fortemente enquadrada pelo papel protagonista da soberania popular. O próprio Imperador teria confessado: "Quero ser batizado pela água do sufrágio universal, mas não quero viver com os pés mergulhados nela".[35]

O objeto chave do plebiscito tem, portanto, um outro alcance para além do procedimento de ratificação da Constituição. Napoleão III e Émile Ollivier consideravam que as reformas adotadas em 1870 promoviam uma constituição que não teria mais necessidade de retoques; o Imperador acreditava que estavam terminando definitivamente o edifício de 1852. O sentido último do plebiscito para eles estava em fazer com que periodicamente o povo legitimasse a forma de governo.[36] Desde suas *Rêveries politiques* [*Devaneios políticos*] de 1832, Luís Napoleão fez desse elemento o primeiro artigo de seu credo político, ao insistir no fato de que o princípio da soberania do povo significa antes de tudo que o povo escolheu livremente o regime no qual vive. ("Um povo, notava ele, tem sempre o direito de rever, de reformar e de mudar sua constituição; uma geração não pode sujeitar às suas leis as gerações futuras"). Essa é a justificação que ele oferece para sua expedição a Bolonha em 1840 (não se ousa falar de golpe de Estado dada a natureza da iniciativa), na ocasião do seu processo diante da Câmara dos pares: "A nação, defende ele, teria respondido: 'República ou monarquia, império ou realeza'. De sua livre decisão depende o fim de nossos males, o termo de nossas dissenções".[37] Seu objetivo era, então, simplesmente colocar uma questão ao povo, não o de impor uma resposta. Os teóricos do Império insistiram muitas vezes nessa característica que implicava o reconhecimento do caráter suscetível de revisão da sustentação dada ao regime. O recurso do apelo ao povo – ou mesmo o mecanismo das eleições, que dele constituía uma forma particular – deixa, com efeito, sempre aberta a porta para um questionamento sobre a forma das instituições. "Se os franceses quisessem derrubar o Imperador, nota nesse sentido Paul Granier de Cassagnac, a coisa seria bem fácil, sem que nenhuma barricada fosse erguida. Eles não precisariam fazer

---

I, p. 77). Acrescentava ele: "Um povo tem sempre o direito de rever, de reformar e de mudar sua constituição. Uma geração não pode sujeitar a suas leis as gerações futuras."

35 Citado por Adrien DANSETTE, *Du 2 décembre au 4 septembre*, Paris, 1972, p. 16.

36 «A soberania do povo é garantida, escreve ele, porque no advento de cada novo imperador, a sanção do povo será pedida. Se ele recusa, as duas Câmaras proporão um novo soberano. O povo não tendo o direito de eleição, mas somente o de aprovação, essa lei não apresenta os inconvenientes da realeza eletiva" (*Rêveries politiques, op. cit.,* p. 79).

37 Declaração à Audiência de 28 de setembro de 1840, *Oeuvres de Louis-Napoléon Bonaparte, op. cit.,* t. I, p. 27.

mais do que nomear para deputados, para conselheiros gerais ou para conselheiros municipais homens irreconciliáveis. Diante de todos esses representantes da França, em diferentes graus, o que faria o governo? Ele seria obrigado a fazer um novo apelo ao povo, para assegurar-se de que não houve nem surpresa, nem erro, e se o país persistisse em sua afirmação hostil, o que fazer? Seria preciso pura e simplesmente se retirar".[38] O plebiscito é, então, ao mesmo tempo um dispositivo da democracia e um instrumento de regulação: "Ele é, escreve Granier de Cassagnac, a válvula de segurança que impede o mecanismo de explodir".[39] Mas vimos também que o cesarismo não se define somente pelos procedimentos que põe em funcionamento. É também, e talvez acima de tudo, um tipo bem particular de relação direta entre o povo e o poder que ele procura instaurar.

O homem-povo e o povo-uno

O plebiscito bonapartista não é uma simples técnica de consulta ao povo. Ele participa de uma visão política global e de uma nova compreensão da longa história da democracia. Ele devolve sentido e força a um imperativo de responsabilidade, fazendo de um princípio de encarnação a resposta aos problemas da representação. Desde sua proclamação no dia 2 de dezembro de 1851, Luís Napoleão considera a ascensão de um "líder responsável" como a chave de seu projeto constitucional. Ele julga, por essa razão, inaceitável a ideia liberal de um rei que reina e que não governa. Essa concepção de um soberano inviolável e sagrado não é senão uma ficção destinada a ser derrubada brutalmente nas grandes crises políticas.[40] "Foi através da insurreição que, até o presente, tornou-se efetiva a responsabilidade real", comenta Émile Ollivier.[41] O plebiscito introduz, ao contrário, uma "forma legal de responsabilidade do chefe de Estado".[42] Ele se inscreve assim numa concepção expandida da legitimação e do controle do poder executivo. Mas esse princípio de responsabilidade não toma por si próprio sentido e forma senão através de uma personalização crescente do poder.

---

38 Paul Granier de CASSAGNAC, *Pour Dieu et pour la France*, Paris, 1905, t. I, p. 72. « Se o plebiscito é contra o Imperador, nota ele ainda, o Imperador pura e simplesmente vai embora. (*id.*, p. 171)

39 *Ibid.*, p.172.

40 Ver sobre esse ponto decisivo o interessante testemunho de Adolphe Granier de CASSAGNAC : "O Príncipe me explica o espírito da Constituição" (*Souvenirs du Second Empire*, Paris, 1881, t. II, p. 81-86).

41 É. OLLIVIER, *L'Empire libéral, op. cit.*, t. V, p. 105.

42 *Id.*, p. 108

"O Imperador não é um homem, é um povo".[43] Essa extraordinária fórmula de La Guéronnière, um dos principais teóricos do Segundo Império, resume o princípio bonapartista de encarnação política. De maneira ainda mais condensada, Persigny fala mesmo do imperador, "eleito pela democracia francesa", como de um "homem-povo".[44] Não há mais, desde então, distância a superar ou cisão a temer entre representante e representado, sendo os últimos perfeitamente dissolvidos na figura do primeiro. Napoleão III não faz mais do que retomar o dispositivo colocado em cena por seu tio. Mas ele o teoriza e lhe dá, ao mesmo tempo, sua amplitude plena. Desde suas *Rêveries politiques [devaneios políticos]* e suas *Idées napoléoniennes [Ideias napoleônicas]*, o futuro imperador não cessou de repetir que era preciso um chefe para encarnar a vontade popular, não considerando a soberania do povo completa se não fosse encarnada efetivamente num homem ao mesmo tempo poderoso e plenamente responsável. "A aristocracia não tem necessidade de um chefe, enquanto que a natureza da democracia é a de se personificar em um homem", resume ele.[45] Essa é uma ideia que ele não deixou de expor de diversas formas, até colocá-la no centro da monumental *Histoire de Jules César [História de Júlio César]* a qual se sentia absolutamente tentado a escrever. "A democracia, confiante e apaixonada, nota ele, crê sempre que seus interesses são melhor representados por um só que por um corpo político".[46] É significativo perceber que a compreensão clássica do grande homem se desfaz no século XIX. O homem excepcional, enquanto dotado de talentos especiais e aparelhado de virtudes individuais admiráveis, puramente qualificado por sua distinção, cede lugar a um novo tipo de eminência: aquela caracterizada pelo poder de encarnação. "O grande homem, escreve Victor Cousin nesse novo sentido, não é de forma alguma uma criatura arbitrária que possa existir ou não: é o

---

43 A. de La GUÉRONNIÈRE, *Napoléon III. Portrait politique*, Paris, 1853, p. 93.

44 « Discurso sobre os princípios políticos do Império" (Saint-Étienne, 12 de agosto de 1863), in *Le Duc de Persigny et les doctrines de l'Empire*, Paris, 1865, p. 164. Ao que me consta, a fórmula "homem-povo" foi utilizada pela primeira vez no título de uma pequena brochura saint-simoniana, *Napoléon ou l'homme-peuple*, Paris, s.d. (março 1832). "O povo sou eu, dizia o pequeno cabo, e o pequeno cabo tinha razão, lê-se aí [...]. Ele queria dizer com isso que ele mais do que todos os outros conhecia o povo, vivia sua vida" (p.1)

45 Retomando uma fórmula de THIERS em suas *Idées napoléoniennes*, op. cit., p. 37.

46 Napoléon III, *Histoire de Jules César*, 1865- 1866, t. I, p. 280. Ver, sobre esse ponto, as informações desenvolvidas por Juliette GLIKMAN, *L' "Histoire de Jules César" de Napoléon III*, dissertação de mestrado, Université Paris-I, 1994.

representante mais ou menos completo que todo grande povo desenvolve. Ele não é somente um indivíduo".[47]

De tal forma, o imperador é duplamente representante do povo: nele se superpõem as dimensões da representação-delegação e da representação-figuração. A viagem oficial permite dar uma consistência comum e sensível a essas duas funções. Napoleão III não é certamente o primeiro chefe de Estado a singrar a França. Desde o fim da Idade Média, vemos soberanos atribuírem um papel estratégico a deslocamentos politicamente calculados. No famoso "tour de France" realizado entre 1564 e 1566, Carlos IX procura, por exemplo, conjurar os riscos de desintegração de um país no qual emergem os antagonismos religiosos.[48] A viagem é, então, uma resposta à crise política: ela busca reafirmar a autoridade territorial do poder central, reforçar os laços administrativos com as instituições locais. O objetivo também é reavivar o sentimento monárquico através de uma encenação da majestade real, como testemunham os rituais muito elaborados que organizam as cerimônias de entrada nas vilas visitadas.[49] Fato significativo é que essas viagens políticas cessam com o início do reinado de Luís XIV, como se o poder soberano, doravante solidamente instalado, pudesse se contentar em governar do alto e de longe. Se Carlos X e Luís Felipe reavivam marginalmente a antiga concepção das viagens,[50] é somente com Napoleão III que essas últimas retomam seu sentido político central.

A partir do outono de 1852, Luís Napoleão percorre o país, atravessando o sudoeste em dois meses. Significativamente, ele apresenta seu movimento como uma "interrogação" do país, em um momento em que a questão do reestabelecimento

---

47 Victor COUSIN, *Introduction à l'histoire de la philosophie*, Paris, 1868, p. 203. « Um grande homem é povo e ele o é em seu conjunto [...]. Um povo está inteiramente em seus grandes homens", escreve ele ainda (*id.*, p. 206).

48 Cf. Jean BOUTIER, Alain DEWERPE, Daniel NORDMAN, *Un tour de France royal. Le voyage de Charles IX (1564-1566)*, Paris, Aubier, 1984.

49 Cf. Bernard GUENÉE e Françoise LEHOUX, *Les Entrées royales françaises de 1328 à 1515*, Paris, Éd. Du C.N.R.S., 1968; Joseph CHARTROU, *Les Entrées solennelles et triomphantes à la Renaissance (1484-1551)*, Paris, 1928 ; Lawrence M. BRYANT, « La cérémonie de l'entrée à Paris au Moyen Âge », *Annales. E.S.C.*, maio-junho 1986. Ver também as contribuições de Franck COLLARD e Danielle QUÉRUEL, *in* Sylvette GUILBERT (sob a dir. de), *Fêtes et politique em Champagne a travers les siècles*, Presses universitaires de Nancy, 1992.

50 Cf. Christian LABORDE, "Les voyages du roi : les représentations du pouvoir royal sous la Restauration », *in* Jean William DEREYMEZ, Olivier IHL e Gérard SABATIER (sob a dir. de), *un cérémonial politique : les voyages officiels des chefs d'État*, Paris, L'Hartmann, 1998 ; Alain CORBIN e Nathalie VEIGA, « Le Monarque sous la pluie. Les voyages de Louis-Phillippe Ier en province (1831-1833) », in *La Terre et la cité. Mélanges offerts à Philippe Vigier*, Paris, Créaphis, 1994.

do Império está na ordem do dia. De 1853 a 1869, dezesseis outras grandes viagens são seguidamente organizadas.[51] O objetivo é em cada caso o mesmo: colocar os franceses diretamente em contato com o soberano. Se a encenação da majestade imperial permanece minuciosamente planejada, é sobretudo como um "homem-povo" que se comporta Napoleão III. Ele visita as oficinas e as fábricas, percorre os estabelecimentos agrícolas, inspeciona as creches e os hospitais, explora os bairros habitados pelas classes mais desfavorecidas. Recebe delegações, de notáveis é certo, mas também de trabalhadores e camponeses, participa dos bailes e dos banquetes aos quais comparecem massas por vezes consideráveis (em torno de dez mil pessoas em certos caso). É assim o representante que viaja, interface viva e visível, o que permite explicar que a popularidade do imperador não procede de cegueira ou de ignorância, mas corresponde, ao contrário, a uma inegável eficácia dessa nova concepção do governo representativo. No início do Primeiro Império, Rodederer descreveu de forma quase profética esse uso inédito das viagens políticas na sociedade moderna. "O líder de um grande Estado, escreve ele, tem apenas um meio de conhecer o povo que governa: viajando; ele tem apenas um meio de se fazer conhecer pelo povo: viajando. Somente as viagens colocam o príncipe e o povo em comunicação direta um com o outro. Dissemos e acreditamos que o povo só pode ter seus direitos conhecidos através de seus representantes. Quando o príncipe viaja, o povo toma conta de seus próprios assuntos. Quando um príncipe viaja, temos uma mais verdadeira e melhor democracia que em qualquer república do mundo".[52] A viagem é, nesse caso, uma forma de comunicação política e de encenação democrática da soberania que corresponde à era da representação-encarnação. Se os presidentes republicanos também saberiam se servir da viagem como uma técnica auxiliar de governo, as viagens oficiais não teriam mais, porém, o significado simbólico e prático que tiveram no Segundo Império.[53] Somente os deslocamentos de Sadi Carnot seriam talvez uma exceção, mas é bem verdade que eles significariam

---

51 Cf. André LAURENCE, *Le Voyage impérial et sa mise en scène sous le Second Empire*, dissertação de mestrado, Université de Paris-I, 1990.
52 ROEDERER, *Des voyages des chefs de gouvernement*, reproduzido nas *Œuvres du comte P.L. Roederer, op. cit.*, t. VI, 1857, p. 460.
53 Cf. Rosemonde SANSON, "La République em representação. À propos des voyages en province des président de la Troisième République (1879-1914) » in *La France démocratique. Mélanges offerts à Maurice Agulhon*, Paris, Publications de la Sorbonne, 1998.

a tentativa de contrabalançar a influência de um "César em semente", um especialista no contato com as massas, o general Boulanger.[54]

As viagens, dizia-se a propósito das de Napoleão III, eram tidas como "plebiscitos contínuos".[55] Isso indica que elas participavam de um tipo de democracia direta. Mas também sugere uma outra de suas características materiais: a redução da participação do povo a uma forma de adesão festiva na qual ele somente se manifesta como uma massa unânime. O surgimento do homem-povo se prolonga implicitamente, portanto, na celebração de um povo-uno. O bonapartismo renova assim uma visão unanimista do político.

A tensão entre unanimidade como princípio de legitimação e pluralidade como princípio técnico de decisão está, como sabemos, no coração da dificuldade democrática.[56] Mas ela toma um sentido mais agudo no momento em que a pluralidade é percebida como o traço de uma divisão filosoficamente inaceitável, quando os partidos são unicamente apreendidos como os vetores de facções ameaçadoras. Pois então é preciso reafirmar com uma força cada vez maior o caráter filosoficamente essencial de uma legitimidade-unanimidade. Superpondo os imperativos sociológicos da representação-encarnação às consequências do monismo francês, o bonapartismo construiu toda sua visão do político em torno do pressuposto da unanimidade social. Prova disso é a qualificação do sujeito político ao qual se referem permanentemente o imperador e seus partidários. Estes não se dirigem a cidadãos ou a eleitores cujo apoio e o consentimento seriam individualmente solicitados. Querem conhecer apenas *o país* e *o povo*, sempre no singular, como se os franceses não pudessem existir em suas diferenças políticas. Enquanto os liberais pensam que a representação tem por objetivo refletir as diversidades existentes e constituir *em seguida* uma forma de coerência através de mecanismos de deliberação parlamentar, os bonapartistas querem que ela exprima imediatamente uma unidade pressuposta. A cultura política revolucionária oscilava entre os dois polos: Sieyès, por exemplo, foi ao mesmo tempo um defensor intransigente de uma visão monista do político e o teórico de uma concepção de

---

54 Cf. Nicolas MARIOT, "Propagande par la vue, souveraineté régalienne et gestion du nombre dans les voyages en province de Carnot (1888-1894) », *Genèses*, setembro de 1995.
55 Maurice DESLANDRES, *Histoire constitutionnelle de la France de 1789 à 1870*, Paris, 1993, t. II, p. 509.
56 Para uma primeira aproximação, ver Bernard MANIN, "Volonté générale ou délibération? Esquisse d'une théorie de la délibération politique", *Le Débat*, n° 33, janeiro 1985, e Jean GAUDEMET, « Unanimité et majorité (observations sur quelques études récentes) », in *Études historiques à la mémoire de Noël Didier*, Paris, 1960.

representantes como órgãos da vontade geral. Os apóstolos do cesarismo resolvem e radicalizam a concepção revolucionária do povo-uno.

O plebiscito exerce um papel essencial nessa visão monista do social. Espera-se dele que ofereça uma forma material ao princípio da unanimidade. Com efeito, ele só faz sentido para seus apóstolos se manifestar a unidade de uma sociedade que adira em massa a uma proposição que lhe seja feita. O plebiscito é aos seus olhos um ritual da unanimidade. Desse modo é que reata com o cerimonial revolucionário das fraternizações ou dos juramentos. Apelando ao plebiscito de 1870, Napoleão III recorda como um fato essencial a seu ver: "Vós fostes quase unânimes, há dezoito anos, para me confiar os poderes mais expandidos; sejais novamente numerosos hoje para aderir à transformação do regime imperial".[57] Essa visão é mais facilmente adotada na medida em que a concepção pluralista do voto está ainda longe de penetrar na sociedade. Em 1852, quase um terço das vilas confia a totalidade de seus votos aos candidatos do prefeito.[58] Numa confusão despercebida pelos atores, o plebiscito sobrepõe os elementos de uma cultura democrática "moderna" com os resíduos de uma cultura social "arcaica" da comunidade. O plebiscito deve suscitar uma união do conjunto: uma reação globalmente negativa é paradoxalmente, para seus promotores, preferível a um resultado indeciso e mitigado.[59] Em 1851 e em 1852, assim como em 1870, as proclamações solenes dos resultados tiveram por função celebrar o povo-uno em sua união com o imperador. As gazetas sublinham a "espontaneidade do movimento nacional" e a unidade do país.[60] Longe de se limitar à publicação de uma estatística eleitoral, essas proclamações são, aliás, a ocasião para grandes cerimônias carregadas de símbolos. Os cartazes pregados para reproduzir os

---

57 Chamada de 23 de abril de 1870, reproduzida em É. Ollivier, *L'Empire liberal*, op. cit., t. XIII, p. 335.
58 Cf. P. LAGOUYETTE, *Candidature officielle et pratiques électorales sous le Second Empire*, op. cit., t. III, p. 1104. O autor qualifica essas aldeias de " bastiões da unanimidade" (*id.*, p. 1097). Sobre a sobreposição dessas duas culturas, ver as interessantes observações de Christine GUIONNET, *L'Apprentissage de la politique moderne. Les élections municipales sous la monarchie de Juillet*, Paris, L'Harmattan, 1997.
59 Os republicanos expunham aliás o risco de um resultado dividido para recusar o procedimento plebiscitário. Nesse caso, sublinhavam eles, a divisão da sociedade pareceria flagrante, de maneira muito prejudicial. A divisão seria com efeito radicalizada e polarizada (enquanto ela é mais difusa e menos visível quando ela se expressa através da eleição de um grande número de deputados).
60 Remetendo ao imperador os resultados do plebiscito de 8 de maio de 1870, o presidente do Corpo legislativo sublinha: « Ao ser aclamada por mais de sete milhões de votos a nova forma do Império, o país, que tem o senso instintivo de seus interesses e de sua grandeza, vos diz: Senhor, a França está convosco" (*Moniteur*, 22 de maio de 1870).

resultados do voto participam igualmente da encenação de uma quase unanimidade. Os números são integrados nas alegorias, exprimindo acordo e harmonia.[61]

A democracia plebiscitária renova dessa maneira as antigas filosofias do consentimento popular, quando a intervenção do povo só era imaginável através da aclamação, a realidade estando supostamente expressa na simbolização. A superação das aporias constitutivas do governo representativo renova, neste caso, as formas políticas mais arcaicas, sublinhando ainda uma vez os laços confusos que amarram o velho e o novo na ideia democrática. Ao se ligar à representação de um povo unânime, o plebiscito visa, no fundo, sobrepor a nação como identidade coletiva, totalidade oposta a terceiros, e o povo como sujeito complexo da democracia. O plebiscito utiliza implicitamente os atributos e as figurações de um povo "externo" para dar consistência à soberania "interna" do povo. Nada o exprimiu melhor do que a célebre fórmula de Renan: "A existência de uma nação é um plebiscito diário". Frequentemente reteve-se desta frase a definição substancial da nação como uma memória e uma vontade comuns. Mas ela qualifica também, numa perspectiva procedural, esse plebiscito diário como um tipo de superação da democracia política ordinária. A nação é aquilo que está além da divisão de partidos ou de conflitos de interesses. Ao se dar um lugar central à instituição do plebiscito, opera-se uma confusão implícita da vida da democracia com a expressão da unidade da nação. Os líderes do regime frequentemente sublinharam esta confusão. Persigny assimila as divisões políticas da Segunda República a um período "onde havia umas quatro ou cinco nações dentro da nação",[62] como se a unidade da nação e a unidade política se confundissem.

Essa concepção da política está, de certa maneira, inscrita na história mesma do plebiscito como um procedimento eleitoral. Podemos constatá-lo no período revolucionário. Se colocarmos à parte os casos de ratificação popular da Constituição (1793, 1795, 1799), o plebiscito foi sobretudo utilizado durante esse período para interrogar populações sobre seu compromisso com a França. Em 1791, os habitantes de Avignon e do Comtat Venaissin concordaram em fazer parte da unidade nacional; o procedimento também será utilizado em 1798 para a integração de Mulhouse e de

---

61 Cf. as gravuras dando os resultados dos plebiscitos reproduzidos no caderno de ilustrações.
62 Discurso de 26 de janeiro de 1857, in *Le Duc de Persigny et les doctrines de L'Empire*, op. cit., p.89. Pode-se notar aqui que os suíços dirão alguns anos mais tarde: "O referendo fez de nós um povo", sublinhando que eles tinham estreitado com o uso desse procedimento seu sentimento de formar uma nação (cf. Théodore CURTI, *Le Référendum. Histoire de la législation populaire em Suisse*, Paris, 1905, p. 355).

Genebra, e ainda em outros casos.[63] Nesse contexto, o plebiscito é o instrumento do direito de nacionalidade, entendido como direito dos povos de dispor de si-mesmos, cuja expressão é fundada no princípio quase unânime da população. Princípio de legitimação e princípio de decisão se sobrepõem na construção dessa matéria que encarna a ideia de um *contrato social* como palco original do laço político. A unanimidade dos membros é, com efeito, uma qualidade *pressuposta* da nação. O procedimento (o plebiscito) e o objeto (a pertença à nação) são, então, perfeitamente adaptáveis um ao outro. O recurso ao plebiscito será, por esta razão, largamente utilizado para realizar a unidade italiana. Desde 1848, os habitantes de Parma e de Piacenza demandam assim sua união com o Piemonte. A organização de uma série de plebiscitos exerce um papel decisivo em 1860: a Toscana, a Emilia-Romagna e o ducado de Módena se reúnem, através desse instrumento, ao reino da Itália.[64] A democracia se exprime nesse momento através do direito dos povos.[65] A confusão também existe no Segundo Império, quando plebiscitos decidem pela anexação de Nice e da Savóia à França. O regime se orgulha do laço com o povo manifestado por essas duas consultas, como se elas consagrassem a ação do próprio governo. É impressionante constatar a insistência com a qual os testemunhos sublinham o "caráter de unanimidade moral" dos votos, mostrando como, em vários casos, os eleitores escolhiam votar em grupos associativos ou profissionais, para bem frisar que eram comunidades e não grupos de indivíduos que se exprimiam.[66]

Com o plebiscito, para dizê-lo de forma crua, a manifestação do nacionalismo se confunde com a expressão da democracia.[67] É o retorno a Grotius que permite, de certa forma, mascarar as aporias do rousseaunismo.

---

63 Cf. as indicações dadas sobre esse ponto na tese de Emmanuel GONSSOLIN, *le Plébiscite dans le droit international acttuel*, Paris, 1921, assim como no estudo documentário *Plebiscite and Referendum* realizado pela seção histórica do Foreign Office (H.M.S.O., Londres, 1920).
64 Cf. Paul MATTER, *Cavour et l'unité italienne (1856-1861)*, Paris, 1927, 3 vol., e Roberto MARTUCCI, *L'invenzione dell'Italia unita*, 1855-1864, Milão, Sansoni, 2000.
65 Notar-se-há, aliás, que as regras do direito do voto para esses plebiscitos de anexação diferiam daquelas adotadas pelas eleições políticas comuns. Enquanto o sufrágio universal masculino era adotado para os plebiscitos, era o sufrágio restrito que continuava a ser adotado habitualmente. Os democratas italianos sublinharão o paradoxo de um país formado pelo sufrágio universal, recusando-se em seguida a pô-lo em prática em sua organização política interna.
66 Cf., sobre esse ponto, as indicações interessantes de J. TRÉSAL., em *Comment la Savoie est devenue française*. Ver também J. TRÉSAL, *L'Annexion de la Savoie à la France (1848-1860)*, Paris, 1913.
67 Cf. André DAVID, *Les Plébiscites et les cessions de territoires*, Paris, 1918 ; J. GIROUD, *Le Plébiscite international. Étude historique et critique de droit des gens*, Le Puy, 1920.

A polarização do político

O cesarismo introduz uma ruptura essencial na herança da cultura política revolucionária. Enquanto essa última desprezava todos os corpos intermediários, quaisquer que fossem, opera-se uma franca dissociação entre o desenvolvimento de um hipercentralismo político e o reconhecimento de uma relativa autonomia da sociedade civil.

A Revolução, como sabemos, declarou guerra aos corpos intermediários. "Não há mais corporações no Estado; há apenas o interesse particular de cada indivíduo e o interesse geral. Não é mais permitido a ninguém inspirar aos cidadãos um interesse intermediário, separar a coisa pública por um espírito de corporação". Resumindo assim o famoso decreto de 14 de junho de 1791 que suprime as maestrias e juramentos, Le Chapelier sugeriu com precisão a natureza da modificação da relação entre Estado e sociedade cujo começo foi marcado pela Revolução. Este anticorporativismo radical não se limitou, evidentemente, à esfera econômica. Ele levou, no domínio social, a privilegiar a organização estatal dos serviços públicos sobre toda forma descentralizada de gestão da solidariedade, e levou na ordem política à negação da legitimidade e da utilidade da existência de clubes e sociedades políticas. É significativo, aliás, que o próprio Le Chapelier tenha elaborado o decreto de setembro de 1791, proibindo tanto os clubes e as sociedades políticas quanto as petições coletivas.[68] De forma mais ampla, é em torno do antipluralismo onipresente que se organizava naquele momento a reforma das instituições e da concepção do viver em conjunto. A base da ideia revolucionária era instaurar uma separação radical entre a esfera privada e a esfera pública, não podendo a última existir senão sob os auspícios de um reino absoluto da generalidade, enquanto as diferenças seriam deixadas ao privado. Essa característica bem conhecida, e frequentemente descrita, tem sido generalizada através da palavra jacobinismo (denominação equivocada, pois é uma característica geral da cultura política revolucionária, na qual se encontravam tanto moderados quanto radicais). Toda uma historiografia, infelizmente dominante, considerou que esse "jacobinismo" atravessou, imutável, toda a história da França. Essa é uma visão falsa e enganosa. Desde o Consulado, Bonaparte rompeu com esse modelo.

---

68 A aplicação do decreto só havia sido suspensa por razões circunstanciais, sendo as sociedades políticas consideradas ainda úteis enquanto a Revolução não tivesse acabado e a nova ordem não estivesse estabilizada.

Se Bonaparte desenvolveu e aperfeiçoou a centralização administrativa, ele não é somente o inventor dos prefeitos de distrito. A relação direta entre o líder e o povo que ele instaura com a fundação do Império também não é suficiente para resumir o modelo colocado em prática. Mesmo tendo prolongado e radicalizado o espírito das instituições revolucionárias nesses dois terrenos, ele reconhece que os corpos intermediários devem ser parcialmente reabilitados na ordem econômica e social. As antigas câmaras de comércio são por isso reestabelecidas em 1802, e câmaras consultivas de manufaturas, fábricas, artesãos e negociantes são criadas em 1803 nas grandes cidades (lei de 22 de Germinal do ano XI). Além disso, várias vozes clamam francamente pelo retorno do conjunto de princípios de organização corporativos, eventualmente modernizados.[69] Apenas algumas raras profissões foram finalmente autorizadas a se reorganizar nesta base, tendo sido o imperador muito hesitante em admiti-lo, encarregando o Conselho de Estado de uma importante missão de reflexão e de proposição sobre o papel das profissões na regulação industrial e social.[70] Não se pode esquecer também do lugar simbólico, frequentemente negligenciado por aqueles que o consideram incompreensível, que ele pretendeu atribuir aos elementos de representação profissional no *Ato Adicional* de 1815.[71] Longe de declarar uma guerra geral aos corpos intermediários, Napoleão compreendeu, ao contrário, que a centralização crescente na ordem política e administrativa não era realizável se não fosse acompanhada de uma autorregulação mais ampla da sociedade civil. Depois de um retorno paradoxal à cultura revolucionária clássica sob a monarquia constitucional, que rejeitou todas as formas de associação, o Segundo Império irá retomar o caminho de inflexão da cultura revolucionária aberto por Napoleão I.

---

69 Podem ser citados alguns textos particularmente importante a consultar : SOUFFLOT DE ME-REY, *Considérations sur le rétablissement des jurandes et des maîtrises*, Paris, 1805 ; VITAL-ROUX, *Rapport sur les jurandes et les maîtrises et sur un projet de statuts et règlements pour M.M. les marchands de vin*, Paris, 1805. Para uma primeira aproximação, ver Jean TULARD, « Le Débat autour du rétablissement des corporations sous le Consulat et L'Empire", in *Histoire du droit social. Mélanges en hommage à Jean Imbert*, Paris, P. U. F., 1989 ; Michel David SIBALIS, « Corporatism After the Corporations : the Debate on Restoring the Guilds under Napoleon I and the Restoration », *French Historical Studies*, vol. XV, n⁰ 4, outono 1988.

70 Cf. REGNAUD DE SAINT-JEAN D'ANGÉLY, *Rapport sur l'excercise de la profession de marchand et des arts et métiers*, Paris, 11 de agosto de 1810.

71 Cf. Paul VISION, « Un essai de représentation professionnelle pendant les Cent-Jours », *la revolution française*, t. 67, julho 1914, e René WARLOMONT, « la représentation économique dans l'acte additionnel aux constitutions de l'Empire », *Revue internationale d'histoire politique et constitutionnelle*, julho-setembro 1954.

O cesarismo combina de maneira original um sistema reforçado de centralização representativa e de polarização política com um reconhecimento até então inédito do papel próprio dos autores coletivos na vida econômica e social. O primeiro eixo é o mais conhecido e mais evidentemente conforme a visão tradicional da especificidade francesa. A partir dos anos 1830, Luís Napoleão, que com certeza leu Tocqueville sobre esse ponto, compreende que o surgimento da democracia resultará numa relação nova entre Estado e sociedade. "Em um governo cuja base é democrática, somente o líder detém o poder governamental; a força moral não deriva de outro senão dele, tudo se dirige diretamente a ele, seja o ódio, seja o amor. Numa tal sociedade, a centralização deve ser mais forte do que em qualquer outra".[72] Ele estava bem longe de compartilhar o ponto de vista, de qualquer forma minoritário na França, dos economistas que advogavam um Estado fraco. "Um governo não é uma *úlcera necessária*, sublinha ele ao contrário, é antes o motor benfazejo de todo organismo social".[73] Esses acentos tipicamente "jacobinos" não devem, contudo, mascarar a segunda dimensão do cesarismo: a afirmação da necessidade de "fundar uma ordem civil" mais autônoma.[74]

O Segundo Império irá, assim, encorajar o desenvolvimento das associações mutualistas e das cooperativas que conheceriam um desenvolvimento espetacular nos anos 1860. Ele vai, sobretudo, colocar fim à proibição do sindicalismo, abolindo em 1864 o crime de associação. Os debates que acompanham a votação dessa célebre lei, que marca uma grande virada na história social francesa, atestam de forma exemplar a dissociação que se opera então nas formas de gestão do político e do social. Émile Ollivier, que relata o projeto diante do Corpo legislativo, não hesita em dizer que a teoria expressa por Le Chapelier constitui "o erro fundamental da Revolução francesa". A Constituinte, explica ele, confundiu as condições de destruição da antiga ordem corporativa com a definição de novos princípios de organização social: "Dela nasceram as más leis de associação, os decretos rigorosos contra as companhias financeiras, as caixas econômicas, as companhias de seguro, de comércio ou de manufaturas. Dela saíram os excessos de centralização[...].

---

72 *Idées napoléoniennes* (1839), in *Œuvres de Napoléon III*, Paris, 1869, t. I, p. 56.

73 *Id.*, p.21. Sobre sua visão de um Estado forte, ver também seu célebre discurso de 15 de outubro de 1852 em Bordeaux.

74 A expressão é empregada por Luís Napoleão em suas *Idées napoléoniennes*. Mas ela já se encontra em NAPOLEÃO I (ver sobre esse ponto sua famosa "Note", inserida em o *Moniteur* de 19 de dezembro de 1808).

A democracia inacabada   183

Não é verdade que existam aí apenas indivíduos, grãos de poeira sem coesão, e a potência coletiva da nação. Entre os dois, como transição de um para o outro, como meio de evitar a compressão do indivíduo pelo Estado, existe o grupo, formado pelas aproximações livres e por acordos voluntários".[75] O espírito de grupo e de associação, diz ele ainda, "desenvolverá no futuro poderes desconhecidos de prosperidade, de riqueza, de trabalho, de ordem e de pacificação". Era então uma linguagem muito nova. Os meios operários serão, naturalmente, muito receptivos a esse tipo de discurso, o que explica a indulgência de alguns de seus elementos com o Império; eles também procuraram organizar uma sociedade civil mais autorregulada.[76] Na ordem administrativa, é preciso também sublinhar que os primeiros projetos descentralizadores foram formulados durante este período. Se os liberais e os republicanos são os primeiros a defendê-los, publicando em 1865 o famoso "Programa de Nancy",[77] é o regime que opera a virada com as leis de 1866 e 1867, que aumentam o papel dos conselhos gerais e dos conselhos municipais. Em 1870, sobretudo, é colocada em funcionamento uma importante comissão de descentralização da qual sairão os grandes projetos das décadas seguintes.[78]

Mas o objetivo de Napoleão III é ligar essa autonomia crescente da sociedade civil a uma centralização política reforçada. Ele nota, nesse espírito: "Se à nossa unidade política, fonte de poder, soubermos unir esta força que nasce do concurso espontâneo dos indivíduos e das associações livres, nossa pátria cumprirá os grandes destinos previstos pelos cidadãos ilustres de 1789".[79] Essa nova equação provoca uma

---

75 Émille OLLIVIER, *Commentaire de la loi 15 mai 1864 sur les coalitions*, Paris, 1864, p. 52. Interrogando-se sobre a obra de Le Chapelier, Émile LAURENT nota : « Não mais monopólio ou privilégio. Mas a vitória não foi completa demais, não se teria sacrificado o bem ao mesmo tempo que o mal? Não se teria imolado com o princípio exclusivo e antiliberal da corporação de ofício ou corporação fechada o princípio tão liberal e tão largo da comunidade ou corparação livre? (*Le Paupérisme et les associations de prévoyance*, Paris, t. I, 1865, p. 6).

76 Na célebre série das "Brochures ouvrières", ver, por exemplo, *L'Organisation des travailleurs par les corporations nouvelles*, Paris, 1861. É também toda a questão das relações entre o proudhonismo e o Império que se estabelece em torno desse tema.

77 Chama-se « Programa de Nancy » a obra *Un projet de décentralisation* (1865). Publicado anonimamente, ele foi sustentado pela maior parte dos notáveis liberais e republicanos que viam na ideia descentralizadora uma alavanca de oposição ao Império.

78 Cf. Brigitte BASDEVANT-GAUDEMET, *La Commission de décentralisation de 1870*, Paris, P. U. F., 1973. Este ponto foi bem sublinhado por Sudhir HAZAREE-SINGH que mostra a importância dos escritos bonapartistas sobre a descentralização (cf. seu capítulo "The Paradoxes of Bonapartist Democracy" da obra *From Subject to Citizen. The Second Empire and the Emergence of Modern French Democracy*, Princeton U. P., 1998).

79 Discurso de Limoges (em 1858), citado por B. BASDEVANT-GAUDEMET, *La Commission de*

consequência maior: a distinção extremamente nítida do civil e do político. Quando faz referência aos direitos conquistados de reunião e de associação, o imperador sublinha com insistência que eles devem ser realizados "fora da política".[80] A lei de 6 de junho de 1868, que marca uma virada política e institucional na história do Segundo Império, ao reestabelecer o direito de reunião, ilustra de forma exemplar esta concepção: ela exclui de forma expressa "as reuniões públicas que têm por objetivo tratar de assuntos políticos". Por que limitar de tal forma o campo da nova liberdade? A exposição de motivos do projeto faz referência ao medo da desordem que poderia resultar dela. O antigo temor de uma agitação popular incontrolável é expresso claramente. Mas não é apenas isso que motiva a restrição do legislador. Ele recusa, sobretudo, toda legitimidade a uma deliberação política espontânea. "Os interesses políticos, expõe ele, têm seus representantes legítimos nos deputados da nação. É apenas a eles que pertence o direito de discutir publicamente as leis, os impostos e os atos do governo. Mandatários legais, independentes e esclarecidos do país, eles são os responsáveis por ouvir e, para fazer conhecer os anseios da população, não são necessárias essas reuniões que servem mais para agitação do que para deliberação".[81] As reuniões políticas públicas seriam apenas "assembleias sem mandado e sem responsabilidade", "contrárias aos princípios do governo representativo". É em nome de uma certa concepção da política e da democracia que a limitação de um certo tipo de liberdade se justifica. Um inegável "liberalismo civil" vai, por esta razão, caminhar ao lado de um não menos notável "iliberalismo político". Isso fica mais evidente se considerarmos a maneira como são tratadas as questões dos partidos políticos e da liberdade de imprensa na visão cesarista da democracia.

"Não existe nenhum poder para além daqueles constituídos pela vontade do povo expressa por seus representantes; não há autoridades senão aquelas delegadas por ele; somente os mandatários revestidos de funções públicas podem agir. É para conservar esse princípio em toda sua pureza que a constituição fez desaparecer todas as corporações e que ela apenas reconheceu o corpo social e os indivíduos". Os termos

---

décentralisation de 1870, op. cit., p. 24.

80 Ver seu importante discurso proferido na abertura da sessão legislativa em 22 de janeiro de 1866, *Annales du Sénat et du Corps législatif*, 1866, t. I, Annexes, p. 2. Napoleão III, foi notado, tinha sempre essa expressão na ponta da língua: "nada de política."

81 *Annales du Sénat et du Corps législatif*, sessão de 1867, t. II. Anexo à sessão de 13 de março de 1867, p. 20. O Relatório de Peyrusse vai na mesma direção: "As reuniões públicas numerosas que saem da condição privada onde as põe a Constituição, nota ele, se levantam contra ela e acabam por destruí-la" (Anexo à sessão de 12 de junho de 1867, *id.*, t. VII, p. 51).

nos quais Le Chapelier apresenta, no dia 29 de setembro de 1791, o decreto que abole as sociedades populares,[82] reproduzem quase literalmente os que ele usou para colocar fora da lei as alianças e as maestrias. Os bonapartistas seguirão totalmente Le Chapelier em sua crítica dos partidos, ao mesmo tempo em que haviam denunciado vivamente seus argumentos aplicados à esfera econômica e social. Sobre esse ponto, a ruptura que eles introduzem nos costumes e nas instituições da II República e da monarquia parlamentar é muito clara. Se o fundo monista da cultura política francesa conduzia, em princípio, a banir os corpos intermediários na ordem política, as coisas eram bem mais flexíveis na prática. Durante a Revolução, as circunstâncias consideradas excepcionais levaram a aceitar nos fatos o que era recusado em teoria.[83] Tanto no fim da Restauração quanto na monarquia de Julho, a formação de comitês eleitorais destinados a organizar e sustentar certas candidaturas partidárias são tolerados.[84] Vemos ainda florescer esses comitês em 1848, sem que se cogite considerá-los ilegítimos e impedir sua ação.[85] O Segundo Império vai, ao contrário, velar por uma aplicação prática mais estrita do imperativo monista.

"Os comitês eleitorais, nota em 1852 o ministro do Interior, Morny, teriam o inconveniente de criar laços prematuros, direitos adquiridos que não fariam senão perturbar a população e retirar toda liberdade".[86] Fato significativo, essa circular endereçada aos prefeitos distritais também os incita a dissuadir os partidários do governo de criar tais tipos de comitê. Para além de todo objetivo imediatamente

---

82 A.P., 1ª série, t. XXXI, p. 617. O decreto de 30 de setembro 1791 estipula: "Nenhuma sociedade, clube, associação de cidadãos pode ter, sob qualquer forma, uma existência política." Le Chapelier comenta: "As sociedades, as reuniões pacíficas de cidadãos, os clubes, não são percebidos pelo Estado. Saem da condição privada onde as põe a Constituição, nota ele, se levantam contra ela e acabam por destruí-la ao invés de defendê-la" (*ibid.*).

83 « Enquanto a revolução durou, diz por exemplo Le Chapelier, essa ordem de coisas foi quase sempre mais útil que nociva" (*id.*). As sociedades populares têm com efeito uma utilidade militante e pedagógica. Mas enquanto Le Chapelier julga que sua dissolução se tornou possível pelo fato de que a "revolução estava terminada", Robespierre as considera circunstancialmente ainda indispensáveis ("Não creio que a revolução tenha terminado", argumenta ele).

84 Os primeiros comitês eleitorais organizados na França foram estabelecidos por ocasião das eleições de 1828 (através da rede da sociedade liberal "Aide-toi, le ciel t'aidera"). Enquanto que o direito de associação e de reunião é muito severamente restringido por uma lei de 1834, os comitês eleitorais continuam a se constituírem sem entraves (eles desempenham um grande papel nas eleições de 1846).

85 O grande debate tinha sido então saber se os comitês eleitorais deveriam ser organizações quase públicas, reunindo todos os republicanos, para designar os candidatos, ou se era admissível que pudesse haver um pluralismo de comitês.

86 Circular aos governadores civis de 20 de janeiro de 1852 publicada em o *Moniteur universel* do mesmo dia.

político, é a própria existência de um órgão intermediário para formatar o voto que é visado. Toda estrutura desse tipo é suspeita de introduzir um viés na expressão da vontade geral. Pressupõe-se assim que o povo deve se manifestar em sua força espontânea e nativa, somente tomando forma autêntica na reflexão imediata dos indivíduos no corpo coletivo. Uma circular de 1857 repete com ênfase a mesma interdição: "Vós não tolereareis a organização de comitês eleitorais. Todos esses meios artificiais de propaganda não têm outro resultado senão o de substituir a influência de alguns chefes ao bom senso imparcial das massas".[87] A hostilidade do regime ao voto de lista encontra sua origem no mesmo raciocínio. Com o voto em lista, tal como ele funcionava na II República, era preciso colocar imperativamente em funcionamento certas instâncias "privadas", fundadas no acordo entre alguns indivíduos, para elaborar as candidaturas. O retorno ao voto uninominal é apresentado pelo regime como a garantia de uma expressão mais livre do sufrágio universal, sem nenhuma interface particular se imiscuindo na organização do voto. É no contexto dessa proscrição vigilante que um processo é movido contra um grupo de jornalistas e notáveis que se reuniram em 1863 para tentar coordenar a ação republicana para as eleições legislativas, organizando uma série de candidaturas de oposição. O processo teve uma repercussão enorme. Qualificado de "processo dos treze", em razão do número de acusados, ele deu oportunidade ao regime para reafirmar solenemente as razões de sua hostilidade à existência de comitês eleitorais e de partidos políticos.[88] Diante dos advogados republicanos que acusam o Império de prejudicar o sufrágio universal, o procurador geral denuncia o que ele qualifica de "administração exterior", que quer se colocar ao lado dos poderes públicos regulares.[89] O comitê eleitoral, insiste ele, está a serviço do "interesse particular de seus membros".[90] Além disso, ele pressupõe uma hierarquia implícita entre os "principais" e um "menu

---

87 « Circular muito confidencial » do ministro do Interior, Billault, aos governadores civis com data de 1º junho de 1857. Reproduzido em Patrick LAGOUEYTE, *Candidature officielle et pratiques électorales sous le Second Empire*, op. cit., t. I, Annexes, p. 11.
88 Cf. *Le Procès des treize*, Paris, 1864 ; *Le Procès des treize en appel*, Paris, 1864 ; *Le Procès des treize en cassation. Question des comités électoraux*, Paris, 1865. Elementos interessantes sobre esse problema dos partidos também se encontram em o *Procès de L'Association internationale des travailleurs*, Paris, julho 1870, 2 vol. Ver, sobre essas questões, Georges-Denis WEIL, *Le Droit d'association et de réunion devant les chambres et les tribunaux*, Paris, 1893, e Paul NOURRISSON, *Histoire de la liberté d'association en France depuis 1789*, Paris, 1920, 2 vol.
89 *Procès des treize em appel*, requisitório do procurador geral, op. cit., p. 335. "A lei, diz ele ainda, não quer um governo dentro do governo."
90 *Procès des treize*, requisitório do advogado imperial, op. cit., p. 112.

popular" que os primeiros seriam encarregados praticamente de guiar e esclarecer, reduzindo a participação eleitoral a uma escolha pré-fabricada por alguns.[91]

Se a denúncia das liberdades desrespeitadas une toda a oposição,[92] os argumentos imperiais têm também um peso inegável. Vários trabalhadores são particularmente muito sensíveis a eles, deplorando que o comitê eleitoral republicano criado para as eleições de 1863 tenha sido essencialmente composto por jornalistas e antigos parlamentares que, na realidade, tenham se constituído em instância de nomeação de candidatos. Qual é, então, o processo democrático de designação de candidatos que merecia ser qualificado como tal? O Império tinha sua resposta: a candidatura oficial. Abertamente escolhido pelos poderes públicos, o candidato oficial não era um homem de um partido, mas o representante do regime enquanto tal; regime que se acreditava democraticamente instituído. Sua nomeação, portanto, não implicava em nenhuma dificuldade. O poder estava perfeitamente legitimado para proceder à escolha dos candidatos. Os eleitores não estavam, nesse caso, convidados a distinguir uma pessoa, mas a sustentar uma política (ou, ao contrário, a criticá-la). A eleição era, desta forma, considerada despersonalizada e, ao mesmo tempo, totalmente política, puramente inscrita na esfera pública, sem nenhuma "parasitagem" de ordem privada. Mas como escolher democraticamente, mesmo num tal contexto, o candidato de oposição? Os republicanos foram sensíveis à dificuldade. Ao ponto em que um de seus líderes, Garnier-Pagès, sugeriu um procedimento muito complicado: os eleitores de cada distrito elegeriam delegados que formariam, em seguida, um comitê central encarregado de nomear os candidatos.[93] A sugestão foi rechaçada, pois era legal e praticamente difícil de colocar em prática. Mas, sobretudo, porque os chefes republicanos, em sua grande maioria, receavam ver impostos candidatos que eles não tivessem apoiado. Carnot assinala que vários eram os que "gostariam que o comitê se formasse de forma um pouco ditatorial".[94] Depois do distúrbio assim criado pela nomeação dos candidatos republicanos em 1863, um tipo de

---

91 Tomados emprestados de Montesquieu, os termos de "povo miúdo" e de "principais" havia sido desajeitadamente utilizados por Arago, um dos advogados dos acusados.
92 Além da defesa dos acusados, ver os desenvolvimentos de Eugène PELLETAN, *Les Treize. Lettre à M. Le substitut Mahler*, Paris, 1864. O autor sublinha que não basta ter o direito de voto e que é preciso ter os meios de exercê-lo. Ele lamenta que o candidato de oposição seja, sob o Império, "um grão de poeira entregue a si mesmo" (p. 28).
93 Projeto relatado pelo interessado durante o processo dos treze em primeira instância (*op. cit.*, p. 17).
94 Relatado por Cariot durante o mesmo processo (*id.*, p.23). Ver também, sobre esse ponto capital, as partes separadas e publicadas pelo substituto do procurador (*Gazette des tribunaux*, 6 e 7 agosto 1864, p. 762-767).

compromisso foi encontrado para as eleições parciais de 1864. Foi admitido pela oposição, sem que ninguém protestasse, que se reuniriam todos que, de uma forma ou de outra, houvessem participado de reuniões para discutir esse tipo de questão. Recenseados em 595, foi previsto que se reunissem para eleger 25 dentre eles que fariam as nomeações. A eleição aconteceu, mas como os líderes republicanos haviam sido descartados pela maioria dos eleitores das primárias, eles agiram para parar o procedimento e designar eles próprios os candidatos! O célebre *Manifeste des soixante [Manifesto dos sessenta]*, que lançou a ideia das candidaturas de trabalhadores, foi redigido em reação a esta forma de subterfúgio.[95]

Assim, o problema de fundo continuava colocado, e não era de nenhuma maneira novo. Ele já havia sido percebido durante a Revolução. Para evitar as manobras e as manipulações, ou seja, a privatização de um processo político, havia sido decidido tornar ilegal o próprio princípio de organização das candidaturas. Os eleitores se encontrariam, assim, totalmente livres para votar em qualquer pessoa! O sistema só se tornara possível, em verdade, graças à existência de uma eleição em dois graus. Apesar disso, ele levava à realização de intermináveis sessões de escrutínios para tentar reduzir progressivamente o número de pessoas que recebiam sufrágios. É claro que várias campanhas dissimuladas e candidaturas organizadas existiam, mesmo que às escondidas. Uma gestão oculta substituía a gestão "privada" das candidaturas. A solução revolucionária, para além da inocência tática que ela implicava, tinha sua lógica: ela consistia em *personalizar radicalmente* a eleição, situando-a em um espaço de escolha que poderia ser considerado como absolutamente não político, sendo os critérios de votos supostamente ligados unicamente à distinção das qualidades intelectuais e morais dos indivíduos.[96] O Segundo Império optou, ao contrário, pela *politização total* da eleição, sobrepondo o Estado e a sociedade política. A polarização do político que resulta desta fusão implica na impossibilidade da existência de qualquer tipo de espaço público entre o Estado e a esfera privada. Ela conduz, ao mesmo tempo, a uma dissociação inédita entre o liberalismo e a democracia. Enquanto existe um espaço público-político distinto do Estado, as liberdades justamente qualificadas de "públicas" (direito de associação, de reunião, de formação livre dos partidos, etc.) participam efetivamente

---

95 Ver igualmente a brochura publicada desde 1861 por quatro operários (CHABAUD, COQUARD, BERTHÉLEMY, VIGUIER), *Le Peuple, L'Empereur et les anciens partis,* que antecipa em certos pontos essa temática.
96 Ver sobre esse ponto todas as indicações dadas por P. GUENIFFEY, *Le Nombre et la Raison, op. cit.*

do funcionamento da democracia. Não há, assim, democracia sem liberdade de associação, sem a existência de partidos livremente formados, etc. Mas tudo acontece diferentemente no contexto de polarização do político que descrevemos em linhas gerais. Existe, nesse caso, um tipo de constituição imediata e global do político que não tem necessidade de nenhum suporte intermediário para se exprimir. É ela que permite desqualificar os partidos e tornar sua ausência indiferente.

O Segundo Império, repitamos, não produziu, sobre esse ponto, nenhuma ruptura com uma certa cultura política francesa. Nós lembramos, por exemplo, as posições de Le Chapelier sobre os clubes políticos. Mas poderíamos citar ainda diversos debates da Convenção e do Diretório sobre o mesmo ponto. Foram apenas as *circunstâncias* que então justificaram, aos olhos de seus atores, a existência e a ação das sociedades patrióticas. Mas sua pretensão em exprimir adequadamente a visão do povo sempre foi intelectualmente rejeitada[97] por representar um risco de concorrência intolerável com os representantes considerados legítimos. "Nosso governo é representativo: ele é composto por homens que o povo escolheu, notara um representante da Convenção. Mas o que são as sociedade populares? Uma associação de homem que se escolhem por sua própria conta".[98] Os defensores do regime de 1852 não fazem nada além de radicalizar uma disposição latente do monismo revolucionário. Eles não lhe opõem mais nenhuma tolerância ou modulações práticas que existiam anteriormente (mesmo tendo o regime aceitado se "liberalizar" um pouco, depois de 1868). Muito claramente perceptíveis no não reconhecimento institucional dos comitês eleitorais e dos partidos políticos na vida eleitoral, essas características da democracia iliberal que constitui o cesarismo aparecem ainda mais salientes quando analisamos as concepções do Segundo Império em matéria de liberdade de imprensa.

A democracia iliberal

"No dia seguinte de uma revolução, diz Luís Napoleão em 1852, a primeira das garantias para um povo não consiste no uso imoderado da tribuna e da imprensa,

---

97 A Convenção rejeita assim vivamente em junho de 1793 o projeto de uma democracia que seria animada por essas sociedades e não organizada pelo funcionamento regular dos poderes constituídos. Cf. o destino reservado a Boissel, que propõe que "as sociedades populares e seus irmãos de tribunas substituam as assembleias primárias" (*Les entretiens du Père Gérard sur la Constitution*, reproduzido in *A.P.*, t. LXVI, p.635).

98 BOURDON (de L'Oise), *A.P.*, t. XCIX, p. 210. Ver também o artigo exemplar de ROEDERER, "Des sociétés populaires", publicado em *Le Républicain* de 30 de Brumário do ano III (20 de novembro de 1794) ; reproduzido em *Oeuvres de Roederer, op. cit.*, t. VII, p. 17-22.

mas no direito de escolher o governo que lhe convém".[99] O que significa dizer que o imperativo democrático é compreendido, ao mesmo tempo, por seu primado em relação ao imperativo liberal e dissociado dele. Enquanto as liberdades individuais clássicas são efetivamente reconhecidas, as liberdades públicas como a liberdade de imprensa são consideradas como insignificantes. O decreto de 17 de fevereiro de 1852, que atribui ao governo uma autoridade discricionária sobre a imprensa, permanece em vigor durante quase todo o regime. É interessante analisar como foram expostos os argumentos levantados para justificar este estado de coisas. Quais são as posições em jogo? Os liberais e os republicanos se referem aos princípios de 1789 para reclamar direitos considerados violados pelo regime. A liberdade forma para eles um contínuo: não existe dissociação imaginável entre a liberdade *individual* de expressão e a liberdade *pública* de imprensa; o reconhecimento da autonomia civil dos indivíduos e a afirmação da legitimidade soberana da opinião pública constituem as duas faces da mesma coisa.[100] Os opositores do Segundo Império reclamam as garantias legais para a liberdade de imprensa, de tal forma que esta última seja preservada de toda intervenção administrativa. No momento mesmo em que se liberaliza em 1860, introduzindo reformas nada desprezíveis,[101] o regime permanece inflexível em matéria de liberdade de imprensa. Os motivos circunstanciais (como o medo de ver a oposição reforçada demais, etc.) pesaram muito, mas é interessante ver como os argumentos doutrinários foram afirmados com insistência e como eles têm uma verdadeira coerência. Sobre esse ponto, a discussão sobre o "droit de l'Adresse" em março de 1866, foi ocasião de um apaixonado confronto.

Diante de Jules Favre e Jules Simon, que retomam a argumentação liberal habitual, os defensores do regime foram levados pela primeira vez a se explicar completamente. O que eles respondem a seus oponentes? Essencialmente, eles opõem a liberdade de imprimir um livro, que prolonga materialmente o direito individual de expressão, à liberdade de imprensa, que tem para eles uma dimensão pública. A liberdade de publicar um livro é um *meio* da liberdade individual, meio perfeitamente neutro.

---

99 Primeira declaração de Luís-Napoleão diante do Corpo legislativo em 1852.

100 Ver, por exemplo, o famoso discurso de Thiers "Les príncipes de 1789" de 26 de fevereiro de 1866 (Discours parlementaires de M. Thiers, Paris, 1881, t. X). Ver igualmente os dois volumes da obra de Jules SIMON, La Liberté, Paris, 1859.

101 O decreto de 24 de novembro de 1860 introduz uma verdadeira inflexão do regime, abrindo caminho para o "Império liberal" pela introdução de formas parlamentares antes inexistentes (direito de dirigir-se ao Governo ; direito de fazer emendas pelo Corpo legislativo; criação de ministros sem pasta defendendo a política do governo perante as Câmaras).

O jornalismo, consideram eles, ao contrário, transforma a natureza da liberdade. O jornalismo - insiste, por exemplo, Rouher - tem "uma existência como ente coletivo", ele constitui "um poder social desenvolvido".[102] Por isso, ele dá um conteúdo *político* à liberdade. Para os bonapartistas, o problema é que esse poder de natureza política que constitui a imprensa não é de tipo representativo, não tem nenhuma legitimidade democrática. Granier de Cassagnac desenvolve longamente esta ideia num discurso muito interessante. "A principal característica da influência da imprensa, diz ele, é carecer completamente de delegação. Ao contrário de todos os poderes regulares, que têm sua raiz e sua delegação na lei constitucional, a imprensa é um poder espontâneo, voluntário, não dependendo senão de si mesmo, de seus interesses, de seus caprichos e de suas ambições. O número dos poderes públicos é limitado, o número dos jornais não; as atribuições desses poderes são definidas, as atribuições da imprensa não têm regra nem medida".[103] A imprensa, segundo uma outra de suas expressões particularmente impressionantes, é praticamente "a rival dos poderes públicos",[104] na medida em que não suporta nenhum limite de legitimidade e de representatividade. Se a imprensa não fosse contida, diz ele ainda, ela seria "uma completa e flagrante usurpação dos poderes públicos".[105] "Sem ter o direito de eleger, ressalta ele, ela procura dirigir as eleições; sem ter o direito de figurar entre os corpos deliberantes, ela procura influenciar as deliberações; sem ter o direito de sentar-se nos conselhos do soberano, ela procura provocar ou prevenir os atos do governo; sem ter recebido nem de um departamento, nem de um distrito, nem de uma comuna, nem de uma aldeia, uma delegação qualquer, ela procura governar a nação; em uma palavra, ela procura substituir sua ação à ação de todos os poderes estabelecidos e legais, sem estar realmente investida de um direito propriamente dito".[106] Os jornais são entendidos nessa perspectiva como "centenas de

---

102 Discurso de 19 de março de 1866, *Annales du Sénat et du Corps législatif*, Paris, 1866, t. III, p.194. Émile Ollivier nota por seu lado : « O livro não exprime mais do que uma opinião individual que cada um pode pesar, adotar ou rejeitar. Há mais no jornal ; é um verdadeiro poder de Estado, exercido sem delegação de ninguém e sem responsabilidade" (*Solutions politiques et sociales*, Paris, 1894, p. 113-114).

103 Discurso de 16 de março de 1866, *Annales du Sénat et du Corps législatif*, op. cit., p. 138.

104 *Id.*, p. 139. "Será que o bom senso, diz ele ainda, não se revolta com a ideia de criar benevolentemente, sem necessidade, ao lado dos poderes existentes, ao lado do Imperador, do senado, do Corpo legislativo, um poder político imenso e novo, que seria doravante independente em sua esfera cuja autoridade delimitada e definida se poria em rivalidade com o governo regular estabelecido por todos?" (*ibid.*).

105 Adolphe Granier de CASSAGNAC, *L'Empereur et la démocratie moderne*, Paris, 1860, p. 21.

106 *Id.*

pequenos Estados dentro do Estado". Um jornal é, então, uma instituição privada que exerce um papel público. É uma potência pública em mãos particulares: o jornalista intervém na vida pública com sua consciência ou seus interesses pessoais como se tivesse um mandato. Ele não é eleito por ninguém, mesmo encarnando um verdadeiro poder social.[107]

O jornal, uma instituição privada? Os bonapartistas se tornam os denunciadores implacáveis do jornal como estrutura capitalista. Granier de Casagnac lhe dá uma definição que não seria renegada por alguns dos modernos críticos da mídia: "Uma sociedade capitalista [que] reúne em torno de si um certo número de escritores de talento".[108] Dizendo de outra forma, o jornal pode ser visto como um poder aristocrático em um mundo democrático. Uma brochura redigida por um homem próximo ao regime tem o título significativo de *L'Aristocratie des journaux et le suffrage universel [A aristocracia dos jornais e o sufrágio universal]*.[109] Os bonapartistas consideram, portanto, plenamente justificado o controle da imprensa. "Os jornais que não representam e não sabem representar outros interesses que não os individuais devem ser submetidos ao interesse geral", dizem eles.[110] Para evitar a concepção de uma impossível eleição de jornalistas, é preciso então vigiá-los. É preciso também opor-lhes a palavra do Estado, que se supõe exprimir adequadamente a vontade geral, já que é originada dela. Não é surpreendente que o regime tenha pensado um momento em lançar um jornal muito barato para dar espaço à palavra pública.[111] É toda uma visão do público que está em causa na concepção cesarista do político. O

---

107 "Onde está, nessa constituição da imprensa periódica, o direito político e a delegação do país, pergunta ele? Onde está, para esses capitalistas ou para esses escritores, não tendo outros vínculos além de seu interesse e suas afinidades, a investidura que faria deles os diretores, os controladores dos corpos políticos, os juízes do governo? Onde está esse sacerdócio, de que os jornalistas falam de tempos em tempos? Que se diga como a imprensa periódica poderia dominar todos os poderes públicos, sem possuir as prerrogativas do menor dentre eles?" (*id.*, p. 22). Este já era o argumento central empregado sob a Restauração pelos adversários da liberdade de imprensa. "Para ser deputado, é preciso ser o preferido dos eleitores, diziam eles ; o jornalista se investe ele próprio de seu ministério temível" (citado por É. OLLIVIER, *Solutions politiques et sociales, op. cit.*, p. 114).

108 *L'Empereur et la démocratie moderne, op. cit.*, p. 22.

109 Paris, 1864. O autor denuncia com violência "o direito abusivo de que se arrogaram os jornais de dirigir o sufrágio universal (*id.*, p. 5). "O exercício da liberdade de imprensa, insiste por seu lado Cassagnac, é uma faculdade eminentemente aristocrática, no sentido de que ela supõe a reunião sempre difícil e rara de certos capitais e de certos talentos (*id.*, p. 24).

110 *Ibid.*, p.23.

111 Cf., sobre esse ponto, Émile de GIRADIN, "L'État journaliste", in *Force ou richesse. Question de 1864*, Paris, p. 575-582. A expressão « Estado jornalista » tinha sido lançada por Havin, o diretor do jornal republicano de oposição *Le Siècle*.

público não é nunca compreendido como um espaço de interação e reflexão entre os grupos e os indivíduos; ele é apreendido apenas como uma instituição legal fixa. Isto aparece de forma muito sintomática na concepção que o regime tinha da publicação dos relatórios da atividade parlamentar.

O artigo 42 da Constituição de 1852 nota com precisão: "A apresentação dos relatórios das sessões do Corpo legislativo pelos jornais, ou por qualquer outro meio de publicação, consistirá apenas na reprodução da ata, elaborada no final de cada sessão, aos cuidados do Presidente do Corpo legislativo". Podemos achar *a priori* surpreendente que uma tal disposição figurasse em um texto constitucional. O regime lhe atribuía, portanto, uma grande importância.[112] Mas a razão dessa atenção maníaca se esclarece à luz do que expusemos: o desafio é operar um controle absoluto deste espaço público por excelência que constitui o parlamento. Uma circular o explica claramente: a substituição do próprio texto por um comentário jornalístico "removeria da sessão do Corpo legislativo sua fisionomia verdadeira", exagerando ou amenizando os pontos de vista expostos.[113] O dispositivo limitador se mantém e é mesmo reforçado quando são publicados na íntegra, após 1861, dos relatórios estenográficos oficiais dos debates parlamentares.[114] Torna-se rigorosamente proibido publicar trechos dos debates escolhidos por um jornal.[115] Somente a publicação *in extenso* é autorizada, tendo o jornal que se comprometer a continuar a publicar por vários dias os debates caso se prolongassem por diversas sessões. O grande jurista do regime, Troplong, justifica esta exigência ao notar que: "Um jornal, por cortes oportunistas e arranjos arbitrários, poderia refazer por assim dizer toda a sessão, e adaptaria todas as discussões ao ponto de vista de seu partido".[116] O público só poderia existir, em outros termos, se unido ao oficial.

---

112 O decreto orgânico de 17 de fevereiro de 1852 previa sanções financeiras muito pesadas para toda contravenção ao artigo 42.
113 Circular de 27 de março de 1852. Reproduzido em Eugène PIERRE, *Traité de droit politique, électoral et parlementaire*, Paris, 2ª ed., 1902, t. I, p. 1109.
114 Até 1861, somente os registros resumidos dos debates estavam disponíveis.
115 *Senatus-consulte* de 2 de fevereiro de 1861 modificando o artigo 42 da Constituição. Se diversas questões tinham estado na ordem do dia em uma mesma sessão, era no entanto permitido publicar somente os registros resumidos dos debates relativos a um dos pontos.
116 Relatório de 29 de janeiro de 1861. Reproduzido em J. B. DUVERGIER, *Collection complète des lois, décrets, ordonnances, règlements et avis du conseil d'État*, Pairs, 1861, t. LXI, p.53. "Os atos da política, diz ele ainda, são a realização frequentemente penosa de um dever social; eles não são feitos para serem transformados a cada manhã em paródia, como se se tratasse das cenas imaginárias do teatro" (*id.*, p. 54).

A liberdade política, como liberdade pública, não poderia ter nenhum lugar nesse contexto. "A liberdade política, escreve Émile Ollivier, que consiste em fazer os jornais, os clubes, as eleições, se não for a simples garantia de uma liberdade social existente, não é mais que um privilégio perigoso, uma máquina de conturbações e de exploração ao serviço de políticos do alto e de baixo, que podem tornar-se deputados ou criar jornais".[117] Essa era uma nova forma de criar uma distinção entre a liberdade dos Antigos e a dos Modernos. Enquanto os liberais como Benjamin Constant e Guizot a compreendiam como um *fato de civilização*, o cidadão se desfazendo lentamente diante da ascensão do indivíduo privado, os bonapartistas a concebem como um modo de polarização crescente do político que estende a esfera privada e instaura um corte entre o civil e o político que nenhum espaço público pode reduzir. Nesse sentido, o cesarismo está fundado em uma verdadeira teoria da democracia iliberal e ele encarna, portanto, uma patologia particularmente perniciosa da democracia.

Cesarismo: a palavra é utilizada nos primeiros meses que se seguem ao golpe de Estado de 2 de dezembro de 1851 para caracterizar o novo regime. Ela permite associar de forma adequada a lembrança das ditaduras antigas e a forma imperial do século XIX. É também um meio de atacar o regime sem utilizar o termo "bonapartismo", de uso corrente desde a Restauração,[118] que não tinha mais relevância. A publicação da *Histoire de Jules César* [História de Júlio César] de Napoleão III consagrou definitivamente a expressão.[119] Mas, enquanto a palavra se impôs, seu objeto continua singularmente fluido. Para além da remissão à ideia de um poder pessoal e autoritário, que é evidente, é surpreendente constatar que os detratores do regime se contentam em associar a ele dois elementos antinômicos, a democracia e o despotismo, sem explicar o sentido desta contradição. "O cesarismo, nota por exemplo Jules Simon, é a democracia sem as liberdades". Os grandes dicionários da época limitam-se ao reconhecimento dessa justaposição estranha. Assim, o Larousse escreve que "é uma das formas progressivas do despotismo". Somente Émile Littré é um pouco mais preciso: "Criou-se a palavra cesarismo para designar uma dominação que, comprimindo a liberdade, dá como forma de compensação

---

117 É. OLLIVIER, *L'Empire liberal*, op. cit., t. V, p. 100.
118 O termo "bonapartismo" é utilizado pela primeira vez em 1816 segundo Berke VARDAR, *Structure fondamentale du vocabulaire social et politique en France, de 1815 à 1830*, Istambul, 1973.
119 Sobre o uso da palavra cesarismo no Segundo Império, ver Jean DUBOIS, *Le Vocabulaire politique et social en France de 1869 à 1872*, Paris, 1962, e Salvo MASTELLONE, "Imperialismo e cesarismo", *Il pensiero politico*, vol. XI, n⁰ 2, 1978.

uma certa satisfação aos interesses da democracia". Ao introduzir a ideia de um tipo de troca perversa entre os dois elementos, Littré abre o caminho ao que se tornará rapidamente a matriz da crítica republicana. Ela acentua essencialmente o caráter manipulador e enganador das formas democráticas que o cesarismo gaba-se de instaurar. Entre todos os opositores do regime, sua estranha coexistência é explicada como uma questão de "habilidade", "mentira" e "dissimulação". No início do século, Benjamin Constant se limitara a falar em "usurpação" para denunciar Napoleão. Poucos são os contemporâneos que foram mais longe em sua análise.[120]

Tocqueville é uma exceção entre eles. Na primeira parte de *La Démocratie em Amérique* [*A democracia na América*] (publicada em 1835), ele emprega o termo *tirania legítima* para designar o que lhe parece constituir uma "estranha descoberta" da Europa moderna.[121] A questão da reversão da democracia contra as liberdades é, como sabemos, central em sua obra. Mas Tocqueville acentua sobretudo os traços perversos da *sociedade* democrática, na qual o papel exacerbado do Estado engendrado pela individualização do social conduz à limitação das liberdades. Ele não tratou verdadeiramente a "tirania legítima" como uma forma política constituinte de um tipo particular de democracia.[122] Tocqueville pensa sempre na democracia no singular. Como vários de seus contemporâneos mais conservadores, ele concebia de forma muito banal que a democracia é *por essência* iliberal, o poder do número levando naturalmente ao risco do transbordamento do povo ou a comportamentos demagógicos por parte do poder. Aquele que é de alguma forma seu homólogo inglês, Bagehot, é um dos poucos contemporâneos a tentar conceitualizar positivamente o cesarismo moderno.[123] Ele enfatizou as condições nas quais o princípio representativo levaria à transformação da natureza do despotismo tradicional e a pressupor uma fusão cognitiva do príncipe e do povo (ele definiu o novo César como um *"representante onisciente"*). Bagehot continua,

---

[120] Marx se contenta por exemplo em falar banalmente de "ditadura" ou de "governo forte e absoluto", baseando em sua obra *Le 18-Brumaire de Louis-Napoléon* toda sua análise do bonapartismo nas características sociais do regime (supostamente apoiado nos "campesinos parcelares"). Cf. Maximilien RUBEL, *Karl Marx devant le bonapartisme*, Paris, 1960, e Wolfang WIPPERMANN, *Die Bonapartismusttheorie von Marx und Engels*, Sturttgart, 1983.

[121] Alexis de TOCQUEVILLE, *De la Démocratie en Amérique*, Paris, Gallimard, 1961, t. I, p. 413. Ver, sobre esse ponto, os comentários de Melvin RICHTER. « Toward a Concept of Political Illegitimacy. Bonapartist Dictatorship and Democratic Legitimacy", *Political Theory*, maio de 1982.

[122] Ele tinha estado no entanto suficientemente interessado pela questão para considerar, por volta de 1850-1851, dedicar um ensaio a Napoleão e ao bonapartismo.

[123] Walter BAGEHOT, "Caesareanism As it Now Exists", *The Economist*, 4 março 1865, incluso em seus *Collected Works*, editado por *The Economist*, Londres, 1965-1986, t. IV, p. 111-116.

portanto, a considerar *in fine* como algo inevitável a degradação do ideal democrático em cesarismo.[124] Como quase todos os liberais de seu tempo, ele não compreendeu a questão central das condições de reversão da democracia contra ela mesma. Ele pensa, no fundo, que o liberalismo e a democracia são por princípio antagonistas. Dito de outro modo, nele não há uma reflexão democrática sobre a perversão democrática. É nisso que se encontra a raiz da dificuldade dos liberais em pensar verdadeiramente o cesarismo. Diante dos partidários do regime, que viam no "cesarismo democrático" (Troplong), ou na "democracia cesarista" (Émile Ollivier),[125] a forma completa e viável do ideal político moderno, os liberais foram incapazes de discutir em seus próprios termos o conceito.

Não podemos nos contentar em considerar o cesarismo como a coexistência perversa de dois elementos. É preciso ir mais além de Fareed Zakaria, que revive de fato a crítica liberal do século XIX. O termo democracia iliberal só é interessante se não se limitar ao caráter descritivo de seu enunciado. Para tanto, é importante aprofundar a natureza da razão iliberal que está em obra nessa forma política. O caráter marcante do cesarismo é definido pela redução das liberdades públicas *em nome* de uma certa concepção da exigência democrática.[126] Não se trata apenas de uma simples contradição que pode ser ou não dissimulada. A democracia iliberal é, nesse sentido, uma patologia *interna* da ideia democrática. Ela procede de três elementos que analisamos. A pretensão, a princípio, de reduzir a indeterminação democrática através de uma filosofia e de uma prática da representação-encarnação. A afirmação, em seguida, da ilegitimidade de toda definição do público que ultrapasse o espaço das instituições legais. E, por fim, a rejeição de todos os corpos intermediários políticos acusados de perturbar a expressão autêntica da vontade geral. Assim, a democracia iliberal radicaliza o monismo revolucionário ao associá-lo a uma resolução utópica do problema da representação.

---

124 Ele nota assim que o Segundo Império constitui *"the best finished democracy which the world has ever seen"* (art. citado, p.112).

125 Ele discute a noção de "democracia cesariana", para criticá-la aliás, em um artigo de 1866. Cf. Émile OLLIVIER, *Le 19 janvier. Compte rendu aux électeurs de la 3a circonscription de la Seine*, Paris, 1869, p. 281-287.

126 Pode-se se remeter sobre esse ponto às reflexões pioneiras de Gehard LEIBHOLZ que analisa no entre-guerras o bonapartismo como uma "democracia autoritária" ou uma "democracia massiva". "A combinação do liberalismo e da democracia, nota ele, não tem um caráter de necessidade inelutável (...). A democracia se aliou no curso da história com elementos antiliberais" ("La nature et les formes de la démocratie", *Archives de philosophie du droit et de sociologie juridique*, n⁰ 3-4, 1936, p. 136).

Esses traços do cesarismo como expressão de uma democracia iliberal talvez tenham sido mal compreendidos pelos contemporâneos pelo simples fato do regime ter sido teorizado apenas muito tardiamente. Foi somente em 1870, e mesmo posteriormente de certa maneira, que a doutrina do apelo ao povo foi claramente formulada. O regime tendeu, de fato, a ser reduzido a suas diversas práticas, sem que nenhuma outra coerência além de uma pressuposta estratégia maquiavélica de dissimulação fosse discernida. O Segundo Império, é verdade, foi apresentado por muito tempo como uma *síntese histórica* original da história da França, e não como uma *solução teórica* às aporias da democracia moderna. "O povo e o imperador formam a síntese definitiva de nossa revolução imortal", diz, por exemplo, Cunéo d'Ornano.[127] Troplong, no mesmo espírito, vê Napoleão III como "o conciliador de dois séculos e de dois espíritos; o laço de união do poder e do povo, o símbolo monárquico da democracia organizada".[128] A insistência na superação da contradição entre república e monarquia, assim como a pretensão de superar o antagonismo entre hereditariedade e democracia, polarizaram amplamente a atenção dos contemporâneos. Do mesmo modo, tais problemas permaneceram no centro da divisão do movimento bonapartista depois de 1870, sendo o princípio plebiscitário para alguns compatível com a forma republicana, enquanto outros pensavam que a forma imperial constituía o elemento determinante.[129] Mas, em todos os casos, os diversos herdeiros do Segundo Império se referiam a uma mesma forma de democracia iliberal. Por isso, eles continuaram no conjunto a dar consistência a uma das mais graves ameaças capazes de perverter o ideal democrático.

---

127 Gustave CUNÉO D'ORNANO, *Le Peuple et L'empereur*, Paris, 1875, p. 6.
128 Raymond-Théodore TROPLONG, *Rapport sur le senatus-consulte soumis aux déliberations du Sénat, pour demander le rétablissement de l'Empire* (6 de novembro de 1852), in *Documents historiques relatifs au rétablissement de L'Empire*, Paris, 1852, p. 20.
129 Para uma primeira aproximação, ver John ROTHNEY, *Bonapartism after Sedan*, Ithaca, Cornell University Press, 1969, e Haren OFFEN, *Paul de Cassagnac and the Authoritarian Tradition in Nineteenth-Century France*, New York, Garland Publishing, 1991.

Segunda parte

Uma democracia média

A IMPOSSÍVEL REPÚBLICA ABSOLUTA
A REVOLUÇÃO SILENCIOSA DO MANDATO
A QUESTÃO DO REFERENDO
AS CÂMARAS, A RUA E A OPINIÃO
A REPÚBLICA E A OFICINA
DIFERENÇAS E REPETIÇÕES

VI. A impossível república absoluta

Afinal, como erigir em torno do sufrágio universal um regime sólido e estável ao mesmo tempo? Esse é o problema que os pais fundadores estão dispostos a resolver. E adentram na era de uma *política ordinária* para, finalmente, realizar de modo apaziguado a promessa de 1789, afastando a possibilidade do retorno dos erros e dos exageros que se sucederam durante quase um século. Para compreender o universo político de Littré, Grévy, Ferry e Gambetta, não se deve jamais esquecer que dois espectros atormentavam-nos: o cesarismo e a revolução social. Nos anos 1870 e 1880, as lembranças do Império ainda estão próximas, assim como o episódio da Comuna continua inspirando repulsa. Em cada momento um desvio da soberania do povo é motivo para acusar a condução do país ao abismo. Desse ponto de vista, o problema dessa geração republicana não é muito diferente daquele com que se tinham inicialmente confrontado os liberais de 1830. Depois da insurreição vitoriosa de Julho, esses últimos não puderam mais se contentar em se abrigarem atrás da confortável doutrina da soberania da razão para distanciar o perigo revolucionário excluíndo as massas da vida política. A evidência do papel de comando da intervenção popular na fundação do novo regime os convidou a reformular a questão da soberania. Mas os homens fortes do regime de Julho estavam confortavelmente satisfeitos, a exemplo de Guizot ou de Thiers, como vimos, em considerar o poder do povo como puramente contingente, consequência acidental dos eventos. Frente a seus opositores que exigiam a ampliação do sufrágio em nome de uma "soberania nacional" efetivamente exercida,[1] eles só souberam brandir o espantalho da anarquia, fazendo da palavra de ordem "resistência" a chave de sua política de reação indissociável de sua visão limitada de mundo. Alguns esforços haviam sido feitos para encontrar uma maneira coerente de rejeitar o poder ameaçador do número, reconhecendo ao mesmo tempo que a coletividade devia ser dona de seu destino. Royer-Collard, nós já mencionamos, havia chegado a dizer em 1831: "Há duas soberanias do povo, uma verdadeira, a outra falsa".[2] Legando ao desprezo essa que constituía aos seus olhos um "símbolo grosseiro da força", ele havia conclamado de modo sibilino ao reconhecimento daquela que "ordena a força sob as leis da justiça". Por seu turno, Guizot havia se esquivado da questão, falando obscuramente da "soberania social organizada", concedendo por aí ao menos o benefício da palavra a seus opositores. Mas essas prudências e pequenas concessões não foram muito longe sob a monarquia de Julho. Assim, os constituintes de 1875 são constrangidos a adotar uma maior audácia e clareza. Com efeito, o sufrágio universal tornou-se uma conquista que ninguém pode mais seriamente pensar em contestar, qualquer que seja a profundidade das dúvidas e reticências que subsistam em muitos. Então, como aceitar esse poder social evitando seu possível iliberalismo? Como uma "força brutal" pode gerar "força regulada", como transformar uma "engrenagem da revolução" em um "instrumento político", para retomar os termos de um Édouard Laboulaye?[3] Essas são as questões de toda uma geração. E com ela, uma página decisiva da história é virada. À distância das caricaturas e das utopias que se sucederam sob as diferentes espécies de ordem capacitária, da cultura de insurreição, da ideologia do governo direto e do cesarismo, essa geração vai "fazer a revolução acontecer" [*"faire entrer la révolution au port"*], para retomar a feliz fórmula de François Furet. O tempo das instituições seguirá aquele das experiências infelizes.

Pensando bem, é assim que desde 1870 se encerra nos fatos o teatro político excepcional na França, com o traçado de uma rota que se mantém à parte das

---

1 Cf. Por exemplo, a introdução de Jacques François Dupont ao primeiro número da *Revue républicaine:* "A necessidade do voto universal se resume em nossa língua política por essas palavras sintéticas: soberania nacional" (t. I, 1834, p. 25).
2 Discurso de 4 de outubro de 1831, *A.P.*, 2e série, t. LXX, p. 361.
3 Citado na tese de André DAUTERIBES, *Les Idées politiques d'Édouard Laboulaye, 1811-1883*, Université de Montpellier-I, t. I, 1989, p. 374.

perversões e tentações precedentes. Contudo, o novo regime não escapa às aderências do passado. Obcecado pela preocupação de se manter à distância dos limites ameaçadores da democracia, ele permanece fortemente prudente em sua celebração do papel de comandante da vontade popular. Os pais fundadores se apoiam desse modo em uma filosofia muito restritiva do governo representativo, próxima da elaboração feita alguns anos mais cedo por John Stuart Mill, na Inglaterra. A obra chave desse último, abundantemente lida e comentada na França no final dos anos 1860,[4] mantém-se bastante próxima em sua exposição do ideal dos republicanos americanos e termidorianos franceses. Para ele, o melhor regime é um governo de tipo misto, composto de duas câmaras, na qual a intervenção popular é reconhecida mas limitada à eleição dos representantes, esses últimos sendo beneficiários de uma completa liberdade de ação. Por outro lado, toda sua abordagem é animada por uma viva desconfiança da "falsa democracia", não imaginando que o poder pudesse não pertencer à "minoria esclarecida". Mais audacioso que um Guizot e mais aberto, em todo caso, à ideia de reformas necessárias, ele inscreve-se no horizonte de um liberalismo altamente suspeito diante da soberania do povo. Se a seus olhos "o ideal da melhor forma de governo é o governo representativo",[5] ele distingue fortemente este último de um regime que poderia ser qualificado como propriamente democrático.

Littré, Ferry e Gambetta compartilhavam dessa visão, à qual eles deram uma interpretação "de esquerda". Com eles, juristas e filósofos próximos do regime teorizam nesse espírito sobre novas instituições em torno do conceito de soberania da nação e reformulam paralelamente a perspectiva sociológica de um governo capacitário. Desse modo, eles elaboram o projeto que poderíamos chamar de uma "República absoluta".[6]

A soberania da nação

Em primeiro lugar os pais fundadores vão distinguir a nação e o povo. De um lado, a coletividade organizada, a potência tranquilizadora, de outro a multidão inorgânica e ameaçadora. Distinção esta que, por sua vez, é relativamente nova. Com

---

4   John Stuart Mill, *Le Gouvernement représentatif*, Paris, 1865, chap. III. Ver o importante prefácio de Charles Dupont-White à edição dessa tradução francesa. Cf. igualmente Denis F. Thompson, *John Stuart Mill and Representative Government*, Princeton UP, 1976.
5   É o título que Mill dá a um dos mais célebres capítulos de seu tratado.
6   Tomo emprestada a expressão do título do belo livro de Odile Rudelle, *La République absolue. Aux origines de l'instabilité constitutionnelle de la France républicaine, 1870-1879*, Paris, Publications de la Sorbonne, 1982.

efeito, ambos os termos foram completamente confundidos durante a Revolução e seguiram sendo nos anos 1830. Cormenin, que era um dos grandes juristas da época e ao mesmo tempo um ardente republicano, fala sem diferenciar soberania do povo e soberania da nação.[7] Podemos recorrer retrospectivamente a alguns autores que contrariam essa apreciação. Por exemplo, Firmin Laferrière escreve que a soberania da nação define o regime dos poderes constitucionais organizados, ao passo que a soberania do povo só toma seu verdadeiro sentido como força imediata e sem regra, que surge no momento das revoluções. A primeira é um poder, enquanto a segunda é apenas um fato social inscrito totalmente no evento que lhe dá consistência súbita, bem como o leva a definhar brutalmente.[8] Porém, essas formulações não são nada elaboradas. Os líderes de Julho não desenvolveram verdadeiramente, como se sugere algumas vezes, a diferença entre as duas soberanias. Eles se detinham, sobretudo, em desconstruir ou repelir o conceito mesmo de soberania.

No fim do século, muitos autores continuarão a recusar essa noção de soberania, tanto à direita como à esquerda, no espírito liberal clássico como na perspectiva proudhoniana.[9] A potência e a justeza de seus argumentos poderiam seduzir intelectualmente,[10] mas a cultura política republicana não poderia apoiar-se em visões demasiadamente modestas do político. Era preciso reconhecer-lhe uma potência antes de pensar em limitá-la, criar o lugar do mito fundador da democracia e não desencorajar *a priori* o culto. Os republicanos deviam ao menos considerar a democracia como uma religião na falta de saber, ou de querer, inventá-la como regime. A obra de Adhémar Esmein exerce aqui um papel decisivo para ligar a tradição revolucionária francesa à visão de uma democracia limitada. A ideia de soberania nacional, que está no centro de sua obra, marca uma virada.

Ele inaugura um novo tipo de figura no debate das ideias políticas, a do professor. Com ele, os universitários começam a substituir os publicistas. Mas,

---

7   Cf. *Lettre de M. Cormenin sur la charte et la pairie*, Paris, 1831, assim como *Lettres de Messieurs de Saint-Roman et de Cormenin sur la souveraineté du peuple*, Paris, 1832.
8   Firmin LAFERRIÈRE, *Cours de droit public et administratif*, Paris, 1839 (ver o capítulo «Souveraineté du peuple» que abre o curso).
9   Ver, por exemplo, do lado liberal Edmond VILLEY, "La souveraineté nationale", *Revue du droit public et de la science politique en France et à l'étranger* (doravante *Revue du droit public*), t. XXI, janeiro-fevereiro 1904, ou ainda Charles Benoist. De outro lado, a grande crítica jurídica do conceito de soberania se encontra na obra de Léon Duguit (que lhe opõe o conceito de solidariedade).
10 Um filósofo como Charles Renouvier aplaudia então todas as estigmatizações da vontade geral como "ficção metafísica", estimando que a noção de soberania do povo "mergulha em insolúveis enigmas de política teórica". Cf., sobre este ponto, a tese citada de Marie-Claude FIGEAT-BLAIS.

paradoxalmente, não é a ciência do jurista que será mobilizada para repensar a soberania. Se a aparição, em 1896, dos *Éléments de droit constitutionnel [Elementos de direito constituicional]* marca uma data chave, sua obra magistral, não podendo ser comparada a qualquer outra no século XIX, nem mesmo àquela de Pellegrino Rossi, muito menos documentada e muito menos poderosa conceitualmente, é com efeito dos historiadores e dos sociólogos que Esmein toma emprestado sua ideia maior. "A sociologia e a história mostram, escreve ele, [...] que cada nação tem verdadeiramente um tipo de vida própria, distinta das vidas adicionadas dos indivíduos que a compõem a um dado momento, onde se combinam a atividade e o pensamento das gerações passadas com as da geração presente; onde se prepara a sorte das gerações futuras".[11] Suas referências? Renan é explicitamente citado várias vezes. Mas transparecem também as leituras, normais para a época, de Spencer e de Fouillée. Se a nação é definida dessa forma, ela não é uma pessoa real e não pode ter vontade própria. De tal modo, ninguém pode pretender falar em seu nome e representá-la adequadamente. Menos ainda porque a expressão imediata da simples vontade de todos demandaria uma unanimidade que nunca existiu.[12]

Esmein não era o primeiro a estimar que a falta de unanimidade deveria conduzir a uma abordagem que se poderia qualificar como *prudencial* da soberania. Esse foi por muito tempo um grande *topos* liberal. "O objetivo de uma constituição livre, escrevia por exemplo Sismondi, é o de impedir a nação de confundir a soberania com a onipotência que não lhe pertence quando ela não é unânime".[13] Mas apoiando essa reserva em uma visão nova da nação, Esmein redobra seu escopo. No lugar de convidar seus contemporâneos a conter uma potência julgada perigosa, ele faz derivar o imperativo liberal de uma relativização histórica e sociológica. Ao

---

11 Adhémar ESMEIN, *Élements de droit constitutionnel*, 8ᵉ éd., Paris, t. I, 1927, p. 315-316.
12 Esmein publicará um estudo sobre essa questão: *"L'unanimité et la majorité dans les élections canoniques"* (*Mélanges Fitting*, Paris, 1908, t. I.).
13 Jean Charles Léonard SISMONDI, *Recherches sur lês constitutions des peuples libres*, Genève, Librairie Droz, 1965, p. 91. Ver o conjunto do capítulo II, « De la souveraineté du peuple ». "Para reconhecer o povo como o detentor do poder soberano, notava por seu lado Henry Fondrède, um influente publicista dos anos 1830 e 1840 de Bordeaux, somos obrigados a considerá-lo como revestido de uma unidade compacta, de lhe supor uma vontade *única* e *completa*, enquanto há nele sempre no mínimo duas vontades, a da maioria e a da minoria; e enquanto muitas vezes nem uma nem outra é um ato de volição moral e completa capaz de fazer lei; de modo que sobre muitas questões, não há realmente nem maioria, nem minoria, nem unanimidade: é um vasto caos fracionado em mil determinações incompletas, incapazes de decidir qualquer coisa" (Henry FONDRÈDE, *De la société, du gouvernement et de l'administration, in Oeuvres de Henry Fondrède*, Bordeaux, 1844, t. I, p. 63). Ver o conjunto do livro III, "De la souveraineté".

povo múltiplo e volúvel, infigurável em sua totalidade concreta visto que sempre subsistem vidas e vozes que não são tidas em conta (este será o caso das crianças ou das mulheres então excluídas das urnas), se substitui assim o corpo denso da nação, cuja completude só pode proceder de uma interpretação e de uma reconstrução, erigindo-a em sujeito de natureza abstrata. Potência "teórica" da nação e limitação "prática" do poder do povo seguirão paralelamente sobre essa base.

O funcionamento das instituições da III República inscreve-se perfeitamente nesse quadro de uma "democracia limitada". Aliás, o reconhecimento dessa soberania da nação teria inclusive podido se acomodar a uma restrição do direito de sufrágio. Sabe-se dessa maneira que certos constituintes de 1875 teriam por um momento afagado a ideia de um retorno a uma forma de sufrágio limitado ou controlado.[14] Evidentemente, se não é mais essa a questão, no mínimo em termos constitucionais, pois fortes reservas intelectuais continuam, por seu turno, a serem frequentemente formuladas em livros e revistas, não deixa de subsistir uma desconfiança latente diante do sufrágio universal. Essa desconfiança se traduziu em um conjunto de disposições ou de recusas. Seria fazer um outro livro, que, aliás, precisa ser escrito, retomar de maneira sistemática todos os elementos que constituem sobre esse ponto o tipo de parlamentarismo que caracterizou a III República. A lista seria longa para estabelecer todas as técnicas constitucionais utilizadas para afastar a intervenção popular e ao mesmo tempo consagrar o poder parlamentar.

Não seria certo reduzir a obra de Esmein a uma vulgar empresa ideológica de legitimação do governo representativo. Menos ainda porque, como muitos de seus pares das faculdades de direito, pretendia enfrentar um duplo combate: afastar o perigo do poder popular, mas também contestar as pretensões consideradas excessivas dos eleitos do povo de rejeitar todo controle sob o pretexto de que eles encarnariam legitimamente a vontade geral.[15] Ademais, a soberania da nação conduzia ao fortalecimento do Estado mais que do Parlamento. Toda a construção dos *Éléments de droit constitutionnel [Elementos de direito constituicional]* encaminha-se para fazer do Estado a personificação da nação. "O Estado confunde-se com a soberania, sendo esta a sua qualidade essencial", concluira ele. Mas a doutrina da

---

14 Cf. "Le catalogue des nostalgies", in *Le Sacre du citoyen*, op. cit., p.315-323.
15 Ver sobre esse ponto o livro importante de Marie-Joëlle REDOR, *De l'État legal à l'État de droit. L'évolution des conceptions de La doctrine publiciste française, 1879-1914*, Paris, Économica, 1992, assim como seu artigo "C'est la faute à Rousseau… les juristes contre les parlementaires sous la Troisième République », *Politix*, nº 32, 4º trimestre de 1995.

soberania nacional não participou de maneira menos central da legitimização *negativa* do parlamentarismo, face aos críticos que poderiam parecer como os mais ameaçadores: os que vinham da esquerda.

Esmein não limitou sua empreitada a uma reformulação da questão da soberania. Ele propôs também uma reinterpretação de toda a história constitucional francesa. Diferente dos doutrinários que haviam desqualificado em sua totalidade o pensamento político revolucionário, ele vai erigir os princípios de 1791 como uma referência positiva central.[16] Para ele, as ideias modernas de soberania nacional e de governo representativo estão já contidas na primeira Constituição. "A soberania é una, indivisível, incontestável e imprescritível. Ela pertence à Nação; nenhuma seção do povo, nem qualquer indivíduo, pode atribuir a si próprio seu exercício": tudo já está dito, para Esmein, no célebre artigo da Constituição de 1791. A ideia do duplo caráter indissociavelmente impessoal e coletivo da soberania é aqui claramente formulada. Se a soberania reside em um todo reunido, do qual nenhum grupo ou nenhuma seção do povo pode se apropriar, ela é, portanto, de uma ordem diferente daquela que poderia resultar da perspectiva rousseauniana de um contrato social organizador do poder coletivo. Ela é ao mesmo tempo a manifestação de uma potência e o princípio de uma limitação de todas as pretensões a falarem em nome da totalidade social. A soberania da nação é também, por esse motivo, indissociável da forma representativa do governo, visto que a formação do interesse geral somente pode resultar de uma interpretação e de uma formação organizada. Ela é ao mesmo tempo democrática e liberal, para dizer as coisas de outra maneira.

Assim, não há qualquer necessidade de inventar novos princípios para fundar a república representativa. Eles já estão todos completamente presentes em uma tradição revolucionária que basta ser recuperada.[17] Esmein funda quase que integralmente sua apreciação do governo representativo sobre um comentário de Barnave, Sieyès ou Roederer. Mas é impressionante constatar que as citações que ele utiliza são cuidadosamente selecionadas. Todos os elementos que poderiam relembrar os equívocos e hesitações desses autores são apagados, e é um Sieyès

---

16 É preciso mencionar também aqui o livro influente de Eugène d'EICHTAL, *Souveraineté Du peuple et gouvernement* (Paris, 1895), que analisa o conflito entre duas significações da soberania nacional que atravessa a Revolução.

17 Ver Olivier JOUANJAN, "La Constitution de 1791 dans la doctrine constitutionnelle libérale française du XIXe siècle », e Didier MAUSS, « La Constitution de 1791 à travers les manuels de droit constitutionnel du XXe siècle », in *1791. La Première constitution française. Actes du colloque de Dijon, 26 et 27 septembre 1791*, Paris, Économica, 1993.

monolítico que Esmein apresenta. Vemos exatamente sobre esse ponto a diferença com relação ao esforço intelectual apresentado pelos doutrinários. Esses últimos haviam claramente identificado as armadilhas contidas nas ambiguidades do direito público revolucionário, e por isso haviam tentado elaborar uma filosofia política verdadeiramente *alternativa* àquela da Revolução. Esmein, por sua vez, se apresenta como um admirador dessa tradição. Mas ele a reinterpreta completamente, dando a ela uma coerência que lhe é estrangeira. É dessa maneira que ele retoma paradoxalmente o fio da meada do propósito doutrinário: sua reinterpretação termina por se sobrepôr à negação dos doutrinários. Com uma importante diferença, é verdade: a aceitação do sufrágio universal como um fato doravante adquirido.

Alguns anos mais tarde, a obra magistral de Carré de Malberg, sua *Contribution à la théorie générale de l'État [Contribuição à teoria geral do Estado]* (1922), sistematiza essa interpretação ao opor a soberania nacional de 1791, impessoal e liberal, à soberania popular de 1793 assentada, ao contrário, sobre a potência fragmentada e diretamente ativa dos cidadãos.[18] Se o autor da *Contribution* pôde ser um exegeta discutível dos textos fundadores do direito público francês, ele também não deixou de esclarecer, mesmo a partir de suas interpretações contestáveis, o espírito das instituições da III República a partir da reflexão de Esmein.[19] Com esses autores, a democracia limitada estava erigida como herdeira, legítima e ao mesmo tempo razoável, da Revolução; de uma Revolução que teria despedido Rousseau e dissipado seus equívocos.

A nova aristocracia eletiva

Como os homens do ano III, os pais fundadores também fizeram do elitismo democrático um dos elementos centrais de sua visão política. Para eles, eleição quer

---

18 Cf. Guillaume BACOT, *Carré de Malberg et l'origine de la distinction entre souveraineté du peuple et souveraineté nationale*, Paris, Ed. du C.N.R.S., 1985 ; Philippe RAYNAUD, « Droit naturel et souveraineté nationale dans la pensée juridique française », *Commentaire*, n° 22, été 1983 ; bem como Christoph SHÖNBERGER, « De la souveraineté nationale à la souveraineté du peuple », *Revue française d'histoire des idées politiques*, n° 4, 2ᵉ semestre 1996. Notamos também que é a violente oposição desses juristas à ideia de uma soberania diretamente apropriada que os conduz a rechaçar a ideia de representação proporcional, essa última repousando sobre a noção de soberania pessoal (ver os desenvolvimentos clássicos de Nicolas SARIPOLOS, *La Démocratie et l'élection proportionnelle. Étude historique, juridique et politique*, Paris, 1899, 2 vol.).

19 Obviamente, fica de lado a questão decisiva do papel que joga em Carré de Malberg a noção de soberania nacional na análise da dogmática jurídica para dar conta do Estado francês. Cf. Olivier BEAUD, "La souveraineté dans La 'Contribution à la thèse générale de l'État' de Carré de Malberg » , *Revue du droit public*, setembro-outubro 1994.

dizer antes de mais nada seleção. "A eleição tem por objetivo retirar das massas uma aristocracia política, aponta nesse sentido Saleilles, um dos grandes juristas da época. E é esta aristocracia que governa, não tendo contas a prestar e conselhos a tomar senão de si própria".[20] Em um dos textos sobre o governo representativo de maior autoridade, Orlando considera como um dos princípios fundamentais da filosofia política o de que o governo do Estado deve pertencer aos mais capazes. O característico do governo representativo consiste somente em determinar essa capacidade pelo viés de um procedimento particular: a eleição política. Ele apenas formata de um modo específico um "princípio aristocrático", julgado universal pelo autor. "Os eleitores, escreve ele, ocupam aqui o lugar que, nas formas aristocráticas, cabe ao nascimento e, nas formas despóticas, à escolha do príncipe".[21] Dessa forma, a finalidade da eleição é obter uma "seleção dos mais capazes". "O regime representativo supõe a superioridade do eleito que deve comandar e não obedecer", deduz outro grande professor.[22] A razão dos juristas termina às vezes por se sobrepor banalmente ao preconceito dos notáveis. Orlando se apropria da referência à obra científica de Spencer para legitimar sua concepção sobre o fato aristocrático nas sociedades, mas seus argumentos intelectuais apenas se apoiam desleixosamente nos temores sociais do número. Nesses autores, as excelentes demonstrações da ineficiência do "deputado-máquina" juntam-se de modo desconcertante às mais triviais certezas. Primeiramente fundada sobre elementos de ordem epistemológica, a liberdade de decisão do representante é justificada apenas sociologicamente.[23]

A visão do governo representativo como um sistema de *aristocracia eletiva* não é então uma ideia nova. Ela remonta ao período revolucionário, e nós já lembramos anteriormente dos textos essenciais de Roederer sobre o assunto. Ela também foi retomada em seguida pelos doutrinários. Ela ainda está no coração do imaginário político e social dos republicanos do governo do fim do século

---

20 Raymond SALEILLES, "La représentation proportionnelle", *Revue du droit public,* t. IX, mai-juin 1898, p. 226.
21 V. E. ORLANDO, "Du fondement juridique de la représentation politique », *Revue du droit public,* t. III, janeiro-fevereiro de 1895, p.32.
22 Edmund VILLEY, "La souveraineté nationale", *Revue du droit public,* t. XXI, janvier-février, 1904, p. 23.
23 John Stuart MILL já notava francamente nesse espírito que "se o objetivo da representação é obter deputados intelectualmente mais capazes do que a média dos eleitores, é normal que um deputado seja muitas vezes de uma opinião diferente daquela professada pela maioria dos seus constituintes" (minha tradução; cf. *Le Gouvernement représentatif,* op. cit. p. 260-261; ver todo o capítulo XII, "Du mandat impératif").

XIX. O governo representativo, nota Grévy, "substitui a ignorância do maior número pelas luzes da elite dos cidadãos".[24] Por sua vez, Littré podia escrever que "os homens permanecem profundamente desiguais [...]. É preciso que os mais capazes detenham a gestão dos interesses sociais", desejando que esses últimos formassem "uma aristocracia à qual a sabedoria democrática deve ser confiada".[25] Poder-se-ia multiplicar ao infinito essas tão abundantes citações nos escritos e discursos dos homens de 1875 como nos de seus sucessores imediatos. É verdade que há muitas maneiras de conceber essa elite diretriz. Pode parecer que um mundo separa a visão arrogante dos mais capacitados em Guizot e a defesa calorosa dos Ferry e Gambetta, modestamente qualificados de "irmãos mais velhos" do povo. No entanto, é uma mesma visão restritiva da democracia que se exprime nos dois casos.[26] Jules Ferry ou Jules Simon não hesitam em testemunhar em certas ocasiões suas simpatias pelo orgulhoso protestante – referindo-se a Guizot. "Sim, a democracia se impõe. Mas o governo das democracias deve ser confiado à aristocracia intelectual", resume um de seus próximos em uma fórmula que sugere bem a ligação que une discretamente o pensamento dos doutrinários ao dos pais fundadores.[27] Os filósofos mais notáveis do regime, Fouillée e Renouvier, se encarregarão de assentar a legitimidade intelectual dessa visão.[28] É bem verdade que esses defensores de uma prudência democrática concedida poderão se apoiar num conjunto de trabalhos eruditos para justificar suas reticências ao irrestrito coroamento do povo. Por exemplo, *Les Maladies de la volonté[As doenças da vontade]* de Théodule Ribot - diretor da *Revue philosophique* e professor de psicologia no Collège de France - conforta-os, com a ideia de que a vontade geral não seria sempre precisa e que ela não necessariamente conhece a si própria.[29] Sublinhando o lado irracional e

---

24 Jules GRÉVY, *Le Gouvernement nécessaire*, Paris, 1873, p. 16.
25 Émile LITTRÉ, *De l'établissement de La Troisième République*, Paris, 1880, p. 518-519.
26 É a tese que eu defendi tanto em *Le Moment Guizot* (Gallimard, 1985; ver o capítulo "Les sous--sols de La République") como em *Le Sacre du citoyen* (*op. cit.*, ver o capítulo « L'éducation de La démocratie »).
27 Émile de LAVELEYE, *Le Gouvernement dans la démocratie*, Paris, 1891, t. II, p. 53.
28 Cf., por exemplo, A. FOUILLÉE, "La philosophie du suffrage universel", *Revue des Deux Mondes*, 1ᵉʳ septembre 1884, assim como o capítulo « Nécessité d'une élite dans la démocratie », de *La Démocratie politique et sociale en France*, Paris, 1910 ; numerosos artigos de Renouvier sobre essas questões em *La Critique philosophique*.
29 A obra foi publicada em 1883. Podemos notar que o primeiro livro que apreendeu o problema das patologias da vontade em sua relação com o fato democrático é o do doutor Karl GRODDE-

impressionável das multidões, Gustave Le Bon demonstra, por seu turno, como dirigi-las sem respeitá-las, e sem confundi-las com um soberano legendário.[30] A mensagem rousseauniana é duplamente posta à distância.

Sublinha-se que essa apreensão sociológica do governo representativo não se fundou sobre o reconhecimento dos princípios basilares do sufrágio universal. O que houve foi uma acomodação, e nada mais. O sufrágio universal só é finalmente legitimado quando percebido como convergente com a formação de uma aristocracia eletiva. Um dos mais autorizados arautos do sufrágio universal como se fosse a "arca sagrada", Louis Blanc, reconheceu-o sem dificuldades. "Por toda parte onde a liberdade assegura aos homens de elite o meio de exercer em torno de si a legítima influência que lhes pertence, ele assegura, acontece que esses homens de elite chegam a possuir tantos votos quanto possam ganhar por seus discursos e escritos em nome da causa que defendam. De modo que o sufrágio universal tem por resultado a identificação de uma minoria esclarecida com o poder de uma maioria convencida. Eis no que consiste a excelência do sufrágio universal".[31] Aqui se percebe como toda uma cultura racionalista e capacitária sobrepôs-se ao imperativo democrático na visão republicana do político. A esse respeito, Proudhon tinha razão ao dizer, em um surpreendente resumo, que Louis Blanc se localizava "entre Robespierre e Guizot".[32] Isso era compreender bem as coisas.

Tal compreensão sociológica do governo representativo leva naturalmente à ideia de que a política é um ofício. "Por restrita que seja sua especialização, o deputado adquiriu uma competência. Ele conhece coisas que seus eleitores ignoram", assim o resume Félix Pécaut.[33] O termo *politicien* (político), calcado no anglo-americano *politician*, significando "profissional da política", começa a aparecer na França de modo significativo no final dos anos 1870.[34] Encontra-se assim praticamente

---

CK, *De La maladie démocratique, nouvelle espèce de folie*, Paris, 1850 (a obra é reputada por ter influenciado Nietzsche).

30 *La Psychologie des foules*, Paris, 1895.
31 Discurso de 12 de março de 1873, *in* Louis BLANC, *Discours politiques (1847 à 1881)*, Paris, 1882, p. 158. « Viva adesão à esquerda », nota o registro. Ele disse em uma outra ocasião que o sufrágio universal "põe a força a serviço da luz", ou ainda que ele é "a legitimidade no poder" (*ibid.*, p. 180 e 183).
32 P.-J. PROUDHON, *Idée générale de la Révolution au XIXe siècle, op., cit.*, p. 213.
33 Félix PÉCAUT, "Qu'est-ce qu'un député ? », *Revue de métaphysique et de morale*, abril-junho de1920, p. 259.
34 Cf. Jean ESTÈBE, "Le parlementaire", *in* Jean-François SIRINELLI (éd.), *Histoire des droites en France*, Paris, Gallimard, t. III, p. 334. Ver também Daniel GAXIE, *Les Professionnels de la politique*, Paris, P.U.F, 1973, et Michel OFFERLÉ (éd.), *La Profession politique, XIXe siècles*, Paris,

cumprida a intuição de Sieyès, o primeiro a propor a análise da representação política como uma simples modalidade do princípio moderno da divisão do trabalho. "Ser senador ou deputado é uma profissão, um ofício, nota um observador do fim do século, e deve-se desde cedo atentar para os meios de conquistar, de conservar, de reconquistar uma circunscrição".[35] Estamos assim bem distantes da ideia primeira de uma atividade temporária, de uma espécie de serviço cívico. Se a Constituinte rejeitava em 1789 o mandato imperativo, ao mesmo tempo ela havia declarado seus membros não reelegíveis e propunha cargos eletivos muito breves (o texto de 1791 previa mandatos de dois anos para deputados; muitos constituintes haviam até mesmo desejado diminuir essa duração para um ano). No final do século, caminha-se ao contrário para funções que para muitos são quase permanentes.[36]

Fato sociológico e tentações políticas reúnem-se, aliás, sobre esse ponto, como atesta o projeto de reforma apresentado no outono de 1888 por Charles Floquet (à época presidente do Conselho) com o assentimento de Jules Ferry.[37] O objetivo? Explicitamente encontrar um meio de resistência em face da erupção do fenômeno boulangista. O meio considerado? Trata-se simplesmente de alongar para seis anos o mandato dos deputados e de organizar uma renovação de um terço a cada dois anos da Câmara! Sem hesitar, Ferry lamenta que esta última proposta pudesse ser "devastada por uma borrasca eleitoral" e conclama seus amigos a não exporem todo o organismo republicano "aos balanços do vento do sufrágio universal".[38] Os dois amigos têm assim a audácia de apresentar como uma "revisão democrática" aquilo que conduz, de fato, a embotar de forma singular a força de uma mudança que pudesse surgir das urnas. Estigmatizando "a anarquia parlamentar" como o maior dos perigos que a República poderia correr, eles sonham quase secretamente com uma assembleia de sábios inamovíveis. Seus adversários não estão enganados ao falar, a seu propósito, em "complô contra o sufrágio universal".[39]

Berlin, 1999.
35 François ROUSSEL, "Du mandat législatif", *Revue politique et parlementaire*, t. XIV, dezembro de 1897, p. 594.
36 Cf. Matteï DOGAN, "La stabilité du personnel parlementaire sous la IIIe République , *Revue française de science politique*, avril 1953. O autor calculou que a duração efetiva média dos mandatos foi de dez anos et seis meses sob a Terceira República, perto da metade dos deputados tendo sido elita no máximo três vezes..
37 Projeto depositado em 15 de outubro de 1888.
38 Discurso de Saint-Dié de 2 de outubro de 1887, in *Discours et opinions de Jules Ferry,* Paris, 1898, t. VII, p. 94.
39 Cf. Louis de BELLEVAL, *Le Complot contre Le suffrage universel. Le projet de MM. Floquet et*

A adoção de um subsídio parlamentar substancial materializou em seguida essa evolução. Se a defesa, pela direita, da ideia de gratuidade correspondia, sobretudo, a uma visão tradicional da notabilidade política como simples prolongamento da notoriedade social, o apoio dos republicanos governistas a altos subsídios não retratava uma vontade de abertura e de democratização das funções eletivas. Ao passo que o Segundo Império havia imposto a gratuidade, estando viva ainda a reprovação popular contra os "vinte cinco francos",[40] a Terceira República vota em 1875 por um subsídio de nove mil francos. Outra virada simbólica tem lugar em 1906 com o voto às escondidas da famosa lei que o fez passar a quinze mil francos, desencadeando uma formidável onda antiparlamentarista. Mas para além das cifras, é o status jurídico dessa alocação que muda. Torna-se um verdadeiro ordenado e não é mais considerado, justamente, como um correto subsídio compensador de gastos.[41] Se seria apenas um pouco mais tarde que Robert de Jouvenel e André Tardieu descreveriam magistralmente essa passagem do mandato ao ofício em *La République des camarades [A República dos camaradas]* e em *La Profession parlementaire[A profissão parlamentar]*,[42] a mutação já se cumpre na virada do século.

A substituição da soberania da nação pela soberania do povo e a sociologia do elitismo democrático deram às instituições republicanas seu fundamento. Elas completam intelectualmente a obra política feita com a revisão constitucional de 1884, quando a República havia sido oficialmente consagrada como o "governo definitivo da França". O objetivo afixado por Jules Ferry, enquanto presidente do Conselho, havia sido, segundo uma fórmula que ficou célebre, de "pôr a República acima do sufrágio universal".[43] Era consagrar o poder parlamentar e manter à distância os sentimentos da sociedade. O vocabulário político dos anos 1880 testemunha com brilho essa

---

Ferry, Paris, 1888. Os boulangistas poderão assim lançar orgulhosamente uma « Associação para a defesa do sufrágio universal »..

40 O subsídio de 25 francos por dia de sessão foi rapidamente comparado aos 40 cêntimos pagos nos Ateliers nacionais. Cf. Catherine DUBIEF, *Histoire de l'indemnité parlementaire en France*, Mémoire pour le D.E.S. de science politique, Université de Paris-II, 1973, assim como Raoul TEISSIÉ-SOLIER, *L'Indemnité parlementaire en France. Historique et régime actuel*, Paris, 1910.

41 Cf. André BARON, *Du caractère juridique de l'indemnité parlementaire*, Paris, 1905.

42 A obra de Jouvenel foi publicada em 1914, a de Tardieu em 1937 (como segundo volume da série *La Révolution à refaire*).

43 Ver, sobre essa questão, os debates e documentos parlamentares que foram reunidos no volume *Annales de l'Assemblée nationale. Révision des lois constitutionnelles (du 4 au 13 août 1884)*, Paris, 1884. Ver também Didier MAUSS, "Les idées constitutionnelles des républicains au temps de Paul Bert à travers la révision constitutionnelle du 14 août 1884 », *in* Léo HAMON (éd.), *Les Opportunistes. Les débuts de la République aux républicains*, Paris, Éd. de la M.S.H., 1991.

visão das coisas. A referência à República é onipresente, tanto nos escritos como nos discursos, enquanto bem poucos são os que pensam em evocar a perspectiva de uma democracia.[44] Um século depois da América, a França também se tornou uma República que pretendeu distanciar-se dos perigos das massas. Mas ela o fez nas formas mais acanhadas dessa "República absoluta", plena de certezas, constrangida por um parlamentarismo cada vez mais fechado em si mesmo e insensível ao desencantamento político de um número crescente de cidadãos.[45]

O regime sem nome

Desde que a questão do regime tinha sido claramente traçada, liberais orleanistas e republicanos se uniram para celebrar os benefícios do puro governo representativo. As divisões subsistiam, é certo, sobre pontos por vezes essenciais – basta evocar a vivacidade dos debates sobre a existência e a organização do Senado. Fora dos círculos legitimistas, evidentemente, havia, no entanto, uma cultura constitucional comum que aproximava a maioria dos constituintes de 1875. No final dos anos 1880, a tempestade boulangista tinha introduzido uma forte dissonância ao misturar novas impaciências populistas com as antigas nostalgias bonapartistas; mas ela havia afundado por não ter podido encontrar uma saída política adequada. Assim, a República absoluta podia considerar ter atingido o objetivo e encontrado sua fórmula definitiva, realizando, e ao mesmo tempo contendo, as promessas de emancipação política moderna. No entanto, o belo edifício vai rapidamente esboroar-se. Desse ponto de vista, a República absoluta, sonhada pelos pais fundadores, teve apenas uma existência efêmera. Em primeiro lugar, ela não deixou de ser contestada como modelo ideal. Mas, sobretudo, as instituições e as práticas destinadas a lhe dar corpo não produziram os resultados esperados.

No fim de século era patente a distância entre o sonho inicial e a realidade. "Tornou-se banal dizer que se nós temos uma constituição escrita, é uma outra que praticamos", escreveu um bom observador, resumindo o sentimento amplamente compartilhado.[46] E quais foram as manifestações desse desvio? Todas se reduzem

---

44 Cf. as indicações dadas por Antoine POST, *Vocabulaire des proclamations électorales de 1881, 1885 et 1889*, Paris, 1974.

45 Ver O. RUDELLE, *La République absolue*, op. cit., assim como a tese de Jérôme GRÉVY, *Les Opportunistes, milieu et culture politique, 1871-1889*, Paris, I.E.P., 1996, 2 vol. (uma versão abreviada foi publicada sob o título *La République des opportunistes, 1870-1885*, Paris, Perrin, 1998).

46 Maurice DESLANDRES, "La crise de la science politique", *Revue du droit public*, t. XIII, janeiro-fevereiro de 1900, p. 28.

a um fato central: a distância do modelo original do governo representativo. Nós havíamos brevemente atentado para as suas linhas gerais: a eleição concebida como a seleção de uma elite governante e não a transmissão de um mandato; a estrita independência consequente dos eleitos; o Parlamento compreendido como uma assembleia de sábios e de especialistas deliberando sobre o interesse público, tendo unicamente a sua consciência enquanto guia. Ora, o que se constata vinte anos depois? Os deputados parecem cada vez mais aferrados na defesa dos interesses particulares de sua circunscrição, frequentemente executores dóceis dos múltiplos grupos de pressão; os organismos dirigentes dos partidos, sobretudo à esquerda, tendem a se substituir aos eleitos para definir as orientações a serem defendidas. Longe de ser um cenáculo de personalidades autônomas, o Parlamento torna-se um terreno de encontro e de enfrentamento das forças da sociedade que lhe são exteriores. Toda a concepção primitiva do sufrágio universal encontra-se modificada, ao mesmo tempo em que os equívocos que haviam presidido seu reconhecimento são forçados a se desfazer. "Ao invés de permanecer aquilo que era na origem, um instrumento de representação nacional, está se tornando uma forma de governo",[47] resume Edmond Scherer, deplorando-o. Outros "desvios" do regime também são apontados. Paralelamente, o papel crescente das Câmaras e sua tendência a invadir o domínio governamental é denunciada por muitos; e é igualmente discutido desde 1877 o retraimento consentido do presidente da República. Eles apenas reforçam o sentimento de um desvio do modelo inicial. "O regime sob o qual nós vivemos há vinte anos é uma falsificação daquele que a Assembleia nacional quis estabelecer", conclui um liberal desapontado,[48] enquanto um de seus amigos fala de um "regime sem nome, nascido ao lado da constituição e que funciona sob um falso título".[49]

Como explicar esse deslize? Nenhuma reforma constitucional o desencadeou. A revisão de 1884 teve apenas um alcance bastante limitado, e todos os projetos mais radicais, visando seja a instaurar as modalidades de controle dos eleitores

---

47 Citado por E. D'EICHTAL, *Souveraineté du peuple et gouvernement, op. cit.*, p. 218. « O sufrágio universal, nota d'Eichtal, funciona não mais de qualquer modo para a consulta do país a fim de resolver, por designação de representantes eleitos sobre um programa bastante claro, os grandes dissensos entre cidadãos, mas enquanto instrumento de governo e administração cotidiano, tendo gradualmente absorvido para si mesmo ou posto sob seu escopo todos os poderes de controle e direção" (*ibid.*, p. 201).
48 Paul LAFFITTE, "La vraie constitution de 1875", *Revue du droit public*, t. III, janeiro-fevereiro de 1895, p. 86.
49 De MARCÈRE, "La Constitution et la Constituante", *Revue politique et parlementaire*, t. XIX, fevereiro de 1899, p. 227.

sobre seus eleitos, seja a estabelecer formas de expressão direta dos cidadãos, foram fácil e amplamente rejeitados no fim dos anos 1870 e 1880. Não são, portanto, as instituições que mudaram. Tampouco foi uma ruptura social a causa. Foram tão simplesmente os costumes e as práticas que insensivelmente remodelaram a vida das instituições e mudaram seu espírito. Ninguém melhor o exprimiu que Émile Faguet em um importante artigo dedicado à política de Renan. O célebre crítico literário e político é pouco suspeito de nutrir simpatias progressistas. No entanto, foi ele quem denunciou com mais severidade o que chamou de "sonho aristocrático" de seu tempo: o do governo de uma elite detentora do poder intelectual que conduziria com benevolência e competência um povo que periodicamente abandonaria todo o poder em suas mãos. Sonho no qual se inscreveram quase naturalmente os pais fundadores da III República, como vimos anteriormente. Eles também pensaram que podiam sem problemas governar o povo porque exprimiam adequadamente seus interesses. Mas será que podemos por tanto tempo fazer o povo admitir que a sua vontade seja realizada automaticamente dessa maneira? Tal é a questão chave para Faguet, que lhe dá uma resposta negativa em termos que valem a pena relatar extensamente. "Esse jogo não pode durar indefinidamente, sustenta ele. A democracia vai logo querer que a democracia seja a democracia. Ela começará por impor a seus 'representantes' o mandato imperativo; depois, percebendo que o mandato imperativo é sempre fácil de contornar, ela se inclinará em direção ao governo direto, em direção ao sistema plebiscitário, e acabarão por chegar lá. No mínimo, ela dará ao plebiscito uma imensa quantidade de coisas que pertencem agora ao poder legislativo e restringirá extremamente os poderes desse poder [...] Assim a democracia consumirá pouco a pouco a aristocracia parlamentar e, creio eu, sem jamais poder destruí-la completamente, a reduzirá a não ser mais do que um órgão secundário no Estado".[50] Dito de outra maneira, aos seus olhos é impossível combinar duravelmente uma *cultura social* democrática e uma *política* aristocrática. Ora, era exatamente isso que visava, de uma maneira ou de outra, o puro governo representativo, mesmo se os termos empregados pelos pais fundadores não estivessem jamais tão claramente explicitados quanto sob a pena de Renan.

Se Ferry, Littré ou Grévy participam da mesma visão global que o autor de *La Réforme intellectuelle et morale* [*A reforma intelectual e moral*], eles celebram o povo-

---

50 Émile FAGUET, "La politique de Renan", *Le Correspondant*, 10 juin 1909, p. 876.

cidadão mais facilmente do que este último. Diferentemente dos pais fundadores americanos, como John Adams ou Alexander Hamilton, que qualificavam abertamente o governo representativo de *regime misto*, os franceses permaneceram muito mais vagos. De Sieyès a Gambetta, um mesmo equívoco atravessa a cultura política francesa. É ela que os fatos dissipam brutalmente no final do século XIX. Émile Faguet não sente nenhuma satisfação em proceder tal constatação. Ele fala com um desprezo mal dissimulado da "democracia ressabiada" e, diz ele, "é pouco discutível que a democratização seja a entronização da incompetência".[51] Mas ele constata um fato tido como inelutável. Em compensação, ele também não hesita em qualificar a visão de um Renan como uma das "mais belas construções ideológicas que a humanidade já conheceu".[52] Sua apreciação não se diferencia daquela de um jurista "democrata" como Maurice Deslandres que vilipendia "a ilusão de realidade da antiga concepção ideal do regime representativo".[53] Para ele também, é uma lei da história, "o movimento natural do progresso democrático", que impede todo retrocesso: "Há restaurações impossíveis", julga ele em consequência.[54]

Uma dupla virada se opera nesse fim de século XIX: uma revolução silenciosa do regime político, na prática. Mas também uma ruptura de método na consideração das questões políticas. Por tanto tempo dominante, a abordagem normativa vai pouco a pouco cedendo lugar a análises mais factuais. Ao debate anterior sobre os valores e as formas desejadas de organização política sucede uma preocupação em descrever, para melhor compreender, o surgimento de uma nova era política. Tomando o exemplo da transformação prática da relação eleitos-eleitores, Deslandres nota que se trata de "uma dessas realidades vivas que a ciência política teórica pode contestar do ponto de vista de seu valor, do ponto de vista de sua conformidade com os princípios puros de tal ou qual dogma político, mas que a ciência política positiva, realista, deve admitir como um fato estabelecido".[55] Era uma forma nova de falar das coisas.

O nascimento da ciência política moderna está ligado às tentativas de descrição dessa grande virada do fim do século XIX. Certamente a França não é a única tocada

---

51 *Ibid.*, p. 874. Ver igualmente seu famoso ensaio, *Le Culte de l'incompétence*, Paris, 1910. Em uma obra, *Les Préjugés nécessaires* (1911), ele chega a mencionar: "A democracia é a apoteose da incompetência ; o democratismo é o culto dos zeros » (p. 241).
52 *Ibid.*
53 Maurice DESLANDRES, prefácio a G. Lowes DICKINSON, *Le Développement du Parlement pendant le XIXe siècle*, Paris, 1906, p. XLIII.
54 *Ibid.*, p. XLV e XLIII.
55 *Ibid.*, p. XLVI.

por essa preocupação. O movimento é geral, e resulta simplesmente da maturação quase concomitante do sufrágio universal. Sem dúvida, as histórias nacionais foram bastante diversas sobre esse ponto no século XIX: países que apenas ampliaram tardiamente ou progressivamente o acesso às urnas (Alemanha, Bélgica, Grã-Bretanha, Itália), histórias turbulentas que misturam a precocidade da obtenção do sufrágio universal com a existência de bruscas regressões (caso da França), extensão indissociavelmente geográfica, social e institucional de uma matriz original (Estados Unidos). Mas as diferenças se desvanecem e as experiências se aproximam depois de 1890, ao passo que um abismo separava há um século o mundo aberto pelas revoluções americana e francesa da situação da maior parte dos países.

Em menos de vinte anos, de meados dos anos 1890 a 1914, serão publicados alguns dos grandes livros da ciência política moderna. Os casos americano e inglês são os mais estudados. Sem dúvida, é preciso mencionar aqui as obras mestras[56] de James Bryce, *La République américaine [A república americana]* (1888), de Moisei Ostrogorski, *La Démocratie et les partis politiques [A democracia e os partidos políticos]* (1902), d'Albert Venn Dicey, *Leçons sur les rapports entre le droit et l'opinion publique en Angleterre au cours du XIXe siècle* [Lições sobre as relações entre o direito e a opinião pública no século XIX] (1905). Além de muitas outras que também constituiram uma referência maior no universo anglo-saxão, tais como: G. Lowes Dickinson, *Le Développement du Parlement pendant le dix-neuvième siècle [O desenvolvimento do Parlamento durante o século XIX]* (1895); Edwin Godkin, *Unforeseen Tendencies of Democracy [Tendências imprevistas da democracia]* (1898); William Lecky, *Democracy and Liberty [Democracia e liberdade]* (1896); Lawrence Lowell, *Governments and Parties in Continental* Europe [Governos e partidos na Europa continental] (1896) e *Le Government de l'Angleterre [O governo da Inglaterra]* (1908); William Mac Kechnie, *The New Democracy and the Constitution [A nova democracia e a Constituição]* (1912). Todos esses autores, universitários e publicistas, correspondem-se, comparam suas hipóteses, confrontam suas observações. Eles constituíram uma comunidade informal de eruditos que tentou descrever e pensar as formas da mutação democrática do final do século XIX.[57] Sobre quais fatos

---

56 Os títulos são dados em sua versão francesa, quando foram traduzidos.
57 Na ausência de uma obra de síntese sobre esses autores e sobre suas obras, prefere-se tomar como referência Gaetano QUAGLIARIELLO, *La política senza partiti. Ostrogorski e l'organizzazione della política tra Ottocento e Novecento*, Bari, Laterza, 1993. O autor recolheu uma documentação de primeira ordem, notadamente fundada sobre o exame de correspondências manuscritas de Ostrogorski com Bryce e Macmillan, e de Bryce com Boutmy. Ver também E. IONS, *James Bryce*

lançam luz? Eles esclarecem principalmente o papel inédito dos partidos políticos, analisando de modo minucioso o aumento da potência de um novo poder derivado da exigência democrática e que, em seguida, se volta mecanicamente contra ela. Eles avaliam em seguida a maneira pela qual são pouco a pouco transferidos os centros de controle e de iniciativa. Descrevem ainda as formas emergentes de um poder ampliado dos eleitores - notadamente nos estados do oeste americano. Enfim, eles teorizam sobre o surgimento de uma nova democracia de opinião. Ao mesmo tempo em que sublinham o distanciamento que se ampliou em relação ao modelo original do governo representativo, esses autores esclarecem, cada um à sua maneira, as contradições internas e as fragilidades das formas nascentes. É com eles que nasce verdadeiramente a ciência política, prolongando e sistematizando a pouco mais de meio século de distância as intuições da obra extraordinária de Tocqueville. Se eles formam o polo mais facilmente identificável, contudo, não são os únicos a efetuar esse esforço de decifração. Alguns grandes espíritos se fixam também na exploração de outros terrenos. Basta mencionar aqui o trabalho de Robert Michels[58] sobre a Alemanha ou ainda a imensa obra de Pareto.[59]

O necessariamente curto apanhado desses trabalhos permite sublinhar a ausência de obras equivalentes consagradas à análise do caso francês. Detenhamo-nos por um momento sobre esse fato que se impõe: por que não apareceu qualquer observador disposto a fazer o balanço da democracia francesa no fim do século? Seria por falta de interesse ou indiferença? Por ausência de debates ou de questões sensíveis? Certamente não. A maior parte dos grandes livros que mencionamos foi, aliás, traduzida sem atraso e amplamente comentada.[60] Essas obras foram apresentadas em revistas acadêmicas como *Revue du droit public [Revista do direito público]* ou a *Revue politique et parlementaire [Revista política e parlamentar]*, mas também foram apaixonadamente discutidas nos organismos militantes como *Le Mouvement*

---

and American Democracy, 1870-1922, Toronto, 1968.
58 Cf. Robert MICHELS, *Les Partis politiques. Essai sur les tendances oligarchiques des démocraties*, trad. fr., 1911. A obra foi bastante lida e discutida na França.
59 Wilfredo PARETO publica *Les Systèmes socialistes* em *1902-1903*, e sua monumental obra *Traité de sociologie générale* em 1916. *La Transformation de la démocratie* aparece mais tardiamente, em 1921.
60 Bryce é traduzido em 1900-1902 para a primeira edição em quatro volumes; Dicey e Dickinson em 1906; Lowell em 1908; Ostrogorski aparece em francês em 1903. Nota-se que várias dessas obras foram editadas na "Biblioteca internacional de direito público", dirigido por Gaston Jèze, que efetuou entre 1900 e 1914 a tradução de obras estrangeiras fundamentais.

socialiste [O movimento socialista] ou *La Revue socialiste [Revista socialista]*.[61] Em contraste com esses trabalhos documentados, é quase que unicamente em ensaios ou panfletos que a questão é abordada na França, tanto no campo conservador como no dos democratas impacientes. Algumas dessas publicações podem muito bem chamar a atenção. Como, por exemplo, no caso do livro de Eugène d'Eichtal, *Souveraineté du peuple et gouvernement [Soberania do povo e governo]* (1895), de Charles Benoist, *La Crise de l'État moderne [A crise do Estado moderno]* (1895), ou ainda os trabalhos de Boutmy.[62] Mas a imensa maioria da enorme produção dedicada ao tema impressiona por sua mediocridade e carência de fundamento documental. Os volumes publicados por Paul Laffitte, a pena política da famosa *Revue bleue [Revista azul]*, constitui um bom exemplo. Seja em *Le Suffrage universel et le regime parlementaire [O sufrágio universal e o regime parlamentar]* (1889) ou em seus *Lettres d'un parlementaire [Cartas de um parlamentar]* (1894), ele se contenta em evocar todas as grandes preocupações do tempo sobre as questões dos comitês eleitorais, da representação das minorias, do referendo, mas sem que nada seja verdadeiramente aprofundado e desenvolvido.

Não faltou interesse na França. Percebe-se isso bem, aliás, ao se considerar um indicador significativo: os temas dados em concurso de admissão de professor de direito público. Nenhuma grande questão é esquecida.[63] Mas é a abordagem teórica dos problemas que domina. Enquanto na virada do século se multiplicam os trabalhos universitários a respeito da representação política, quase nenhum se funda em um material experimental. Maurice Deslandres isola-se entre os juristas por ser um dos únicos a discutir a partir dos fatos.[64] Aliás, são dois de seus alunos que publicam os únicos livros avaliando seriamente as transformações do modelo francês: Henri Bouchet, em *La Conception de la représentation dans la Constitution de 1875 et ses déviations postérieures [A concepção da representação na Constituição de 1875 e seus desvios posteriores]* (1908), e Henri Charan com

---

61 Sobre esse ponto remeto à minha introdução "Lire Ostrogorski" que consta de uma reedição abreviada de *La Démocratie et les partis politiques* (Paris, Éd. Du Seuil, 1979).

62 Mas os livros importantes de Émile BOUTMY são consagrados à Inglaterra: *Le Développement de la constitution et de la société politique en Angleterre*, Paris, 1898 ; *Essai d'une psychologie politique du peuple anglais du XIXe siècle*, Paris, 1901.

63 Cf., por exemplo, "Les concours d'agrégation des facultés de droit », *Revue du droit public,* t. XIII, março-abril de 1900, p. 180-182.

64 Maurice DESLANDRES era professor de direito em Dijon. Ver notadamente seu artigo citado *supra*, "La crise de la science politique",.publicado em três partes no primeiro semestre 1900 da *Revue du droit public* assim como seu longo prefácio, citado, à obra de Dickinson.

um sólido *Essai sur l'évolution du système représentatif [Ensaio sobre a evolução do sistema representativo]* (1909). Mas trata-se aqui de exceções. As cabeças francesas se dividem globalmente em dois campos: os pensadores doutrinais e os ensaístas. De um lado, as grandes elaborações de um Esmein ou de um Duguit, atentas, sobretudo, ao rigor das demonstrações teóricas.[65] De outro, a exposição das imprecações ou dos desencantamentos, expressão bruta e não refletida dos temores sociais ou das impaciências políticas. Nenhum Bryce, nenhum Dicey ou nenhum Ostrogorski veio esclarecer as transformações do modelo francês.[66] A um só tempo, o debate francês ficou mais empobrecido e mais esquemático, e mais fadado do que em outras partes ao choque das paixões imediatas. E a democracia francesa, simultaneamente, ficou mais incapaz de interpretar, para melhor levar em conta, sua própria história.

Uma democracia média

É essa história que agora precisa ser retraçada, com seus avanços e seus poréns. Mais do que se apoiar sobre o trabalho dos juristas, que propuseram nomear de "governo semi-representativo" ou "democracia semi-direta"[67] o governo real em direção ao qual parecia querer direcionar-se a França, é dos próprios fatos que é preciso partir para descrever o sistema das forças e das resistências que contextualizaram essa história a partir dos anos 1880. Distante do modelo da República absoluta, sonhada pelos pais fundadores, teve-se como resultado o surgimento de uma *democracia média* que somente podemos apreender a partir de uma análise das instituições. Se essas últimas formam efetivamente a base formal do funcionamento dos poderes públicos, somente tomam sua verdadeira dimensão quando estão em tensão, tanto com a forma como são praticadas quanto com os dados do combate político e das reivindicações sociais. Na ordem das formas da soberania do povo, essa democracia

---

65 Ostrogorski era por essa razão muito duro com seus autores. "Que a escola 'jurídica', escreveu ele a esse respeito, continue, se lhe parece bem, a purgar o ensino do direito público de todo elemento histórico e filosófico, mas que respeite ao menos os fatos sem os pôr no leito de Procusto de suas teorias" (citado no prefácio muito documentado de G. QUAGLIARIELLO à Moisei Ostrogorski, *La democrazia e i partiti politici*, Milan, Rusconi, 1991, p. 77).

66 O único livro a se aproximar um pouco desses mestres deve-se à pluma de um inglês, J. E. C. BODLEY, *La France. Essai sur l'histoire et le fonctionnement des institutions politiques françaises*, Paris, 1901.

67 Esmein é o primeiro a empregar a primeira expressão em seu importante artigo "Deux formes de gouvernement", *Revue du droit public*, t. I, janeiro-fevereiro de 1894; a segunda parece ter sido forjada por Joseph BARTHÉLEMY e Paul DUEZ em seu *Traité élémentaire de droit constitutionnel*, Paris, 1926.

média corresponde à *democracia de equilíbrio* caracterizando as transformações dos modelos da representação, que nós estudamos em *Le Peuple introuvable [O Povo inencontrável]*. Com a *democracia de aparências* descrita em *Le Sacre du citoyen [A sagração do cidadão]*, ela forma o terceiro pilar da democracia francesa tal como se estabelece a partir do início do século XX.

Ao contrário da visão habitual de um regime que desenvolveria ao longo da III República suas características permanentes, é preciso, acima de tudo, insistir sobre as diferenças que afetam essa história. A Constituição foi mantida, mas o espírito das instituições e as práticas políticas vão mudar significativamente entre os anos 1870 e 1920. Há assim várias formas de se ler a história da República. Se considerarmos os problemas da escola, da laicidade, da moral, as continuidades são patentes. Mas considerando a questão da democracia, que nos interessa aqui, as evoluções é que se destacam. A República de Combes ou de Herriot não é mais a de Ferry e Grévy.

Nada atesta melhor esse ponto do que a diferença de tom que separa Alain e Renouvier, os dois filósofos que foram talvez a melhor expressão em cada um desses dois momentos. Sem dúvida, os dois homens compartilham certo número de convicções. Eles são favoráveis a um poder do Estado relativamente fraco e concordam quanto a uma mesma visão moral do indivíduo e de sua responsabilidade. Ambos concebem ainda o papel da democracia como essencialmente negativo, o sufrágio universal sendo mais um mecanismo de regulação do que uma força de comando. Mas para além de uma celebração comum das virtudes de um estrito governo representativo, suas visões do político divergem. Alain está longe de considerar, como Renouvier, que a soberania do povo é apenas uma ficção.[68] Ele se insurge contra Augusto Comte que professa a mesma ideia e sustenta, ao contrário, que a vontade geral não é nem uma quimera perigosa nem uma noção oca, mas que ela é "bom senso", "julgamento correto", e "razão comum".[69] "Todo o bem, em política, vem do sufrágio universal", diz ele.[70] Aliás, ele celebra Rousseau, de quem

---

68 Cf. por exemplo Ch. RENOUVIER, "De l'intrusion des foules dans le gouvernement", *La Critique philosophique*, 31 octobre 1872. Para uma abordagem de conjunto das concepções políticas de Alain, ver a tese de Marie-Thérèse SUR, *Alain et la théorie démocratique*, Université de Caen, maio de 1976.

69 Ver as múltiplas referências nas suas três coleções de propostas políticas: *Éléments d'une doctrine radicale*, Paris, 1925, *Propos de politique*, Paris, 1934, et *Propos sur les pouvoirs*, nouv. éd., Paris, Gallimard, 1985.

70 *Éléments d'une doctrine radicale, op. cit.*, p. 128.

desconfiava profundamente o autor da *Science de la morale [Ciência da moral]*.[71] O povo é rei para ele. Se ele não concebia que uma democracia direta pudesse ser viável e sustentável, ele não se contentava, como Renouvier, em considerar uma democracia restrita a expressão de um consentimento e o exercício de uma sanção. De bom grado, Alain põe a tônica sobre a desconfiança legítima dos cidadãos diante de seus eleitos e chama os primeiros a controlar com atenção os segundos, notando que "a vigilância não se delega de modo algum".[72] O deputado, sustenta ele, deve ser "escravo dos eleitores".[73] O redator de *Propos* marca de forma clara sua distância com relação ao filósofo do século XIX afixando sua confiança no bom senso das massas, a seus olhos superior a muitas "competências". De bom grado, ele zomba das elites e das pretensões de muitos dos "eminentes especialistas" em querer dirigir a sociedade.[74] Alain está mais preocupado em lamentar as formas de confisco da soberania do povo do que em denunciar, tal como Renouvier, os equívocos da massa e as ilusões da democracia. Com certeza, ele permanece um democrata bastante moderado; porém, não é mais um republicano a quem a democracia amedronta.

Esse deslocamento simboliza uma evolução mais geral. Em primeiro lugar, o tempo fez seu trabalho. Doravante o sufrágio universal está completamente dentro dos costumes e, ao longo dos anos, modificou o horizonte mental de muitos atores. O surgimento do radicalismo e da pressão do mundo socialista também mudaram as práticas e as representações. Ademais, os dados propriamente sociais da vida política conheceram uma verdadeira mudança com a realização da integração

---

71 "Jean-Jacques, escreve ele, é o primeiro e talvez o único que tratou do poder de modo mais profundo. [...] A solução está no *Contrat social*, que nomeia como soberano o povo em assembleia, e que nomeia todo o resto, seja rei, cônsul, coronel, juiz ou deputado, apenas como magistrado, leia-se servidor do povo" (*Propos de politique, op. cit.*, p. 232-233).

72 *Propos sur les pouvoirs, op. cit.*, p. 37. Ver também o conjunto das propostas reunidas pelo editor sob o título "La démocratie comme contre-pouvoir institutionnalisé" (*ibid.*, p. 213-229).

73 *Éléments d'une doctrine radicale, op. cit.*, p. 195. "A verdadeira democracia está se mostrando, ele ainda considera [...]. E como ela se mostra? Não pelos partidos já contados nem pelos eleitos uma vez eleitos, mas por reações contínuas da opinião pública agindo diretamente sobre os eleitos" (*Propos sur les pouvoirs, op. cit.*, p. 224). Por essa razão, Alain sempre defendeu o voto distrital contra a proporcionalidade, estimando que o primeiro permitiria um melhor controle sobre os eleitos. Ele também defendeu vivamente o sistema dos comitês eleitorais, assimilado, à época, a Émile Combes. "O combismo, escreve ele, não é outra coisa que a ação permanente do eleitor sobre o eleito" (*Éléments d'une doctrine radicale, op. cit.*, p. 173).

74 Ver os muito numerosos comentários reunidos pelo editor sob o título "L'objection de la compétence", em *Propos sur les pouvoir, op. cit.*, p. 79-146. Seu elogio do bom senso é apoiado por uma referência a Descartes que François AZOUVI justamente sublinhou ter se tornado "o sinal político de uma adesão aos princípios da sociedade democrática e do regime parlamentar" ("Descartes", *in* Pierre Nora (éd.), *Les Lieux de mémoire*, t. III, *Les France*, vol. 3, Paris, Gallimard, 1992, p. 764).

política da classe trabalhadora na nação.[75] O espírito de 1920 não é mais, por todas essas razões, aquele de 1870. A democracia média não é mais a democracia absoluta.

Qualificamos de "média" a democracia porque ela consiste de fato em uma mistura de república absoluta, isto é, de democracia limitada, no plano institucional, e de práticas sociais e políticas mais conformes aos requisitos de uma soberania sensível do povo. Vale dizer que ela não constitui um sistema estável e intelectualmente coerente. Ela só pode ser entendida em relação a um conjunto de tensões que a atravessa para contestá-la ou reforçá-la. Essas tensões estão ligadas a quatro campos principais: o da natureza da relação representativa e da questão do mandato; o das formas de expressão da soberania, direta ou delegada; o da natureza do espaço público, entre instituições e expressões espontâneas; e, enfim, o do campo de aplicação dos princípios democráticos. Em determinados casos surgiram evoluções sensíveis, como na transformação da natureza da relação representativa ligada ao surgimento dos partidos e ao acentuado enquadramento dos eleitos. Toda uma vida da democracia foi também pouco a pouco desenvolvida à margem do sistema parlamentar, com uma expressão mais forte da sociedade civil. As visões do "progresso" encontraram-se igualmente modificadas, notadamente com a emergência do imperativo da democracia industrial. Mesmo se alguns bloqueios foram mantidos, como, por exemplo, a contínua rejeição da ideia de referendo, o sistema político de 1920 não é mais aquele de 1880. É essa transformação discreta que se trata agora de analisar. Não se pretende retraçar dentro de alguns capítulos, necessariamente limitados, o conjunto dos debates, dos projetos e das transformações efetivas que marcaram a democracia francesa na passagem entre os dois séculos. Mas ao menos se pode arriscar depreender as linhas gerais que caracterizaram a evolução de cada um dos principais domínios por nós evocados, esperando tornar mais inteligíveis as formas de uma experiência e o sentido de uma história.

---

75 Ver, sobre esse ponto, as análises esclarecedoras de Jacques JULLIARD na introdução de sua coleção *Autonomie ouvrière, essai sur le syndicalisme d'action directe*, Paris, Éd. Du Seuil-Gallimard, 1988.

VII. A revolução silenciosa do mandato

O sentido de um debate

"Le seigneur candidat" ["O senhor candidato"]: o título dessa famosa canção de 1848[1] é quase suficiente para resumir a história das complicadas relações entre o povo e seus eleitos. Desde a Revolução, como assinalado, a obsessão que constituía o pano de fundo do imaginário democrático era ver o elo político da representação transformado em uma relação social de diferenciação. Um mesmo fio conecta a estigmatização feita por Béranger sob a Restauração dos "ventrus" ["barrigudos"] e a denúncia, um século mais tarde, dos "15.000" simbolizando a transformação dos deputados em políticos profissionais.[2] Teme-se, em todo os casos, uma mesma incerteza: o distanciamento do representante, esquecido dos seus eleitores. Se a pura teoria do governo representativo considera a eleição como uma simples escolha de pessoa, que não implica em nenhum elo substancial, o sentimento espontâneo não cessou, no entanto, de considerar que o deputado devia também agir como um porta-voz de seus "comitentes" - para retomar a expressão empregada durante a

---

[1] Povo, dê-me seu mandato. Eis a minha circular: eu sou senhor, mas candidato, eu me torno então popular", em *La Voix du Peuple ou les républicaines de 1848*, Paris, 1848, p. 185.
[2] Cf. as canções *Le Ventru ou Compte rendu de la session de 1818* et *Le Ventru aux élections de 1819*. 15000 francos: montante da indenização parlamentar fortemente aumentada em 1906, provocando uma enorme onda de antiparlamentarismo.

Revolução. Não é de se espantar que a questão da natureza do mandato eleitoral tenha sido fortemente debatida, sobretudo depois que o sufrágio universal preencheu a condição prévia a toda vida democrática.

Nos últimos anos do Segundo Império, a ideia do mandato imperativo ia de vento em popa. Ela oferecia à esquerda uma maneira simples e cômoda de conceber a realização do ideal democrático. Diferentemente das utopias e da visão revolucionária de uma grande noite regeneradora, ela combinava a radicalização da intenção ao caráter modesto e prático das condições para sua execução. Daí a sua popularidade. O tema é, assim, onipresente na massa das reuniões populares que se sucedem febrilmente depois de 1868.[3] Ele constitui nesse momento uma linha de fratura que separa os "republicanos formalistas" – para retomar uma expressão bastante utilizada nos meios populares radicais – dos socialistas. Nesse contexto, o comitê eleitoral de Belleville submete aos candidatos para as eleições legislativas de 1869 um *Caderno dos eleitores* que fornece a lista de um conjunto de reivindicações e de reformas julgadas prioritárias. Gambetta, que disputa uma cadeira, responde: "Cidadãos eleitores, esse mandato, eu o aceito. Sob vossas condições, eu serei particularmente orgulhoso de vos representar, porque essa eleição terá sido feita de acordo com os verdadeiros princípios do sufrágio universal: os eleitores terão livremente escolhido seu candidato; os eleitores terão determinado o programa político de seu mandatário".[4] Se o grande homem esforça-se, em seguida, para minimizar o sentido desse compromisso, o episódio referido e as formulações empregadas permanecem na memória de todos e constituem até o fim do século uma referência obrigatória para os propagandistas do mandato imperativo.

Em seguida, durante a primavera, a Comuna exalta esse princípio. Mas ele é então apenas um dos meios supletivos de conduta do governo direto e da administração simplificada que procuram dar consistência sensível ao ideal mais ambicioso de uma democracia imediata. Somente depois, quando o campo dos sonhos e das ambições necessariamente se restringiu, a ideia do mandato imperativo retoma certa centralidade em todas as discussões que acompanham a preparação

---

3   A liberalização do direito de reunião, assegurada pela lei de 6 de junho de 1868, havia provocado por todas as partes do país a realização de uma multiplicidade de reuniões públicas. Cf. Alain DALOTEL, Alain FAURE, Jean-Claude FREIERMUTH, *Aux origines de la Commune. Le mouvement des réunions publiques à Paris, 1868-1870*, Paris, 1980.

4   O "programa de Belleville" e a resposta de Gambetta estão reproduzidos nos anexos da obra de Jacques KAYSER, *Les Grandes Batailles du radicalisme, 1820-1901*, Paris, 1962, p. 318-320. Significativamente eles não foram reproduzidos nas *Oeuvres completes [Obras completas]* de Gambetta.

das leis constitucionais de 1875. Depois de 1871, jornais como *Le Corsaire [O Corsário], La Constitution [A Constituição], Le Rappel [A Chamada]* fizeram dele um de seus principais temas de propaganda. As brochuras também se multiplicaram.[5] Dentre elas, uma chama particularmente a atenção. Escrita por Victor Poupin, uma das figuras intelectuais do jovem partido republicano, foi publicada em 1873 na "Biblioteca democrática", uma pequena série de obras baratas que circularam largamente nos ambientes progressistas. Para respeitar o sentido do voto popular, explica Poupin, é necessário eliminar os "piratas do sufrágio universal", é preciso acabar com um sistema no qual "o deputado torna-se de alguma forma o patrão dos eleitores". Ao "mandato elástico no qual o povo, transformado em cliente, sepulta sua vontade", trata-se assim de substituir um "mandato formal" e vinculativo.[6] É com essa condição somente, prevê ele, que o Parlamento cessará de ser "uma reunião de príncipes e de ditadores" e que terá fim o "governo oligárquico".[7] Se a pena de Poupin é mergulhada no tinteiro da esquerda, personalidades muito mais moderadas denunciam igualmente as "usurpações parlamentares". Laboulaye, por exemplo, julga que a soberania das assembleias constitui uma verdadeira ameaça, e ele apresenta nesse mesmo espírito uma justificação liberal do mandato imperativo.[8]

A questão é oficialmente discutida em 1875 na Assembleia nacional. Alfred Naquet explica que se trata de escolher entre "duas correntes de opinião sobre o regime representativo".[9] Para a primeira, resume ele, "a massa dos eleitores seria incapaz de se pronunciar sobre as questões dos pormenores da política; ela seria somente capaz de se pronunciar sobre uma linha geral e de discernir, entre os cidadãos que vivem no meio dela, os homens mais inteligentes e honestos, a quem ela atribuiria o direito de defender os interesses que lhe são caros". A segunda considera, ao contrário, que a soberania deve residir permanentemente com os eleitores e que o governo direto é teoricamente o único admissível. Se evidentes "impossibilidades materiais" impedem sua implementação, é preciso aproximar-se dele o máximo permitido pela prática.

---

5   Cf., por exemplo, Félix PYAT, *Le Mandat impératif, par un paysan*, Paris, 1873, ou Louis PAULIAT, *Le Mandat impératif*, Paris, 1872. Ver também Louis BLANC, «Du mandat impératif», *Questions d'aujourd'hui et de demain*, série Politique, t. I, Paris, 1873, p. 347-366.
6   Victor POUPIN, *Le Mandat impératif*, Paris, 1873, p. 179 e 71.
7   *Ibid.*, p. 76 e 72.
8   Cf. "Du pouvoir constituant", *Revue des Deux Mondes*, 15 de outubro de 1871.
9   *Annales de L'Assemlée nationale*, t. XLII, sessão de 10 de novembro de 1875, p. 95 (discussão em primeira leitura do artigo 13 do projeto de lei constitucional : "Todo mandato imperativo é nulo e de efeito nulo"); *id*. Para as citações que se seguem.

Fora do mandato imperativo considerado nesse contexto, é implementado então "um sistema de oligarquia bastarda mais do que um verdadeiro sistema democrático". Madier de Montjau afirma nesse mesmo debate que: "A questão do mandato imperativo é saber se haverá a perpetuidade das classes dirigentes ou se já chegou a hora do advento de novos estratos sociais".[10] Ambos são severamente derrotados (por 574 vozes contra 54). Mas a ideia resiste a essa derrota.

Alguns sublinham que a evolução histórica seguirá inevitavelmente nesse sentido.[11] Cita-se em apoio a esse julgamento o exemplo dos comitês americanos que redigem as *plattforms* discutidas em grandes assembleias; menciona-se também o comportamento habitual dos eleitos ingleses sobre as grandes questões e evoca-se, é claro, o caso suíço.[12] Porém, acima de tudo o tema tem a vantagem de ilustrar e de encarnar de maneira compreensível para todos uma exigência democrática difusa. Ele é, assim, frequentemente evocado nos primeiros congressos operários.[13] A ideia de "mandato revogável" teve êxito entre esses meios e muitos pensam que "sem o mandato imperativo, não há República".[14] O tema vai igualmente exercer um papel importante nas eleições legislativas de 1881 e de 1885. Os socialistas, sejam eles membros do P.O.F. de Jules Guesde, ligados à formação possibilista de Paul Brousse (le P.O.S.R.), ou próximos de Allemane, reivindicam quase todos o reconhecimento pela lei do mandato imperativo e

---

10 *Ibid.*, sessão de 30 novembro de 1875, p. 345-346.
11 Falando dos Estados Unidos onde ele considera os eleitores do segundo nível ligados por um mandato imperativo pela nomeação do presidente, Émile OLLIVIER nota: "A mesma evolução se realizará conosco. Como? Se o soubéssemos, o impediríamos" (*Principes et conduite*, Paris, 1875, p. 119).
12 Ver as indicações dadas na súmula de Édouard PHILIPON, *Le Mandat impératif. Étude de droit constittutionnel comparé*, Paris, 1882.
13 Notadamente o famoso congresso de Marselha, em outubro de 1879. Ver, por exemplo, a intervenção significativa de Ernest ROCHE: "Enquanto o mandato imperativo não existir, o representante do povo, o próprio operário, tão humilde, tão dócil na véspera do escrutínio, pode tornar-se no dia seguinte um senhor, um tirano inexorável" (*Séances du Congrès ouvrier socialiste de France. Troisième session tênue à Marseille du 20 au 31 octobre 1879*, Marseille, 1879, p. 590). Ver também os artigos publicados sobre esse tema em *Le Prolétaire* (em "Les candidatures ouvrières et la révolution", nº 62 de 6 de dezembro de 1879, o princípio da carta de demissão em branco dos candidatos operários é considerado como "fundamental"; cf. ainda "Des assemblées représentatives", nº 53 de 4 de outubro de 1879).
14 Intervenção citada por Ernest ROCHE, p. 588.

sua assimilação ao mandato civil.[15] Esse também é o caso dos radicais,[16] assim como daqueles que começam subsequentemente a se denominarem "radicais-socialistas".[17] A análise das proclamações eleitorais redigidas durante essas duas datas mostra perfeitamente esse estado de espírito. Enquanto os oportunistas falam de "deputado", de "representante", de "República", a esquerda utiliza os termos "mandato" e "democracia".[18] "Há uma maneira de recolocar nas mãos fortes [do povo] a soberania: é o mandato imperativo", resume Viviani.[19] Nos anos 1880 e 1890, nesse espírito, uma dezena de projetos de lei apela para a supressão do célebre artigo 13 da Constituição de 1875.[20]

Múltiplas técnicas são então consideradas para dar consistência à ideia. Alguns propõem que a mesa da Câmara seja encarregada de verificar se os deputados não cometem nenhuma infração a seu programa político.[21] A maioria sugere o estabelecimento de um procedimento de revogação desencadeada por petições majoritárias de eleitores descontentes.[22] Indo até o fim com a lógica da assimilação do mandato político a um mandato civil, alguns escritos convidam até a uma intervenção do juiz de paz para constatar e sancionar a ruptura do contrato entre o eleito e seus eleitores.[23] Na ausência de organização legal desse procedimento, numerosos candidatos socialistas aceitam assinar, a título de garantia de fidelidade a seus compromissos, as cartas de demissão em branco entregues ao seu partido.[24]

---

15 Para uma consulta cômoda, ver os programas reproduzidos por Léon de SEILHAC, *Les Congrès ouvriers en France de 1876 à 1897*, Paris, 1899.

16 Cf. o programa de Clemenceau para as eleições de 1881 (reproduzido em J. KAYSER, *Les Grandes Batailles du radicalisme, op. Cit.*, p. 326-329).

17 Cf. o programa votado em 1885 do Comitê departamental radical-socialista do Sena.

18 Cf. A. PROST, *Vocabulaire des proclamations électorales, op. cit.* Ver também Paul HOURIE, *Les 557 Députés et leurs programmes électoraux, 1881-1885*, Paris, 1882.

19 René VIVIANI, *Petite République française*, 8 de junho de 1893.

20 Artigo da lei de 30 de novembro de 1875 proibindo o mandato imperativo. Sobre essas proposições, ver as teses de Gaston BRIOT, *Du mandat législatif em France*, Paris, 1905, et de Pierre DANDURAND, *Le Mandat impératif*, Bordeaux, 1896.

21 Projeto de lei depositado em 7 de março de 1889 por J.-T. ROQUE DE FILLOL.

22 Sobre a forma como é pensado esse direito de revogação, ver o artigo detalhado de Henri GALIMENT, "Le mécanisme du mandat impératif", *La Revue socialiste*, t. XVIII, dezembro de 1893.

23 Cf. acima. Ver também a proposta de Chauvière e Vaillant (dois herdeiros do blanquismo) em 1894.

24 O procedimento foi utilizado por várias vezes por comitês eleitorais descontentes. Mas as cartas de demissão enviadas ao presidente da Câmara foram declaradas nulas e sem-efeito, por violarem o artigo 13 da Constituição.

Todos esses projetos de estabelecimento de um sistema de mandato imperativo são vivamente repelidos. Mesmo temendo, em primeiro lugar, um desvio democrático perigoso, os notáveis republicanos sublinham, sobretudo, o fato de que do ponto de vista técnico esses procedimentos são totalmente incompatíveis com o sistema representativo. Não há nada de original na sua demonstração. Ela havia sido feita desde o início da Revolução, num momento em que se temia que o encerramento dos deputados na estrita esfera dos Cadernos de queixas [*Cahiers de doléances*] levasse à paralisação de todo trabalho de reconstrução constitucional, sob a alegação de que este não fora previamente solicitado de maneira explícita pelos eleitores.[25] Em um célebre discurso de 1846, Guizot havia revelado mais tarde que ele também era contrário ao espírito do governo parlamentar. Se o governo representativo implica, com efeito, a possibilidade de *deliberar*, ou seja, o reconhecimento de que as posições são suscetíveis de evoluir no curso da discussão, o governo parlamentar depende, por sua vez, da formalização de *alianças* e da organização de *compromissos*, que são submetidos a um tipo de prova permanente e flutuante pelas decisões políticas correntes.[26] Os dois tipos de argumentos são incansavelmente repetidos na tribuna e nas gazetas: enquanto o mandato imperativo pressupõe simplicidade e fixidez, a realidade política é, ao contrário, feita de complexidade e mobilidade.[27] A autonomia dos representantes é, portanto, uma garantia de liberdade e ao mesmo tempo de eficácia, destacam seus defensores. Daí decorre a rejeição inapelável de um procedimento que visa "enclausurar o eleito em uma espécie de camisa de força da qual ele não possa sair".[28] Por essa razão, os pais fundadores, de Jules Ferry a Jules Grévy, não pararam de justificar a autonomia dos representantes. "O eleitor não tem mais do que um direito, o de escolher seu mandatário", brada este último. "Ele não é capaz de fazer as leis por si mesmo e é por isso que deve escolher aquele que as fará. Se ele intervém no trabalho legislativo dizendo ao candidato: 'Vós fareis a lei em

---

25 Cf. a tese de Camille KOCH, *Les Origines françaises de la prohibition du mandat impératif*, Nancy, 1905.

26 F. GUIZOT, "Débat sur la question du mandat impératif donné par les électeurs aux députés » (Chambre des députés, 21 et 31 août 1846), in *Histoire parlementaire de France,* Paris, 1864, t. V, p. 288-300.

27 Vê-se aqui que a ideia de mandato imperativo encontra facilmente eco em uma cultura política que nega a autonomia do poder executivo e que estima que um reduzidíssimo número de leis é suficiente para regular a vida social.

28 Resposta de Aquiles DELORME, de centro esquerda, a Alfred NAQUET, em 10 de novembro de 1875 (*Annales de l'Assemblée nationale, op. cit.,* t. XLII, p. 96).

tal sentido', ele sai de seu papel, ele falseia tudo, ele mata o regime parlamentar, ele prepara uma ditadura, a anarquia".[29]

Os publicistas da época serão mobilizados para tomar de modo mais "erudito" essa defesa do puro governo representativo. A partir de 1880, a multiplicação das teses sobre a noção de mandato constitui um bom indício do movimento,[30] como o fato de que a faculdade de direito de Paris propõe em 1891 o tema para o prestigioso prêmio Pellegrino Rossi. A seríssima Academia de ciências morais e políticas também se apodera do assunto no mesmo espírito em 1888.[31] Courcelle-Seneuil, que introduz a reflexão, denuncia o uso intempestivo do termo mandato, que alguns tentam em vão adaptar às realidades políticas, falando de "mandato eleitoral" ou "mandato de confiança". Para ele, o erro é o de tentar inserir realidades políticas nos conceitos de direito privado. "Um mandato é um contrato, explica ele, e um contrato apenas pode ter por conteúdo aquilo de que um particular dispõe livremente. Ora, a soberania não é um bem privado".[32] À diferença do que é estabelecido em um contrato, o "conteúdo" da ação política, com efeito, tem por característica ser relativamente indeterminado, suscetível por natureza às variações das circunstâncias ou a limitações imprevistas. A ação política mantém assim uma relação particular, de tipo moral e voluntarista, com a generalidade social. Todo poder político visa transcender os limites práticos dos procedimentos de sua legitimação (a decisão majoritária) para se tornar agente de toda a sociedade. Como salienta Courcelle-Seneuil, o sistema do mandato é muito mais restritivo. Antes de tudo, ele pode tratar apenas de uma parte da ação política (essa que é absolutamente previsível) e encontra-se de outra parte submetido em princípio à exigência da unanimidade para agir de modo válido em nome da sociedade, a forma e o conteúdo estando por definição sobrepostos nele (no sentido em que a vontade geral apenas seria *em direito privado* a vontade constatada de cada um dos membros da sociedade). Dessa

---

29 Propostas citadas por J. GRÉVY, *Les Opportunistes, milieu et culture politiques, 1871-1889*, tese citada, t. II, p. 568.

30 Além das que nós já havíamos citado, mencionamos particularmente: Joseph MARTY, *De la nature du mandat donné par les électeurs aux membres des assemblées législatives en droit français*, Toulouse, 1890 ; Charles BORGEAUD, *De l'évolution actuelle du régime représentatif*, Paris, 1890 ; Marc MILLION, *Le Mandat impératif*, Rocroi, 1902. Os artigos sobre a questão são abundantes na *Revue du droit public* e na *Revue politique et parlementaire*.

31 Cf. *Séances et travaux de l'Académie des sciences Morales et politiques*, Paris, 1889, t. 131, p. 297-316.

32 A apresentação de COURCELLE-SENEUIL, "De la théorie du mandat législatif », é também reproduzida em sua coletânea *La société moderne. Études Morales et politiques*, Paris, 1892.

maneira, o direito político tem uma capacidade de *produzir o sujeito coletivo* que o direito civil não saberia ter.

Alguns anos mais tarde, Esmein sistematiza todas essas visões em seu *Éléments de droit constitutionnel [Elementos de dureito constitucional]* (1896). Referência de toda uma geração, o eminente jurista condena o mandato representativo. O emprego do termo mandato utilizado nos processos eleitorais, insiste ele, "é um dos acidentes mais deploráveis, que singularmente contribuiu para confundir as ideias".[33] Se o governo moderno repousa sobre a eleição para a escolha de todos os deputados, o caráter de "representantes" desses últimos não resulta da natureza desse procedimento de escolha, mas do tipo de função que exercem. A representação é uma função, insiste Esmein: ela consiste em desejar pela nação. Assim, o Parlamento não é a redução a uma pequena escala do país eleitoral. Ele é um *poder*, uma autoridade autônoma. "Aquilo que caracteriza os representantes do povo soberano, resume Esmein, é que, no limite das atribuições que lhes são conferidas, eles são chamados a decidir livremente, arbitrariamente, em nome do povo, que supostamente quer por suas vontades e fala por suas bocas".[34] Indo às últimas instâncias desse raciocínio, certos juristas republicanos irão até sublinhar que "o verdadeiro regime representativo é um regime no qual não há representação",[35] retomando assim a antiga linguagem dos Guizot e dos Royer-Collard.

Se os universitários podem se permitir propostas tão afiadas, os homens políticos são constrangidos a terem maior prudência. Nem mesmo os que repelem o mandato imperativo podem negar que se estabelece certo vínculo entre eleitos e eleitores. A ideia de fidelidade a compromissos aparece a todos como um dos fundamentos indissociavelmente morais e práticos da política. Não fosse isso, a constituição dos partidos – tão necessária ao funcionamento do governo representativo – não

---

33 A. ESMEIN, *Éléments de droit constitutionnel, op. cit.*, t. I, p. 337.
34 *Ibid.*, p. 435. Esses argumentos e julgamentos não tinham nada de verdadeiramente novos. Nós já os encontramos com frequência nos discursos revolucionários como nos escritos liberais dos anos 1820 ou 1830. Eles são no entanto apresentados em Esmein com uma amplitude e um rigor particulares.
35 A fórmula é de Raymond SALEILLES, na resenha que ele faz do livro de SARIPOLOS, *La Démocratie et l'élection proportionnelles*, na *Revue historique du droit français et étranger*, t. XXIII, 1899, p. 593. «O deputado, continua ele, tem apenas de representante o nome [...]. Ele é o órgão encarregado de uma função, a função legislativa. Para preenchê-la, ele não precisa levar em conta a vontade daqueles que o nomearam; ele deve ter em vista somente a função própria que ele preenche" (*Ibid*, p. 595).

teria sentido algum.[36] Os pais fundadores ficam, portanto, bastante embaraçados, sobretudo à esquerda. "Nós não somos fanáticos pelo mandato imperativo, resume, por exemplo, um artigo da *République française [República francesa]*, em observação oportuna; acharíamos deplorável que o candidato assinasse um programa meticuloso que, sem levar em conta seja qualquer esclarecimento advindo da discussão, sejam as circunstâncias, seja a opinião geral da Câmara a ser formada, conteria antecipadamente o texto das leis, que ele deveria se engajar a votar sem desviar-se uma vírgula sequer. Seria a própria destruição do regime parlamentar [...]. No entanto, para nós a eleição permanece sendo um mandato positivo, um verdadeiro contrato moral, entre o eleitor, que formula sua vontade, e o eleito, que se engaja categoricamente em conhecê-la".[37]

Vê-se então o ensaio de múltiplas fórmulas suscetíveis de conciliar rejeição jurídica do mandato imperativo e reconhecimento de um certo mandato "político". Desde 1872, Victor Hugo faz sua uma expressão que será em seguida muito utilizada: a do "mandato contratual". Ele aceita e assina com os eleitores do Sena um compromisso assim chamado, quando candidato às eleições legislativas parciais de 7 de janeiro de 1872. Madier de Montjau toma emprestado de Montesquieu a noção de "instrução geral" e sugere falar de "contrato eleitoral".[38] Mesmo um homem da direita como Marcère evoca o "mandato eletivo geral" para definir a relação do deputado com seus eleitores.[39] O termo contrato ou mandato não tinha mais sob essas análises nenhum caráter jurídico de obrigação, mas não deixava de comportar a ideia de um controle e de uma sanção política possível e desejável. Para conciliar os dois elementos, certos juristas ensaiarão definir de modo original o "mandato representativo" em uma perspectiva sociológica e não mais jurídica. Os primeiros trabalhos de Léon Duguit vão nesse sentido. Para ele, é inegável que a noção de representação por mandato seja desde 1791 a ideia mestra do direito público francês.

---

36 Mesmo um Guizot o reconhece. "O governo representativo, diz ele, só é possível regularmente, eficazmente, pela formação de grandes partidos políticos, e os grandes partidos políticos somente são possíveis pela seriedade e fidelidade dos compromissos políticos. Vocês podem observar que, eu não eludo a dificuldade, eu reconheço tudo o que há de necessário, de natural, de legítimo nos vínculos que se formam entre os eleitores e os eleitos, e entre os próprios membros das assembleias. Porém, senhores, segue-se daí que esses vínculos, esses engajamentos não tenham absolutamente nenhum limite?" (Discurso citado em 21 de agosto de 1846, p. 294).

37 Citado por É. PHILIPON, *Le Mandat impératif*, op. cit., p. 146-147.

38 Discurso citado de 30 de novembro de 1875, p. 343.

39 Em seu relatório de 22 de julho de 1875 sobre as leis constitucionais, *Annales de l'Assemblée nationale*, t. XLI, p. 19.

Mas dado por toda a nação, compreendido como uma pessoa coletiva, esse mandato não pode ser apreendido pela teoria jurídica, porque, de fato, a nação não é uma pessoa identificável enquanto tal e somente existe através daqueles que a representam. Uma teoria da representação política não pode, portanto, estar fundada sobre o direito subjetivo, ela apenas é formulável nos termos do que ele chama de um *direito objetivo*. À ideia subjetiva de confiança ele substitui a *realidade sociológica* de solidariedade e de interdependência entre representados e representantes. "Os representantes, nota Duguit, devem se conformar tanto quanto possível às tendências do elemento que eles representam. Não é porque o representante é o mandatário do representado, mas sim porque a representação repousa sobre a solidariedade por similitudes que une os dois grupos e essa solidariedade seria rompida se não houvesse mais correspondência entre o grupo dos representantes e o grupo dos representados".[40] Desse modo, Duguit pode vigorosamente repelir a noção de mandato imperativo, que radicaliza a concepção subjetivista de um mandato, sem recusar para tanto essa última noção. Ele apenas a refunda em um sentido que evite as confusões derivadas da utilização dos conceitos de direito civil para pensar as formas de vínculo político. Vários de seus alunos prosseguirão e desenvolverão essa reflexão para fundar juridicamente a particularidade do que eles nomeiam, juntamente com seu mestre, o *mandato representativo*.[41] Mas essa abordagem não era assimilável entre os meios republicanos. Com efeito, ela desembocava logicamente sobre uma teoria da representação das classes e dos grupos, o que é chocante para o universalismo dos republicanos do governo.

Evidentemente a questão do mandato não foi posta somente na França do século XIX. Ela encontra-se em toda parte. Mas lá se revestiu de um caráter particularmente agudo por conta da fraqueza eviente dos mecanismos de disposição da responsabilidade propriamente política dos eleitos. A perspectiva de uma eventual reeleição fez certamente pesar uma constrição real sobre o representante, mas não há outras no caso francês. O banimento prático do mecanismo de dissolução atestou com brilho essa visão restritiva da responsabilidade política sob a III República. Jules

---

40 Léon DUGUIT, *Traité de droit constitutionnel*, 3ᵉ éd., Paris, 1927, t. II, p. 549. As primeiras formulações desenvolvidas dessa tese encontram-se em seus *Études de droit public*, t. II, *L'État, les gouvernements et les agents*, Paris, 1903, p. 161-226.

41 Ver, notadamente, Georges-Marcel LABROUSSE, *La Nature juridique de l'élection politique*, Bordeaux, 1901. Encontra-se uma boa síntese dessas questões nas teses de Mures AXENTE, *La Nature juridique de la représentation populaire vue sous l'angle des rapports entre électeurs et élus*, Paris, 1940, e de Dominique TURPIN, *De la démocratie représentative*, Clermont-Ferrand, 1978, 2 vol.

Ferry estava bastante isolado ao pensar que ela deveria ser considerada como uma forma "séria, eficaz e prática de chamar o povo", permitindo amolecer um pouco os rigores do puro sistema representativo.[42] Sobre esse ponto, associaram-se as visões de esquerda do parlamentarismo às prudências conservadoras[43] para desqualificá-la. Tendo a representação e a responsabilidade constituido "duas modalidades simétricas segundo as quais se organiza a relação entre governantes e governados",[44] a fraqueza de dispositivos que regulam a segunda aumentou mecanicamente a demanda por um enquadramento mais exigente da primeira. Um menor exercício da responsabilidade política conduziu à reivindicação de um vínculo eleitoral mais amarrado. A dificuldade de formular juridicamente uma solução aceitável para esse problema do mandato eleitoral evidentemente não impediu que se continuasse exprimindo a demanda social por uma relação mais estreita entre eleitores e representantes. Tudo se passou durante esse período como se "por um movimento natural o progresso democrático devesse trazer a transformação do deputado, do eleito, em um simples delegado".[45] Mas é nos costumes, ou por fora do sistema político, que se formulou essa exigência, contornando o bloqueio das instituições.

O novo elo eleitoral

O deputado de 1880 já quase não se parece com a figura do parlamentar ideal, tal como sonhavam os Prévost-Paradol, os Littré ou os Grévy. Nada o assinala melhor que a espetacular adoção pela Câmara, na primavera de 1882, de uma medida que fazia publicar depois de cada eleição a coletânea integral das profissões de fé e dos programas dos deputados, ademais, devendo ser as opiniões emitidas reagrupadas e classificadas por temas. O episódio pode parecer minúsculo, mas retrospectivamente mostra-se fundamental: marca uma verdadeira ruptura com toda a concepção oficial anterior de eleição.

---

42 Ver sobre esse ponto Odile RUDELLE, "Le légicentrisme républicain", in F. FURET et M. OZOUF, *Le Siècle de l'avènement républicain, op. cit.*

43 Ver as obras de referência sobre o assunto: Pierre ALBERTINI, *Le Droit de dissolution et les systèmes constitutionnels français,* Paris, 1977, et Philippe LAUVAUX, *La Dissolution des assemblées parlementaires,* Paris, Économica, 1983.

44 A expressão é de Denis BARANGER, *Parlementarisme des origines,* Paris, P.U.F., 1999, p. 22, que dedica observações esclarecedoras e inovadoras a essa questão a propósito do caso inglês.

45 Prefácio de Maurice DESLANDRES em G. L. DICKINSON, *Le Développment du Parlement pendant le XIXe siècle, op. cit,* p. XLV.

É o contexto político que explica a origem dessa medida. A chegada de Gambetta ao poder, depois das eleições legislativas do verão de 1881, marca a derrota da República dos notáveis simbolizada por Grévy. Mas ela é acompanhada também por uma forte tensão entre a Câmara e o novo presidente do Conselho. Este último defende, com efeito, uma concepção alargada do papel do executivo que assusta a massa dos parlamentares. Dentre estes, muitos chegam a evocar o risco de ditadura.[46] Então, tudo o que conduz ao fortalecimento da autoridade e da legitimidade da Câmara beneficia-se de um acolhimento favorável *a priori*. A iniciativa de Barodet inscreve-se nesse contexto. O deputado da extrema esquerda, que havia alimentado em 1873 a crônica parisiense, concentrando-se em Rémusat, propôs no outono nomear uma comissão parlamentar "encarregada de examinar e de resumir as promessas, profissões de fé e programas que presidiram às eleições legislativas de 1881, e de apresentar um relatório à Câmara sobre a natureza e o alcance das reformas reclamadas pelo país".[47] Clemenceau, Louis Blanc, Camille Pelletain e Benjamin Raspail estão entre a trintena de deputados que sustenta a iniciativa. O objetivo primeiro da empreitada é abertamente político: impor-se sobre Gambetta. Diante das ambições e pretensões do Defensor do território, o compêndio previsto das profissões de fé é apresentado como a única expressão incontestável da soberania popular. "É aqui, nota a exposição de motivos do projeto, que nós encontraremos o único programa de legislação e de governo que convém a uma grande democracia".[48] Mas se trata também de exercer uma pressão sobre os próprios deputados, para lembrá-los de que foram nomeados para fazer reformas e prevenir, tanto quanto possível, a tentação de ignorarem o conteúdo de seus compromissos.

A antiga tradição dos Cahiers de doléance [Cadernos de queixas] é abertamente evocada e reivindicada por Barodet e seus amigos que afirmam querer dessa maneira "retomar os princípios e tradições da Revolução francesa". É significativo que o termo "Cahiers" seja amplamente utilizado nesse início dos anos 1880. Na preparação das eleições legislativas, muitos comitês republicanos redigiram "Cahiers des électeurs"

---

46 Ver sobre esse ponto as conclusões esclarecedoras e precisas de O. RUDELLE, *La République absolue, op. cit*, p. 81-92.

47 Projeto de resolução apresentado na sessão de 11 de novembro de 1881. Esse documento, como o conjunto dos relatórios e debates que seguiram essa iniciativa, foram reunidos em *Programmes, professions de foi et engagements électoraux de 1881*, t. I, Paris, 1882 (*Chambre des deputés*, Annexe n. 808 au procès-verbal de la séance du 9 mai 1882).

48 Citado em *Programmes, professions de foi et engagements électoraux de 1881, op. cit.*, p. 4. Os relatórios e intervenções citados em seguida são reproduzidos do mesmo documento.

[cadernos dos eleitores] endereçados a seus candidatos. No mundo do trabalho, a expressão "Cahiers du prolétariat" [cadernos do proletariado] tornou-se também de uso frequente, e encontra-se até mesmo uma publicação que leva por um tempo esse título. Era uma maneira de pôr em primeiro plano o eleitor e de lembrar que o representante apenas estava a cargo de uma missão.

Sem dúvida, Barodet negava de forma vivaz inscrever-se na perspectiva de qualquer mandato imperativo. Apenas a palavra bastava para amedrontar a grande massa de parlamentares, com exceção dos da extrema esquerda. Mas a ideia de um mandato era subjacente a seu projeto. Ele sublinha explicitamente que o procedimento proposto aproxima o sistema parlamentar do governo direto, considerado "o único que realmente está de acordo com o princípio da soberania nacional".[49] Seguindo até o fim essa visão, vêem-se inclusive juristas estimando que "esse modo de consulta do povo pode parecer com uma forma de referendum".[50] Barodet lamenta também, sempre no mesmo sentido, que os deputados tenham pouco a pouco tomado o hábito de falar de seus "eleitores" ("como se eleger-se fosse o único ponto importante", diz ele) ao invés de considerar, como em 1789, que eles tinham sobretudo "comitentes". Não é espantoso, nessas condições, ver o primeiro relator do projeto manifestar sua hostilidade e conclamar seus pares a afastar a proposta de Barodet. Ele a denuncia como um sucedâneo de governo direto e estima que o sistema previsto seja incompatível com o regime parlamentar e até "dificilmente compatível com um regime representativo qualquer".[51] Ele reúne todos os argumentos clássicos em favor do governo representativo, mas não consegue a adesão de seus colegas. Estes últimos seguem ao contrário o segundo relator, Camille Pelletan, que desenvolve, entretanto, posições bem distantes da ortodoxia dos pais fundadores. "Tudo o que tende a dar ao mandato eleitoral mais importância, mais força, mais precisão, está de acordo com a ordem republicana", afirma ele, sem pestanejar.[52] Ao mesmo tempo ele não hesita em qualificar os programas como "contratos" e a considerar que "nada é menos democrático" que uma eleição feita sem eles, porque ela se limitaria então a "um ato

---

49 Intervenção de 11 de fevereiro de 1882, *ibid.*, p. 18.
50 Joseph DELPEH, "Chronique constitutionnelle", *Revue du droit public,* vol. XXI, janeiro-fevereiro de 1904, p. 120.
51 *Rapport sommaire,* feito em 21 de novembro de 1881 por Alfred NAQUET, in *Programmes, professions de foi et engagement électoraux de 1881, op. cit.,* p. 11. Naquet adota nesse relatório uma posição muito retraída com relação àquela que ele defendia em 1875 quando advogava pelo o mandato imperativo!
52 *Rapport* de Camille PELLETAN, *ibid.,* p. 31.

puro e simples de confiança pessoal".[53] Pelletan apelava somente à elaboração de um compêndio estrito, não implicando por parte da comissão encarregada de efetuar essa tarefa qualquer trabalho de apreciação ou de interpretação.[54] Os deputados aprovam massivamente as conclusões de seu colega de extrema esquerda, adotando por 397 votos contra 50 a sugestão de Barodet.

A reviravolta foi espetacular. O sino do dia de finados soou para a visão clássica do governo representativo. Se podemos sustentar que a medida distingue de maneira implícita *responsabilidade política* (ligada ao princípio democrático) e *irresponsabilidade jurídica* (inerente à técnica institucional da representação),[55] a realidade é que ela conduz à sobreposição parcial de ambas.[56] Como foi dito, as circunstâncias políticas contribuíram muito. Mas elas não explicam tudo. Também é patente que os deputados sentiram que deveriam, quaisquer que fossem seus pensamentos de fundo, se conformar com um movimento inelutável. Tudo aconteceu como se parecesse dali em diante impossível a eles defender publicamente a pura teoria do governo representativo. Os universitários certamente poderão seguir argumentando nesse sentido. De Fouillée a Renouvier, os filósofos quase oficiais do regime não parariam de fazer a defesa da ortodoxia fundadora. Igualmente, a faculdade de direito seguirá massivamente no mesmo caminho. E nos meios oportunistas e conservadores algumas altas vozes serão ainda ouvidas em favor da preservação do sistema representativo contra as "ameaças" democráticas. É suficiente citar aqui um Grévy ou um Sherer para ilustrar isso claramente. Mas essas prudências e reticências não terão mais, doravante, muito peso no discurso político público. Os argumentos "técnicos" outrora frequentemente mobilizados para provar a superioridade do governo representativo estariam agora esquecidos? Não. Porém, dali em diante eles não serão mais ditos em alto e bom som, a não ser no campo abertamente conservador ou nas páginas das revistas ou dos tratados.

---

53 *Ibid.*, p. 32.

54 Cf. o texto finalmente votado em 6 de março de 1882: "A Câmara nomeará em seus gabinetes uma comissão de vinte e dois membros encarregados de reunir e de publicar os textos autênticos dos programas e engajamentos eleitorais dos deputados, e de operar, em um relatório geral, sem comentário nem interpretação, a classificação metódica das opiniões emitidas".

55 Cf. sobre esse ponto Pierre AVRIL, "Les origines de la représentation parlementaire », *Commentaire*, n. 30, été 1985.

56 O signo dessa superposição é que o eleitor não se contenta mais com a reeleição como sanção satisfatória da responsabilidade política. Ele deseja também que formas de controle e de pressão possam ser exercidas durante a própria duração do mandato eleitoral. Nesse caso, a mudança de "temporalidade" da responsabilidade política conduz à mudança de sua "substância".

A grande maioria da classe política se contentará prudentemente em se esquivar da questão. A entrada nessa nova era da democracia corresponde, também por essa razão, à entrada na era da ideologia, que tende sempre a dissociar as palavras das coisas. O "Barodet" batizado com o nome de seu promotor, tornar-se-ia uma instituição da República. Não se deve duvidar que a iniciativa tenha correspondido a uma verdadeira demanda social. Antes mesmo que esse documento oficial tivesse sido elaborado, com efeito, numerosos editores já estavam sentindo que existia um mercado para tal. Aliás, múltiplas publicações privadas continuariam a ser editadas paralelamente, a exemplo dos *Cahiers électoraux de la Chambre française [Cadernos eleitorais da Câmara francesa]*.[57]

Novas práticas acompanham a virada simbolizada pela adoção da proposta de Barodet. Entre os meios radicais e entre os socialistas aparece também pouco a pouco o hábito de organizar periodicamente reuniões para prestar conta aos eleitores da ação de seus deputados. Por exemplo, em 1881, Clemenceau se comprometera a encontrar seus outorgantes pelo menos uma vez por sessão. Ele o fará inclusive com maior frequência, afirmando ter prazer com esses encontros. Depois de 1885, e, sobretudo após 1889, determinados socialistas organizarão até mesmo reuniões mensais. Aos poucos, começa a se formar, nesses meios, o hábito de publicar no final de cada legislatura o relatório dos mandatos, composto de intervenções, de proposições de leis, do registro de votos importantes.[58] Ernest Roche, um próximo de Blanqui, anota em 1893 no prefácio de seu *Compte rendu général* [Relatório geral]: "Mandatário do povo, eu devo ao povo um relatório real, sincero, rigoroso de minha conduta [...]. Com esse pequeno livro à mão, eu me apresento diante de vosso tribunal, porque eu sei que vosso veredito é incorruptível".[59] As fórmulas, assim como o tom geral, encontram-se em diversas obras. Sinal dos tempos, não é somente à extrema esquerda que essas práticas se desenvolvem. Nos círculos políticos mais tradicionalistas alguma coisa também muda, mesmo se o tom e as fórmulas diferem. Charles-Marie Le Myre de Vilers (deputado da Cochinchina) edita o elegantíssimo *Mes chers électeurs* [Meus caros eleitores] para as eleições de 1893 e Arnaud de

---

57 Recolhidos e anotados por Émile Delage a partir de 1885. Ver também uma publicação como a de P. HOURIE, *Les 557 Députés et leurs programmes électoraux, op. cit.*
58 Cf. principalmente a série 8ª Le[91] na Biblioteca Nacional da França (BNF). Encontram-se também nas séries Le[89], Le[90] e Le[94].
59 *Mandat législatif du citoyen Ernest Roche, député du XVIIIe arroudissement de Paris. Compte rendu général*, Paris, 1893, p. 3.

Baudry d'Asson envia em 1881 um *Souvenirs à mes électeurs* [Recordações aos meus eleitores] (da Vendeia). Essas pomposas fórmulas não devem ser desconsideradas: elas participam efetivamente de um exercício idêntico. O mesmo tipo de brochuras é publicado à direita e à esquerda para informar aos eleitores e mostrar a obediente solicitude dos representantes. É o sinal de que alguma coisa mudou profundamente. Essas práticas também são acompanhadas de uma nova linguagem. O zelo do eleito ou do candidato expressa-se em termos anteriormente inexistentes. Gambetta, por exemplo, chama: "Vós, meus padrinhos de Belleville" a seus eleitores.[60] A vida democrática e a competição eleitoral que ela implica conduzem a um tipo de "deferência invertida", cujo caráter limitado será denunciado por toda uma literatura e uma imagética durante os períodos de solicitação dos sufrágios.[61]

"Eu acreditaria ser indigno do mandato que me foi dado por vós se vos apresentasse apenas a minha pessoa. Com efeito, pouco importa quem eu sou". É com esses termos espantosos que Jules Guesde prefacia seu *Quatre ans de lutte de classe à la Chambre* [Quatro anos de luta de classe na Câmara], no qual retraça, para seus eleitores de Roubaix, sua ação parlamentar de 1893 a 1898.[62] Não poderia ser mais clara a distância em relação a todas as abordagens anteriores quanto à eleição. O homem desaparece totalmente atrás do programa do qual é defensor. É a consequência mais manifesta da transformação democrática em curso no reconhecimento do contrato implícito que liga o representante a seus comitentes: a política tende inexoravelmente a se despersonalizar, de tal sorte que as qualidades individuais se apagam diante das opiniões sociais.

A questão do comitê eleitoral

A passagem progressiva de uma política das pessoas a uma política das ideias, ligada ao surgimento do sufrágio universal e ao consequente desenvolvimento dos programas políticos, constitui o grande ponto de virada das sociedades democráticas nas últimas décadas do século XIX. É um fator inseparável do surgimento de um novo ator político: o comitê eleitoral. Desde as eleições legislativas de 1881 o movimento é particularmente sensível. Por todas as partes se vê a multiplicação "dos comitês

---

60 Cf. por exemplo seu discurso de 12 de outubro de 1881, in *Discours et plaidoyers politiques de M. Gambetta*, Paris, 1883, t. IX, p. 426.
61 Cf. sobre esse ponto as caricaturas numerosas e frequentes em *L'Assiette au beurre* ou em *L'Almanach du Père Peinard*.
62 Paris, 1901, 2 vol.

republicanos" ou dos "comitês radicais", mesmo se a expressão recobre realidades muito diferentes. Em certos casos, basta um punhado de notáveis e de jornalistas – no estilo do que existia em 1863 ou 1868 – para apresentar seu candidato. Mas com cada vez mais frequência eles se parecem com verdadeiras reuniões de massa, chegando a centenas de eleitores. Infelizmente o fenômeno foi muito pouco estudado,[63] ainda que tenha sido bastante amplo. Antes que aparecessem os primeiros partidos políticos modernos – no sentido de organizações permanentes, constituídas de adesões regulares e regidas por procedimentos formalizados –, esses comitês executavam um duplo papel. Eles contribuíram para a seleção de candidatos ou ao menos para sua legitimação, já que não se conhecem casos em que tenham funcionado de modo semelhante ao das primárias americanas. Entretanto, eles permitiram, acima de tudo, dar consistência à ideia de "contrato-programa" entre um candidato e seus eleitores.[64] No contexto desses encontros, mais próximos de um comício eleitoral do que de uma assembleia geral de associação, os comitês propiciaram o encontro de reivindicações e programas. Alguns diriam que eles permitiram a formação de um mercado político. Nesse espírito, Gambetta fala da "aparição de uma nova indústria, de uma indústria de investimento eleitoral".[65] Por ocasião das eleições de 1881 os *Cahiers d'électeurs [Cadernos de eleitores]* se transformam em *programas de candidatos*. Os comitês foram assim os vetores práticos de uma *democracia mandatária*.[66] Eles também exerceram um papel técnico de interface ligada à gestão dos números no sufrágio universal. Isso foi manifestado no contexto da organização de um escrutínio de lista, o que é perceptível muito claramente sob a II República, como em 1885.[67] Mas sua função principal, independentemente do modo de

---

63 Ver sobre esse ponto as numerosas indicações factuais reunidas na tese de François MIQUET--MARTY, *Aux origines du parti politique moderne. Les groupes sociaux à l'épreuve du formalisme démocratique em France, 1848-1914,* Paris, E.H.E.S.S., 1996. Podemos igualmente nos reportar a Raymond HUARD, *La Naissance du parti politique en France*, Paris, Presses de la F.N.S.P., 1996.

64 Cf. as indicações dadas sobre esse ponto por É. PHILIPON, *Le Mandat impératif, op. cit.* (ver o capítulo IV, "Le mandat impératif aux élections législatives de 1881").

65 Citado por H. BOUCHET, *La Conception de la représentation dans la Constitution de 1875, op. cit.*, p. 27.

66 A expressão é empregada por Jean-Baptiste GODIN em *La République du travail et la réforme parlementaire,* Paris, 1889.

67 Data na qual é reestabelecido o escrutínio de lista. Modo de escrutínio que sempre esteve associado pelos republicanos avançados à noção de verdadeiro escrutínio político, permitindo votar em ideias mais do que em pessoas (cf. os múltiplos desenvolvimentos desse tema por Gambetta).

escrutínio existente, foi exatamente a de permitir que a eleição tomasse a forma de um contrato, "democratizando-a" de certa maneira.

Ao mesmo tempo em que permitiram dar maior consistência à soberania do povo, os comitês eleitorais, no entanto, contribuíram *procedimentalmente* para limitar esta última. De um lado, eles limitam a liberdade de manobra dos candidatos, ligando-os mais facilmente à estrutura de um programa. Mas, de outro, eles também reduzem as escolhas dos eleitores ao formá-los previamente. Eles articulam funcionalmente o controle do eleito e o enquadramento do eleitor. Daí sua ambivalência eles apresentam uma espécie de resposta ao risco de distanciamento dos eleitos que comporta o sistema representativo, mas também constituem, ao contrário, um obstáculo à plena soberania do povo, erigindo-se em força intermediária. Por isso não é surpresa que os comitês eleitorais tenham sido alternadamente célebrados e denunciados.

Bem antes das análises sociológicas de Ostrogorski e de Michels, ou das imprecações de Daniel Halévy contra *A República dos comitês*, múltiplas vozes se levantaram para estigmatizar seu papel, tido como negativo. "A França é hoje governada pelos comitês", deplorava, no início dos anos 1880, Edmond Scherer, que viu nos comitês "a chave de nossas instituições, a peça chave da máquina política".[68] Ele não é o único a falar nesses termos. Renouvier se insurge igualmente contra os comitês "arbitrariamente formados e irresponsáveis".[69] "Os comitês eleitorais são um quarto poder no Estado", nota também Paul Laffitte.[70] A causa dessa ira? Primeiro, ela provém da constatação de que essas organizações não são simples meios destinados a estruturar momentaneamente o processo eleitoral, mas que tendem a se instituir como estruturas permanentes: "Os deputados passam, os comitês ficam".[71] Com isso, o sufrágio universal fica deturpado. Os comitês são acusados de reintroduzir o equivalente a um sufrágio de duplo grau.[72] E mais ainda, de reatar com a era oligár-

---

68 Edmond SCHERER, *La Démocratie et la France*, Paris, 1883, p. 23.
69 "Le député,, sa fonction, son mandat", *La Critique philosophique*, 22 octobre 1881, p. 185. Ele é, por conseguinte, violentamente contrário ao escrutínio de lista e a toda ideia de mandato imperativo. "Toda tentativa de introduzir os mandatos imperativos, escreve ele, [...] é forçosamente uma tentativa de usurpação de um certo número de cidadãos sobre os direitos alheios" (*ibid.*, p. 186).
70 Paul LAFFITTE, *Lettres d'um parlementaire*, Paris, 1894, p. 200 (ver todo o capítulo « Comités et candidats »).
71 *Ibid.*, p. 203.
72 "O que é engraçado, nota ainda Laffitte, é que os mesmos homens que criticam todos os dias o Senado por ser o produto do voto de duplo grau, não percebem que ao escolherem os candidatos pelos comitês eles estão a caminho de introduzir o duplo grau no sufrágio universal"(*ibid.*, p. 201).

quica da política.[73] A ação dos comitês eleitorais, julga-se, "altera em sua essência o sufrágio universal, porque um grande número de eleitores, ao invés de *escolher* seu representante, aceita sem exame aquele que o comitê eleitoral lhe impõe".[74] A crítica não é nova. Já havia sido formulada vigorosamente por alguns na primavera de 1848, já que o sistema de escrutínio em lista contribuíra para a eclosão dos comitês em toda parte. "Na primeira vez em que vós exerceis vosso direito político, bradou Lamennais, vos é montada a autoridade, dão-vos na mão uma lista que não haveis nem discutido e nem podido ler, e vos é dito imperativamente: inseri-a na urna. Fazem de vós uma máquina de eleições, semelhante ao macaco da feira treinado para tirar os bilhetes do fundo de um gorro".[75] Nós já sublinhamos as reticências dos operários diante da ação dos comitês de notáveis republicanos nos anos 1860. O desejo de organizar candidaturas verdadeiramente operárias havia então traduzido uma recusa de ser tratado como o "gado a votar" dos comitês republicanos".[76]

Portanto, o comitê eleitoral é ao mesmo tempo um vetor político de democratização (facilitando a adoção programas) e um instrumento técnico de oligarquização (instalando um terceiro decisor no procedimento eleitoral). Aqui se abriga a contradição central da democracia: tudo acontece como se seus meios conspirassem funcionalmente contra seus fins. Essa contradição tomará em seguida toda sua dimensão quando forem verdadeiramente constituídos os partidos políticos modernos. Como compreendê-la? As grandes obras sociológicas consagradas à análise do fenômeno põem em primeiro plano explicações que podem ser qualificadas de mecânicas. Elas insistem nos processos pelos quais as funções técnicas tornam-se progressivamente a mola propulsora de um poder social. Tal análise encontra-se tanto em Michels, inscrita em uma visão fatalista ou, mais positivamente, em uma perspectiva reformadora, como na obra de Ostrogorski,

---

73 "Não é nem mesmo a eleição de duplo grau, esbraveja Joseph REINACH. A eleição nesse caso supõe a participação direta do eleitor na elaboração das listas. Onde está aqui o sinal dessa participação?" (*La Politique opportuniste, 1880-1889,* Paris, 1890, p. 86).

74 Ad. HATZFELD, "Le mandat électoral", *Revue politique et parlementaire*, t. XXIII, 10 mars 1900, p. 596.

75 "Aux ouvriers", *Le Peuple constituant*, 24 avril 1848. Lembra a observação de Taine : « Dois ou três conciliábulos parisienses estabeleceram duas ou três listas para os departamentos; um cão sábio poderia votar no lugar dos eleitores". Cf. também Alphonse LUCAS, *Les Clubs et les clubistes. Histoire complète, critique et anecdotique des clubs et des comités électoraux fondés à Paris depuis la Révolution de 1848,* Paris, 1851.

76 Cf., por exemplo, as indicações dadas em Streten MARITCH, *Histoire du mouvement social à Lyon sous le Second Empire,* Paris, 1930, p. 94-95.

que esboça a figura de um novo tipo de organização política capaz de superar os problemas constatados.[77] Mas pode-se apreender essa contradição de outro modo pois ela também se origina no fato de que é preciso sempre a existência de um *terceiro*, evento que rompe uma história ou iniciativa organizada, para que se exprima uma vontade. Nunca há uma "vontade pura", como se se tratasse de um fato social cujo caráter problemático residisse somente nas condições de expressão, e não no objeto. Uma vontade aparece sempre como uma resposta, uma adesão ou uma recusa. Ela somente existe sob a forma de uma *ação*, quer se trate de um protesto ou de um contrato. Em outros termos: não há vontade que não seja reflexiva.[78] E por essa razão há *sempre* um terceiro interpelador-organizador, mesmo que seja por vezes de modo mascarado e oculto. É o caso, por exemplo, ao longo da Revolução francesa, das eleições organizadas sem que fosse possível apresentar oficialmente um candidato. Conciliábulos privados, intrigas de corredor e manobras subterrâneas serviam então para constituir uma espécie de organização clandestina.[79]

Que a interface seja puramente técnica ou que ela corresponda igualmente a uma necessidade que se pode qualificar de filosófica, uma questão essencial se coloca: é possível constituí-la como parte de um procedimento de expressão direta da soberania? Dito de outra maneira, é possível "institucionalizar" a interface, de tal modo que seja um terceiro *incluído* no processo de escolha democrática? A crítica nos anos 1880 endereçada aos comitês eleitorais é também a de que eles não são "democraticamente" organizados: os detratores do projeto Barodet enfatizam o fato de que são "sempre irregularmente constituídos".[80] Como remediar essa irregularidade? A questão havia sido posta pela primeira vez insistentemente por ocasião das eleições legislativas de 1863. Numerosas vozes operárias, como mencionado mais acima, haviam então denunciado os comitês republicanos constituídos de notáveis e de jornalistas, demandando que a escolha dos candidatos de oposição fosse efetuada por uma assembleia composta de eleitos de quarteirão.

---

77 Ostrogorski sugere a supressão dos partidos permanentes, qualificados de "partidos-ônibus", e propõe sua substituição por agrupamentos temporários formados para tratar de uma questão particular.

78 A vontade, para dizer as coisas de outra maneira, não é um atributo ontológico ou histórico do indivíduo. Ela tem sempre uma dimensão dialógica.

79 Cf., sobre esse ponto, as conclusões muito esclarecedoras de P. GHENIFFEY, *Le Nombre et la Raison*, op. cit.

80 A. NAQUET, *Rapport* citado, p. 6.

Elas não haviam sido ouvidas, como se sabe.[81] A questão ressurgiu no debate dos anos 1870, mas dessa vez entre os conservadores.

Um artigo publicado no verão de 1871 em *Le Temps [O Tempo]*, depois das eleições municipais, dá exatamente o tom do assunto. Citemo-lo um pouco mais detidamente: "É evidente que o sufrágio universal não poderá funcionar se os eleitores não aprenderem a organizá-lo. Não se pode pensar sem sentir um pouco de vergonha no espetáculo ao qual nós assistimos: falta de método, esforços confusos, reuniões vãs, e, enfim, a indicação das escolhas caindo nas mãos de um comitê de jornalistas! [...] É impossível que recomecemos, a cada eleição, a formar comitês, a nomear presidentes, a levantar todo um edifício penosamente construído, e destinado a desaparecer assim que o dia do escrutínio passar. Há aqui uma perda de forças e de tempo com a qual não conseguimos nos resignar. O desgosto toma conta dos eleitores nessa impotência e a abstenção progride a cada dia. O sufrágio universal precisa ser organizado, mas essa organização é impossível se ela não se torna permanente, porque de outro modo ela exige muito esforço e fornece resultados imperfeitos".[82] Para dar consistência a esse imperativo, *Le Temps [O Tempo]* conclama à formação de grandes partidos. Mas sugere também que eles sirvam somente como intermediários na escolha dos candidatos, contentando-se em nomear as agências encarregadas de convocar os eleitores desse partido todas as vezes que aconteçam eleições. Assim convocadas, as "assembleias preparatórias" teriam que fixar a lista de candidatos. É o equivalente de um sistema de primárias; aliás, o autor do artigo refere-se explicitamente à experiência americana.[83] Outras sugestões são também emitidas. Uma petição à Assembleia nacional propõe, na mesma época, formar em cada circunscrição comitês eleitorais organizados de um modo legal.[84] Constituídos por membros do conselho geral e dos conselhos municipais interessados, assim como por delegados eleitos nas comunas, eles teriam por tarefa designar um candidato; por outro lado candidaturas "livres"

---

81 Cf., *supra*, o capítulo sobre o cesarismo.
82 *Le Temps*, editorial de 31 de julho de 1871.
83 Sobre a história das eleições primárias nos Estados Unidos, que seria preciso aqui retomar de modo comparativo, ver, por uma primeira aproximação: Charles Edward MERRIAN e Louise OVERACKER, *Primary*, Chicago, 1928; o número especial "The Direct Primary" da revista *The Annals* (The American Academy of Political and Social Science), março de 1923; William CROTTY e John JACKSON III, *Presidential Primaries and Nominations*, Washington D.C., Congressional Quarterly Press, 1985.
84 Charles BEAUSSIRE, *Pétitions à l'Assemblée nationale. I. Pétitions sur la loi électorale*, Nantes, 6 de abril de 1871.

podiam ser apresentadas. Essas sugestões não haviam então sido consideradas, mesmo sendo amplamente compartilhada a constatação que as fundava. É no momento de preparação das leis constitucionais de 1875, no quadro da "comissão dos Trinta", que a questão é novamente abordada, tanto nos meios orleanistas como nos círculos legitimistas. A preocupação é abertamente reacionária. Para esses notáveis trata-se de encontrar um meio de conter um sufrágio universal com o qual são compelidos a compor. O visconde de Meaux sugere assim formar legalmente comitês preparatórios às eleições. Sua composição? O honorável parlamentar deseja constituí-los com eleitos locais, magistrados, membros dos comícios agrícolas e das câmaras de comércio e um número equivalente dos eleitores mais tributados![85] Um projeto de Victor de Broglie vai nessa mesma direção. Isso significava reatar com a ideia de candidatura oficial, ou pôr em funcionamento um procedimento equivalente a um sufrágio de duplo grau. Aliás, os autores dessas diversas propostas não o escondiam. Concebia-se que "o sistema era detestável; no entanto tinha suas vantagens".[86] Inscrito nessa perspectiva, o projeto de formalização dos comitês eleitorais evidentemente não poderia ser aceito; ninguém lhe dava ouvidos. Mas esse fiasco não é apenas circunstancial. Ele corresponde também a uma espécie de limite que inevitavelmente encontra a ideia de "democratização" da interface organizativa. Com efeito, a constituição de um terço ressurge continuamente. Mesmo se longe do espetáculo mais caricatural dos eleitores de segundo grau ou dos detentores de um selo oficial, seja lá qual for, ela subsiste como condição incontornável de uma abertura para a reflexão do social, de onde surge a tensão sempre renascente que intervém na democracia mandatária.

Por trás da discussão sobre os comitês, depois sobre os partidos, coloca-se a questão das condições adequadas à formação da vontade geral. A redação de programas-contratos, aos olhos de seus defensores, tem por interesse principal permitir a compreensão da vontade do país. "Eu procuro somente a vontade geral", sublinha nesse espírito Barodet.[87] Sim, mas pode-se verdadeiramente encontrá-la expressa nesses programas aceitos? Os adversários do projeto respondem

---

85 *Commission des Trente*, Registros manuscritos, sessão de 22 de dezembro de 1873 (Arquivos nacionais: C*II 611).

86 Émile BEAUSSIRE, "La véritable reforme électorale et l'abstention", *Revue des Deux Mondes*, 1er février 1872, p. 665. Sobre essa questão importante, ver também: a "Quinzaine politique" de A. BOUCHER, *Le Correspondant*, 25 de dezembro de 1873; "La Nouvelle Commission des Trente", par Ernest DUVERGIER DE HAURANNE, *Revue politique et littéraire*, 7 février 1874.

87 Intervenção de 11 de fevereiro de 1882, *op. cit.*, p. 24.

negativamente a essa questão. "As profissões de fé, os programas eleitorais não contém e nem podem conter todo o pensamento dos candidatos", contestam eles.[88] A observação seria trivial se se tratasse apenas de indicar que um programa de algumas páginas jamais poderia conter todas as posições que um deputado seria capaz de exprimir. Mas a ela vai mais longe eatesta o fato de que sob um mesmo enunciado geral – a separação da Igreja e do Estado, por exemplo – múltiplas diferenças podem ser introduzidas: na concepção do mesmo objeto, no ritmo das reformas a serem cumpridas, etc. É também evidente que fórmulas idênticas não são compreendidas de modo similar pelos diferentes eleitores, cada um projetando, de uma maneira ou de outra, suas próprias interpretações e suas posições sobre um enunciado determinado. Se há muitas medidas simples que não demandam a discussão de um programa, impondo-se com evidência a todos da mesma maneira, esse não é o caso mais geral. É isso que torna relativamente indeterminada a vontade geral, para além de todos os problemas clássicos de composição das particularidades no âmbito geral. Daí a solução mais fácil de procurar apreendê-la apenas na sua expressão parlamentar, simplificada e materializada em um enunciado administrativo ou em uma medida técnica. Por essa razão, recolher e classificar tematicamente os programas apresenta o risco "de criar um conflito entre a Câmara dos deputados e o sufrágio universal, entre os deputados do povo e o próprio povo".[89] O afastamento do povo com relação a seus representantes não procede mais, nesse caso, de uma questão de distância. Deriva simplesmente da indeterminação da vontade geral. "O sentido do sistema representativo na democracia, escreveu nesse sentido um analista perspicaz, consiste no fato de que ele assegura a dominação do povo enquanto unidade sobre o povo enquanto pluralidade".[90]

A manifestação dessa dualidade exprime-se praticamente desde essa data na tensão entre partido e grupo parlamentar. Antes de mais nada, ela não parou de ser absorvida pelos atores do jogo político através da constituição e consolidação dos *grupos* no Parlamento. Solenemente afirmada em 1910, o papel dos grupos ganhou em seguida uma importância sempre crescente.[91] Eles funcionaram como forças de

---

88 Intervenção de Georges GRAUX de 6 de março de 1882, *op. cit.*, p. 35.
89 *Ibid.*, p. 34.
90 Gerhard LEIBHOLZ, "La nature et les formes de la démocratie", *Archives de philosophie du droit et de sociologie juridique*, n. 3-4, 1936, p. 142.
91 Sobre a vidada de 1910 que institucionaliza os grupos, cf. Pierre GUIRAL e Guy THUILLIER, *La Vie quotidienne dês deputes em France de 1871 à 1914*, Paris, Hachette, 1980, p. 230-234, assim como as indicações dadas por Eugène PIERRE, *Traité de droit politique, électoral, et parlementaire,*

regulação e de homogeneização, introduzindo concomitantemente uma disciplina maior de ação e de voto nas Câmaras e uma padronização consequente das opiniões e proposições. Mas o processo de enquadramento e normalização da vontade geral não se limitou à subordinação do eleito a seu grupo. Ele foi prolongado pelo controle do partido sobre o grupo. O movimento se realizou muito antes à esquerda. Desde 1903, o Partido socialista francês exige de seus deputados uma prévia deliberação sobre seus votos e suas atitudes políticas no seio de um comitê misto composto deles mesmos e de delegados de federações do partido.[92] Dois anos mais tarde, o estatuto do novo partido socialista vai mais longe, estipulando formalmente que "cada um dos eleitos parlamentares, enquanto eleitos, e o conjunto do grupo, enquanto grupo, estão sujeitos ao controle do Conselho nacional".[93] Toda uma cadeia de procedimentos de enquadramento interligados uns com os outros é assim progressivamente posta em prática, de tal sorte que o progresso da "democratização" não parou de trazer consigo o crescimento consequente de um novo tipo de "oligarquização".

O deputado, um tipo social

A lembrança dos debates e das interrogações travados em torno da questão do mandato sublinha a impossibilidade de nos interessarmos apenas pela via institucional ou pelo exame dos textos para apreender a história da democracia. Esta última somente existe enquanto movimento. Nela não cessam de se cruzar e se atar tensões sociais e contradições particulares que a deixam sempre indissociavelmente inacabada e indeterminada. Mas não é somente o conjunto desses conflitos e antinomias que permite perceber seu traçado hesitante e irregular. A história da democracia é, ao mesmo tempo, a história de uma expectativa e de um desencantamento. À sombra dos debates e dos combates crescem também as decepções e as desilusões que alimentam sentimentos confusos. A raiva e o desprezo

---

Supplément, 3e éd., Paris, 1914, e por Christian BUNIET, *Les Règlements des assemblées parlementaires em France depuis 1871*, Lyon, Éd. De l'A.G.E.L., 1967. Os grupos parlamentares serão definitivamente consagrados e, com eles, seu predomínio sobre os eleitos, em 1932.

92 Resolução do congresso de Saint-Étienne.

93 Art. 55 do *Règlement du parti* (Parti socialiste – S.F.I.O., 1er *Congrès national tenu à Paris les 23, 24 et 25 avril 1905*, Paris, s.d.). O artigo 38 prevê também que "o grupo socialista do Parlamento apresente, a cada ano, um relatório ao Congresso nacional"; os parlamentares devem além disso verter uma parte de seus recursos ao partido. Sobre a questão geral da disciplina de partido, ver Mohammed KHEITMI, *Les Partis politiques et Le droit positif français*, Paris, L.G.D.J., 1964; Jean-Claude MASCLET, *Le Rôle du député et ses attaches institutionnelles sous la Ve République*, Paris, L.G.D.J., 1979; André PHILIP, "Parti et discipline", *Cahiers de la République*, mars 1961.

da democracia foram frequentemente os frutos amargos das esperanças desiludidas. Nada o mostra melhor do que as representações populares do deputado. Não se pode estudar a questão do mandato sem lhes dar a devida atenção, e um material muito rico que permite abordá-las é a literatura satírica.

Um dos fatos notáveis da era democrática é que ela traz consigo uma verdadeira profusão de jornais populares ilustrados, cujo sucesso revela sua centralidade. Mas eles não são todos da mesma natureza. Uma primeira espécie é de tipo classicamente crítico e não faz mais do que reforçar através do recurso da caricatura o peso de uma denúncia ou o sinal de uma oposição. Trata-se de uma literatura da irreverência, que é o fruto normal da liberdade de imprensa. De *Charivari* e de *La Caricature [A Caricatura]*, no início dos anos 1830, a *L'Éclipse [O eclipse]*, *Bouffon*, ou até *Grelot*, aproximadamente meio século mais tarde, alguns títulos célebres achincalharam as instituições e os homens, denunciando com um traço feroz e alerta as imposturas e hipocrisias. Basta fazer referência aos Cham, Daumier, Gavarni, Gill, Le Petit e Pillotell para se ter uma boa ideia disso. Essa tradição continuará em seguida com *La Silhouette [A silhueta]* ou *Le Pilori [O peloirinho]*, para citar apenas dois títulos conhecidos que emergem de uma multidão de outras publicações que denunciam e tomam partido, à direita e à esquerda.[94] Mas nos anos 1880 aparece um segundo tipo de jornal. Ao lado da primeira imprensa, sempre viva, que se pode qualificar como satírica, em alguns anos prospera uma imponente quantidade de títulos de diferentes matizes. Trata-se de uma imprensa do desdém, que não se opõe tanto a poderes determinados, mas os recusa em bloco, suspeitando deles *a priori, por* terem gangrenado e serem irreformáveis. Pode-se notar em um primeiro momento a conotação boulangista de certos títulos como *La Bombe [A bomba]*, onde Paul de Sémant exerce seus talentos de desenhista.[95] Mas são, sobretudo, *La Comédie politique [A Comédia política]* (1878-1880), *Les Chambres comiques [As Câmaras cômicas]* (1886-1887), em seguida *La feuille [A folha]* (1898), *Le Père peinard [O Pai tranquilo]* (1889-1902) e *L'Assiette au beurre [Prato de manteiga]* (1901-1912), que encarnam essa nova imprensa. Um amplo conjunto imagético de Glück ou Pellerin também faz-lhe eco. Jossot, Lunel, Maleteste, Steinlen, Villermot e alguns outros puseram seus talentos a serviço de uma

---

94 Para uma primeira aproximação dessa imprensa, ver Jacques LETHÈVE, *La Caricature et la presse sous la IIIe République,* Paris, 1961; Philippe ROBERTS-JONES, "La presse satirique illustrée de 1860 à 1890", *Études de presse,* n. 14, 1956; Paul DUCATEL, *Histoire de la IIIe République vue à travers l'imagerie populaire et la presse satirique,* t. II et III, Paris, 1975-1976.

95 Cf. Jacques NÉRÉ, *Le Boulangisme et la presse,* Paris, 1964.

virulenta denúncia das "Folies-Bourbon" ["Loucuras-Bourbônicas"], do "guignol parlementaire" ["fantoche parlamentar"] e da "comédie démocratique" ["comédia democrática"]. Semana após semana o deputado encarna a figura odiada que sobrepõe o cinismo à fraqueza, a mediocridade à corrupção. Fato significativo: os representantes do povo quase nunca são caracterizados por suas filiações políticas nesses jornais. O deputado torna-se um verdadeiro *tipo social*, sempre pintado pelo prisma de alguns traços caricaturais, à semelhança do capitalista ou do judeu em uma certa imprensa.[96] O desenvolvimento de títulos dessa natureza, que conhecem um verdadeiro sucesso popular, marca uma virada. Indica que uma parte da população cessou de acreditar no ideal de uma soberania ativa do povo e que ela é tão somente capaz de uma visão desencantada, nutrida pelo escárnio e que conduz a uma retirada do político. O tipo social negativo que emerge dessas publicações estranhamente acena para o tipo social positivo dos teóricos do puro governo representativo: ele é seu duplo invertido e diabólico. A tensão democrática é da mesma forma simetricamente negada, em uma celebração inocente ou uma execração visceral.

Não é apenas por ser o foco de canções ou o alvo das caricaturas que o tipo social do representante toma forma. Ele ainda consagra-se no fim do século sob as formas paradoxais do "anticandidato" cuja apresentação num escrutínio tem por único objetivo denunciar o seu ridículo. O primeiro exemplo que se pode encontrar é o do diretor do cabaré *Le Chat noir [O Gato negro]*, Rodolphe Salis, que se candidatou às eleições municipais de 4 de maio de 1884. Com o apoio de Alphonse Allais, de Léon Bloy e de Jean Rictus, em um panfleto irônico ele conclama à "separação de Montmartre e do Estado". Ele reaparece com eco ampliado em 1889, ao se apresentar em Paris nas eleições legislativas de 27 de janeiro. Exposto em um imponente cartaz humorístico com o título: "Eleitores, nós vos enganamos", seu programa resume-se em uma frase – "A revisão da Constituição a cada três meses" – supondo ridicularizar Boulanger, o qual, além disso, alega ser seu sósia usando um falso nome! Alguns jovens que darão o que falar, notadamente Maurice Barrès e Paul Déroulède, sustentam a operação.[97] No período eleitoral seguinte, em 1893, é Albert Caperon, apelidado de "Capitão Cap", que se apresenta na segunda circunscrição de Paris, com o apoio sempre entusiasmado de Alphonse Allais. Ele se dota de um

---

96 Ver as conclusões de Elizabeth e Michel DIXMIER, *L'Assiette au beurre, journal satirique illustré*, Paris, 1974, p. 76-83.
97 Salis era sustentado por um "comitê de equilíbrios e de protestos nacionais". Ver Librairie Espagnon et Lebret, *Manifestes politiques*, n. 32, Paris, 1992, notice n. 520.

extraordinário programa, prevendo notadamente a transformação da praça Pigalle em porto do mar e o estabelecimento de uma praça de touros sobre a colina de Montmartre![98] Esses dois pioneiros do escárnio terão continuadores, como se sabe, que banalizarão o gênero.[99] Para além da anedota, esses episódios são significativos. O humor e a zombaria atestam o fato de que o encanto se quebrou nas cabeças e corações. O mau funcionamento representativo é doravante compreendido por alguns como um fato certamente deplorável, mas inelutável, que é impossível de superar a não ser pelo distanciamento desiludido. À distância dos revolucionários ou dos reformadores floresce assim uma nova categoria de cidadãos críticos: os zombadores deslocados.

---

98 Ver a documentação reproduzida na obra de Alphonse ALLAIS, *Le Capitain Cap. Ses aventures, ses idées, ses breuvages,* nouv. éd., Paris, Jean-Jacques Pauvert, 1963 (notadamente a primeira parte, "Le Capitaine Cap devant Le suffrage universel").
99 De Ferdinand Lop em 1939 à Mouna Aguigui em 1968. Ver François CARADEC e Noël ARNAUD, *Encyclopédie des farces et attrapes et des mystifications,* Paris, 1964.

VIII. A questão do referendo

A invenção do referendo

A primeira edição do *Larousse do século XIX* (1874 para o fascículo correspondente) ignora o termo referendo. É preciso esperar o segundo suplemento, que apareceu em 1890, para que uma definição seja dada.[1] O termo tem ainda uma conotação arcaica, emprestada da linguagem diplomática.[2] Ele remete principalmente à especificidade das instituições helvéticas: "Palavra tirada da antiga organização federal [suíça], onde os delegados da dieta não podiam votar e comprometer-se senão *ad refereundum*, ou seja, salvo ao referirem-se ao conselho cantonal que representavam".[3] Tudo muda no final dos anos 1880 quando a questão do referendo será projetada no centro do debate político. Boulanger é o primeiro a apoderar-se da palavra. Mas os círculos bonapartistas e socialistas vão também muito rapidamente fazer amplo uso dela.

O general Boulanger não é o único a estigmatizar as instituições forjadas em 1875. Ele se inscreve na linhagem de todos aqueles que não cessaram, desde

---

1 Referendo. Polit. Direito que certas constituições dão aos cidadãos de pronunciar-se diretamente pela via do plebiscito sobre as questões políticas ou econômicas que lhes interessam.
2 O primeiro suplemento do *Larousse du XIXe siècle* (1878) assim notava: "Negociar *ad referendum*: negociar sob o compromisso de requerer a aprovação do governo em nome do qual se negocia."
3 Émile de LAVALEYE. Le Gouvernenment dans la démocratie, Paris, 1891, t. II, p. 147.

meados de 1870, de denunciar o caráter oligárquico e parlamentar de uma República julgada por demais conservadora e de convocar, consequentemente, uma revisão constitucional redentora. Mas Boulanger não se contenta, como a massa de republicanos de esquerda e dos radicais, em vilipendiar o Senado. É o princípio mesmo do sistema representativo que ele põe em questão. Ele o expressa nos termos célebres de seu discurso-programa de 4 de junho de 1888. "Em uma democracia, diz ele, as instituições devem se aproximar o tanto quanto possível do governo direto. É justo e bom, conclui ele, que se interrogue o povo por via direta a cada vez que se elevarem graves conflitos de opinião que só ele pode resolver. É por isso que penso ser indispensável introduzir na nossa constituição o *jus ad referendum*".[4] Ele se refere como exemplo à questão das relações entre a Igreja e o Estado, ou à da liberdade religiosa. Para Boulanger, o interesse do referendo não é somente restituir ao povo um poder confiscado por seus representantes, é o de "esvaziar em um dia" as grandes querelas que dividem os partidos e a opinião pública, constituindo dessa forma um instrumento de pacificação social. A palavra e a ideia estavam lançadas. Os dois termos "revisão, referendo" iriam resumir o programa boulangista, aplaudidos em milhares de reuniões públicas e afixados em todas as paredes da França. Se o episódio boulangista não constitui mais do que um breve fogo de palha, os temas que o trouxeram não cessaram em seguida de ressurgir e de pesar. O termo referendo não é, no entanto, imediatamente aclimatado. Os círculos bonapartistas continuam, assim, a criticar o sistema representativo pondo em primeiro plano o imperativo de *apelo ao povo*, enquanto os socialistas se referem, como nos anos de 1850-1851, à ideia de *legislação direta pelo povo*.

Desde o começo dos anos 1870 os círculos bonapartistas tinham feito do apelo ao povo o centro de sua doutrina e se apresentavam como os verdadeiros defensores do sufrágio universal.[5] Tendo formado desde 1872 em torno de Rouher o "Grupo parlamentar de apelo ao povo", eles multiplicaram as proposições da lei nesse sentido. Quando da discussão de janeiro de 1875 sobre a organização do poder legislativo, Alfred Naquet apelara para uma ratificação popular das leis constitucionais.[6] No

---

4 *Annales de la Chambre des députés*, sessão de 1888, t. III, p. 448. Nota-se que a palavra referendo não havia sido utilizada anteriormente pelo principal teórico do boulangismo, Alfred NAQUET (cf. principalmente suas *Questions constitutionnelles*, Paris, 1883).

5 Cf. John ROHTNEY, *Bonapartism after Sedan*, Ithaca, Cornell University Press, 1969.

6 Cf. Alfred NAQUET, *Un discours-programme*, Paris 1875. Sobre esses diferentes projetos, ver Albert SARRAUT, *Le Gouvernement direct en France*, Paris, 1899, p.342-349.

grande debate de 1884 sobre a revisão, Cunéo d'Ornano defendia a mesma posição.[7] A palavra referendo não era utilizada, e não se tratava da coisa em si, pois os bonapartistas se limitavam à ambição de fazer votar a constituição pelo povo. A partir do fim dos anos 1880, o círculo bonapartista evolui e deixa aparecer duas correntes. De um lado, os "imperialistas" que continuam a fazer do plebiscito a chave de sua doutrina e limitam então a intervenção direta do povo à consagração do regime e do seu chefe. Paul Granier de Cassagnac é seu líder.[8] Do outro, Gustave Cunéo d'Ornano e seus amigos evoluem para o modelo de uma *república referendária*, estendendo o plebiscito constituinte fundador à eleição por sufrágio universal do Presidente da República e ao estabelecimento de um sistema de referendo legislativo e comunal.[9] É nesta direção que o princípio referendário encontra seu sentido moderno.

Trinta anos depois da publicação das obras de Considerant e de Rittinghausen, a palavra de ordem da legislação direta pelo povo reaparece entre os socialistas. Em primeiro lugar, nos meios possibilistas. O partido operário socialista revolucionário (P.O.S.R), dirigido por Jean Allemane e Paul Brousse, a adota em seu congresso de maio de 1885, ao mesmo tempo em que é reivindicada a supressão do Senado.[10] Seus militantes fundam alguns anos mais tarde o "Comitê central de propaganda socialista e antiboulangista" para desviar os operários da sedução de um antiparlamentarismo primário e para melhor distinguir suas críticas das do general. "Certamente, é preciso acabar com a forma parlamentar da República que monopoliza a soberania do povo, sublinham então. Mas no lugar de substituí-la por sua forma ditatorial e plebiscitária, que a história prova ser escamoteação, nós devemos combater por uma forma nova que dê ao povo não só "um lugar maior", mas o lugar inteiro, pela introdução na lei constitucional desta legislação direta

---

7   *Annales de l'Assemblée nationale*, sessão de 11 de agosto de 1884, p. 100-116.
8   Cf. seus artigos dos anos 1870 no *Le Pays* e dos anos 1890 no *L'Autorité*, reproduzidos no *Pour Dieu, pour la France*, Paris, 1905, 8 vol. Ele escreve ainda em 1900 que "o plebiscito, é a democracia" (artigo de *L'Autorité* reproduzido em *op. cit.*, t. I, p. 270-272). Ver Haren OFFEN, *Paul de Cassagnac and the Authoritarian Tradition in Nineteenth Century France*, Nova York, Garland Publishing, 1991.
9   Cf. seu grande livro programa, *La République de Napoléon*, Paris, 1894. Escreve ele como conclusão de sua obra: "É necessário à República francesa um povo atuante ou um eleito poderoso, um povo imperador ou um Imperador" (p. 554).
10 O artigo primeiro do programa legislativo elaborado para as eleições de 1885 põe no topo dos objetivos do partido: "legislação direta do povo, ou seja, sanção e iniciativa popular em matéria legislativa" (VI Congresso da região Centro – na ausência de congressos nacionais durante esse período – realizado em Paris de 3 a 10 de maio de 1885, reproduzido em *Le Prolétariat*, 23 de maio de 1885).

pelo povo, que foi votada pela Convenção.[11] Há um século de distância, é ainda a Constituição de 1793 que mostra o caminho para esses socialistas. Sem conhecer bem todas as controvérsias do fim da II República sobre o governo direto, eles reclamam para si uma tradição que inscreve suas reivindicações na história longa da democracia francesa.[12] *La Revue socialiste*, dirigida por Benoît Malon, lança essa campanha desde a primavera de 1889.[13] Ela republica antigos textos de Rittinghausen, além de uma longa biografia sua, e multiplica os artigos gerais sobre a questão do referendo.[14] Na mesma linha, Godin convida a pôr em prática um sistema de "veto nacional" para fazer sancionar as leis pelo povo.[15]

É ainda do lado dos herdeiros – apaziguados – do blanquismo que ressurge o tema. Édouard Vaillant e seus amigos também operam um "retorno a 1793" fustigando as instabilidades parlamentares do regime de 1875. Em 1893, eles fundam uma Liga de revisão pelo povo que preconiza o governo direto.[16] Eles consideram que a Câmara dos deputados não deveria ser mais do que um "Conselho de Estado com Comitê Executivo", podendo o povo ter ele mesmo a iniciativa das leis e devendo, em todo caso, encarregar-se de aceitar ou de recusar os projetos resultantes de sua própria iniciativa ou do novo Conselho de Estado. Em uma brochura publicada dois anos mais tarde, *Révision par le peuple [Revisão pelo povo]*, Vaillant sublinha que essa ideia constitui "o advento da democracia e o meio seguro de seu desenvolvimento".[17] Ele vê também nela a matriz de uma pedagogia política suscetível de aproximar *politicamente* do socialismo os republicanos desanimados pelas teses demasiadamente econômicas e sociais. Eleito deputado, ele não diminui

---

11 Apelo reproduzido no órgão possibilista, *Le Parti ouvrier*, de 21 de abril de 1888.

12 Sobre a concepção da democracia dos possibilistas, ver David STAFFORD, *From Anarchism to Reformism. A Study of the Political Activities of Paul Brousse within the First International and the French Socialist Movement, 1870-1890*, University of Toronto Press, 1971.

13 Cf. « Le Référendum» *La Revue socialiste*, vol. IX, março de 1889 (introdução aos textos de Laveleye e Rittinghausen).

14 Cf. A. BONTHOUX, « La législation directe » (fevereiro 1889) ; Charles BAGGIO, « La révision rationelle » (outubro 1889)

15 Cf. Jean-Baptiste GODIN, *Le Gouvernement, ce qu'il a été, ce qu'il doit être et le vrai socialisme en action*, Paris, 1883. Ver o capítulo « Législation direction » (p.169-179).

16 Édouard VAILLANT, « Pour le gouvernement direct », *Le Parti socialiste*, 17-24 de setembro 1893 (reproduzido em Maurice DOMMANGET, *Édouard Vaillantt, un grand socialiste, 1840-1915*, Paris, 1956, p. 413-414). Ver esta última obra e também a de Jolyon HOWORTH (*Édouard Vaillant. La création de l'unité socialiste em France; la politique de l'action totale*, Paris, 1982) para sua ação no comando dessa liga.

17 Édouard VAILLANT, *Révision par le peuple*, Paris, 1895, p.3

seu esforço e apresenta em 1899 um projeto de lei sobre as questões constitucionais em nome da Aliança comunista e do Partido socialista revolucionário.[18] Ele defende então uma "revisão republicana, democrática e socialista da Constituição" que seja diretamente decidida pelo povo. O objetivo é formulado de maneira lapidar: "Substituição do regime parlamentar pela legislação direta e pelo governo direto do povo pelo povo." *Enquanto isso não acontece*, ele aceita o direito de iniciativa popular e referendo obrigatório, de todas as leis de interesse geral."

Os socialistas empregam menos frequentemente o termo "referendo" do que "legislação direta" ou "governo direto". Mas o termo não causa temor. Ninguém teme então que se instaure uma lamentável confusão com a ideia cesarista de plebiscito.[19] Mesmo aqueles que se mostram os mais ardorosos em denunciar as ilusões eleitoreiras lhe reconhecem algum mérito. Émile Pouget, cabeça pensante do anarcossindicalismo, admite significativamente que o referendo possui um certo "valor relativo" e que ele "pode ter sua utilidade".[20] Aquilo a que ele se refere em termos práticos permanece muito vago. A palavra condensa uma soma de aspirações e de recusas sem ser jamais associada a procedimentos claramente definidos. Não há discussão "técnica" sobre a questão do referendo nos círculos socialistas. Benoît Malon aparece nos anos 1890 como o único a ter lido atentamente e anotado Considerant, Millière, Rittinghausen e a ter refletido sobre as objeções de Louis Blanc; ele também está bem isolado nas suas tentativas de apreciar os procedimentos pertinentes de iniciativa popular apoiando-se sobre os primeiros trabalhos jurídicos que começam a ser publicados sobre essa matéria.[21]

Mesmo sendo um ponto de vista universitário, é preciso assinalar que existe também uma defesa liberal do referendo, enquanto última instância de controle. "O referendo, sublinha nesse espírito Paul Leroy-Beaulieu, é a arma defensiva que as sociedades devem sempre ter em reserva contra os arrebatamentos de seus

---

18 *Impressions de la Chambre des députés*, sessão de 1899, n⁰ 1321, p.684-685.
19 Vaillant desenvolve longamente a diferença entre referendo e plebiscito no transcurso da discussão de 1911 sobre a representação proporcional. "Não há direito de iniciativa, voto, referendo admissíveis sem deliberação prévia suficiente, explica ele então. O voto popular sem deliberação prévia é o que se chamava no Império plebiscito" (*Annales de la Chambre des députés*, sessão de 1911, sessão de 29 de maio de 1911, p.20).
20 Émile POUGET, *L'Action directe*, Paris, 1910, p.27. « É absurdo deduzir que o referendo se opõe ao método revolucionário" diz ele ainda *(ibid.)*.
21 Cf. B. MALON, *Le Socialisme intégral*, Paris, 1890, t. I, p. 405-414.

mandatários irrevogáveis".[22] O referendo é compreendido nesse caso como um meio de pluralizar a soberania, e não de simplificá-la. Mas essa visão está por demais às antípodas da cultura política do francesa para ter sido largamente compartilhada.

Modelos e experiências

Na França de fins dos anos 1880, o termo referendo introduziu-se sem aclimatar-se completamente. Com efeito, as diversas famílias políticas continuam a pensar o desenvolvimento da soberania do povo com seu antigo vocabulário (Boulanger foi exceção). Assim sendo, viu-se que as noções de apelo ao povo ou de legislação direta continuavam valendo. Mas as coisas vão pouco a pouco oscilar, à medida que as instituições suíças tornam-se melhor conhecidas. *Referendo*: "A palavra é suíça" notava um dicionário à época.[23] Essencialmente, ela se impõe de fato pela referência ao modelo helvético. Nos anos 1890, a Suíça se torna para todos o país do referendo. Esse último caracteriza então muito mais uma experiência histórica do que um modelo teórico. Não se esperou o fim de século para descobrir o sistema político dos diferentes cantões. Sem mesmo fazer uma reverência ao século XVIII e a Jean-Jacques, sabe-se da atenção que foi dirigida nos anos 1840 às primeiras tentativas de representação proporcional em Genebra.[24] Recordou-se também dos elogios insistentes de Napoleão III e de seus amigos direcionados ao modelo suíço, cujos traços democráticos o II Império pretendia reproduzir e expandir. Mas a referência muda de natureza e amplidão nos anos 1880 por duas razões. A primeira deriva simplesmente da grande revisão constitucional helvética de 1874. É ela que organiza pela primeira vez de maneira sistemática o sistema de referendo e de iniciativa popular em matéria legislativa no conjunto da Confederação.[25] A segunda encontra-se no clima de desencantamento e de interrogação no qual banhavam-se todos os decepcionados da República absoluta. A curiosidade simpática que então rodeia o modelo democrático suíço se explica assim pelo reencontro de uma inovação e de uma espera difusa.

---

22 Paul LEROY-BEAULIEU, L'État modernes et ses fonctions (1889), 3ed., Paris, 1900, p.65.
23 Maurice BLOCK, *Dictionnaire générale de la politique*, Paris, 1874.
24 Cf. as indicações dadas sobre esse ponto em *Le Peuple introuvable, op. cit.*
25 Para uma primeira abordagem da Constituição de 1874, ver William E. RAPPARD, *La Constituition fédérale de la Suisse*, Neuchâtel, 1948, e Roland RUFFIEUX, "les données de l'histoire constitutionelle" in Alois RIKLIN (éd.), *Manuel système politique de la Suisse*, Berne, Haupt, 1983, t. I.

A democracia inacabada

Nesse contexto, as publicações dedicadas às instituições helvéticas se multiplicam. Émile de Laveleye é um dos primeiros a estudá-las de maneira minuciosa.[26] Mas não é o único. Os artigos surgem rapidamente nas revistas eruditas[27] e algumas somas são dedicadas ao assunto desde meados dos anos 1890.[28] Como de costume, logo depois do movimento se seguem as teses. Os professores de direito, além disso, não são os únicos a se interessar. Os principais jornais e periódicos também instruem seus leitores sobre os novos caminhos da soberania do povo na Suíça. Em perspectivas certamente diferentes. *Le Temps [O Tempo]* ou a *Revue des Deux Mondes [Revista dos Dois Mundos]* insistem sem surpresa na singularidade e na não-reprodutibilidade do sistema,[29] enquanto a extrema esquerda vê nele, de bom grado, "excelente oficina de experimentação", para retomar uma formulação calorosa de Vaillant.[30] Em 1893, a realização em Zurique de um congresso da II Internacional contribui, de outro lado, para aumentar a curiosidade dos círculos socialistas e a popularizar o exemplo.[31] Existe então inegavelmente uma espécie de "momento suíço" da democracia francesa, que vai aproximadamente de 1890 a 1905, cujos limites são diretamente associados aos eventos franceses. Contudo, a curiosidade é geral: o referendo e a iniciativa popular da Suíça são por toda parte discutidos e analisados, principalmente lá onde as aspirações a um desenvolvimento da democracia são mais prementes, ou seja, na Inglaterra e nos Estados Unidos. Em ambos os países dá-se o florescimento dos estudos dedicados ao caso helvético.[32] Todos meditam como

---

26 Cf. "Le Référendum", *Revue internationale*, t. XII, 10 de fevereiro de 1887. Ver também o capítulo dedicado ao referendo em sua obra *Le Gouvernement dans la démocratie*, op. cit.

27 Refere-se particularmente a : J.-B. BRISSAUD, "Le référendum em Suisse", *Revue générale du droit, de la législation e de la jurisprudence*,t. XII, 1888 ; M. DESLANDRES, « Du Référendum et de l'initiative populaire en Suisse», *Revue bourguignonne de l'enseignement supérieur*, vol. IV, n.3, 1894 (fundamental) ; Théodore CURTI, « Le référendum Suisse », Revue politique et parlamentaire, 10 de agosto de 1897. Ver igualmente os artigos e recenseamentos no *Bulletin de la Société de législation comparée*.

28 Cf. Simon DEPLOIGE, *Le Référendum en Suisse*, Bruxelas, 1892, e sobretudo Jean SIGNOREL, *Étude de législation comparée sur le référendum législatif et les autres formes de participation directe des citoyens à l'exercice du pouvoir législatif*, Paris, 1896.

29 Ver por exemplo, *Le Temps* de 21 de agosto de 1883, ou Louis WUARIN, « L'évolution de la démocratie en Suisse », *Revue des Deux Mondes*, 1º de agosto de 1891.

30 É VAILLANT, « Pour le gouvernement direct», art. citado.

31 Cf. Charles BURCKLI, « La législation directe par le peuple», *La Revue socialiste*, t. XVIII, setembro de 1893.

32 Ver notadamente nos Estados Unidos a súmula de William Denison MCCRACKAN, *The Rise of the Swiss Referendum*, Boston, 1892 (o autor publicou dois anos mais tarde *Swiss Solution of American Problems*), e em Grã-Bretanha Albert Venn DICEY, "Democracy in Switzerland", *The Na-*

os franceses sobre os resultados julgados fecundos do procedimento. A questão do referendo está também na ordem do dia na Grã-Bretanha, onde não se sabe muito dele. Nos anos 1890, tanto nos círculos conservadores como entre os socialistas, a coisa é fortemente debatida do outro lado do canal da Mancha, e numerosas são as vozes que convidam a seguir o exemplo helvético para romper com um parlamentarismo julgado tão gasto quanto oligárquico.[33] O tema é notadamente muito presente no momento das eleições de 1895. Dicey é, nessa ocasião, um dos mais eloquentes partidários da introdução do referendo, que ele concebe como um "veto do povo".[34] Mas os socialistas radicais do *Clarion* também tornam-se propagandistas muito ativos.[35] Os conservadores o sustentam também por um momento, declarando sua confiança nas virtudes prudenciais do povo (do mesmo modo que a geração anterior de 1867 no momento da adoção da segunda *Reform Bill*). Com Balfour e Salisbury, eles esperam, através desse instrumento, evitar uma reforma em profundidade na Câmara dos lordes, que constituía então um tema político central. Com o referendo, diziam eles, caberá ao povo resolver entre as duas Câmaras em caso de conflito, sem que seja necessário diminuir uma delas.[36] Não são então só os nostálgicos de 1793 que põem na Europa a questão do referendo na ordem do dia em fins do século XIX!

Se a Suíça é a primeira a dar o exemplo e a nutrir a reflexão para encontrar o caminho de uma afirmação mais efetiva da soberania do povo, ela não é a única a alimentar o debate. Os franceses seguem também com atenção a situação belga, tendo um projeto de revisão constitucional em 1892 aventado que o rei pudesse fazer diretamente apelo ao corpo eleitoral para resolver um desacordo entre as Câmaras e ele em matéria legislativa.[37] Mas é o exemplo americano que retém principalmente

---

tion, 18 de novembro de 1886. Ver ulteriormente o livro importante de Henry Demarest LLOYD, *A Sovereign People. A Study of Swiss Democracy*, Londres, 1907.

33 Para uma primeira abordagem da questão, ver Vernon BOGDANOR, *The People and the Party System. The Referendum and the Electoral Reform in British Politics*, Cambridge University Press, 1981; James MEADOWCROFT e M. W. TAYLOR, "Liberalism and the Referendum in British Political Thought", *Twentieth Century British History*, vol. I, n.1, 1990.

34 Ver principalmente seus artigos «Ought the Referendum to be introduced into England?», The Contemporary Review, abril de 1890, e "The Referendum", The National Review, março-agosto, 1894.

35 Cf. Ian BULLOCK e Siân REYNOLDS, "Direct legislation and Socialism: How British and French Socialists Viewed the Referendum in the 1890s", History Workshop, n. 24, outono de 1987.

36 Cf. "M. Balfour on the Referendum", *The Spectator*, 10 de fevereiro de 1894.

37 Cf., principalmente, "Une question de droit constitutionnel: le référendum belge », *Revue des Deux Mondes*, 1 de maio de 1892. Cf também a crônica legislativa do *Bulletin de la Société de législation comparée* (abril-maio de 1892 e junho-julho de 1893).

a atenção. As publicações foram muito numerosas sobre o assunto.[38] Contudo, a América não interessa pelas mesmas razões que a Suíça. A Suíça aparece como *modelo político*, o referendo aí regenera a ideia democrática, enquanto os Estados Unidos aparecem mais como um *modelo social* para os franceses do final do século XIX. O referendo não existe ao nível federal e não tem um papel para além da gestão dos negócios locais. Na virada do século, os procedimentos de referendo, de iniciativa e de *recall* são adaptados por certos estados do Oeste, mas é principalmente ao nível municipal que o referendo conta verdadeiramente nos Estados Unidos, atestando sobre esse ponto uma continuidade entre a velha tradição comunitarista das *townships* da Nova Inglaterra e as formas da democracia moderna na nova América. É isso que atrai para o referendo americano simpatias mais amplas.

É preciso dissociar bem referendo político e o que se poderia chamar "referendo de gestão" em fins do século XIX. O fato de que o referendo municipal tenha muito mais defensores convida a que se faça esta distinção. Desde fins dos anos 1880, multiplicam-se os referendos organizados por iniciativa das municipalidades sobre questões de interesse local. A primeira consulta desse tipo teve lugar em Cluny em 1888. A cidade queria obter do ministério da Guerra um batalhão de infantaria, mas não dispondo de uma caserna ela deveria então tomar emprestado uma grande soma para construi-la. Tendo o conselho municipal se comprometido nas eleições precedentes em não criar nenhum imposto novo e a não contrair nenhum empréstimo, os eleitores foram chamados a tomarem eles mesmos a decisão, após terem sido plenamente informados dos dados financeiros do problema. Tendo a consulta se passado em boas condições (forte participação, debate ordenado e consistente, sentimento majoritário muito claramente expresso), o exemplo foi rapidamente seguido por outras municipalidades confrontadas com decisões financeiras delicadas ou com escolhas amargamente controversas. Quer se tratasse de fixar o local de um mercado de bovinos ou de trigo, de construir uma caserna ou prorrogar a concessão de uma companhia de gás, o referendo local pareceu em pouco tempo capaz de constituir um meio simples e rápido de decidir sobre problemas importantes e delicados.[39] O movimento começava a

---

38 Ver as conclusões nas obras já citadas de Bryce, Lavaleye, Signorel, etc. A obra de síntese, precisa e informada de Ellis OBERHOLTZER, *The Referendum in America* (Nova York, 1893), é também objeto de recensões críticas; cf., por exemplo, Raymond SALEILLES, "Le referendum en Amérique", *Revue du droit public*, t. II, setembro-outubro 1894.

39 A melhor referência sobre essas experiências é a tese (muito recopiada em seguida!) de R. C. BENNER, *De l'intervention directe des électeurs dans la gestion des affaires municipales*, Toulouse,

tomar uma amplitude suficientemente consequente para que o ministro do Interior se comovesse e convidasse por uma "circular confidencial" os dirigentes das circunscrições administrativas regionais a pronunciar a nulidade de toda declaração pela qual os conselhos municipais teriam decidido recorrer ao referendo.[40] Com isso o movimento referendário teve reduzida a sua velocidade, mas não parou. Mesmo se, doravante, esse tipo de empreendimento estava condenado a tomar o aspecto de uma espécie de investigação de ordem privada, não podendo ter mais que um valor indicativo e nenhuma força constritora, as consultas aos eleitores continuaram a ser organizadas por municipalidades durante uma dezena de anos. Ainda que convenha não superestimar o escopo desse movimento,[41] ele testemunha a atração exercida por esse procedimento. Toda a dificuldade reside em interpretá-lo corretamente.

Não se pode, com efeito, contentar-se em ver no favor de que goza o referendo municipal, no final do século XIX, a prova de uma aspiração à generalização da democracia direta. Referendo municipal e referendo político têm certamente em parte os mesmos aduladores. É notadamente o caso, entre os socialistas, dos militantes possibilistas. Vê-se assim Paul Brousse bater-se em Paris para convidar os vereadores da capital a consultar os eleitores sobre um problema de renovação de um acordo com a companhia de gás.[42] Mas os defensores do referendo municipal estão longe de serem recrutados somente à esquerda entre os partidários de uma democracia radical. Os jovens bem-nascidos da Conferência Molé-Tocqueville se entusiasmam também com o que qualificam de "instituição democrática fecunda e

---

1897. Ver também Joseph DELPECH, "Du référendum en droit public français et spécialement du référendum communal », *Revue du droit public*, t. XXII, avril-juin 1905 ; « Le référendum en France et le futur programme du parti progressiste » (anonyme), *Revue politique et parlementaire*, t. XIV, nov. 1897.

40 Circular reproduzida em Antoine BLANC, *De quelques moyens de gouvernement direct en matière municipal et spécialement du référendum communal*, Paris, 1904. São também reproduzidas nessa obra duas interessantes « Notas » vindas dos serviços do ministério.

41 Sobre esse ponto, ver a útil colocação, crítica e informada, de Jacques VIGUIER, "Premières expériences de "référendum" comunal", Revue française de droit administratif, maio-junho 1996. Ver também do mesmo autor. "De la mauvaise utilisation du terme "référendum" au plan local », in Doyen ROUSSILLON (éd.), Référendum et démocratie, Presses universitaires de Toulouse, 1998.

42 Proposição de novembro de 1892. O referendo municipal fazia já parte do programa, citado, do P.O.S.R. de maio de 1885, em uma formulação particularmente exigente. Os artigos 3 e 4 assinalavam, com efeito: "Ratificação das deliberações tomadas em Conselho não mais pelos agentes do poder, mas nos casos importantes, como no do orçamento por exemplo, pelo voto popular. Direito de iniciativa legislativa dado em matéria comunal aos cidadãos e obrigação pelo Conselho municipal de discutir, em um prazo determinado, os projetos que lhes serão submetidos com a assinatura de ao menos 5000 cidadãos."

necessária" e dissociam fortemente as consultas locais do referendo político mantido, por sua vez, em alta suspeição.[43] Na sua maioria, as municipalidades que organizam as consultas locais a partir de então são, aliás, orientadas para a direita ou, ao menos, governadas por notáveis representantes de interesses locais. O principal projeto de lei chamando à legalização do referendo local provém de uma figura vinda do legitimismo, o barão de Mackau.[44] O projeto merece atenção por algumas razões: Mackau justifica sua iniciativa pondo em realce a figura do contribuinte, melhor juiz, segundo ele, de seus interesses materiais imediatos. A alta por demais rápida dos impostos locais é a causa de sua mobilização. Não é o eleitor-cidadão, preocupado com o interesse geral, que é mobilizado por ele. O bravo barão, que se apresenta à Câmara como um defensor da democracia, aliás, não vê nenhuma dificuldade em defender, para essas consultas, o direito de voto somente às pessoas inscritas no rol de uma das quatro contribuições diretas da comuna! O que se apresenta como um projeto inovador retorna, de fato, a antigos arcaísmos da monarquia de Julho.[45] Não é surpreendente ver sua proposição energicamente sustentada pela direita e extrema direita da Assembleia (às quais se juntam pelas circunstâncias os bonapartistas e os socialistas). Se a questão do referendo desloca, *de maneira geral,* as linhas comuns da clivagem política, a do referendo municipal as embaralha mais ainda, misturando as nostalgias de uns com as audácias de outros.[46]

Compreendido nesse quadro, o referendo não pode ser somente apreendido como uma forma nova da democracia política. Ele aparece também como uma *técnica de gestão do social.* Se a palavra referendo está em moda nos anos 1890, ela é simplesmente, em muitos casos, sinônimo de pesquisa de opinião. Vários jornais e comitês fazem apelo direto a seus leitores ou à população para esclarecer uma questão. Vê-se assim *Le Petit Journal [O Pequeno Jornal]* propor resolver dessa ma-

---

43 Cf. *Conférénce Molé-Tocqueville. Annuaire de la Conférence pour 1896,* p.337-353. Ver em seguida: *Annuaire de la Conférence pour 1898, p.61-124 ; Annuaire de la Conférence pour 1906,* p. 65-72.

44 *Annales de la Chambre des députés,* sessão de 1890, t. II, sessão de 16 de junho de 1890, p.450-461. Sobre esse episódio, ver a tese de É. PHÉIlPPEAU, *Le Baron de Mackau en politique. Contribuition à une étude de la professionnalisation politique,* Université de Paris-X, 1996. Sobre o sentido dado ao referendo municipal no campo conservador, ver também a obra de um próximo a Le Play, Robert de LA SIZERANNE, *Le Référendum comunal,* Paris, 1893.

45 A lei do 18 de julho de 1837 previa que os contribuintes mais tributados deliberassem com o conselho municipal quando se tratava de votar as contribuições extraordinárias ou os empréstimos.

46 Mesmo um Jules Guesde não escapa a esta ambiguidade. Adversário do referendo político, ele sustenta em um momento o referendo municipal em nome do direitos do contribuinte de aceitar ou recusar impostos novos (cf. sua emenda na discussão fiscal de 22 de novembro de 1895, Annales de la Chambre des députés, sessão de 1895, t. III, p. 369).

neira o problema controvertido da data das férias. Outro exemplo: o dirigente da circunscrição administrativa do Sena envia em março de 1894 um questionário a 22000 comerciantes parisienses antes de mudar o regime de concessões sobre a via pública.[47] O interessante é que a imprensa utiliza espontaneamente o termo referendo para designar as consultas desse tipo. *Le Parti ouvrier [O Partido operário]*, órgão dos possibilistas, também estampa a sua "capa" de 28 de fevereiro de 1893 com um enorme "O referendo francês", quando ele pergunta aos militantes se é preciso considerar a não-reelegibilidade dos deputados em fim de mandato. Mais largamente, o referendo aparece como um modo de tomada de decisão na sociedade civil, quando instrumentos "representativos" faltam ou quando o poder público parece mal armado para tomar uma decisão satisfatória. É o caso, particularmente, do mundo do trabalho. No começo dos anos 1900 se desenvolve, por exemplo, um movimento para decidir os dias e as horas de fechamento obrigatório dos comércios junto aos interessados. Fala-se então de "referendo patronal" para qualificar esses projetos e essas tentativas.[48]

Além disso, referendos para decidir o começo, a continuação ou o término de uma greve começam a ser organizados nas empresas. Todos aqueles a quem inquieta o caráter muito minoritário do sindicalismo francês na época sustentam esse tipo de procedimento. Millerand e Waldeck-Rousseau tentam mesmo, em 1900, tornar obrigatório esse tipo de consulta.[49] Jaurès milita no mesmo sentido, propondo a realização de um "sufrágio universal operário" direto das fábricas.[50] No verão de 1908, a imprensa consagra grandes manchetes aos resultados dos referendos organizados entre os padeiros e gasistas.[51] Quando a perspectiva de introdução do referendo político divide os partidos e se ameniza, é então como modo de funcionamento da sociedade civil que se aclimata mais facilmente a ideia de uma democracia desen-

---

47 Esses exemplos são referidos por Eugène DUTHOIT, *Le Suffrage de demain*, Paris, 1901, p. 76-77.
48 Sobre esse ponto, ver a importante documentação reunida na tese de Emmanuel GOUNOT, *Les Réformes professionnelles par le référendum patronal*, Paris, 1913. Nota-se que Maurice Deslandres, um dos principais advogados do referendo político nos anos 1890, foi particularmente ativo para promover esse novo tipo de referendo nos anos 1910.
49 Sobre esse ponto, remeto a meus argumentos em *La Question syndicale*, nov. ed., Paris, Pluriel, 1999, p. 214-225.
50 Cf. Jean Jaurès, "La réglementation des grèves et l'arbitrage obligatoire", *La Revue socialiste*, t. XXXIII, maio 1901, e « Grève et suffrage universel ouvrier », *L'Humanité*, 12 de agosto de 1908.
51 Sobre esse ponto, ver o interessante artigo publicado em *Action française* de 12 de Agosto de 1908.

volvida. Feitas estas precisões, resta ainda compreender porque a ideia de referendo propriamente político se deparou na França com tão poderosas resistências.

O significado de uma recusa

No final do século XIX a questão do referendo está por toda parte na ordem do dia, suscitando um entrelaçamento de medos e de entusiasmos que mostram que a conquista do sufrágio universal não foi mais do que uma etapa, certamente decisiva, na história tumultuosa da democracia. Mas o caso francês apresenta uma especificidade. A França é, junto com a Inglaterra, o país no qual as resistências ao impulso referendário foram as mais fortes. Embora o referendo político acabe por se impor em um sem-número de Estados americanos, na Alemanha de Weimar, na Bélgica e na Itália, ele é recusado na França até a fundação da V República. Compreender essa rejeição é tanto mais importante quando vemos que, por muito tempo, ela uniu a direita e a esquerda. Pode-se tentar avaliá-la e interpretá-la ao analisar os argumentos que pretendem embasá-la, no campo republicano de início, mas também progressivamente mais à esquerda.

Para muitos, tudo seria simples: o espectro do cesarismo não teria cessado de parasitar e distorcer o julgamento republicano, plebiscito e referendo sendo desde então confundidos em um mesmo opróbrio.[52] De tanto ser repetida, essa explicação quase acabou por se impor como uma evidência. Ao contrário dessa interpretação preguiçosa e conveniente, queremos sublinhar aqui que as reticências republicanas diante do referendo têm raízes muito mais profundas e que refletem as dúvidas democráticas dessa cultura política. A esse respeito, é fundamental compreender que a natureza do regime bonapartista, com a mistura de autoritarismo e de democracia que ele opera, não foi jamais realmente compreendida pelos círculos republicanos. É bem verdade que, durante muito tempo, a questão parecera sem objeto. Até seus últimos dias, o II Império pôde, com efeito, ser censurado por seus adversários por sua fundação infame, tendo o golpe de Estado de 2 de Dezembro absorvido em uma mesma reprovação visceral todos seus fatos e gestos ulteriores. A cólera de Hugo ou os anátemas dos chefes republicanos exilados não precisavam se apoiar em argumentos eruditos para justificar sua radicalidade. Era suficiente afirmarem-se como pura força de recusa e de resistência a um mal cujo caráter

---

52 Sobre a distinção e a recuperação das duas noções, ver Jean-Marie DENQUIN, *Référendum et plebiscite. Essai de théorie générale*, Paris, L.G.D.J.,1976.

absoluto impossibilitava uma verdadeira análise. Pode-se dizer, assim, que a crítica republicana do II Império foi essencialmente uma *crítica de tipo liberal*. São sempre as mesmas palavras que são reencontradas sob as penas dos grandes procuradores como Victor Schoelcher ou Eugène Tenot.[53] O cesarismo não é para eles mais do que uma ditadura "ordinária" cujo crime original não cessa de se atualizar. Prova disso é também uma das obras mais características de oposição ao regime, o *Dialogue aux enfers entre Machiavel et Montesquieu [Diálogo no inferno entre Maquiavel e Montesquieu]*, de Maurice Joly (publicado em 1864). Não há, aos olhos de seu autor, mais do que mentira, dissimulação, duplicidade, nas homenagens que Napoleão III rende ao sufrágio universal.[54] O Segundo Império foi sempre pensado por eles em sua figura simplificada de ditadura e jamais na sua forma mais complexa, e mais conforme aos fatos, de democracia iliberal, objeto político singular.

Os republicanos não podem, no entanto, limitar-se à essa crítica sumária em 1870, quando o regime convida a ratificar por um plebiscito o conjunto de reformas "liberais" tardiamente concedidas. Aliás, o front de oponentes racha nessa ocasião, com uma parte dos círculos orleanistas ou liberais independentes dando crédito ao imperador pela virada efetuada. Vê-se, por exemplo, Laboulaye descontrolar-se contra seus antigos amigos: "Quando se afirma que o voto de um Constituição pelo povo é uma instituição cesariana, não se diz a verdade, sentencia ele então [...]. É a Convenção que, primeiro, estabeleceu o voto plebiscitário".[55] A oposição ao Império é levada a fundamentar mais precisamente sua crítica e a justificar por que sua fé declarada na soberania do povo a leva a rejeitar o princípio de uma consulta direta aos eleitores. No entanto, ela se livra dessa tarefa em um primeiro momento. O protesto geral que provoca o projeto de plebiscito corresponde de início a um reflexo espontâneo de suspeição. Após dezoito anos de um sufrágio universal que não cessara de ser considerado falsificado pelo jogo de candidaturas oficiais, a desconfiança em torno das iniciativas do regime é a regra.

Caricatura, manipulação, mistificação, paródia, simulacro: as mesmas palavras surgem espontaneamente sob todas as penas de oposição para traduzir o ceticismo

---

53 As obras d'Eugène TÉNOT, *Paris en décembre 1851*, e *La Province en décembre 1851*, tiveram um enorme sucesso quando foram publicadas (em 1868 e 1869). Victor SCHOELCHER havia editado já em 1853 em Londres *Le Gouvernement du 2 décembre*.

54 Toda a argumentação do livro consiste em declinar os caracteres mais sumários de um "maquiavelismo" reduzido à sua definição mais caricatural para descrever o Segundo Império.

55 Conferência feita em Versalhes, a 2 de maio de 1870, reproduzida em É. LABOULAYE, *Questions constitutionnelles, op. cit.* (supre, p.188 n.1), p. 273.

com relação ao sentido verdadeiro da consulta. Os caricaturistas se apressam em figurar o plebiscito como uma ratoeira vulgar e em denunciar uma aquiescência que repousa apenas na ignorância das massas.[56] O apelo ao povo? "É o direito indefinido de dar golpes de Estado" afirma Maurice Joly,[57] ao passo que o autor dos incisivos *Propos de Labiénus [Proposta dee Labiéus]* multiplica suas fórmulas mortais para denunciar um "plebiscito hipócrita" que não é mais do que um "embuste eleitoral" dirigido a um "povo autômato".[58] A violência dessas denúncias não impede no entanto que exista um certo embaraço dos oponentes ao regime: é difícil persuadir os eleitores de que eles não são mais do que marionetes. A dificuldade é particularmente sensível na esquerda do partido republicano.

"Há duas espécies de plebiscitos: os das monarquias e os das repúblicas, os verdadeiros e os falsos, admite assim um dos adversários mais determinados do regime. Uns, órgãos legítimos da vontade popular, outros, artifícios culpados de maquiavelismo monárquico [...] Ó plebiscito, diz-me de onde tu vens e te direi o que vales".[59] Gambetta também se incomoda: o grande discurso que ele pronuncia na primavera de 1870 prova-o de maneira exemplar. Mais do que estigmatizar o caráter intrinsecamente negativo de todo plebiscito, o eleito de Belleville, paladino da defesa do sufrágio universal, também propõe separar o joio do trigo." O plebiscito é uma sanção doravante necessária em sociedades que repousam sobre o direito democrático", reconhece ele como condição prévia, provocando, aliás, a surpresa em muitos de seus amigos.[60] Mas como distinguir então duas democracias, uma boa e outra má? Gambetta é singularmente impreciso. Ele invoca a insuficiência dos debates públicos e a ausência de uma verdadeira deliberação coletiva. A consulta imperial não

---

56 Cf. as célebres caricaturas sobre o assunto de Cham ou de Daumier. "O apelo ao povo é como um pedaço de toucinho no fundo de uma ratoeira", assinala um publicista no mesmo espírito (Yves GUYOT, *Le Manuel du parfait bonapartiste*, Paris, 1875, p.25).

57 *Dialogues aux enfers entre Machiavel et Montesquieu*. Épilogue, publicado em *La Cloche*, 2 de maio de 1870, reproduzido em M. JOLY, *Le Plésbiscite*, Paris, Éd. Zanzibar, 1996, p.59. A fórmula se encontra também no famoso *Manifeste* da esquerda (cf. Taxile DELORD, *Histoire du Second Empire*, Paris, 1874, t. V, p.109-111).

58 Cf. Auguste ROGEARD, *Le Plébiscite impérial*, Paris, 28 de abril de 1870. Esta brochura é o melhor repositório de todas as fórmulas antiplebiscitárias da época.

59 *Ibid.*, p.6

60 Discurso contra o plebiscito pronunciado em 5 de abril de 1870 no Corpo legislativo, *Discours et plaidoyers politiques de M. Gambetta*, Paris, 1881, t.I, p.205. Sobre a atitude geral de Gambetta diante do Segundo Império, ver Pierre BARRAL, "Le bonapartisme vu par Gambetta", *in* Karl HAMMER e Peter Claus HARTMANN (éd.), *Le Bonapartisme, phénomène historique et mythe politique*, Monique, 1977.

permite, a seus olhos, que o povo "tome ciência e consciência" das questões políticas sobre as quais ele é interrogado. Ao mesmo tempo, não almejando de modo algum reatar com a ideia de legislação direta pelo povo,[61] Gambetta encontra dificuldade para indicar o que deveria ser um bom plebiscito. Como seus amigos, ele brilha principalmente na demonização. Ele pode denunciar sem pena uma pura falsificação que, sob a máscara das aparências formais constituídas pela versão de cédulas na urna, vira as costas aos critérios julgados elementares para uma escolha clara e lúcida. Ele estigmatiza também a ausência de deliberação, a pressão exercida pelo poder sobre as massas rurais supostamente passivas, a chantagem implícita contida na questão posta. Mas a "verdadeira democracia" à qual ele se refere implicitamente para condenar as práticas do Império permanece em larga medida indeterminada. É à questão do regime que ele e os republicanos retornam *in fine* para fundamentar sua rejeição. Eles erigem a pressuposição de uma incompatibilidade de princípio entre democracia e monarquia (o II Império sendo uma delas) como argumento último em sua demonstração. "Em todas as monarquias, qualquer que seja, mesmo as que aparentam aceitar o sufrágio universal, usam na verdade de astúcia contra o sufrágio universal, pois nao podem conviver diretamente com ele" desfere Gambetta ao final de seu argumento.[62]

As atitudes em face do plebiscito de 1870 constituem assim um notável material para analisar a dificuldade republicana em pensar positivamente a democracia. Os futuros pais fundadores se satisfazem com uma análise "psicológica" (a manipulação) e com um pressuposto essencialista (sobre a natureza do regime). Para dizer de outro modo, eles não possuem uma filosofia política para sua crítica.[63] O vigor da indignação esconde entre eles a fraqueza da análise. Ele mascara também sua prudência e suas reservas subterrâneas em relação ao fato democrático moderno. Se celebram ruidosamente o sufrágio universal como uma "arca sagrada", eles veem no puro sistema representativo uma garantia contra os erros possíveis do povo. Ele

---

61 É o que faz por outro lado um Rogeard. "Um plebiscito verdadeiro, assinala este último, é um projeto de lei formulando um voto popular, e apresentado à sanção popular por uma comissão popular eleita para esse fim. O plebiscito atual formula um voto do imperador, emana da iniciativa do imperador, e é apresentado pelo imperador à manipulação de funcionários nomeados pelo imperador" (*Le Plebiscite imperial, op. cit.*, p.23).

62 Discurso citado de 5 de abril de 1870, p. 219. Émile OLLIVIER não teria problema em pô-lo em dificuldade sobre esse ponto. (cf. sua resposta a Gambetta, *Annales du Sénat et du Corps législatif*, Paris, 1870, t. III, p. 307-309).

63 Aliás, poder-se-ia dizer o mesmo de Marx, que faz essencialmente uma análise sociológica do bonapartismo.

acusam significativamente o plebiscito de falsear a expressão da vontade nacional e de minar os fundamentos do sistema representativo. Os porta-vozes da oposição insistem na crítica nessas duas direções quando do debate ocorrido em 4 e 5 de abril de 1870 no Corpo legislativo. "É manifesto, sublinha de imediato Jules Grévy, que o plebiscito não é uma maneira de conhecer a vontade nacional, mas sim de confiscá-la".[64] A vontade geral? A soberania nacional? Elas só podem existir para esses senhores no contexto de uma universalidade da qual os representantes são os únicos intérpretes autorizados. A soberania não pode, pois, ser exercida diretamente, ela não tem consistência se não for delegada. O plebiscito é apreendido como um tipo de crime de lesa-representação. Jules Simon o expressou com as fórmulas mais vivas. "Não temos o direito, argumenta ele, de consentir que ao lado dos eleitos pela vontade nacional, haja uma potência igual à sua [...]. Há uma maneira, uma única, de consultar o país, trata-se de consultar sobre a escolha dos deputados que discutirão e votarão por ele".[65] Os princípios revolucionários originais se encontram assim endurecidos e radicalizados em uma espécie de absolutismo representativo pelos republicanos de 1870. O que eles temem de início no mecanismo do plebiscito, é o espaço que ele introduz na bela ordenação do sistema parlamentar. "O regime plebiscitário é a negação absoluta do regime representativo" resume Dufaure, que preside o Comitê antiplebiscitário.[66] É em nome de uma defesa da República absoluta e de modo algum em nome de um ideal democrático mais exigente que eles criticam a consulta de 1870.

Os mesmos *a priori* são encontrados alguns anos mais tarde, no momento da discussão das novas leis constitucionais. Em face do sucesso dos candidatos bonapartistas nas eleições legislativas parciais de 1874, os pais fundadores não sabem utilizar mais do que o método Coué para combater seus argumentos. "O apelo ao povo verdadeiro, somos nós que o queremos e o representamos", defende assim Gambetta.[67] É a vez dele e de seus amigos usar de astúcia com as palavras. O eco dos slogans bonapartistas obriga os republicanos a tentar manipulá-los, ao menos parcialmente, em seu favor. Assim, Jules Barni é instado a publicar na série de "brochuras de instrução republicana" um esclarecimento, *L'Appel au*

---

64 Discurso de 4 de abril de 1870, *Annales du Sénat et du Corps législatif*, Paris, 1870, t. III, p. 271.
65 *Ibid.*, p.310.
66 Jules FAVRE nota similarmente que isso "destrói o poder parlamentar" (*ibid.*, p.287).
67 Discurso de 1 de junho de 1874 em Auxerre, in *Discours et plaidoyers politiques de M. Gambetta*, *op. cit.*, t. IV, p. 162.

peuple [Chamado ao povo], massivamente distribuído. Nele, contrapõe o apelo ao povo cesarista ao apelo ao povo republicano. O primeiro é rejeitado sem surpresa porque "tem por objetivo confiscar a via nacional pela via do plebiscito[68]". Quanto ao segundo, qualificado como "realmente democrático", é muito vagamente definido como sendo "aplicação sincera, regular, periódica da soberania nacional". Pressionado a ser mais claro, Barni lança uma estranha fórmula, a do "apelo ao povo pelas eleições".[69] "Eleições nacionais feitas pelo sufrágio universal com toda liberdade e com frequência para que os congressistas eleitos estejam sempre em harmonia com o estado da opinião pública, eis então, em definitivo, a verdadeira forma de apelo ao povo, escreve ele de maneira surpreendente. Esta é indispensável e pode dispensar todas as outras".[70] É negar com uma simples pirueta a existência da tensão histórica e filosófica entre democracia e sistema representativo!

Os pais fundadores não se contentam em absolutizar o processo representativo, eles atestam também, mais profundamente, o caráter ainda incompleto de sua adesão ao sufrágio universal. Eles estimam o *sufrágio-integração*, símbolo da igualdade de direito e de pertença social, enquanto temem o *sufrágio-capacidade* que vê no cidadão uma potência legítima diretamente comandante. A verdadeira razão de sua hostilidade ao referendo encontra aí sua fonte. Mesmo quando não há mais plebiscito a temer ou o retorno do Império a conjurar, eles continuam a confessar silenciosamente o caráter limitado da confiança que concedem ao povo. É a suposta incompetência deste último que é evocada quando se trata, por exemplo, de rejeitar, no início dos anos 1890, os projetos de referendos municipais.[71] "Sem discutir o princípio do sufrágio universal, pode-se discutir a competência do sufrágio universal, escreve no mesmo espírito Paul Laffitte. Essa é a questão mesma do referendo [...]. Das duas uma, ou a maioria tem uma competência universal, ou o referendo não tem sentido".[72] Do II Império à III República paira sempre uma

---

68 Jules BARNI, *l'Appel au peuple*, Paris, 1874, p. 29.
69 *Ibid.*, p.33.
70 *Ibid.*, p.32.
71 Cf. o que diz o relator, M. Guillement, contra os referendos municipais: "As questões municipais, que são por vezes muito complexas, muito delicadas, que necessitam frequentemente do estudo de homens competentes, instruídos, frequentemente especiais, será possível, pergunto, que essas questões sejam resolvidas sem debate pelas massas, compostas ordinariamente por homens pouco instruídos" (*Annales de la Chambre des députés*, sessão de 1890, t. II, sessão de 16 de junho de 1890, p. 452).
72 Paul LAFFITTE, *Lettre d'un parlementaire*, Paris, 1894, p.64-65.

mesma suspeição em meio à cultura política republicana. Como sob a monarquia de Julho, os elementos de uma interrogação legítima sobre os problemas da expressão popular não são pautados senão por medos e reticências. Uns e outros dispensam uma verdadeira análise dos problemas.

A ideia de referendo ou de legislação direta, como dissemos, encontra numerosos partidários em certas fileiras socialistas a partir de meados dos anos 1880. Essa benevolência, no entanto, vai desvanecer em seguida. É importante compreender as razões, pois elas comandam, com a rejeição republicana, a compreensão do processo de marginalização política do tema na França. Contrariamente ao que foi por vezes propalado por alguns dos atores da época, não é somente o espectro do boulangismo que está em questão; este último servindo, nos circulos socialistas em 1890, de espantalho, assim como, ,vinte anos antes, o espectro do cesarismo servira ao universo republicano.[73] Dois tipos de fatores pesaram nesse sentido. Os primeiros são de ordem política: eles estão ligados aos sucessos eleitorais que tiram o movimento socialista de sua marginalidade e consequentemente modificam sua apreensão do parlamentarismo. Os segundos se referem à concepção mesma do socialismo: ela desliza pouco a pouco de uma abordagem na qual a questão política permanece central para uma definição mais estritamente socioeconômica.

A progressão eleitoral de 1893 tem um papel essencial na transformação da atitude socialista. Os dirigentes socialistas procuram, a partir dessa virada, apoiar-se essencialmente sobre o poder coletivo e organizado do partido para por em execução sua estratégia de mudança. Não é mais então sobre o terreno da conquista ou da reforma do sufrágio universal que disputam as coisas. A consolidação, o enraizamento do partido, torna-se o objetivo político maior. Todas as questões violentamente debatidas na virada do século sobre os modos de escrutínio terminam por ser apreendidas somente nessa perspectiva. É preciso ver nela principalmente "os meios de organizar e de disciplinar nossa ação própria", nota, por exemplo, um manifesto da S.F.I.O em 1910.[74] A finalidade das eleições é reduzida a uma perspectiva instrumental: trata-se de "somar-se à força de reinvindicação e de combate contra o capitalismo e o Estado do proletariado".[75] O sufrágio universal, como a democracia,

---

73 « Na França, escreve, por exemplo MALON, o referendo foi afastado sem discussão porque fora aceito pela coalisão boulangista de 1889" (*Le Socialisme integral, op. cit.*, t. I, p. 413).

74 Manifesto eleitoral «Aux Travailleurs de France» adotado pelo VII congresso da S.F.I.O, em Nîmes (1910), in *Compte rendu sténographique*, Paris, 1910, p. 479.

75 S.F.I.O., VIII congresso de Saint-Quetin (1911), « Résolution sur le programme municipal » in

não são, de uma certa maneira, mais do que meios. A questão do referendo perde sua centralidade nesse quadro. A abordagem de Jules Guesde consagrou brilhantemente essa visão das coisas. O poder organizado de um partido representa a seus olhos um ponto de apoio mais seguro do que a força movediça de uma incerta maioria referendária. O referendo não constitui mais o instrumento chave de um tipo de soberania popular de apelo. O partido pretende constituir *em si mesmo* uma forma de resolução da contradição entre as instituições e o poder social direto.

Essa virada não se observa somente na França. Ela se opera de maneira ainda mais marcada na Alemanha e na Grã-Bretanha. Por volta de 1880, uma maioria de socialistas alemães celebram ainda Rittinghausen. O programa do partido elaborado em outubro de 1890 por Bebel e Liebknecht põe em pé de igualdade a reivindicação de sufrágio universal (que não tinha sido ainda adquirido) e o projeto de estabelecimento de um sistema de legislação direta pelo povo.[76] Aliás, o próprio Marx era partidário do referendo no fim dos anos 1870. Mas as posições mudam pouco depois. É o que se vê por ocasião do congresso da II Internacional que ocorre em Zurique no verão de 1893. Os socialistas belgas com Émile Vandervelde, os suíços com Charles Burckli e uma parte dos franceses com Jean Allemane apresentaram moções em favor da legislação direta pelo povo.[77] Mas a massa de delegados no congresso não as segue. Os alemães e os húngaros salientam "a insuficiente propagação das luzes" para justificar suas novas reticências. Kautsky ilustra brilhantemente essa virada. Algumas semanas antes do congresso, ele publica, com efeito, uma obra estrondosa, *Parlamentarisme et socialisme. Étude critique sur la législation directe par le peuple* [Parlamentarismo e socialismo. Estudo crítico sobre a legislação direta pelo povo].[78] Nesse texto denso e informado, o dirigente social-democrata rompe de maneira espetacular com Rittinghausen. Ele se faz advogado metódico do parlamentarismo e do sistema representativo. Há para ele um

---

Compte rendu sténographique, Paris, 1911, p.443.

76 Adotado em 1891, o «Programe d'Erfurt» preconiza "a legislação pelo povo por meio do direito da iniciativa e do veto". Deve-se também lembrar que o famoso "Programme de Gotha", elaborado em 1875, já falava de legislação direta (citado em K. MARX e F. ENGELS, *Critiques des programmes de Gotha et d'Efurt*, Paris, 1966, p.148 e 152).

77 Elas foram reproduzidas no volume *Congrès international ouvrier socialiste tenu a Zurich du 6 a 12 août 1893*, Genebra, Minkoff Reprint, 1977. A coletânea contém notadamente um texto muito importante, "La législation directe par le peuple" apresentado por Jean Allemane em nome do Cercle typographique d'études sociales de Paris. É o documento no qual ele formula da maneira mais detalhada sua visão prática do funcionamento dessa legislação direta.

78 Publicado em julho de 1893 na Alemanha, o livro será traduzido em 1900 em francês por Édouard Berth com um importante prefácio de Jean Jaurès.

paralelo entre a construção dos parlamentos nas eleições e a dos grandes partidos nos congressos. "Nosso século, escreve ele, não é somente o século do parlamentarismo, é também o século dos congressos".[79] Ora, é o mesmo procedimento representativo que permite a expressão da vontade geral do partido nos seus congressos. "Se a socialdemocracia tem o sistema representativo como indispensável no regulamento de seus próprios assuntos, ela seria ridícula se quisesse proclamar que esse sistema é supérfluo e nocivo no regulamento dos assuntos públicos", conclui.[80] Ele reencontra, além disso, os argumentos de Sieyès sobre a ligação entre representação e divisão do trabalho para condenar como arcaico o projeto de Rittinghausen. Este, considera ele, "está em plena contradição com a lei geral do desenvolvimento social, que provoca com ele um constante aumento da diferenciação, ou seja, da divisão do trabalho".[81] Não é um pálido reformista que se exprime dessa forma, sublinhemo-no. Kautsky é então o principal teórico do marxismo. O conceito político chave do socialismo é o do *partido*. O partido é ao mesmo tempo uma forma política e uma figura social que basta para dar ao povo sua plena medida. Ele constitui em si mesmo uma proteção contra os riscos de corrupção parlamentar. A noção de poder social é nessa perspectiva indissociável da do partido. Não são os sentimentos individuais de uma expressão adequada da vontade que contam, mas a realidade de uma potência coletiva, cuja expressão eleitoral constitui um dos indicadores. O referendo e a iniciativa popular não devem, no entanto, ser rejeitados. Eles podem ter uma utilidade circunstancial, mas eles não constituem de forma alguma o nervo da democracia. "O referendo e a iniciativa, demarca ele, não fazem parte dessas instituições democráticas que o proletariado, por toda parte e em todas as circunstâncias, possa reclamar no interesse de sua emancipação".[82] Kautsky encontra significativamente em Jaurès um prefaciador cúmplice. Este último empreende igualmente a defesa do parlamentarismo e sublinha o caráter prática e teoricamente problemático da legislação direta. Ele também mudou, e o prefácio de 1900 manifesta a distância tomada em relação às suas posições precedentes.[83]

---

79 *Parlamentarisme et socialisme*, trad. franc. citada, p. 111.
80 *Ibid.*, p. 112.
81 *Ibid.*, p.113. é preciso também lembrar aqui que Kautsky havia teorizado o fato de que eram os intelectuais burgueses e não o proletariado os portadores da ciência. (Lênin vai retomar por seu lado essa visão da consciência de classe incorporada em seu *Que faire?* de 1902).
82 Ibid., p. 189.
83 Jaurès escreve ainda em 1898 que "o sufrágio universal direto deve ser chamado à plenitude da vida e da ação" ("Vues politiques", *Revue de Paris*, 1 de abril de 1898, p. 580). Ele celebra o referendo nesse texto e fala positivamente do "referendo municipal que começa a ser ensaiado em nosso país" (p.581).

Os trabalhistas ingleses evoluem no mesmo sentido. Um mundo separa os panfletos do *Clarion* celebrando nos anos 1890 a expressão direta dos cidadãos[84] e as posições fabianas ou de MacDonald alguns anos mais tarde. Desde o começo do século, este último fala do referendo como de uma reforma "aparentemente democrática [...] mas em realidade reacionária", e sublinha que "o sistema representativo é o melhor".[85] O problema é, a seus olhos, o de revivificar o parlamentarismo e não de se lhe opor uma força contrária. "No lugar de conceber planos para destruir o governo representativo, escreve ele, [...] os socialistas devem se perguntar como convém aperfeiçoá-lo".[86] Ele também confia para isso no que denomina a "democracia dos partidos".[87]

Esta desqualificação de ordem política do referendo se desdobra em sua relativização. A perspectiva de uma espécie de aperfeiçoamento da democracia aparece assim secundária em relação ao que constitui o objetivo maior das forças socialistas: a transformação radical do modo de produção econômica e das normas da redistribuição. Comparada a essa imensa tarefa revolucionária, a correção da entropia representativa passa ao segundo plano. Bem longe de pôr a tônica sobre a incompletude das formas democráticas, os socialistas sublinham, ao contrário, a distância entre o estado político avançado do mundo moderno e o atraso das estruturas econômicas. Jaurès e seus amigos sublinham-no com uma fórmula extraordinária: "O sufrágio universal é o comunismo do poder político".[88] "Na ordem política, afirmam eles, a democracia se realiza: todos os cidadãos participam igualmente, ao menos em direito, da soberania [...] Na ordem econômica, ao contrário, é uma minoria que é soberana. É a oligarquia do capital que possui, dirige, administra, explora".[89] Um fenômeno oligárquico menor, na ordem política, não deve, portanto, mascarar o fato oligárquico maior. Pressupõe-se assim que o essencial da revolução democrática foi cumprido na ordem política. É em consequência o tema da democracia industrial ou da socialização dos meios de

---

84 Ver por exemplo os de Alexander M. THOMPSON, *Hail Referendum. The Shortest Way to Democracy* (1895), *The Only Way to Democracy* (1900) (*Clarin Pamphlets*, n.7, 31 e 35).

85 J. Ramsay MacDONALD, *Socialism and Gouvernement*, Londres, 1909, t. I, p. 91-106. Os fabianos sublinham a superioridade do sistema representativo. Cf. Clifford D. SHARP, *The Case against Referendum* (Fabian Tract, n. 55, Londres, abril 1911).

86 J. Ramsay MACDONALD, Parliament and Revolution, Nova York, 1920, p.96.

87 Ele desenvolve longamente essa questão retomando o sentido de sua hostilidade ao referendo em *Socialism and Gouvernement, op. cit.*, t. II, p. 1-14. Ver ainda sobre esse ponto o capítulo "Political Construction" de seu *Socialism: Critical and Constructive*, nova ed., Londres, 1924, p. 229-244.

88 Programa do partido socialista francês (jauresiano), adaptado em Tours em 4 de março de 1902 (reproduzido em Alexandre ZÉVAÈS, *Le Socialisme em France depuis 1871*, Paris, 1908, p. 254).

89 *Ibid.*, p. 254-255.

produção que estará em primeiro plano. Nem por isso a ideia de referendo desapareceria completamente. Os programas eleitorais da S.F.I.O. continuam, assim, a fazer referência a ela no entre-guerras.[90] Mas não se trata mais de sonhar em revolucionar por esse viés as formas da democracia. É uma reforma lateral que se menciona entre muitas outras, como a supressão do Senado, a extensão das atribuições do Conselho nacional econômico ou a supressão das cortes marciais. Será preciso esperar alguns decênios para que a questão retorne à ordem do dia.

---

90 Os programas de 1928 e 1932 demandam então "a introdução do referendo na constituição visando corrigir e rejuvenescer a concepção tradicional de parlamentarismo".

IX. As câmaras, a rua e a opinião

O espaço do político

A concepção republicana de uma democracia limitada não se reduzia a celebrar o puro governo representativo ou a repelir uma intervenção popular tida em alta suspeição, quando não era considerada como adequadamente enquadrada ou racionalmente sustentada. Ela supunha igualmente uma apreensão redutora do espaço público. Não se viam os pais fundadores elogiar apenas, como Benjamin Constant, a liberdade dos Modernos e esperar um apaziguamento salvador do político. Ao contrário, eles celebravam o cidadão e exaltavam as virtudes públicas, a quilômetros de uma covarde retirada em direção à felicidade privada. Mas seu elogio moral do cidadão assemelhava-se a uma visão muito restritiva do campo político. Para eles, a cidadania ativa restringia-se à solenidade do momento do voto, do mesmo modo que a vida política devia desenrolar-se nas Câmaras mais do que no fórum. Constata-se assim, paradoxalmente, que a República do sufrágio universal concebia o espaço público e as condições de sua vivacidade de modo muito mais limitado e menos diversificado do que os regimes censitários precedentes. Como se a universalização do sufrágio tivesse conduzido à polarização do político. Enquanto os doutrinários tinham celebrado a entrada de uma nova era da publicidade para relativizar a restrição do direito de voto, os pais fundadores sacralizavam o sufrágio ao mesmo tempo em que conclamavam a fazer dele o único canal legitimo de expressão política.

A visão conservadora de uma democracia limitada se apoiava assim, de maneira surpreendente, na concepção jacobina de uma absorção do público pelo político e do político pelo institucional; concepção essa que conduzia a absolutizar tanto a separação do espaço privado e do espaço público quanto a distinção entre o voto e a opinião. É também essa distinção rígida que progressivamente desmoronaria a partir de 1890, mesmo tendo a República absoluta demonstrado uma capacidade de resistência muito forte sobre esse ponto. É o que se vê quando se examina a maneira pela qual a III República regulamentou um certo número de liberdades públicas, como o direito de manifestação, o direito de afixação ou ainda o direito de reunião. É de maneira "selvagem", poder-se-ia dizer, nas práticas sociais, e não de maneira institucional, que o nó foi desatado para que formas plurais do político pudessem ampliar o quadro da democracia legal.

As Câmaras e a rua

"As Câmaras e a rua": é o título que Jules Guesde, o chefe do jovem Partido operário francês, dá em 1884 a um dos seus editoriais em *Le Cri du Peuple [O grito do povo]*. A fórmula causou sensação: ela remete imediatamente ao velho imaginário insurrecional que tem mais confiança na barricada e no fuzil do que na cédula de voto para mudar o curso das coisas. Há certamente um pouco disso em Guesde. Ele ainda não é deputado e os socialistas não esperam grande coisa das eleições nesses primeiros anos de existência organizada. Mesmo se o fracasso da Comuna marcou uma virada, o tempo dos primeiros sucessos eleitorais não tinha chegado ainda (só viria nas eleições legislativas de 1893) e, com ele, o afastamento da cultura blanquista. "Nesse contato da rua com as Câmaras, para varrer estas por aquela, repousa a salvação", escreve Guesde.[1] Mas não é principalmente um problema de método ou de estratégia revolucionária que ele expõe. Ele quer, sobretudo, evocar o abismo que separa duas concepções de espaço público. A seus olhos, as Câmaras simbolizam uma visão empobrecida da política, cerrada atrás dos altos muros do Palais-Bourbon, enquanto a rua designa um espaço de circulação aberta e fluida

---

1 Jules GUESDE, "Les Chambres et la rue" Le Cri du peuple, 29 de novembro de 1884, incluído em *État, politique et morale de classe*, Paris, 1901, p. 97.

das opiniões e das forças. Não são, assim, somente as filosofias da democracia que discute-se no século XIX, são também disputadas abordagens sobre o espaço público.

Desde 1789, a questão da rua e de seus usos constituiu uma verdadeira metáfora da questão política em seu conjunto. Nela se cruzam as questões chaves das conexões da ordem e da violência, do legal e do informal. A rua está no cruzamento de medos e utopias, objeto de conquista e fonte de desconfiança. Lugar da festa, ela está ligada aos prazeres compartilhados e à felicidade social. Mas associada à multidão descontrolada, ela encarna o que ameaça a ordem instituída: ela é a parceirado motim. Decorre daí a centralidade propriamente filosófica da questão da manutenção da ordem no século XIX.[2]

Confrontada ao extremo, somente em situações limites a Revolução se preocupou em formalizar as condições de instauração da lei marcial ou precisar as formas de requisição e de ação da força pública em caso de perigo maior. Nada fora feito para regulamentar os usos políticos "ordinários" da rua (ajuntamentos, manifestações, desfiles, etc.). Para tanto, foi preciso esperar até o início da monarquia de Julho. Uma lei definiu então, pela primeira vez, as formas de reunião na via pública que seriam ou não permitidas.[3] Mas é somente em junho de 1848 que o legislador instaura os critérios precisos para qualificar a aglomeração ilegal.[4] Foi o embate das angústias e das impaciências sociais que precipitou a votação da lei. Confrontados com a ação dos clubes que multiplicavam as manifestações, defendendo que "a rua está para o povo" da mesma maneira que o sufrágio é universal,[5] os republicanos instauram o "distúrbio da ordem pública" como delito. A noção permanece imprecisa, sobrecarregando de medos e de fantasmas uma categoria jurídica. No entanto,

---

2   Para uma primeira vista do conjunto, ver Georges CARROT, *Le Maintien de l'ordre em France, depuis la fin de l'Ancien Régime jusque'à 1968*, Toulouse, 1984, 2 vol.

3   Lei de 10 de abril de 1831. Segundo essa lei, as pessoas que participarem de um ajuntamento na via pública são passíveis de sanção penal se não obedecerem à ordem de dispersão dada por um oficial civil. Para uma visão geral da legislação nesse assunto, ver Renaud BERTHON, *Le Régime des cortèges et des manifestations em France*, Paris, 1938 ; Hubert G. HUBRECHT, "Le droit français de la manifestation" in Pierre FAVRE (éd.), *La manifestation*, Paris, Presses de la F.N.S.P., 1990 ; Marcel LE CLÈRE, *Les Réunions, manifestations et attroupements en droit français et comparé*. Paris, 1945 ; Marcel-René TERCINET, « La liberté de manifestation en France », *Revue du droit public*, julho-agosto de 1979.

4   A lei de 7 de junho de 1848 distingue os ajuntamentos armados e desarmados. Ela define a forma das intimações à dispersão bem como a qualidade dos magistrados habilitados a constatar o caráter delituoso de um ajuntamento.

5   Cf., por exemplo, as indicações dadas por Suzanne WASSERMANN, *Les Clubs de Barbès et de Blanqui em 1848*, Paris, 1913, p. 209-213.

ela governa a questão durante quase um século.[6] Mesmo o grande texto liberal de 1881 sobre o direito de reunião mantém as restrições ao interditar explicitamente a realização de reuniões na via pública.[7]

Incansavelmente, a extrema esquerda radical vai se voltar, nesse ponto, contra a visão republicana dominante para tentar fazer reconhecer um "direito à manifestação". O debate sobre esse problema constitui um notável material para analisar o sentido e as formas dessa "democracia limitada" defendida pelos pais fundadores. Aos olhos destes últimos, põe-se de início uma questão de peso: o da legitimidade do recurso à rua, visto que o sufrágio universal permite resolver os litígios ao representar todos os pontos de vista. A legalidade organizada do mandato representativo é então oposta à espontaneidade facilmente manipulável da manifestação. É também dessa maneira que o governo representativo pode ser considerado como superior à democracia direta aos olhos dos republicanos. Jules Vallès assinala com precisão quando escreve em 1883 no *Le Cri du peuple [O Grito do povo]*: "As manifestações sociais não têm padrinho, patrão, nem tribuna, ninguém célebre à sua frente, eis porque os parlamentares suspeitam e fogem delas".[8] Mas seus oponentes veem, ao contrário, uma fraqueza no que ele pensa ser uma força. No novo universo republicano, as manifestações só têm sentido em circunstâncias excepcionais, por exemplo, quando o regime parece em perigo. Elas são então uma espécie de equivalente um pouco apaziguado do antigo "direito à insurreição" célebre durante à Revolução.[9] Mas à exceção dessas situações-limites, a forma de democracia indissociavelmente direta e desordenada que elas exprimem não parece admissível. "Sem inconvenientes, pode-se explicar à população tranquila que as manifestações da rua, motins, rebeliões, insurreições, não se justificam nem em direito nem em fato quando elas tratam de desferir um golpe pela violência às instituições estabelecidas pela vontade refletida

---

6 É preciso esperar o decreto-lei de 23 de outubro de 1935 para que a questão das manifestações seja tratada de maneira menos restritiva do que o tratamento aos ajuntamentos tal qual definidos pelo texto de 7 de junho de 1848.

7 Artigo 6 da lei

8 *Le Cri du peuple*, 9 de dezembro de 1883. Citado por Michel OFFERLÉ, "Descendre dans la rue", in Pierre FAVRE (éd.), *La manifestation, op. cit.*, p.119.

9 Cf. sobre esse ponto, o capítulo "La manifestation illégitime", in Danielle TARTAKOWSKY, *Le pouvoir est dans la rue. Crises politiques et manifestations en France*, Paris, Aubier, 1998. Ver também, do mesmo autor, *Les Manifestations de rue en France, 1918-1968*, Paris, Publications de la Sorbonne, 1997. Bem como Vincent ROBERT, *Les Chemins de la manifestation (1848-1914)*, Presses universitaires de Lyon, 1996.

dos eleitores" nota assim um publicista republicano de fins dos anos 1880.[10] Por que se exprimir na rua quando se espera que tudo seja dito, ou possa ser dito, nas Câmaras? "Eu não vejo a utilidade de duplicar uma discussão que seria produzida em uma sala de sessão", comenta abruptamente um dos porta-vozes do radicalismo.[11] Mesmo o recurso à rua no terreno reivindicativo não parece legítimo, como mostram nessa época os comentários críticos da imprensa republicana sobre os cortejos de grevistas. "As caravanas que vão cantando refrãos [...] podem convir a camelôs, mas não a operários republicanos. Elas são inúteis e funestas".[12]

Para a extrema esquerda, a ocupação da rua pela manifestação corresponde, ao contrário, a uma forma de representação ampliada e participa, dessa forma, do ideal republicano. Édouard Vaillant, um dos líderes das fileiras do Partido socialista, o explica por fórmulas impressionantes, quando de uma interpelação parlamentar de 1907 dedicada a essa questão: "Não haverá República verdadeira enquanto a classe operária não puder, por suas manifestações, mostrar diretamente sua vontade, sentencia ele a Clemenceau, feito presidente do Conselho. Enquanto ela for obrigada a fiar-se unicamente nas demonstrações de seus delegados ou de seus representantes, não teremos dela uma expressão completa e perfeita. É por isso que nós consideramos que junto com a liberdade de reunião e de associação, há uma liberdade absolutamente necessária, a liberdade de manifestação, a liberdade de demonstração direta e pública, operária e socialista".[13] Verdadeiramente, é a hora de grandes manifestações de massa na Alemanha e na Grã-Bretanha. E mesmo se elas são explicadas em parte nesses países pela ausência de sufrágio universal, elas criam um clima favorável à reinvindicação de um "direito à manifestação". Ora, é justamente desse direito que os republicanos não querem ouvir falar. No máximo, admitem em certos casos que ajuntamentos sejam tolerados (no espírito da lei de 7 de junho de 1848).[14] Mas não veem nada de positivo neles. "Resta saber se é verdade

---

10 Citado por D. TARTAKOWSKY, *Le pouvoir est dans la rue, op. cit.,* p. 20.

11 Camille PELLETAN, *L'Éclair,* 22 de outubro de 1898. (citado por M.OFFERLÉ, "Descendre dans la rue", art. citado, p. 119).

12 *Radical,* 30 de julho de 1888, citado por D. TARTAKOWSKY, *Le pouvoir est dans la rue, op. cit.,* p. 236. Ver também Michelle PERROT, *Les Ouvriers en grève. France, 1871-1890,* Paris, 1974, t. II, p. 552-568.

13 *Annales de la Chambre des députés,* debate de 21 de janeiro de 1907, sessão de 1907.

14 "Compreendo que, de tempos em tempos – não me erijo em juiz do valor da manifestação –, os cidadãos desejem se agrupar para exercer uma certa pressão moral sobre a opinião pública de uma cidade ou de um povo, considera Clemenceau. É um fenômeno que se produz em todos os países. (*ibid.,* p.142)

que não haverá República enquanto os operários sindicalizados não puderem marchar da Bastilha à praça de L'Opéra", zomba Clemenceau.[15] Este último contesta de maneira enfática o ponto de vista de Vaillant. Ele acusa aqueles que preconizam um direito à manifestação de se tornarem cúmplices, sem percebê-lo, de uma privatização perversa do espaço público.

"A rua não pertence a vocês, ela pertence a todo mundo" argumenta o presidente do Conselho para justificar sua oposição às reivindicações socialistas.[16] Se a rua é uma "via pública", a seus olhos, isso significa que ninguém pode monopolizá-la, para que todos possam aproveitar dela. Mas que ninguém a possua implica logicamente, nesse espírito, que ela seja entregue somente à atividade de puros indivíduos. A via pública é concebível somente como *via de circulação*.[17] A compreensão republicana de um espaço público polarizado é totalmente coerente com a abordagem monista do político. Vê-se aí também de maneira evidente a ambivalência da cultura política revolucionária. Se em certos momentos ela se manifestou sob a forma exaltada de um jacobinismo de combate, ela constituiu também a base doutrinária de um forte conservadorismo republicano.[18] Para este, não há espaços nem instituições intermediárias concebíveis entre o privado e o político. Clemenceau o admite explicitamente. "Por ter proibido uma passeata de manifestantes, vocês dizem que sou hostil à classe operária, à democracia", censura ele a seus opositores, retorquindo: "Mas vocês retornam à palavra de Luís XIV! Vocês dizem: A classe operária sou eu! A democracia sou eu!" Não a democracia, é todo mundo".[19] Não se poderia expressar melhor quanto às duas maneiras de conceber o que "todos" ou "público" quer dizer. Alguns anos antes, no mesmo espírito, Waldeck-Rousseau falava da "usurpação da via pública" a propósito das manifestações, acusando-as de levar a um confisco da rua "por um artesão de

---

15 *Ibid.*, p.140
16 *Ibid.*
17 Visto superficialmente, esse ponto de vista se aproxima da ordem intimada pelas forças de ordem em caso de ajuntamento: Circulem, não há nada para ver."
18 Sobre o iliberalismo consequente dessa cultura republicana, ver Jean-Pierre MACHELON. *La République contre les libertés?*, Paris, Presse de la F.N.S.P., 1976.
19 Discurso citado, p. 140.

manifestações exteriores".[20] Daí a firme oposição ao "direito à rua" reivindicado por Jules Guesde como complemento natural ao direito de sufrágio.[21]

Toda a regulamentação do direito de afixar cartazes remete a uma concepção idêntica do espaço público. O problema foi claramente posto desde a Revolução. Não surpreende reencontrar Le Chapelier em um relatório de um projeto de decreto sobre esse assunto. O opositor das corporações e dos clubes, o homem preocupado em conservar o caráter puramente privado das petições, cuidando para que elas nunca possam ser assimiladas aos desejos coletivos idênticos aos formulados pelas assembleias representativas, é o mesmo que deseja proibir aos particulares a afixação de cartazes na via pública. "As ruas, as praças públicas, argumenta, são uma propriedade comum; elas não pertencem a ninguém, elas pertencem a todos. Disso resulta que a sociedade tem o direito de dispor dela sem violar nenhum direito individual. O cartaz, a publicação com alarde, são uma maneira rápida e eficaz de fazer conhecer as leis da administração. É importante que essas leis e esses atos não sejam confundidos com os das sociedades e dos discursos de particulares. Deve-se reservar, então, aos poderes delegados, o cartaz, a publicação com alarde".[22] É sempre a mesma obsessão de que se veja prevalecer uma confusão entre o privado e o público. A mesma visão reticente faz rejeitar o direito de manifestação e o direito de afixação de cartazes na via pública. "O perigo, explicita Chapelier, é que sociedades, coleções de homens que, por seus discursos, suas portarias, tomando a atitude de uma potência, ponham suas deliberações ao lado das leis e dos atos administrativos, criticando este ou aquele, cheguem a rivalizar em tudo com os poderes delegados pelo povo.[23] Ainda aí, a ideia é que os particulares ou mesmo as sociedades patrióticas não tenham nenhuma existência pública. Compreende-se os motivos conjunturais que levaram à defesa dessa posição: em um tempo em que múltiplos grupos pretendiam falar em nome do povo, era essencial assentar a supremacia daqueles que a eleição consagrava como seus representantes legítimos. Mas na ânsia de evitar uma confusão prejudicial de poderes, Le Chapelier chega a

---

20 Intervenção de 11 de fevereiro de 1884, no contexto da discussão de um projeto de lei que precisava as modalidades de interdição de reuniões na via pública prevista pelo texto de 1881. (Annales de la Chambres des députés, sessão de 1884, t. I, p. 427)

21 Cf. Jules GUESDE, "Le droit à la rue", *Le Cri du peuple*, 15 de fevereiro de 1885 (republicado em *État, politique et morale de classe, op. cit.*, p. 140-143).

22 Apresentação de 9 de maio de 1791, *A.P.*, t. XXV, p. 681.

23 *Ibid.*

formalizar e abstrair ao máximo a noção de "público". Nele, o público acaba por se sobrepor ao legal, enrijecendo-se ao extremo.

É verdade que, ao mesmo tempo, todos reconhecem o direito de petição e da liberdade de expressão dos indivíduos. *Na prática* eles adotam uma posição relativamente flexível quanto à afixação de cartazes. O decreto de 22 de maio de 1791 visa somente a que não se possa confundir um cartaz qualificado como "simples" (da alçada da liberdade individual de expressão) com um ato legal de uma autoridade constituída. Com esse objetivo, ele proíbe que grupos de cidadãos possam publicar suas opiniões sob o título de portaria ou deliberação. Ele prevê, sobretudo, a designação em cada municipalidade de espaços para afixação de cartazes rigorosamente reservados aos corpos constituídos. O receio de ver "usurpado o poder do povo" não permanece, em todo caso, menos fundamental.

Os pais fundadores da III República não porão em questão essa concepção dos muros públicos: a grande lei de 29 de julho de 1881 sobre a liberdade de imprensa reafirma todas as disposições restritivas elaboradas em 1791, com um século de distância. Além da manutenção de espaços reservados à autoridade pública, conserva a esta o privilégio formal de imprimir seus avisos em papel branco, as opiniões particulares só podendo ser expressas em papéis coloridos.[24] Os "muros públicos" encontram-se desde então claramente identificados e diferenciados. A obsessão em preservar o espaço público de toda perturbação particular encontra-se também em outros domínios. A perseguição a gritos e cantos sediciosos por essa mesma lei de 1881 o atesta de forma exemplar. Se a liberdade de publicar suas opiniões é total, e implica que as instituições possam ser ridicularizadas ou radicalmente denunciadas, não é admitido, em compensação, que tais críticas possam ser proclamadas em alta voz nas ruas.[25] É, portanto, permitido publicar nos livros os cantos que a lei proíbe de repetir nas ruas.[26] Essa distinção não surpreende se ela for remetida à análise da concepção republicana do espaço público: uma vez mais acentua-se a superposição perversa do político e do legal. A assimilação das duas categorias é decerto menos absoluta que no II Império, mas ela subsiste como um horizonte

---

24 Cf. O artigo da lei de 29 de julho de 1881 (ver a importante circular de aplicação de 9 de novembro de 1881 reproduzida em J.B. DUVERGIER, *Collection complète des lois, ordennances, règlements, op. cit.*, t. 89, p. 313-325). Ver também Émile MERMET, *La Presse, l'affichage et le colportage. Histoire et jurisprudence comprenant la nouvelle loi de 1881*, Paris, 1882.
25 Artigo 24 da lei de 29 de julho de 1881.
26 Esse ponto é desenvolvido de maneira interessante por Dominique REYNIÉ, *Le Triomphe de l'opinion publique. L'espace public français du XVIe siècle au XXe siècle*, Paris, Odile Jacob, p.309-325.

diretor da filosofia republicana. Esta última contenta-se, na verdade, em propor uma interpretação liberal e tolerante de uma visão muito pouco legatária do liberalismo. Nada o demonstra melhor do que a abordagem republicana do direito de reunião.

Desde a Revolução, o "direito de reunir-se pacificamente" havia sido reconhecido aos cidadãos. Mesmo as leis restritivas do tempo da monarquia censitária tinham sido apresentadas depois como circunstanciais. No entanto, a República esperou até 1879 para preocupar-se em construir um moderno e definitivo direito de reunião. Nesse momento, todo mundo reconhece os limites do texto "liberal" precedente de 1868, criticado por ter abruptamente diferenciado as reuniões políticas daquelas de assuntos filosóficos e sociais sendo somente estas permitidas. Em outra parte deste texto, foram lembrados os termos com os quais os homens do Império justificaram essa divisão, ao tornar os representantes eleitos os únicos agentes autorizados à deliberação política. Os republicanos não podiam aceitar as disposições que permaneciam ligadas aos atos do regime vilipendiado. Mas eles se recusaram a contentar-se em abolir todos os textos restritivos,[27] e sua abordagem da questão das reuniões públicas permaneceu marcada por suas resistências em aceitar uma filosofia plenamente democrática do espaço público. Pode-se contentar aqui com um breve comentário, visto que o assunto é conhecido.

No fundo, a reunião pública bem delimitada é compreendida como uma alternativa aceitável à manifestação desordenada na rua.[28] Sua legalização permite evitar a confusão ameaçadora entre espaço político e a praça pública. Dessa forma, é preciso circunscrever o público no espaço fechado e ordenado da reunião para evitar que ele se expanda pelas ruas. "É adiando a reunião, fechando a porta do local aonde essa reunião deve acontecer, avisa um deputado se dirigindo aos republicanos mais reticentes, que vocês jogarão em um outro lugar, na rua, aqueles que vieram para ser reunir. O perigo está nesses milhares de pessoas que se acumulam nas ruas, nessa

---

27 Para um histórico dos debates e dos projetos sobre o direito de reunião depois de 1870 ver Alfred NAQUET, *Rapport fait au nom de la commission chargée d'examiner les propositions de loi : 1 de M. Louis Legrand et plusieurs de ses collègues, sur les réunions électorales ; 2 de M. Alfred Naquet, sur le droit de réunion ; 3 de M. Louis Blanc et plusieurs de ses collègues, sur les droits de réunion et d'association,* Première partie, droit de réunion, *Annales de la Chambre des députés*, session de 1879, Anexo n. 1672 à ata da sessão de 15 de julho 1879.

28 Cf., sobre esse ponto, as análises de D. REYNIÉ, *le Triomphe de l'opinon publique, op. cit.*, p. 152-159. É preciso sublinhar que a lei de 30 de junho de 1881 acerca da liberdade de reunião obriga os organizadores de reuniões a se prenderem a formalidades bastante constrangedoras de declaração, de desenvolvimento e mesmo de horários. A proposta de Louis Blanc de abolir pura e simplesmente todos os textos anteriores quanto à matéria, de modo a criar uma liberdade absoluta, não tinha sido seguida.

agitação que vocês não poderão mais parar".[29] O direito de reunião pública implica na sua dissociação com relação às outras modalidades de constituição do espaço público. Decorre daí a importância da proibição especificada de fazer reuniões na via pública.[30] Daí também deriva a reticência em tratar em pé de igualdade o direito de reunião e o direito de associação, este último permanecendo ainda suspeito (como em 1791) de ameaçar a formação do interesse geral.

Distante das reticências e das prudências republicanas, a rua vai oferecer o ambiente de uma forma política original: a "manifestação". Ela é a ocupação coletiva ritualizada e pacificada da rua. Ela marca uma ruptura com duas outras formas de tomada de posse do território: o motim e a procissão. Mas ela se distingue dessas, mesmo quando as imita por obrigação (como é o caso na monarquia de Julho ou no II Império, quando as manifestações públicas tomam a forma de um cortejo funerário).[31] A novidade da palavra, nos anos 1860 ou 1870, traduz, aliás, o caráter inédito da coisa. Ninguém falava em manifestação durante a Revolução. O *Larousse du XIXe siècle* (1873 para o fascículo correspondente) é o primeiro dicionário a dar-lhe a definição moderna ("demonstração pública, coletiva; expressão pública de uma opinião, de um voto"). Assim, é preciso compreendê-la em relação às transformações da democracia. A manifestação é uma *forma política* de pleno direito. Ela constitui o suporte de um tipo original de ação e de representação. Primeiro, ela serve para compensar e corrigir as disfunções da expressão política institucional, ao permitir àqueles cuja voz é esquecida ou minorada que se façam ouvir. É a dimensão mais evidente. Mas ela sublinha também que a instituição não pode abraçar toda a política e que continuamente a democracia excede, nesse aspecto, sua definição imediata. Por essa razão, a manifestação revela algo de profundo quanto à natureza sempre incompleta e jamais institucionalizável da democracia. Considerada do ponto de vista do ator, ela é mais uma "encenação pacífica do número".[32] Apreendido no quadro de uma economia geral das formas políticas, ela é mais profundamente o sinal de

---

29 Intervenção de Henri GIRAUD, em 11 de maio de 1880, *Annales de la Chambre des députés*, sessão de 1880, t. VI, p.105.

30 Essa interdição será confirmada em 1907 na discussão de um projeto de lei relativo às liberdades públicas (cf. *Annales de la Chambre des députés*, sessão de 1907, t. I, 29-30 janeiro 1907). Para compensar a interdição, a lei votada dia 30 de janeiro de 1907 prevê que as salas municipais, onde elas existirem, devem ser postas à disposição dos organizadores de reuniões públicas.

31 Basta mencionar aqui as exéquias do general Lamarque em 1832 ou as de Victor Noir em 1870 para ter ideia.

32 A expressão é de V. ROBERT, *Les Chemins de la manifestation (1848-1914)*, op. cit., p. 14.

que a democracia comporta sempre uma inabolível parte de transbordamento de seus quadros evidentes. Ela atesta o fato de que as instituições da democracia nunca esgotam completamente seu sentido.

As vozes plurais e concorrentes do povo

A tensão entre as Câmaras e a rua não foi o único indício da aspiração de não se ver a soberania limitada às instituições legais. O debate sobre o espaço público se estendeu a pôr em questão as *formas pertinentes* do político. Nada diz mais sobre o que está em jogo nesse domínio do que a evolução do direito de petição. Entendido originalmente como um tipo de complemento do direito de sufrágio, ele seria assimilado pelos pais fundadores da III República a um tipo de concorrência ameaçadora a esse último.[33] A expressão política legítima devia se limitar ao ato de votar.

Desde o alvorecer da Revolução se impõe o hábito de redigir petições.[34] De início, evidentemente, isso corresponde a uma forma de liberdade de opinião recém conquistada. Mas as petições se inscrevem, de fato, em dois registros muito diferentes. Em primeiro lugar, elas podem exprimir um requerimento de ordem privada de uma ou mais pessoas que consideram ser vítimas de um mal funcionamento administrativo. Elas são então a forma moderna da queixa ou da reclamação junto aos poderes públicos, aos quais os indivíduos dirigem um recurso para fazer cessar o que eles considerem ser uma injustiça. Mas as petições têm também uma dimensão propriamente política quando visam um fim de interesse geral, por exemplo, ao demandar a votação de uma lei, a mudança de orientação da ação governamental ou a reforma de uma instituição. Nesse caso, a petição acompanha e prolonga a atividade cidadã: ela é uma das modalidades de ação política e deve ser restituída ao quadro de uma economia geral da expressão coletiva. Ela corrige igualmente os procedimentos constrangedores do governo representativo ao permitir uma intervenção direta dos indivíduos na esfera política. Desse modo, ela faz existir uma forma de democracia imediata ao lado do mecanismo representativo. O grande decreto de 22 de dezembro de 1789 sobre a organização do direito de sufrágio menciona explicitamente a concessão do direito de petição como uma espécie de

---

33 Para uma primeira aproximação, ver o artigo suscinto de Jean-Pierre LASSALE, "Le droit de pétition dans l'évolution constitutionelle française", *Annales de l'université de Lyon*, fascículo 22, 1962, e também a tese de Marcel RICHARD, *Le Droit de pétition. Étude de droit public interne et de droit international public*, Aix-en-Provence, 1932.

34 Cf. a tese de Paul SAMUEL, *Du droit de pétition sous la Révolution*, Paris, 1909.

contrapartida à forma de confisco do poder do eleitor, causada pela proibição de mandatos imperativos e pela liberdade de manobra do representante. "A ata de eleição, precisa ele, será o único título das funções das representantes da nação. A liberdade de seus sufrágios não podendo ser incomodada por qualquer representação particular, as assembleias primárias e as dos eleitores enviarão diretamente ao corpo legislativo as petições e instruções que quiserem lhe fazer chegar".[35] Se o direito de petição atenua os rigores do sistema representativo, ele permite, de mesmo modo, compensar as restrições estabelecidas ao direito de sufrágio. Pode-se dizer que ela faz o papel de um "sucedâneo do direito de sufrágio político".[36] Aqueles que não preenchiam as condições do censo para serem cidadãos ativos poderiam fazer ouvir sua voz por esse meio. O que é válido também para as mulheres. Se o sufrágio é restrito, a petição é verdadeiramente universal.

Nessas condições, não surpreende constatar a importância da atividade peticionária durante a Revolução. Na verdade, ela não estava dissociada da vida parlamentar, já que estava previsto que comissões de signatários poderiam se expressar na Assembleia.[37] A respeito disso, basta ler as atas de sessão para constatar o lugar enorme que toma rapidamente a apresentação desses requerimentos. Ao mesmo tempo, compreende-se que o estatuto da atividade peticionária estava no centro de numerosos debates e de múltiplas controvérsias. Assim, na primavera de 1791, é expressa uma reação contra o papel das petições julgado excessivo por alguns. É o caso principalmente em Paris onde as autoridades municipais acabaram por vê-las como fonte de uma concorrência ameaçadora ao sistema representativo.[38] Por seu lado, os juristas se preocuparam em melhor distinguir o voto comum de um

---

35 Artigo 34 do decreto de 22 de dezembro de 1789. Ver também o decreto de 14 de dezembro de 1789 que suprime a permanência das assembleias comunais porém permite aos cidadãos, a título de compensação, o direito de se reunirem em assembleias particulares para elaborar moções e petições.

36 A expressão é empregada por A. ESMEIN em seus *Élements de droit constitutionnel français et comparé, op. cit.*, t. I, p. 590.

37 Ver sobre esse ponto as indicações práticas dadas por André CASTALDO, *Les Méthodes de travail de la Constituante. Les techniques de l'Assemblée nationale 1789-1791*, Paris, P. U. F., 1989, p. 360-364.

38 Em 26 de abril de 1791, Pastoret, o procurador geral síndico de Paris, se dirige à Assembleia constituinte nesses termos: "há uma lei cuja necessidade é urgente, trata-se do direito de petição, direito que é preciso não confundir com o exercício de poderes resultantes de diferentes representações políticas [...] não se deveria fazer com que os cidadãos possam reconhece-los pela maneira como eles lhes são apresentados, e que os atos produzidos por indivíduos ou por sociedades particulares não possam mais mostrar-se sob a forma e com o aparato da lei. (*A.P.*, t.XXXV, p.352). Essa intervenção está na origem do projeto de lei apresentado sobre a assunto por La Chapelier, em 9 de maio de 1791.

grupo de peticionários, que adicionam somente suas opiniões individuais, do voto geral, que somente uma assembleia de representantes pode expressar (o primeiro só podendo ser regido por um princípio de unanimidade enquanto o segundo pode ser formulado a partir da pluralidade de vozes).[39] Uma importante lei preparada por Le Chapelier tentará retirar dessa distinção as devidas consequências para distinguir tão claramente quanto possível os campos e princípios da petição daqueles da representação.[40] É verdade que a discussão de fundo aconteceu apenas de modo parcial, já que acabou sobredeterminada pelos dados imediatos dos conflitos políticos, em Paris particularmente.[41] A petição comporta sempre uma dimensão virtualmente subversiva, expressão de uma opinião bruta e não mediada, que nada é capaz de filtrar. Ao mesmo tempo, ninguém sonha em negar-lhe a importância.

Nos primeiros anos da Restauração, Danou expressou em termos que se tornaram célebres o olhar ambivalente sobre o direito da petição "Sem dúvida, escreve ele, seria extremamente perigoso que peticionários pudessem falar em nome de toda a sociedade ou apresentar a si próprios como uma porção determinada da população. Essas formas tenderiam a elevar os anseios pessoais a votos políticos, as petições em sufrágios, e a substituir o sistema representativo pela anarquia democrática. Porém, em tempo algum foi contestada a diversos cidadãos que tenham o mesmo interesse, que queiram expressar um mesmo voto, a faculdade de reunir suas assinaturas".[42] De fato, as petições desempenham um papel importante na Restauração. Enquanto o censo é muito elevado, elas permitem uma expressão real da sociedade. É bem verdade que contribuem indiretamente também para estabelecer um regime parlamentar, ao permitir que o poder legislativo interpele o poder executivo.[43] A petição dá, enfim, a palavra aos excluídos do sufrágio,

---

39 Cf. o artigo "Sur le droit de pétition" publicado no *Le Moniteur* de 6 de abril de 1791 (em *Réimpression*, t. VIII, p. 51-52). "O direito de petição, lê-se nele, é um direito tão sagrado quanto o de falar ou de imprimir[...]. Mas não é menos evidente que os cidadãos peticionários só falam individualmente e não podem jamais pretender expressar o voto de outrem. Agir ou falar por outrem, é representar, e cidadãos não funcionários não têm nenhuma representação a exercer."

40 Leis de 10 e 18 de maio de 1791. Ver o muito importante relatório de Le Chapelier (*A.P.*, t. XXV, p. 678-682).

41 Ver, notadamente, as intervenções de Briois-Beaumetz, Grégoire, Pétion e Robespierre em 9 e 10 de maio de 1791.

42 Discurso de 2 de maio de 1820, reproduzido em anexo em Pierre Claude DAUNOU, *Essai sur les garanties individuelles*, 3. éd., Paris, 1822.

43 Ver principalmente Pierre MARX, *L'évolution du régime représentatif vers le regime parlementaire de 1814 à 1816*, Paris, 1929 ; Louis MICHON, *Le Gouvernement parlementaire sous la Restauration*, Paris, 1905, e também a dissertação em história do direito de Alain THELLIEZ, *Le Droit de*

incluindo aí as mulheres.[44] "Através dela, escreve Cormenin em suas *Questions de droit administratif* [Questões de direito administrativo], o último dos proletários sobe à tribuna e fala publicamente diante de toda a França. Através dela, o francês não elegível, nem eleitor, nem mesmo cidadão, pode exercer a iniciativa como os deputados, como o próprio governo, ao menos em teoria".[45] Decerto, a prudência e a restrição final minimizam a proposição. Mas elas não a invalidam. Um dos teóricos do regime de julho não hesitou em escrever que se tratava de um direito das mulheres e dos proletários.[46] Os rigores do censo são, assim, quase compensados pela facilidade de acesso à forma de expressão que constitui a petição.

Durante todo esse período da monarquia parlamentar, a importância do direito de petição é consagrada pelo seu caráter constitucional. Ao mesmo tempo, seu exercício é estreitamente associado à atividade parlamentar. É quase diariamente que relatórios de demandas são apresentados em sessão à Câmara de deputados ou à Câmara dos pares. Por vezes, as petições estão na origem de debates memoráveis, como em 1839 sobre a reforma eleitoral. Elas são então um dos mecanismos efetivos da expressão e representação políticas. Sua centralidade vai ser brutalmente posta em questão em 1848 com o advento do sufrágio universal. Decerto, o direito de petição vai subsistir como direito pessoal, mas vai cessar de constituir-se como um direito político e perderá a centralidade que tivera. As razões desse apagamento? Elas repousam na universalização do sufrágio que torna simplesmente sem objeto político esse direito. Os republicanos, em sua imensa maioria, estão persuadidos disso.Ledru-Rollin, que celebrava nos anos 1840 o papel das petições populares[47] em

---

pétition sous la Restauration, Paris, Faculté de droit et des sciences économiques, 1966.

44 Cf. Odile KRAKOVITCH, "Les pétitions, seul moyen d'expression laissé aux femmes ; l'exemple de la Restauration", *in* Alain CORBIN *et alii, Femmes dans la cité, 1815-1871*, Grâne, Créaphis, 1997.

45 M. F. de Cormenin em suas *Questions de droit administratif*, 4 ed., Paris, 1837, t. III, p. 384. "O direito de petição, escreve ele, é um direito natural, dos fracos, dos descontentes e dos oprimidos de todas as idades, de todos os sexos, de todas as condições e de todos os países (*ibid., p.384-385*).

46 Pellegrino ROSSI, *Cours de droit constitutionnel*, 2 ed., Paris, 1877, t. III, p. 159-175.

47 "A petição, escreve ele em 1844, é a imprensa das massas, é a brochura composta por todos e por cada um, é a voz do conjunto. Hoje que o direito de associação foi destruído, que a imprensa é ainda restrita às mãos dos que tem dinheiro, a petição é uma coisa diferente do jornal, órgão de um só partido; a petição,é mais do que a expressão individual de uma opinião, de uma pretensão. Se quiserem, a petição é todo mundo, a obra como direito de todo mundo; é uma edição dos pensamentos públicos que não precisam nem de assinantes, nem acionistas, nem de preconizadores, nem de estilo elegante; cuja eloquência está na enérgica verdade dos fatos, na moderação das falas, no número de assinaturas, cujo autor é o próprio público" (*Manifeste aux travailleurs*, 2 de novembro de 1844, republicado em LEDRU-ROLLIN, *Discours politiques et écrits divers*, Paris, 1879, t. I, p. 123).

tons líricos, está doravante convencido de que a voz das urnas basta para exprimir as demandas e os sentimentos da sociedade. Ninguém expressou melhor esse ponto de vista redutor do que Émile de Girardin. "O direito de petição, pontua ele abruptamente, é um contrassenso democrático e um anacronismo republicano. O soberano comanda e não peticiona.[48] Para ele, a petição não é mais do que uma forma primitiva e incompleta da soberania do povo. Ela não tem razão de ser onde este impera. "O direito de petição pertence ao direito monárquico, insiste ele; não pertence ao regime democrático. Reestabeleçam o sufrágio universal, restabeleçam-no sinceramente, e o direito de petição tornar-se-á perfeitamente inútil".[49]

Nessas condições, não surpreende ver a questão do enquadramento mais estrito do direito de petição posto na ordem do dia depois de 1848. Ela é longamente debatida na Assembleia nacional em 1851. Numerosas vozes se elevam então para demandar uma regulamentação mais severa dos requerimentos endereçados ao Parlamento. Os argumentos que são apresentados nessa ocasião merecem ser retomados por sublinharem ardorosamente a concepção unívoca do político no universo republicano. Escutemos, por exemplo, um dos principais protagonistas desse debate: "O direito de petição, tal qual exercido hoje em dia, é ilógico, defende ele[...]. É na eleição mesma, no ponto de partida do mandato conferido aos representantes do povo, que se deve pôr o que se punha anteriormente no direito de petição, ou seja, a manifestação de todos os votos, de todas as vontades, de todos os desejos [...]. O direito de petição deve desaparecer diante da ação legítima da soberania do povo".[50] É considerar que o momento do voto absorve e satura o campo político. A expressão da sociedade desde então só é concebível a partir de duas maneiras, de uma forma política totalmente institucionalizada e formalizada, de um lado, e de uma privatização absoluta das opiniões, de outro. O caráter heterogêneo da opinião pública como pluralidade de registros de expressão não é reconhecido. Em outros termos, não há mais intermediários entre os direitos políticos e os direitos pessoais. O voto e a opinião são, doravante, compreendidos como completamente dissociados. Além disso, a essa separação estrita das formas corresponde uma distinção dos sujeitos: o indivíduo e o cidadão são destinados a papéis específicos. Isso é atestado de maneira exemplar pela tentativa lançada em 1851 de proibir às mulheres e aos menores de

---

48 "Du droit de pétition" (1851), in Émile DE GIRARDIN, Questions de mon temps, 1836 à 1856, Paris, 1858, t. X, p. 132.
49 Ibid., p. 131.
50 Intervenção de Colfavru, 2 de julho de 1851, Le Moniteur universel, 3 de julho de 1851, p. 1876.

redigirem petições sobre assuntos públicos,[51] como se o fato de serem mantidos fora das urnas devesse proibir-lhes toda existência pública.

O movimento iniciado em 1848 vai acentuar-se na III República. Primeiro, as petições não desempenham mais nenhum papel no processo de controle do governo, como na restauração ou na monarquia de julho. Mas elas se tornam, sobretudo, desconectadas de todos os vínculos com o trabalho parlamentar que existiam antes. Desde a Restauração, esse vínculo era assegurado pelas comissões de petições que tinham a obrigação constitucional de examinar todos os envios endereçados às Câmaras. Se muitos eram simplesmente registrados ou transmitidos (aos ministros, às comissões competentes), uma percentagem importante era objeto de relatório em sessão pública, relatório por vezes seguido de debate. Em alguns dias, várias dezenas de relatórios eram ouvidas. Uma modificação do regulamento interno da Assembleia nacional vai permitir em 1873 romper com esse sistema. A partir dessa data, as petições não são mais objeto de um registro formal e não são mais nem apresentadas, nem, *a fortiori*, discutidas. O parlamentar de quem se origina essa proposição considera as petições de longe e do alto, não hesitando em falar de entrave aos trabalhos parlamentares. "Não se pode deixar, profere ele, que interesses de mínima importância desviem a Assembleia de prestar toda atenção às grandes leis de reorganização e de voltar todos os cuidados ao estudo dos interesses gerais da França".[52] Tudo é dito nessa formulação lapidar que colhe a aprovação de todos os setores: a pressuposição de uma separação radical entre interesses particulares e interesse geral, e, ao mesmo tempo, o caráter imediato e absoluto desse último. As leis constitucionais de 1875 oficializam pouco depois a minimização do papel das petições. Com efeito, o direito de petição é então desconstitucionalizado e simplesmente regressa ao domínio da lei, estando inscrito no regulamento das duas assembleias.[53] Assim, ele passa a ser confinado à esfera estreita dos interesses

---

51 Ver, sobre esse ponto, a proposição parlamentar de CHAPOT e o relatório de Quentin BAUCHART feita em 28 de maio de 1851 (Suplemento ao n. 149 do *Moniteur universel*, 29 de maio de 1859, p. II-IV). O projeto foi rejeitado por pouco. Para um ponto de vista crítico, ver o artigo de Victor SCHOELCHER "Les femmes et le droit de pétition", *La République universelle*, 1º setembro de 1851, p. 251-255.

52 Intervenção de Eugène Tallon, 23 de junho de 1873, *Annales de l'Assemblée nationale*, t. XVIII, p. 498. A modificação do regulamento é adotada em 3 de julho de 1873.

53 Cf. J. MOREAU, "Un inconnu : le droit de pétition sous la IV République. Essai sur la notion de recours parlementaire ", *Travaux juridiques et économiques de l'Université de Rennes*, t. XXI, 1958. Ver também Eugène PIERRE, *Traité de droit politique, électoral et parlementaire, op. cit.*, p. 661-677, e Jean-Gabriel CONTAMIN, "La réception parlementaire d'une pratique politique péri-

privados e não constitui mais uma das formas da vida democrática. A lei de 22 de julho de 1879 que reorganiza definitivamente o tratamento das petições pelas Câmaras suprime significativamente a comissão *ad hoc*, que constituía no início do século XIX um dos mecanismos importantes da vida política e parlamentar.

Algumas vozes se elevam à esquerda para protestar contra essas restrições e denunciam o que consideram atentados à soberania do povo. "As petições são uma das formas do sufrágio universal", dizem certas vozes radicais.[54] Mas a grande massa dos republicanos não vê a coisa da mesma maneira e, de modo inverso, se alegra com o fato do sufrágio universal ser, em um mesmo movimento, sacralizado e limitado à urna eleitoral. Ao mesmo tempo, foi somente como uma "generalidade privada", totalmente informal, que pôde existir uma voz da sociedade distinta daquela de seus representantes.

O segundo nascimento da opinião pública

Desde que no final do século XIX é consagrado o corte rígido entre a vida das instituições políticas e a expressão da sociedade civil, a reivindicação de uma democracia mais efetiva toma também caminhos distintos. Ao lado da busca por uma correção "técnica" dos limites do sistema representativo (com a adoção do referendo, o maior controle dos eleitos, etc.) vai igualmente ser potencializada a aspiração por uma forma de expressão política da sociedade mais imediata e mais difusa, livre dos constrangimentos e dos limites institucionais. A ideia de um poder da opinião vai ser reafirmada e tomará um sentido novo nesse contexto. No tempo do Iluminismo, a opinião – assimilada à razão das elites – era compreendida como um poder que permitia desviar o ideal representativo e democrático. No tempo do sufrágio censitário, a valorização do sistema da publicidade justificava também a recusa do sufrágio universal. A opinião pública e a democracia formavam então um jogo de soma zero. Mas em todas essas circunstâncias a opinião pública era apreendida como uma *força de pressão*, difusa e incompreensível, exercida sobre os governantes. A partir do final do século XIX, a opinião pública vai ser definida também como uma *forma social* e uma *forma política*. Forma social, ela é distinta da multidão ou das massas que constituem os agregados julgados tão sem forma

---

phérique : le droit de pétition entre réfraction et réflexion », in C.U.R.A.P.P., *La Politique ailleurs*, Paris, P.U.F., 1998.

54 Cf., por exemplo, *Le Droit de pétition. Humbles observatoires d'un montagnard*, Paris, s.d. (1873).

quanto ameaçadores. Gabriel Tarde será o primeiro na França a sistematizar essa distinção. Sua teoria psicológica e sociológica da imitação irá propor uma explicação do mecanismo que rege a formação de uma opinião social comum.[55] Dessa maneira, a opinião vai ser considerada como uma manifestação plenamente adequada da generalidade social. Mas a opinião pública é compreendida também como uma forma política, ou seja, como uma das modalidades de expressão da vontade geral. A opinião e o sufrágio podem ser vistos então como formas políticas complementares, e não mais concorrentes. A ideia de uma "democracia de opinião" que nasce nesse contexto traduz a entrada na era de uma democracia maior e mais desenvolvida.

O advento dessa democracia nova, provocada pelo segundo nascimento da opinião pública, encontrou rapidamente seus analistas e teóricos. Na Inglaterra, ela está no centro das análises de James Bryce em *La République américaine [A República americana]* como nas de Dircey em suas *Leçons sur les rapports entre le droit et l'opinion publique em Angleterre [Lições sobre as relações entre o direito e a opinião pública na Inglaterra]*. A possibilidade de devolver consistência à exigência de uma democracia mais direta através dessa opinião é posta em relevo por esses autores. Bryce é o primeiro a falar nesse sentido de "governo pela opinião pública".[56] Para ele, trata-se de uma quarta e última forma de governo do povo. Depois de ter conhecido uma evolução que o conduziu de um consentimento inicial passivo e submisso ao poder para um controle real, mas intermitente, desse último pelo procedimento eleitoral, a intervenção da multidão poderia, a seus olhos, tomar uma extensão nova com a ação regular da opinião. Ela desinstitucionalizaria sem perigo a política, resolvendo a um só golpe a questão da entropia representativa, e manifestar-se-ia de maneira contínua, respondendo assim à objeção rousseauniana a uma democracia "extraordinária" cedendo ordinariamente o lugar a um funcionamento do tipo oligárquico. Nessa quarta fase, sublinha Bryce, tornar-se-ia possível "conhecer a vontade da maioria a todo instante, sem precisar fazê-la passar pelo intermédio de uma assembleia de representantes, talvez até mesmo sem precisar do mecanismo eleitoral. Nessa fase, a supremacia da opinião pública se tornaria mais completa, porque ela seria mais contínua [...]. O tempo todo, a autoridade pareceria residir na

---

55 Ele publica *Les Lois de l'imitation* em 1890 e *L'Opinion et la foule* em 1901. Para uma primeira abordagem, ver D. REYNIÉ, « Gabriel Tarde, théoricien de l'opinion » (introdução à reedição de *L'Opinion et la foule*, Paris, P.U.F., 1989) e Amédée MATAGRIN, *La Psychologie sociale de Gabriel Tarde*, Paris, 1910.

56 Ele dá esse título a um capítulo de sua obra (cf. *la République américaine*, 2 ed. Paris, 1912, t. III, p. 378-388). A expressão figura desde a primeira edição (1888).

massa de cidadãos. O governo popular teria assim chegado ao ponto em que poderia quase dispensar os procedimentos legais empregados pela maioria para exprimir sua vontade nas urnas eleitorais, ou, ao menos, antecipá-la por esse modo".[57] Nesse sentido, conclui Bryce, "a opinião pública não reinaria somente, mas governaria". Por seu lado, Dicey emprega fórmulas análogas.[58] Na França, Tarde se inscreve igualmente em uma perspectiva vizinha. Ele também busca o caminho de uma expressão política e social mais permanente do que a das eleições.

A partir de então, todo o problema recaia em saber como dar forma a esse novo tipo de governo. "As dificuldades mecânicas, como se poderia chamar, do funcionamento de um tal sistema são evidentes", reconheceria Bryce.[59] Tarde indicará o caminho ao defender a implementação de um sistema desenvolvido de estatísticas políticas, do qual as eleições não seriam mais do que uma das modalidades.[60] Para ele, a verdadeira "universalização do sufrágio universal" consiste assim na instauração de um aparelho permanente de análise dos anseios da população.[61] Alguns decênios mais tarde, esse seria o sentido outorgado ao desenvolvimento de sondagens por seus defensores, dando forma à "maquinaria" que Bryce imaginava. Quaisquer que possam ter sido os debates em torno do advento dessa técnica, a via de superação da oposição anterior entre as Câmaras e a rua estaria praticamente aberta, transformando as visões anteriores do espaço público.

---

57 *Ibid.*, p.383.
58 Ele nota, por exemplo: "No Ocidente, a opinião, no sentido mais lato e aceito dessa palavra, governa" (*Leçons sur les rapports entre le droit e l'opinion publique, op. cit.*, p. 4). Mas é preciso sublinhar que, em todo caso, Bryce e Dicey não dão exatamente a mesma definição de opinião pública.
59 J. BRYCE, *La République américaine, op. cit.*, t. III, p. 384.
60 "O sufrágio universal, escreve Tarde, talvez só tenha valor, mas um valor sério, por um lado não percebido, a saber, como um *trabalho intermitente de estatística política* através do qual uma nação é chamada a tomar consciência das mudanças que se operam nos anseios e opiniões sobre questões vitais" (*Les Lois de l'imitation*, 2ed. Aumentada, Paris, 1895, p. 117-118; sublinhado pelo autor).
61 Além disso, a medição da opinião tem a seus olhos a vantagem de levar em conta os anseios de todos aqueles que não têm direito a voto. Cf. sobre esse ponto sua exposição detalhada em "Le suffrage dit universel", in *Études pénales et sociales*, Paris, 1892.

X. A república e a oficina

A República e a Oficina

A busca por uma soberania do povo efetiva não consistiu simplesmente em inventar instituições e procedimentos que a fizesse mais eficaz e ativa. Foi também o campo de validade e de aplicação de seus princípios que se quis estender. A reivindicação de *uma democracia industrial* simboliza, a partir dos anos 1920, essa preocupação com sua expansão, abrindo caminho para um verdadeiro movimento de universalização dos requisitos democráticos. Essa transformação foi fundamental. Assim, convém retraçar brevemente sua gênese para compreender plenamente seu significado.

Considerar a gestão dos problemas econômicos com o auxílio de conceitos elaborados no âmbito político era algo totalmente estranho à cultura política revolucionária, para retornar ao ponto de partida. Mesmo aqueles que apelavam, como Babeuf, à redistribuição de riquezas, não podiam raciocinar nesses termos. Se o imperativo de igualdade implicava para ele em uma forma de socialização da propriedade, o modo de administração dos meios de produção não constituía um assunto de reflexão. Isso se compreende sem dificuldade. A princípio, a economia permanecia essencialmente agrícola, consistindo na valorização local de um capital, e a atividade industrial era ainda essencialmente artesanal. Além disso, ninguém duvidava de que a abolição das corporações e das mestrias trabalharia em favor de uma maior igualdade no plano econômico. Foi preciso esperar até os anos 1830 e o primeiro desenvolvimento do capitalismo para que as coisas mudassem. O desenvolvimento da indústria e da miséria que a acompanhou colocou a questão social no centro dos debates e levou a considerar a economia por um novo olhar. Foi testemunho exemplar dessa mudança a publicação, na *Revue Républicaine [Revista Republicana]*, de um artigo com um titulo eloquente: "Sobre os meios de fazer descer a Repúblicas às oficinas.[1] Seu autor era Martin Bernard, um trabalhador da imprensa, membro da Sociedade dos Direitos do Homem, muito representativo do meio de artesãos politizados da época. Ele ataca com intensidade o advento de um novo feudalismo, o "feudalismo industrial.[2] O homem da oficina moderna não é para ele senão uma outra face do homem do castelo de antigamente. Existe assim uma analogia entre o servo e o proletário da qual ele lamenta que seus contemporâneos não estejam suficientemente conscientes. "Os preconceitos desfiguraram tanto o espirito das massas, lamenta-se ele, que vemos um proletário compreender bem como um rei é uma engrenagem que pode ser superada na ordem *política*, mas que se recusa a crer que o mesmo fato possa se concretizar na ordem *industrial*. Contudo, a negação do *rei* na política não é, por consequência lógica, a negação do *mestre* na indústria?".[3] A consequência dessa análise não surpreende: o projeto revolucionário de emancipação realizado na ordem política deve doravante se prolongar sobre o terreno econômico. É preciso, escreve ele, "encontrar os meios de tornar o ideal republicano apreensível para o proletariado na ordem industrial assim como é na ordem política".[4] Essas formulações são um marco: a ideia de transpor para o mundo da gestão da indústria os processos de uma revolução democrática supostamente conquistada na ordem política é esboçada aqui pela primeira vez. Mas elas são prematuras. Mesmo tendo a denuncia do feudalismo industrial reaparecido em vários escritos, o projeto de estender a ideia republicana surge muito cedo. A República ainda não havia sido concluída na ordem política;

---

1 *Revue républicaine*, t. III, 1834, p.289-302. O artigo é apresentado com o primeiro de uma série. Os seguintes não serão publicados (a revista termina em 1835 no tomo V).

2 A denúncia do feudalismo financeiro se encontra então na literatura proletária, mas também é desenvolvida nos meios legitimistas. Cf., notadamente, a obra chave de Alban VILLENEUVE-BARGEMONT, *Économie politique chrétienne*, 1834, 3 vol. Para uma visão de conjunto do problema, ver Léon EPSZTEIN, *L'Économie et la morale au début du capitalisme industriel en France et en Grande-Bretagne*, Paris, 1966.

3 Art. citado, p. 296.

4 Ibid., p. 295.

a denúncia do sufrágio censitário seguia mobilizando todas as energias. Na ordem econômica, a palavra "associação" exprimia a aspiração dos trabalhadores a usufruir plenamente do fruto de seu trabalho.[5] Foi preciso esperar o advento do ano de 1848, depois da conquista do sufrágio universal, para que a temática de Martin Bernard fosse retomada e desenvolvida. A expressão "democracia industrial" apareceu então pela primeira vez nos escritos de um engenheiro que apelava para a divisão da propriedade econômica e para a multiplicação de pequenos negócios para libertar o trabalho.[6] Mas é sobretudo Proudhon quem irá popularizá-la.[7] O termo "democracia industrial" designa em sua obra um sistema de "comando do trabalho pelo trabalho", quer dizer, uma forma de sociedade operária na qual o capital humano está no posto de comando e adquire os meios materiais de produção; ao contrário da iniciativa capitalista na qual o capital compra a força de trabalho. Proudhon seguiu atentamente todos os debates jurídicos que acompanharam a reforma do direito societário no II Império. Ele saudou o advento da sociedade anônima, que realizava a seus olhos uma "verdadeira republica eletiva" com seu conselho de administração eleito por uma assembleia geral de associados, afirmando que era uma forma de correspondente econômico da instituição política do sufrágio universal da República de 1848.[8] O socialista de Besançon não parou de insistir, nesse sentido, que "na nova democracia, o principio político deverá ser idêntico e adequado ao principio econômico".[9] Mas sua perspectiva não significa de modo algum importar para a iniciativa econômica os procedimentos do governo representativo. Ele apela simultaneamente a uma regeneração política do ideal democrático e a uma revolução da organização econômica, conduzindo a uma nova ordem comum, fundada sobre

---

5   Cf. os textos reunidos por Alain FAURE e Jacques RANCIÈRE em *La Parole ouvrière* (1830-1851), Paris, 1976. Ver também as célebres obras de Charles Fourier e Louis Blanc.

6   Charles LABOULAYE, *Organisation du travail. De la démocratie industrielle*, Paris, 1848. O autor opõe a perspectiva de uma difusão da propriedade, que ele coloca em paralelo com a universalização do voto, à ideia de uma oganização centralizada do trabalho que defendida por Louis Blanc.

7   Ele utiliza a expressão pela primeira vez em 1853. Cf. P.-J. Proudhon, *Manuel du spéculateur à la bourse* (1853), nouv. éd., Paris, 1876, p. 408.

8   ID., *Des réformes à opérer dans l'exploitation des chemins de fer*, Paris, 1855, p. 332 e 375. Proudhon comenta notadamente nesse livro os trabalhos do grande civilista Raymond-Théodore TROPLONG (*Du contrat de société civile et commerciale*, Paris, 1843, 2 vol.). A organização moderna das sociedade anonimas foi fixada pela lei de 24 de julho de 1867. Proudhon considera que as formas jurídicas anteriores de sociedades (principalmente das anônimas) estavam calcadas no modelo de uma "monarquia temperada".

9   P.-J. Proudhon, *De la capacité politique des classes ouvrières* (1865), edição estabelecida por Maxime Leroy, Paris, 1924, p. 194.

um mesmo principio mutualista, que ele qualifica de "federativo". Proudhon tinha em vista a constituição de "grupos naturais" e "autônomos", tanto de tipo político (as cidades ou as províncias) quanto econômico (as associações mutualistas e as cooperativas), que poderiam se autogovernar.[10] Ele concebe a democracia como um movimento plenamente acabado e generalizado para todas as esferas da vida social. "Nós temos então, sublinha ele ao concluir a exposição de seu sistema, não mais uma soberania do povo em abstrato, como na constituição de 93 e naquelas que a seguiram, e também no *Contrato Social* de Rousseau, mas uma soberania efetiva das massas trabalhadoras, soberanas e governantes".[11] Para Proudhon, trata-se antes de repensar o sistema político sob o modelo da oficina ("a oficina deve substituir o governo" segundo sua célebre fórmula) do que aplicar a forma republicana a ela. Mas a preocupação essencial é com a necessidade de aplicar um mesmo princípio "democrático" à gestão de todas as atividades humanas. A ideia segue então seu caminho. Ela é retomada pelos católicos sociais à sua maneira. É, por exemplo, a Marc Sangnier, o animador do *Sillon*, que devemos a célebre fórmula: "Não podemos ter a república na sociedade enquanto temos a monarquia na iniciativa econômica".[12] No fim do século XIX os socialistas, por sua vez, lidam com a questão em termos mais hesitantes. Para eles, a questão da emancipação econômica é prioritária, e o Estado é desqualificado desdenhosamente como uma instituição burguesa. Mas ainda assim eles continuam a pensar a ideia socialista numa certa relação com a ideia republicana. Esse laço é particularmente sensível em Jean Jaurès, que nunca deixou de situar o combate socialista na obra iniciada pela Revolução Francesa e prolongada até 1848. Para ele, a finalidade do socialismo é claramente por fim à contradição entre a natureza do regime político saído do movimento revolucionário e a do regime econômico capitalista. "Na ordem política a democracia se realiza", notam assim Jaurès e seus amigos, que já citamos antes, "todos os cidadãos participam, ao menos em direito, da soberania; *o sufrágio universal é o comunismo do poder político*. Na

---

10 Cf. sobre esse ponto central os argumentos em Du principe fédératif (1863), assim como em suas duas grandes obras póstumas, *Contradictions politiques. Théorie du mouvement constitutionnel au XIX siècle* (1865), e *De la capacité politique des classes ouvrières* (1865).

11 *De la capacité politique des classes ouvrières*, op. cit., p. 216.

12 "A democracia política, diz ele ainda, é insuficiente: aquilo que queremos é que o trabalhador tenha não somente uma cédula de voto para nomear um representante político mas seja, na usina, capaz de participar ele mesmo da direção dos assuntos da indústria onde trabalha" ("Le Sillon et l'action syndicale", in Marc SANGNIER, *Discours*, t. II, Paris, 1910, p. 71). Ver Jeanne CARON, *Le Sillon et la démocratie moderne*, 1894-1910, Paris, 1966.

ordem econômica, ao contrário, uma minoria é soberana. É a oligarquia do capital que possui, dirige, administra e explora".[13] A ação a ser tomada nessa perspectiva já está traçada: trata-se de "fazer passar para a ordem econômica a democracia parcialmente realizada na ordem política".[14] Por outro lado, os guesdistas não confiaram tanto nas virtudes do sufrágio universal. Eles nunca cessaram de denegrir o sistema parlamentar e frequentemente teorizaram sobre como considerar a eleição de forma puramente tática. Ainda assim, eles não romperam o laço com a cultura republicana. Jules Guesde fala de bom grado em "tomar a Bastilha econômica", e chega mesmo a escrever que a finalidade do proletariado moderno é "republicanizar a propriedade como o terceiro estado, ao menos em parte, republicanizou o poder".[15]

Marx deplorou o estado de espírito dos socialistas franceses de seu tempo que "pretendem demonstrar que o socialismo é a realização das ideias da sociedade burguesa, enunciadas pela Revolução". Sua visão estava correta. Para além das diferenças de sensibilidade, das disputas teóricas e das oposições estratégicas, os socialistas franceses sempre inscreveram, em maior ou menos grau, a tarefa da emancipação proletária na ideia do prolongamento e da conclusão da obra inaugurada em 1789. A ideia do socialismo como uma *república do trabalho* era comum.[16] Contudo, tudo isso permanecia ainda muito impreciso e não estava fundado sobre uma verdadeira filosofia da democracia. Contentavam-se com analogias julgadas esclarecedoras quando na verdade não eram mais que sugestivas. A perspectiva de uma socialização da propriedade satisfazia, sobretudo, à necessidade de resumir a iniciativa socialista, colocando sempre em segundo plano a questão de um desenvolvimento da democracia suscetível de resolver as aporias fundadoras do governo representativo. Assim, ideia de uma extensão da democracia fazia sentido em termos muito gerais de cultura política, sem se traduzir em termos

---

13 Resolução do IV congresso do Partido Socialista Francês (Tours, março de 1902). Reproduzida em anexo em Alexandre ZÉVAÈS, *Le Socialisme en France depuis 1871*, Paris, 1908, p. 254-260. Sou eu que sublinho a fórmula extraordinária sobre o sufrágio universal já mencionada no capítulo VIII.

14 *Ibid*. "Da mesma forma que os cidadãos possuem e controlam em comum, democraticamente, o poder político, continua a resolução, eles devem possuir e controlar em comum o poder econômico e os meios de produção. Eles devem nomear os líderes do trabalho nas oficinas como nomeiam os líderes do governo na cidade e reservar àqueles que trabalham e à comunidade todo o produto do trabalho" (ibid.).

15 Jules GUESDE, «République et socialisme», *Le Socialisme*, 4 de setembro de 1898. Ele sublinha nesse artigo que a "nacionalização da propriedade" participa da empreitada mais larga da "nacionalização da soberania".

16 *La République du travail* é o título de uma obra célebre (publicada em 1889) de Jean-Baptiste Godin, o discípulo de Fourier, fundador do familistério de Guise.

programáticos ou mesmo sem ser formalizada teoricamente. As coisas só iriam mudar verdadeiramente com o choque da Grande Guerra.

A democracia industrial

"Vocês acreditam ter assistido a uma guerra: Isso não é verdade, vocês assistiram a uma revolução". Essa frase de René Viviani,[17] que foi o primeiro representante francês na S.D.N., não se aplica somente às relações internacionais. Sabemos que a guerra de 1914-1918 abalou as antigas relações entre o Estado e a sociedade, tendo as exigências de mobilização industrial conduzido a um aumento até então desconhecido de intervenção do poder público na economia. Mas a mobilização da mão de obra também trouxe um profundo abalo do sistema social. Solicitados como atores chave nos esforços de guerra, os trabalhadores se viram subitamente mais considerados. Albert Thomas, o dirigente socialista que se tornou ministro, colocou em funcionamento nas usinas de armamento, em 1917, um sistema de delegados trabalhadores eleitos para tratar com a direção dos conflitos e problemas das condições de trabalho.[18] Mesmo a experiência tendo permanecido modesta e limitada, um passo foi concluído em direção a uma forma de participação dos trabalhadores na gestão. Léon Jouhaux, o chefe da C.G.T. em 1916, exigia que a classe trabalhadora tivesse, em matéria econômica, "direitos idênticos àqueles que o sufrágio universal lhe concedeu no terreno político".[19] O termo "democracia industrial" reaparece nesse contexto; acredita-se então ter sido o termo importado dos Estados Unidos e da Grã-Bretanha – onde se fala desde o fim do século XIX de *industrial democracy* –, poucos se recordadando de que Charles Laboulaye e Proudhon são seus verdadeiros inventores. O projeto de estender os princípios da democracia para a esfera da economia irá produzir nesse momento um efeito formidável. Ele mobiliza alguns atores sociais de primeiro plano e dá origem a verdadeiras reformas, não sendo mais uma simples formulação utópica, como era com Proudhon cinquenta anos mais cedo, ou uma referência vagamente indicativa, como para Guesde ou Jaurès. A ideia

---

17 Discurso de 16 de setembro de 1919 sobre a ratificação do tratado de Versailles, *Annales de la Chambre des députés*, sessão ordinária de 1919, p. 3925.

18 Cf. Gilbert HATRY, «Les délégués d'atelier aux usines Renault», e Alain HENNEBICQUE, «Albert Thomas et le régime des usines de guerre, 1915-1917», in Patrick Fridenson (éd.), 14-18, *l'autre front*, Paris, 1977. Ver também John Horne, *Labour at War: France and Britain*, 1914-1918, Oxford. Claredon Press, 1991.

19 Citado por Gérard DEHOVE, *Le Contrôle ouvrier en France*, Paris, 1937, p. 11.

de uma democracia industrial vai doravante se inscrever nos programas, se declinar nas reivindicações e se encarnar nas instituições.

A C.G.T. está no centro da mobilização. Ela fala mais frequentemente de "controle operário", mas se trata da mesma coisa. "Só se pode ser livre politicamente sob a condição de não ser servo economicamente", nota o sindicato em 1917, apelando em consequência para as reformas que permitam à classe trabalhadora "assegurar seu direito de controle, de gestão".[20] Ao mesmo tempo em que sustenta que os delegados sejam fortemente ligados ao sindicato, a C.G.T. apoia a experiência lançada por Albert Thomas e incentiva a alargá-la. A partir do fim das hostilidades, a central adota um "Programa mínimo" que sistematiza essas aborgagens.[21] O projeto de estabelecimento de um Conselho econômico do trabalho e o apelo a realizar nacionalizações de industrias acompanham então a palavra de ordem do "controle operário". A C.G.T. não deixará de referir-se a isso. O que recobre a expressão não é perfeitamente claro, e as diferentes sensibilidades presentes no sindicato oferecem definições muito distantes. Para a minoria anarquista organizada ao redor dos comitês sindicalistas revolucionários, o controle operário é compreendido como um primeiro passo para uma revolução na indústria. Ele somente tem sentido inscrito num movimento revolucionário de greve geral e de ocupação das indústrias, conduzindo à expropriação do patronato. Marcado pela cultura proudhoniana, esse grupo minoritário imagina que os órgãos que exercem um controle desse tipo podem prefigurar as células primárias de uma nova organização da produção na qual a gestão será assegurada pelos próprios trabalhadores.[22] Mas eles são violentamente hostis à ideia de um controle operário sendo exercido no contexto do regime capitalista. Sobre esse ponto eles acusam os majoritários de "colaboração de classe" e denunciam suas ilusões. Esses últimos se inscrevem, é verdade, numa perspectiva abertamente reformista. Trata-se para eles de, pragmaticamente, limitar

---

20 Artigo publicado em 1º de maio de 1917 em *La Voix du peuple*. Reproduzido em *La C.G.T. et le mouvement syndical*, Paris, 1925, p. 156-157 (indispensável reunão de textos da C.G.T. publicada na ocasião de seu 30º aniversário). O programa elaborado no congresso de Clermont-Ferrand (dezembro de 1917) demanda igualmente para a classe trabalhadora "sua parte na gestão técnica da organização da produção e seu direito de intervenção não somente na regulação das questões salariais, de duração da jornada, de aprentisagem, de higiene e de segurança, mas também na administração e na gestão da produção" (*La Voix du peuple*, 1º de fevereiro de 1918).

21 Adotado em dezembro de 1918, está reproduzido em *La C.G.T. et le mouvement syndical*, op. cit., 165-171; Ver a esse propósito Léon JOUHAUX, *Le Syndicalisme et la C.G.T.*, Paris, 1920.

22 Sua posição está bem resumida na brochura de Théophile ARGENCE e Auguste HERCLET, *Le Contrôle ouvrier et les comités d'atelier*, Paris, 1921 (n.10 do *Cahiers du travail*).

o poder patronal e aumentar a relação de forças em favor do sindicato (aliás, eles falam tanto de controle sindical quanto de controle operário). O termo "controle operário" recobre de fato o conjunto de instituições e procedimentos que permitem organizar o contrato de trabalho e fiscalizar suas condições de aplicação. A importante lei de 1919 sobre as convenções coletivas é percebida nesse quadro. Mas a relação de forças com o patronato não permitiria ambicionar grandes passos nesse sentido, como atesta, em 1921, a mordaz recusa dos industriais da metalurgia em aceitar as comissões de controle para aplicação das convenções coletivas demandada pela C.G.T..[23] Assim, muito rapidamente, a maioria da C.G.T. enfatiza sobretudo as reformas de estrutura que parecem mais facilmente realizáveis e que possam ser ligadas às iniciativas diretas do sindicato, como o Conselho econômico do trabalho, ou que possam ser colocadas para funcionar por uma decisão política, como no caso das nacionalizações de indústrias.

Mesmo diante da dificuldade para concretizar-se numa realidade dominada por um patronato encastelado em seus privilégios, o tema do controle operário torna-se cada vez mais aceito e difundido. Sinal dos tempos, é nessa altura que se forja a expressão "patronato do direito divino", que relaciona a desaprovação implícita de uma atitude com a denuncia de um arcaísmo. Ela é empregada tanto pelos católicos sociais, desejosos de ver o capital e o trabalho colaborando pacificamente,[24] quanto pelos sindicalistas, estigmatizando o patronato reacionário, assim como por todos os modernizadores que aspiravam ao advento de uma nova empresa. Esses diversos meios se reencontram para denunciar os "monarquistas industriais"[25] e acusar as empresas de serem regidas por um regime real que permaneceria absoluto e não seria nem mesmo constitucional. "A persistência do antigo regime distorceu, tanto na indústria como na política, o jogo das novas instituições", resume alguém.[26] Aliás, os chefes de empresas abrem o flanco a tal crítica quando respondem com segurança a seus vários detratores no pós-guerra que "a indústria obedece sempre ao principio

---

23 Cf. *L'Information sociale* de 30 de janeiro de 1921. O hebdomadário *L'information ouvrière et sociale*, que se torna em *1921 L'Information sociale*, constitui a melhor fonte de informação sobre as posições e ações patronais e sindicais da época.

24 Parece que a expressão foi empregada pela primeira vez pelo deputado dos Altos-Alpes, Georges NOBLEMAIRE, um politécnico administrador do P.L.M., em um discurso de 19 de fevereiro de 1920 na Câmara dos deputados. Ver também seu artigo «Patrons de droit divin et organisation du travail», *Europe nouvelle*, 19 de novembro de 1921.

25 Cf. Charles DULOT, «Les monarchistes industriels», *L'Information sociale*, 22 de março de 1923.

26 *Ibid.*

do comando único que é a característica do governo monárquico".[27] Os militantes da C.G.T. têm motivos, nessas condições, para denunciar uma "servidão industrial" de outra era e taxar de intolerantes os industriais que se proclamam politicamente democratas e admitem que os trabalhadores tenham influencia nos assuntos de Estado, mas que se recusam a aceitar a interferência desses mesmos trabalhadores em seus próprios negócios.

Através dessas oposições e apesar de todas as aproximações que cercaram as noções de democracia industrial ou de controle operário, impõe-se então uma certeza: a participação dos produtores na gestão da indústria é tão inelutável no século XX quanto o foi, no século XIX, a conquista do sufrágio universal, que deu aos cidadãos o direito de interferir nos assuntos públicos.[28] Um número crescente de pessoas concorda que o poder absoluto deve ter fim na usina assim como teve fim no Estado. A urgência dessa revolução é tanto mais sentida quanto as formas de organização das empresas começam a sofrer uma formidável mutação com a introdução de um taylorismo que tende a desapropriar ainda mais o trabalhador de todo controle sobre o processo de trabalho.[29] Ela se considera tanto mais legítima na medida em que está quase universalmente na ordem do dia. A França apenas segue o movimento geral nessa matéria. É suficiente relembrar aqui que em 1897, Béatrice e Sidney Webb, os fundadores do socialismo fabiano, publicam em Londres sua monumental obra com o título emblemático *de Industrial Democracy [Democracia industrial].*[30]

Em todos os países industrializados um novo espírito se desenvolveu com a guerra. Em 1916, por exemplo, um *Reconstruction Committee* foi encarregado na Inglaterra de refletir sobre o futuro das relações entre trabalhadores e empregadores; ele apelou para a criação de conselhos de usina em cada empresa e de conselhos nacionais paritários ao nível dos setores industriais.[31] Paralelamente, vai ganhando

---

27 «L'industrie est monarchique», *Écho des mines et de la métallurgie* de 1º de fevereiro de 1923, reproduzido em *L'Information sociale* de 22 de março de 1923.
28 Cf., por exemplo, o artigo, «La démocratie industrielle, un rapprochement historique (1848-1921)», *L'Information sociale,* 30 de janeiro de 1921.
29 Cf. Aimée MOUTET, *Les logiques de l'entreprise: la rationalisation dans l'industrie française de l'entre-deux-guerres,* Paris, Éd. de L'E.H.E.S.S., 1997.
30 Mas a ideia deles é essencialmente projetar uma gestão estatal da economia. Eles não dão então ao termo democracia industrial o sentido que ele terá vinte anos mais tarde.
31 Ver sobre esse ponto os artigos clássicos de Élie HALÉVY reunidos em *L'Ère des Tyrannies. Études sur le socialisme et la guerre,* Paris, 1938.

forma na Inglaterra, em torno de figuras como Cole ou Hobson, o projeto de um *guild-socialism* que concebe o sindicato como o vetor de uma tomada de controle progressivo dos meios de produção, a partir de uma forma de autogestão das oficinas (Cole fala de in*dustrial self-gouvernment*).[32] As interrogações sobre o tema também se difundem largamente nos Estados Unidos. O pós-guerra assiste por todos os lados à tomada de iniciativas e à realização de reformas. Em muitos lugares começam a funcionar nas empresas certas instituições representativas de operários e de empregados, assim como certos procedimentos de conciliação e de arbitragem. A designação de *shop-stewards* na Grã-Bretanha, a instituição de conselhos de iniciativa na Alemanha, de *trade boards* na indústria de vestimentas americana, experiências diversas na Áustria, na Bélgica e na Itália: o movimento é abundante.[33] Por todos os lados está a questão do "controle operário", do "governo representativo aplicado à indústria",[34] da "fábrica constitucional" (a expressão é alemã), do *self-gouvernment*. As realizações são frequentemente mais modestas do que tais expressões poderiam sugerir; mas elas existem e tendem, de fato, a modificar o funcionamento das empresas. Se estava-se ainda longe de realizar aquilo que poderia significar uma cogestão (fala-se então de "gestão conjunta"), as formas de consulta e de procedimentos de negociação começaram efetivamente a ser introduzidas na gestão, marcando a entrada numa nova era das relações industriais.

Para muitos a visão do socialismo se modificará. O vigor do movimento conselista nas insurreições revolucionárias do pós-guerra, de Moscou a Berlim ou a Turim, certamente mostra que a cultura revolucionária clássica permaneceu muito viva; ela encontra um novo ímpeto e uma nova justificação depois de Outubro. O caminho está a partir de então aberto para que o ideal socialista possa se formular como movimento de extensão dos princípios democráticos nas dimensões

---

[32] O livro de George Douglas Howard COLE, *Self-government in Industry* foi publicado em 1918. Cf. a tese que André PHILIP dedica ao assunto: *Guild-socialisme et trade-unionisme. Quelques aspects nouveaux du mouvement ouvrier anglais*, Paris, 1923.

[33] Todas essas experiências são amplamente apresentadas na *Revue internationale du travail* (editada a partir de 1921 pelo jovem B.I.T. em Genebra) e no *Bulletin du ministère du travail* (na França). Ver também algumas teses bem documentadas: André ARNOU, *La Participation des travailleurs à la gestion des entreprises. La collaboration ouvrière*, Paris, 1920; Maurice FRELÉCHOUX, *Le contrôle ouvrier dans l'industrie*, Macon, 1923; Pierre LUCIEN-BRUN, *Le Droit des travailleurs à la cogestion et au contrôle des entreprises*, Lyon, 1923; André MAGNIER, *La Participation du personnel à la gestion des entreprises*, Meulan, 1945.

[34] Cf. Arthur TODD, «Vers un gouvernement constitutionnel de l'industrie», *Revue de l'Institut de sociologie (Instituts Solvay)*, novembro de 1921.

econômica e social. Assim reconheceu Edouard Bernstein na Alemanha[35] e Henri de Man na Bélgica.[36] Mesmo progredindo modestamente nos fatos, a democracia industrial se impõe no inicio dos anos 20 em um número crescente de espíritos. Ao lado dos atores sociais, um punhado de jovens intelectuais promissores travam seus primeiros combates explorando esse universo. Célestin Bouglé, Georges Gurvitch, Maurice Halbwachs, André Philip e vários outros darão seus primeiros passos como pesquisadores juntamente com sua aprendizagem ideológica e militante.

Convergências e divergências

O movimento é amplo, mas não é geral. Além das resistências de um patronato retrógrado, outras reservas também se exprimem. Se a guerra conduziu muitos a considerar as relações de trabalho com um novo olhar, ela também produziu uma suspeição crescente com relação à política. Muitas vozes se elevam para denunciar a ineficácia do Estado, a má organização do país pelos poderes públicos e para vilipendiar um parlamentarismo considerado tanto falastrão quanto ineficaz. As necessidades da ação, por sua vez, levam a julgar com severidade a lentidão da deliberação política. "Quando rugem os canhões, a democracia deve calar", nota Gustave Hervé em uma sentença marcante, ao mesmo tempo em que um jovem redator do *Mercure de France* confessa sem levantar grandes protestos: "Quanto mais me envolvo com a guerra, mais me torno aristocrata".[37] Todos aqueles que aceitaram a consagração do sufrágio universal somente da boca para fora, como um fato mais suportado do que desejado, retornam ao ataque. As antífonas de Émile Faguet em sua obra *Le Culte d l'incompétence [O Culto da incompetência]* são repetidas por coros cada vez mais engrossados. Sua denúncia da "tarântula democrática" se torna um dos lugares comuns da imprensa de direita e de extrema direita que relembra

---

35 Cf. Por exemplo Édouard BERNSTEIN, «La loi allemande sur les conseils d'entreprises et sa portée», *Revue internationale du travail*, fevereiro de 1921. Ver também seu artigo mais antigo, «Des forces de la démocratie industrielle», *Le Mouvement socialiste*, 1º de setembro de 1899.

36 "O objetivo final do movimento universal em direção ao controle trabalhador, escreve ele, é realizar no dominio da produção, da gestão das usinas, das oficinas, das carvoarias e dos escritórios, os principios fundamentais da democracia: o governo com o consentimento dos governados, o direito de todos em saber como age o governo, de colaborar com o estabelecimento de suas regras e fiscalizar sua ação; é a substituição da autoridade absoluta de um patrão ou de um grupo de investidores absenteistas pela autoridade coletiva de todos aqueles que tomam parte na produção" (Prefácio ao *Manuel du sectionnaire métallurgiste belge*, s.d. [por volta de 1920], p. III)

37 Citado por Célestin BOUGLÉ, "Ce que la guerre exige de la démocratie française", in *Les Démocraties modernes* (collectif), Paris, 1921, p. 35.

com deleite sua definição do político: "um homem sem ideias pessoais, de instrução medíocre e que compartilha os sentimentos e as paixões gerais das massas".[38] A questão da competência na democracia se torna um tema de interrogação central, mesmo para aqueles que não foram cegados por uma vontade surda de revanche contra a ideia moderna da igualdade.[39] Não é o ódio à democracia, mas a rejeição ao amadorismo, que leva um grande número de jovens espíritos a ansiar sinceramente por mudanças, mais sensíveis à necessária reforma do Estado do que à redefinição do funcionamento da iniciativa capitalista. Tal fato é constatável mesmo entre as fileiras socialistas, como atestam as *Lettres sur la réforme gouvernementale [Cartas sobre a reforma governamental]* de Léon Blum (1917) que, longe de incitar à "parlamentarização" da vida das indústrias, consideram, ao contrário, que "o papel de um chefe de governo não deve ser concebido senão como o de um chefe de indústra".[40] Ao mesmo tempo, Fayol publica *L'incapacité industrielle de l'État [A incapacidade industrial do Estado]* (1921), defendendo a privatização dos serviços públicos, como os do P.T.T. [correios, telégrafos e telefones].

Sobre essa base se forma toda uma corrente tecnocrática nos anos 1920.[41] Um de seus representantes mais notáveis, o conselheiro de Estado Henri Chardon, vê no tamanho exagerado do poder político o "vicio orgânico da República francesa". "O exagero disso que chamamos política, escreve ele, corrói a Franca como um câncer: a proliferação de células inúteis e malsãs sufocou a vida da nação".[42] A jovem geração de intelectuais e de funcionários de alto escalão que pretende trabalhar para a construção de uma administração racional, forte e autônoma, aceita completamente a legitimidade do sufrágio universal. Mas ela aspira a distinguir, mais claramente do que no passado, aquilo que é de relevância para o campo da política, fundado no sufrágio universal, do que deve ser confiado à administração constituída pela seleção de uma elite. O erro é, a seus olhos, acreditar que a eleição pode servir para tudo numa democracia. "Depois de muitas tentativas e erros, escreve nesse sentido Henri Chardon, as democracias compreenderam que ao lado da força política provinda

---

38 Émile FAGUET, *Le Culte de l'incompétence*, Paris, 1910, p. 29.
39 Cf. l'ouvrage important de Joseph BARTHÉLEMY, *Le Problème de la compétence dans la démocratie*, Paris, 1918.
40 *Op.cit.*, p. 90.
41 Ver, para uma aproximação inicial: Stéphane RIALS, *Administration et organisation, 1910-1930. De l'organisation de la bataille à la bataille de l'organisation dans l'administration française*, Paris, 1977; Gérard BRUN, *Technocrates et technocratie en France (1914-1945)*, Paris, 1985.
42 Henri CHARDON, *L'Organisation de la République pour la paix*, Paris, 1927, p. XXVII.

do sufrágio universal, que permite ao povo controlar soberanamente e reger seus destinos mas permanece sempre instável e em movimento, elas devem manter e desenvolver uma força de ação permanente, uma força administrativa que, sozinha, pode assegurar a vida cotidiana e o progresso da nação. Sem a força política fundada na eleição não existe república; mas sem a força administrativa, baseada numa seleção rigorosa, não existe nação".[43] O objetivo dessa maneira de pensar é antes conciliar autoridade e democracia que estender o campo de validade dessa última. São as ideias de organização racional e planificação que serão as mais importantes nesse meio. Sua palavra de ordem é contribuir par "industrializar a República", numa perspectiva de tipo saint-simoniano.[44]

As maneiras de considerar a questão de democracia nos anos 20 são extraordinariamente variadas.[45] Há os defensores da democracia industrial sobre os quais já falamos. Há também os partidários de um poder técnico aumentado para os quais o poder do número deveria se limitar a um exercício de um controle e de uma autorização. Mas há ainda os sectários de um novo elitismo que cultua a força e odeia os valores e instituições da democracia. Mas essas abordagens não configuravam campos e ideologias demarcados por linhas evidentes. Vários elementos dessas diferentes sensibilidades se misturam e se superpõem em muitos casos. Com frequência são menos as visões positivas que as repulsões e rejeições que levam a aproximações surpreendentes. Sabemos que os anos 1930 compõem um inquietante e trágico repertório dessas alianças perversas. A ideia mesma da democracia industrial, a qual nos interessa aqui, envolve laços muitas vezes complexos com a visão saint-simoniana. Léon Jouhaux retoma por sua conta o projeto de substituir o governo dos homens por uma administração de coisas.[46] Referindo-se ao autor *do Catéchisme des industriels [Catecismo dos industriais]* e a um Proudhon redescoberto nos anos 20 como um autor chave,[47] a democracia industrial retorna pela mesma

---

43 Ibid., p. 2. Podemos também nos reportar à obra então influente do fundador das "universidades populares", discipulo de Auguste Comte, Georges DEHERME. Cf. notadamente: *Les Forces à régler: le nombre et l'opinion publique* (1919); *L'Organisation d'une démocratie: le nombre, l'élite* (1921); *Démocratie et sociocratie* (1930).

44 Marc BOURBONNAIS, *Le Néo-saint-simonisme et la vie sociale d'aujourd'hui*, Paris, 1923.

45 Georges GUY-GRAND, *La Démocratie et l'après-guerre*, Paris, 1922.

46 "Tal é o principio do regime que nós nos esforçamos por realizar", assinala ele (*Le Syndicalisme et la C.G.T.*, op. cit., p. 18).

47 Uma monumental edição crítica das *Oeuvres complètes* de Proudhon, levada a cabo sob a direção de Célestin Bouglé e Henri Moysset, começa a aparecer a partir de 1923 (21 volumes serão publicados)

razão uma concepção singularmente empobrecida da vida democrática. A obra de um Maxime Leroy, o grande companheiro do sindicalismo francês no início do século, testemunha com clareza essa visão reducionista do político.[48]

O extraordinário observador de *La Coutume ouvrière [O costume operário]* foi também o editor de Proudhon nos anos 20. A palavra de ordem que ele propõe a seus amigos da C.G.T. e aos reformadores se resume com simplesmente da seguinte forma: é preciso substituir o cidadão pelo produtor. "Não é mais uma filosofia do poder que deve dominar nossas instituições e nossa ação privada, escreve ele: é uma filosofia do trabalho ou, se preferir uma palavra mais vasta, uma filosofia da produção[...]. Servir é regalista; produzir, democrático".[49] Para ele, é preciso então entrar em um mundo positivo e "declarar finda a era política de Montesquieu".[50] Maxime Leroy sonha em elaborar uma "técnica sociológica" que substitua a arte do governo, de tal sorte que a política possa se tornar uma ciência compreendida pela leitura das estatísticas, pela gestão de balanços e pela elaboração de planos de produção. "À noção de soberania, insiste ele, os sindicatos farão suceder a de trabalho, pois se ignoramos onde está a soberania popular, ficção doravante liberticida, sabemos bem onde está o trabalhador, dura realidade emancipadora".[51] O objetivo da revolução não é então tomar o poder existente, mas constituir uma "república de produtores" na qual o autogoverno das oficinas terminará por esvaziar o governo de toda substância. "Não é a presidência da República que é preciso aperfeiçoar, mas nossas engrenagens de produção", conclui ele.[52] Um de seus próximos toma essa substituição do cidadão pelo produtor tão a sério que sugere privar do direito de voto indivíduos como os rentistas ou os administradores de sociedades cuja atividade é considerada parasitária.[53] Nesse caso, se está bem longe da ideia de aplicar princípios democráticos à economia.

---

48 Não dispomos, infelizmente, senão de artigos magros sobre esse personagem chave. Para além das referências encontradas no *Dictionnaire biografique du mouvement ouvrier*, ver Patrick ZYLBERMAN, «Maxime Leroy, analyste du déclin de la loi révolutionnaire», *History of European Ideas*, vol. XI, 1989.
49 Maxime LEROY, *Pour gouverner*, Paris, 1918, p. 50-51.
50 Ibid., p. 53.
51 ID., *Les Techniques nouvelles du syndicalisme*, Paris, 1921, p. 204
52 Ibid., p. 131. Podemos também nos reportar, nesse mesmo espírito, a Célestin Bouglé. Cf., por exemplo, "Entre citoyens et producteurs", *Revue de métaphysique et de morale*, n°3, 1920.
53 Robert FRANCQ, *Le Travail au pouvoir. Essai d'organisation technique de l'État démocratique*, Paris, 1920. O autor criou a Ustica, União de técnicos e engenheiros próxima à C.G.T., que tomou parte ativamente no lançamento do Conselho econômico do trabalho.

Se algumas reformas imediatas como a nomeação de delegados, o desenvolvimento de convenções coletivas e o controle sobre as condições de trabalho – encontram acolhida unânime na nebulosa reformadora que reclama um projeto de democracia industrial, elas ainda assim recobrem profundas divergências filosóficas. Prova disso é a flutuação do vocabulário que designa o objetivo a alcançar. Fala-se indiferentemente de "controle operário", de "democracia industrial", de "república do trabalho", de "constitucionalismo de usina", de "república cooperativa", de "democracia trabalhadora". A massa de obras que portam esses títulos constitui uma biblioteca impressionante. As ideias se misturam e se confundem, como os meios que se mobilizam em torno desses temas. Os sábios professores reunidos na Associação nacional para a proteção legal dos trabalhadores reúnem em sua pesquisa os funcionários militantes do ministério do Trabalho, os grandes batalhões da C.G.T., os notáveis esclarecidos do Museu social, um punhado de patrões filantropos e uma corte de fabricadores de sistemas.

Para além de todas essas convergências e divergências, se impõe, no entanto, a constatação do surgimento de uma nova economia do político nos anos 1920. A importância tomada pelo tema da democracia industrial marca, com a transformação do laço eleitoral e o alargamento prático do espaço do político, a entrada nessa democracia média cuja imagem invocamos.

XI. Diferenças e repetições

Uma nova economia do político

Como vimos, a história da democracia na França depois de 1870 foi composta por uma série de confrontos e tentativas que conduziram, distante da República absoluta sonhada pelos pais fundadores, ao desenvolvimento progressivo de uma *democracia média*. Se a Constituição não se transformou, o espírito das instituições mudou bastante, como testemunha de forma exemplar a obra de Joseph Barthélemy e Paul Duez consagrada em 1926 ao funcionamento da III República.[1] Mas não são principalmente as "convenções" ou os "costumes constitucionais" que evoluíram, mesmo tendo a reviravolta de 16 de maio de 1877 marcado uma data chave. O essencial nas mudanças se aprecia no quadro mais largo de uma transformação das formas do conjunto do jogo político. Analisamos especialmente, tanto aqui quanto em outra obra precedente,[2] as condições do surgimento de uma democracia de partidos que conduziu à modificação do laço representativo. O alargamento do espaço público e das formas de expressão política também contribuiu para relativizar várias críticas dirigidas ao sistema parlamentar. Mesmo se a ausência do referendo

---

1 Joseph BARTHÉLEMY e Paul DUEZ, *Traité élémentaire de droit constitutionnel*, Paris, 1926. A obra esclarece de forma muito interessante o funcionamento prático do regime.
2 Ver o capítulo V, "La démocratie des partis", *Le Peuple introuvable*, op. cit.

limitou seriamente as aspirações por uma expressão mais alargada da cidadania, o quadro da vida política se tornou mais aberto para a sociedade. As aporias fundadoras certamente não foram superadas, e menos ainda foram desarmadas as insatisfações e reivindicações de uma soberania do povo mais efetiva. Mas, ao menos, foi esboçado um espaço no interior do qual as críticas e reformas terminassem por encontrar um lugar positivo. Quadro instável e muito imperfeito, mas ainda assim um quadro que permite fugir da alternativa antiga e mortal de escolher entre o consentimento resignado ao fardo de uma ordem fechada e as ilusões de um recomeço absoluto. O principal mérito do regime é, nesse sentido, ter permitido, pela primeira vez na França, ligar de forma evolutiva o parlamentarismo e a democracia. É marcante constatar o abismo que separa o antiparlamentarismo dos anos 1890 daquele do pós-guerra. O primeiro não é somente mais violento; é também mais desesperado e frequentemente só vê saida, na falta de uma improvável transfiguração do estado de coisas, no desdém. Aquele dos anos 1920 é frequentemente tão virulento quanto, porém mais positivo; é construído com a formulação de proposições tangíveis.

Quatro fatores pesaram particularmente, no amanhecer dos anos 20 e 30, para a construção da nova economia do político que sustenta o surgimento da democracia média. Os primeiros elementos da entrada em cena de uma *democracia de equilíbrio* na ordem da figuração do social, que analisamos em *Le Peuple introuvable [O Povo inencontrável]*, levaram primeiramente à obtenção de elementos parciais de resposta à crise da representação política, reduzindo as tenções ligadas à busca de uma expressão mais direta dos cidadãos. As interrogações sobre as fraquezas do sistema francês foram então deslocadas, aliviando o seu peso. As insatisfações propriamente políticas foram parcialmente eclipsadas por outras reivindicações julgadas mais prementes. As formas de expressão popular foram por fim alargadas, tanto com a banalização das "manifestações" quanto com a realização das primeiras sondagens de opinião.

Ainda se fala em crise do governo representativo durante as décadas de 1920 e 1930. Estudos eruditos apoiam nessa época a velha denuncia de uma confiscação da democracia. Esse é o tema, por exemplo, de uma das primeiras grandes pesquisas da honorável União interparlamentar.[3] Os universitários desenvolvem suas investigações, se interessando finalmente pela vida real das

---

3 União interparlamentar, *l'Évolution actuelle du régime représentatif*, Genève,1928.

instituições e não só pela teoria do direito constitucional.[4] As novas revistas e os clubes de reflexão que se multiplicam então também se detém sobre a questão, assim como um punhado de políticos que sonham em reformar a democracia francesa, a exemplo de Tardieu. Se deixamos de lado o pequeno número daqueles que, sobretudo à direita, vituperam, com acentos do passado, contra a "podridão parlamentar", ou que notam de maneira inquietante que "o termo democracia deve ser evitado como a peste",[5] o uso de tais reflexões e e proposições é sempre mais instrumental. Elas visam especialmente reforçar o poder executivo e romper com o governo de assembleia. A obsessão da maior parte dos reformadores, marcados pelas lições da guerra, é, com efeito, em primeiro lugar tornar o país mais eficazmente governável, pleiteando um novo equilíbrio dos poderes públicos e o fortalecimento da coesão de um conselho de ministros concebido como uma verdadeira equipe governamental. Os diversos meios "revisionistas" apelam assim para reformas mais pontuais relativas aos procedimentos parlamentares. Distante da "parlamentarite" denunciada por Charles Benoist,[6] começa então a se procurar o caminho do que se chamará um pouco mais tarde de um "parlamentarismo racionalizado". A escolha de formas de escrutínio e a questão da representação dos interesses são igualmente discutidas com frequência.[7] Em contraste, a busca por uma soberania do povo mais ativa parece uma questão secundária. Muitas vozes apelam ao redor de Tardieu para a instauração de um referendo consultivo e Millerand conclama para a instauração de um procedimento de iniciativa popular, enquanto Joseph Barthélemy sublinha que "o referendo é o único remédio para a onipotência parlamentar. Ele não destrói o parlamento, ele o contém".[8]

---

4 Ver principalmente os argumentos de Joseph BARTHÉLEMY, «La crise de la démocratie représentative», *Revue du droit public*, t. 45, 1928, e *La Crise de la démocratie contemporaine*, Paris, 1931, assim como a síntese de Laurence LOWELL, «La crise des gouvernements représentatifs et parlementaires dans les démocraties modernes», *Revue du droit public*, t. 45, 1928. Ver também as numerosas referências dadas por Robert Gooch, "The Antiparliamentary Movement in France", *American Political Science Review*, vol. XXI, outubro de 1927.

5 Esta última expressão é de Alexandre Marc, um dos animadores da Ordre nouveau, citada por Jean-Louis LOUBET DEL BAYLE, *Les Non-conformistes des années 30, une tentative de renouvellement de la pensée politique française*, Paris, 1969, p. 212.

6 Charles Benoist, "Les maladies de la démocratie. La parlamentarite" *Revue des Deux Mondes*, 15 de abril de 1925.

7 Para uma síntese desses diferentes projetos, cf. Nicolas ROUSSELIER, "La contestation du modèle républican dans les années 1930: la réforme de l'État", in Serge BERNSTEIN e Odile RUDELLE, *Le Modèle républicain*, Paris, P.U.F, 1922."

8 *Traité élémentaire de droit constitutionnel*, p. cit., p. 135.

Contudo, não é em torno dessa questão que se constroem as questões e que se organizam os debates mais vivos. Se a S.F.I.O. defende sempre o referendo em seus programas, eles não colocam a proposição no centro de seu projeto. Léon Blum incita seu partido a "familiarizar a opinião popular com o sistema e com a prática do referendo", sublinhando que "não confundimos o parlamentarismo com a democracia política",[9] mas as suas preocupações estão em outro lugar.

Impõe-se assim a um número crescente de espíritos a ideia de que o futuro da democracia não se joga apenas sobre o terreno constitucional. É igualmente a uma *sociedade* mais democrática que se aspira. É testemunho disso a ascensão dos temas do controle operário e da democracia industrial que evocamos anteriormente. De fato, é largamente em torno da redefinição das condições de gestão da vida econômica que se procura, nesses anos, o sentido de um aprofundamento democrático. Múltiplas reformas, aliás, deram simultaneamente crédito e consistência a essa perspectiva de uma democratização da empresa. Em junho de 1936, os acordos Matignon entre o patronato e os sindicatos conduzem assim o legislador a instituir em todas as empresas delegados operários eleitos pelos assalariados, a fim de representar esses últimos junto à direção em caso de reclamações individuais. A adoção paralela de um procedimento de extensão das convenções coletivas conduziu a enquadrar o poder patronal na regulamentação do contrato de trabalho.[10] Contrariamente a outras visões reformadoras, a C.G.T. não apela, então, à constituição de uma segunda câmara representando os interesses econômicos e sociais para aperfeiçoar o funcionamento da democracia[11]. Mas ela pretende continuar, no entanto, a lutar pela extensão da democracia econômica *nas empresas*, graças, especialmente, ao reconhecimento da competência crescente da organização sindical na determinação e no controle do contrato de trabalho. Outras medidas virão em seguida consolidar e estender esse primeiro passo. As grandes leis de 1928 e 1930 sobre os seguros sociais contribuem por sua vez para começar a dar corpo a uma forma de cidadania social, que amplia o horizonte das precedentes reivindicações mais estreitamente políticas.

---

9 Un programme constitutionnel», *Le Populaire*, 22 de novembro de 1927, retomado em *L'Oeuvre de Léon Blum*, Paris, Albin Michel, 1972, t. III, vol. 2, p.14.

10 Leis de 24 de junho de 1936.

11 "A representação do sufrágio universal direto deve permanecer soberana para as atribuições essenciais do Estado", sublinha inequivocamente o *Plano* adotado pela C.G.T. em 1935. Cf. Raymond VEILLARD, *Le Plan de la C.G.T.*, Annecy, 1938.

O período verá, além disso, expandirem-se as formas de expressão social, tanto com a banalização das manifestações quanto com os primeiros desenvolvimentos de sondagens. Fato significativo: o regime legal das manifestações se modifica em 1935 e aquilo que era apenas tolerado cede em parte lugar a um quadro organizado.[12] A manifestação permanece sempre uma expressão política que conserva um caráter irredutivelmente marginal, refratária a um enquadramento formal. Ela reside na fronteira da institucionalização do político e não pode ser objeto de uma liberdade pública ordinária.[13] É, com efeito, uma forma política instável e móvel por excelência, continuamente sujeita a mudar de estado, deixando sempre subsistir uma lacuna em sua própria definição. A manifestação explora sempre em seus limites e em suas margens o exercício da soberania. Contudo, algo mudou quanto a ela nos anos 1930, com o surgimento de uma "nova cultura de manifestação".[14] A manifestação tornou-se então uma expressão formatada de uma das figuras limites da soberania do povo. Longe de corresponder a uma forma arcaica do político e de ser somente a consequência de suas disfunções, a manifestação é por isso mesmo eminentemente "moderna". Ela pertence a uma época inquieta e desenvolvida da cidadania. Ela acompanha e segue o sufrágio universal ao mesmo tempo em que o precede. Mesmo tendo encontrado seus participante mais facilmentesà margem das opiniões dominantes, ela banalizou-se e universalizou-se a partir dessa época, abarcando toda a sociedade. Os patrões, os habitantes de bairros nobres e mesmo os políticos doravante também se exprimem na rua. A manifestação cessou claramente de pertencer aos excluídos da terra para caracterizar uma modalidade geral do laço social. Seria preciso certamente trazer nuances a esse julgamento, mesmo que seja apenas para distinguir as etapas decisivas de uma evolução. Mas a constatação geral não se modificaria.

Paralelamente, a aparição das pesquisas de opinião irá prolongar essa extensão das modalidades não institucionais da expressão social. É com elas que a noção de

---

12 O decreto de 23 de outubro de 1935 tenta primeiro distinguir e caracterizar a passeata e a manifestação. Mas ele não define ainda um "direito" de manifestação. Contenta-se em enquadrar as práticas prevendo um procedimento de declaração e de autorização, precisando *negativamente* a natureza e o escopo dos poderes restritivos da polícia sobre o tema.

13 Pode-se contudo observar que o primeiro projeto de constituição de abril de 1946 havia tratado do "direito de desfilar livremente sobre a via pública" (projeto totalmente adiado pelo referendo de maio de 1946).

14 A expressão é de D. TARTAKOWSKY a proposito da virada de 1934-1935 (*Les Manifestations de rue en France*, op. cit., p 801).

opinião pública se tornará completamente um instrumento no campo político. As etapas dessa revolução indissociavelmente técnica e política foram suficientemente bem analisadas alhures para que não seja preciso retomá-las aqui.[15] Salvo, talvez, para sublinhar que se sua dimensão democrática era então fortemente percebida por alguns (a C.G.T., para nos determos em apenas um exemplo, se regozijou no período do entre guerras com sua chegada),[16] ela conheceu na França um desenvolvimento mais limitado do que nos Estados Unidos.[17] O efeito de um Stoetzel não pode se comparar à revolução política engendrada no outro lado do Atlântico por Gallup a partir de 1935. Essas sondagens apresentam certamente, como as manifestações, a característica de constituir uma forma móvel de expressão da soberania, escapando sempre a uma objetividade que poderia pretender esgotar seu programa e cumprir sua ambição. Para além dessas dificuldades, incertezas e limites, o caminho para uma democracia mais informal estava, portanto, aberto com elas. Entre a sábia expressão das urnas e os clamores incontroláveis da rua, entra em cena uma "terceira via" da expressão social. Hesitante e instável, apoiada numa legitimidade precária, incerta mesmo de sua consistência real, mas que, no entanto, tornou-se, lentamente aos olhos de todos, uma espécie de guardiã atenta da soberania. Uma forma de "manifestação permanente" do povo se instituiu assim pacificamente, permitindo uma intervenção efetivamente mais forte da população na vida pública.

O surgimento de uma nova economia do político que resulta dessas evoluções e dessas diversas mudanças de perspectiva aparece plenamente compreensível no momento do Front popular. Pode-se ver com clareza então que a presença de partidos fortemente constituídos modificou os termos do problema da representação. Mesmo sem se referir à famosa pretensão dos comunistas de se erigir em um verdadeiro "ministério das massas", é patente que o campo do político se alargou e se pluralizou.

---

15 Ver especialmente a obra sólida e documentada de Loïc BLONDIAUX, *La Fabrique de l'opinion. Une histoire sociale des sondages*, Paris, Éd. du Seuil, 1998. Consultar igualmente Joëlle ZASK, *L'Opinion publique et son double*, livre I, *L'Opinion sondée*, livre II, *John Dewey, philosophe du public*, Paris, L'Harmattan, 1999.

16 *Le Peuple*, orgão da C.G.T., nota em 1939 a este propósito que "um instrumento novo é assim fornecido à democracia" e conclama o governo a levá-lo em conta (citado por D. REYNIÉ, *le Triomphe de l'opinion publique*, op. cit., p. 345).

17 Foi preciso de fato esperar a V^a República para que a France aderisse realmente às sondagens de opinião, tendo a entrada na era das opiniões coincidido então com o declínio da doutrina anterior da soberania parlamentar. Cf. L. BLONDIAUX, "Le règne de l'opinion. Chronique d'une prise de pouvoir", *Le Débat*, janeiro-fevereiro de 1996 (ver também no mesmo número as entrevistas com Roland Sadoun e Pierre Weill).

A multiplicação de imponentes manifestações durante esse período reforçou ainda mais esse sentimento.[18] De maio a julho de 1936, a presença repetida de massas compactas sobre as calçadas parisienses dá a muitos a impressão de que a população é diretamente parte interessada na ação do novo poder. Concomitantemente, a multiplicação das greves acentua a ideia de uma influência mais direta da base sobre o curso dos acontecimentos. Passeatas de grevistas e reuniões populares constituem verdadeiras "festas da soberania".[19] A ocorrência de uma alternância política da amplitude da que teve lugar em maio de 1936 contribuiu poderosamente por toda parte para modificar a percepção de um sistema político doravante unido. A instauração de um programa de reformas, concedido ao mesmo tempo que arrancado à força pela greve, conduziu, por sua parte, à adoção de uma abordagem mais instrumental das instituições. Frequentemente, vemos nesse momento a vitória de um campo ser assimilada a um tipo de revanche sobre os fardos da história, que suprime de um só golpe as antigas resistências diante de um poder mais ativo do povo, fazendo quase com que se sobreponham, em algumas mentes, as lembranças das audácias da Communa de 1871 à visão do funcionamento possível dos órgãos regulares da Republica.[20] A alternância é, dessa forma, percebida como equivalente a uma revisão institucional. É, aliás, significativo que o programa do Front popular, fortemente focado sobre os problemas econômicos e sociais, não tenha dedicado nenhuma linha às questões constitucionais.

Contudo, não são somente esses entusiasmos passageiros e essas mudanças mais profundas da economia global do político que conduziram à estabilização de uma democracia média na França. A existência de uma particularidade francesa exerceu igualmente seu papel: o fato de que essa democracia se afirmou num contexto mais geral de um monismo republicano fortemente pintado com tintas iliberais. O velho fundo iliberal da cultura política revolucionária está ainda presente no período do entre guerras. Ele atravessou sem dificuldades o século XIX, marcando em graus diversos os

---

18 No dia 24 de maio de 1936, 600 mil manifestantes desfilaram diante do muro dos Federados, enquanto o desfile de 14 de julho reuniu 1 milhão de pessoas. Cf. D. TARTAKOWSKY, «Manifestations, fêtes et rassemblements à Paris, junho de 1936 - novembro de 1938», *Vingtième siècle*, julho-setembro 1990.

19 Cf. a propósito deste período, o capítulo «La manifestation comme fête de la souveraineté» na obra de D. TARTAKOWSKY, *Les Manifestations de rue en France*, 1918 - 1968, op. cit.

20 Jamais na França, escrevia então Léon Blum, pudemos separar impunemente essas duas forças vivas: a idéia republicana e a paixão revolucionária do povo" ("IL sont morts pour la République", *Le Populaire*, 24 de maio de 1936).

diferentes regimes. Algumas continuidades constitucionais de importância estavam lá para lembrá-lo: denegação da representatividade dos corpos intermediários, abandono prático do direito de dissolução, desconfiança reiterada de qualquer forma de controle de constitucionalidade. Não se pode somente apreciar o caso francês numa escala linear que iria do puro governo representativo até a democracia direta, tendo a confiscação do poder constituinte pelo Parlamento e a rejeição do referendo sublinhado esse ponto de "atraso francês". A variável do iliberalismo também contribuiu de forma essencial para o equilíbrio do modelo político francês. De certa forma, ela permitiu à cultura política republicana jogar em dois campos. Essa cultura tranquilizava a direita por sua moderação democrática, ao mesmo tempo em que permanecia em conivência com a esquerda por seu iliberalismo. A duração da III Republica não é alheia a essa aliança política tão particular.

Mas é preciso ainda insistir sobre um último fator para compreender o advento de uma democracia média na França: o peso do ambiente internacional. Ao fim da guerra, a vitória foi creditada ao que parecia ser indissociavelmente um modelo político e um tipo de civilização. Os diferentes ciclos políticos dos países ocidentais se encontraram de um só golpe sincronizados após 1918. Um tipo *comparável* de democracia parecia perto de se afirmar mundo afora. Nesse momento vemos por toda parte se impor a expressão "democracia internacional".[21] Num primeiro momento, a França se apoia nessa referência positiva a uma "democracia vitoriosa" para encontrar seu centro de gravidade. Mas o cenário internacional oferece rapidamente um panorama menos seguro a partir da ascensão ao poder dos regimes totalitários. Será então de forma negativa, como antítese desses regimes, como uma espécie de democracia talvez modesta, mas felizmente tranquilizadora, que se reforçará a posição dessa democracia média.

Os abismos do século XX

Uma democracia média passa a existir de maneira incerta no início dos anos 1920. Mas esse avanço modesto é rapidamente confrontado com a tormenta. Não se tratou de uma história pacifica, banalmente atravessada pelas tensões normais do mundo social, regida por ciclos comuns de esperanças e decepções, simplesmente alternando, sem risco, os avanços e as interrupções ao sabor das audácias e prudências.

---

21 Viviani nota, por exemplo, a propósito do tratado de Versalhes, que se trata do "primeiro tratado que se apresenta sob a égide da democracia internacional" (discurso citado em 16 de setembro de 1919, p. 3924).

Com efeito, o século XX viu cavarem-se novos e aterrorizantes precipícios, interrompendo o hesitante caminho da soberania do povo: o comunismo leninista-stalinista e o nacional-socialismo. Se o universo político francês do século XIX criou as quatro grandes figuras que desenhariam os limites inquietantes da experiência democrática, essas ameaças crescentes surgiram logo no início do século XX, influenciando diretamente a experiência francesa, tanto pelos ecos e apoios que foram capazes de reunir quanto pelo fato da universalização da história política. Assim, é importante relembrar suas características, mesmo que brevemente, sob o olhar da questão histórica da democracia.

Ambos ancorados numa crítica incessante da "democracia burguesa" e do sistema representativo saído do século XIX, o leninismo-stalinismo e o nazismo tentaram concluir e superar o ideal democrático ao recusar todas as suas aproximações anteriores. Mas teriam essas duas faces da experiência totalitária moderna inventado alguma coisa radicalmente nova? É evidentemente indiscutível do ponto de vista de suas práticas, pois, de maneiras distintas, essas duas patologias da política moderna deram origem a um desencadeamento anteriormente desconhecido da *hubris* do poder. Mas, no fundo, essas duas visões não surgiram do nada. Podemos descrevê-las e compreendê-las como iniciativas que radicalizaram ao extremo as características mais salientes dos limites precedentes da democracia. Assim, o nacional-socialismo absolutizou o princípio de encarnação já presente no cesarismo, forçando a perspectiva de uma fusão entre representantes e representados a seus limites extremos: a defesa de uma identidade racial excludente. Inscrito em sua origem numa cultura política de insurreição, o leninismo-stalinismo, por sua vez, endureceu ao extremo a visão essencialista do político. Sem retraçar aqui a história complexa dessas duas figuras extremas da inversão da emancipação moderna, e sem nem mesmo pretender esboçar suas características mais marcantes, é importante, contudo, sublinhar brevemente o laço que une de maneira tão grave as patologias do século XX àquelas do século XIX.

A visão essencialista da representação se impõe no século XIX como uma crítica radical do universo pluralista-democrático. Mas ela serve, sobretudo no início, para pautar o processo político em nome do social. De Proudhon ao sindicalismo revolucionário, uma mesma crítica se desenvolveu para denunciar o caráter mutilador do sufrágio universal, que coroava os indivíduos abstratos em detrimento da expressão dos grupos sociais concretos. Os primeiros sindicalistas quiseram substituir a atomização dos indivíduos-eleitores, simples compostos numéricos de uma suposta vontade geral, por uma coesão real, enraizada na organização econômica, da profissão. Daí sua denuncia virulenta do "democratismo" em nome de uma concepção mais exigente de solidariedade no seio dos grupos profissionais. Longe de ser concebida como uma delegação, problemática por natureza, a representação somente tinha sentido a seus olhos como uma espécie de relação de identificação. Para eles, a representatividade derivava de um pressuposto sociológico – a homogeneidade do grupo de produção – e não de uma aritmética ligada a um sufrágio qualquer; ela era um dado social e não uma construção política[22]. Contudo, essa distinção não tinha por objetivo repensar a democracia. Ela tinha mais diretamente por objeto manifestar a especificidade social do sindicalismo, tanto em sua cultura quanto em suas formas de organização, sublinhando sua distância dos princípios que regiam a ordem política. O leninismo-stalinismo no século XX buscará, ao contrário, inserir essa cultura social numa concepção diretamente política e instrumentalizá-la a serviço da criação de um partido totalizante.

Com efeito, a visão comunista se inscreve bem nessa perspectiva essencialista. Mas ela opõe nessas bases duas formas de democracia: a burguesa e a proletária, ou ainda a formal e a real.[23] Nos anos 1920 a denúncia da "democracia formal" está no centro da retórica do novo partido que nasce em Tours, assim como esteve antes no partido de Lênin. A rejeição das "instituições burguesas" e do "fetichismo democrático" tem um duplo sentido. Ela conduz a principio a relativizar a importância da luta eleitoral. As condições de participação na competição eleitoral e nas instituições parlamentares são julgadas de forma puramente tática, em função dos interesses do momento e das exigências da propaganda do partido. Mesmo se a participação de deputados comunistas na vida parlamentar pode ser justificada, ela não constitui um objetivo em si-mesma. Trata-se, em todo caso, de não entregar-se à "superstição parlamentar", ou seja, à "crença inocente na conquista legal e pacifica do poder".[24] A perspectiva revolucionária permanece como o horizonte regulador de toda ação política. A Internacional comunista defendeu constantemente esse ponto de vista, considerando que a ação eleitoral só tinha sentido se relacionada com a luta das massas, não sendo a tribuna do "Parlamento burguês" digna de atenção para o

---

22 Para desenvolvimentos mais amplos, ver o capítulo VI, "l'avènement du syndicalisme", in Le Peuple introuvable, op. cit., assim como minha obra La Question syndicale, nouv. éd., Paris, Pluriel, 1999.
23 A distinção entre formal/real pertence ao vocabulário de Marx. Mas sem ser aplicada diretamente por ele à questão da democracia.
24 Cf. «Élections et élection», Bulletin communiste, 24 de fevereiro de 1921, p. 113.

partido senão como "um ponto de apoio secundário de sua ação revolucionária".[25] A denúncia do fetichismo democrático não se limita, contudo, a esse tipo de consideração tática. Se o fizesse, não traria nada de original, já que a estigmatização do eleitoralismo sempre foi uma constante do movimento socialista do século XIX.[26] Ela tem um escopo filosófico mais profundo.

O sufrágio universal é criticado como uma mistificação estrutural, pois dissimula as visões sociais de classe por trás da igualdade aparente das cédulas de voto. A "vontade geral" que pretende libertar não possui então nenhuma consistência, não é, de fato, senão a fachada mentirosa da dominação da burguesia. A realidade da democracia deve então se medir segundo a "natureza de classe" do poder e não em função de sua conformidade a critérios procedurais. Só pode ser qualificado de democrático um sistema político que satisfaça os interesses da imensa maioria, ou seja, da classe trabalhadora. A democracia, em outros termos, é um conceito social antes de ser um conceito constitucional. Impossível, então, utilizar a mesma palavra para designar duas ordens de realidade tão diferentes: não existe "democracia em geral"; não existe "democracia pura".[27] Os comunistas franceses opõem por um momento, nesse espírito, os termos *sovietismo* e democracia, para sublinhar a impossibilidade de falar dessa questão no singular,[28] antes de retornar às distinções clássicas de burguês/proletário, formal/real. A principal consequência dessa definição é, como já sabemos, levar a considerar, segundo uma célebre formula, que a ditadura do proletariado é "um milhão de vezes mais democrática do que qualquer democracia burguesa",[29] na medida em que ela representa e defende os interesses do povo. A apologia do novo sistema constituído em 1917 encontra nesse argumento sua justificação. "Somente o

---

25 Cf. a importante resolução "Le parti communiste et le parlementarisme", adotada no II° congresso da Internacional communista (julho de 1920). Reproduzida em *Manifestes, thèses et résolutions des quatre premiers Congrès de l'Internationale communiste*, Paris, 1934, p. 66-69. Os artigos sobre a questão são numerosos em 1920 no *Bulletin communiste*.

26 Sobre esse ponto ver o artigo bem informado de Pierre BIRNBAUM, «La question des élections dans la pensée socialiste», in *Critique des pratiques politiques*, Paris, 1978.

27 Abundam os textos que ressaltam esta concepção. Para uma apresentação sintética, ver as *Thèses sur la bourgeoisie et la dictature prolétarienne* que Lenin apresenta ao I° congresso da Internacional (cf. *Manifestes, thèses et résolutions...*, op. cit., p. 6-10); as fórmulas citadas são tomadas dele.

28 Cf. Marcel CACHIN, «Démocratie et soviétisme», *L'Humanité*, 17 de agosto de 1920.

29 A fórmula é empregada no célebre capítulo «Démocratie bourgeoise et démocratie prolétarienne» da brochura *La Révolution prolétarienne et le renégat Kautsky*, Moscou, 1918, in V. Lénine, *Oeuvres*, Moscou, t. XXVIII, 1961, p. 257.

aparato soviético não é uma ficção demagógica do governo pelo povo", respondem a seus detratores os comunistas franceses.[30] A visão comunista de democracia radicaliza, por conseguinte, a percepção essencialista do político.

Há um pressuposto sociológico duplo nessa concepção. O primeiro é que a classe trabalhadora e seus aliados, que formam o povo, constituem uma "maioria esmagadora", enquanto a burguesia é composta apenas de uma pequena camada de exploradores; esses últimos só conseguem manter sua dominação antinatural pela força e pelos artifícios de uma ficção política que dissimula as oposições sociais de interesses por trás do pressuposto de uma comunidade política consistente por si mesma. O segundo pressuposto é que o povo é essencialmente unido, formando um grupo *homogêneo*. A coerência do povo é, na verdade, o que dá sustentação à evidência de seus interesses e de sua vontade. A vontade geral não resulta então de uma aritmética das preferências e das opiniões individuais, pretensamente expressas de modo livre no processo eleitoral. Ela é a vontade de uma comunidade unida e coerente. Nas antípodas da visão liberal clássica, que concebia a sociedade como um entrelaçado complexo de posições e interesses igualmente legítimos, a perspectiva comunista parte de uma percepção comunitarista do social.[31] Um teórico marxista do inicio do século XX irá escrever nesse sentido que "no sentido rigoroso do termo, não existe em verdade um povo num Estado capitalista".[32] Daí a justificativa de um partido único que é a "forma" de uma classe objetivamente homogênea,[33] bem como a tentação permanente dos regimes comunistas a colocar em cena a unanimidade social na apresentação dos resultados eleitorais como uma manifestação de uma sociedade sem divisões.[34]

O pressuposto de homogeneidade tem duas consequências. Ele leva primeiro a simplificar a questão da vontade geral e a transformar os termos do problema da

---

30 Victor CAT, *Le Bloc ouvrier-paysan*, Paris, 1925, p. 22.
31 O ponto foi justamente sublinhado por Louis DUMONT em seu *Essais sur l'individualisme*, Paris, Ed. du Seuil, 1983.
32 Max ADLER, *Démocratie et conseils ouvriers* (1919), nouv. éd., Paris, 1967, p. 54. Ele sublinha: "A democracia em um Estado capitalista é desprovida da condição fundamental sem a qual a autodeterminação dos povos é impossível: *um povo homogêneo*" (ibid., sublinhado por ele).
33 Ver, sobre esse ponto, os argumentos clássicos de Kostas PAPAIOANNOU, *De Marx et du marxisme*, Paris, Gallimard, 1983, e de Claude LEFORT, *Éléments d'une critique de la bureaucratie*, Genève, Droz, 1971.
34 Cf. Guy HERMET, Alain ROUQUIÉ, Juan LINZ, *Des élections pas comme les autres*, Paris, Presses de la F.N.S.P., 1978, assim como George Barr CARSON Jr., *Electoral practices in the USSR*, New York, 1955.

representação. Não há mais, com efeito, diferença entre representação e conhecimento social, na medida em que o povo é um só: as posições dos sujeitos correspondem completamente, nesse caso, à objetividade das situações. Assim, o partido e a classe se confundem sem dificuldades. O princípio de homogeneidade também conduz a uma certa indiferença com relação às formas políticas. Considerando que a democracia é a expressão de um interesse social *já dado*, não existe mais outra distinção que não seja puramente formal entre a democracia direta e o governo representativo. O representante é um puro ícone da classe, saído de um partido que é ele mesmo simples forma dessa mesma classe. A junção dessas equivalências permite no fim das contas ao tipo que Soljenistsyn chamou de *egocrata* dizer com segurança que "a sociedade sou eu".[35] Encontram-se de tal forma *simultaneamente resolvidos* os dois problemas da figuração democrática e dos modos de expressão adequados da soberania do povo. Pois o problema da figuração do social não apresenta qualquer dificuldade quando a sociedade não apresenta mais diferenças a serem identificadas para que possam ser traduzidas. O povo, por sua vez, reina sem contestação como uma massa que se supõe diretamente ativa, através tanto de seus representantes quanto das várias organizações que a incorporam; supõe-se que o representado vive plenamente no representante. A democracia "real" pode, em consequência, pretender realizar a democracia formal e transcender sua distinção inicial.

Para ilustrar essa realização, os comunistas se apresentam de bom grado como a força política que conseguiu concretizar o projeto de uma democracia mandatária e a busca de uma coincidência estrita entre representantes e representados. O princípio da revogabilidade do eleito é supostamente posto em prática pelo partido, e é inclusive organizado e garantido constitucionalmente na U.R.S.S. pela Constituição stalinista de 1936.[36] O partido se encarrega de demonstrar a correspondência sociológica perfeita entre seus candidatos e a população.[37] A União Soviética é apresentada

---

35 Ver sobre esse ponto Claude LEFORT, *Un homme en trop. Réfléxions sur «L'Archipel du Goulag»*, Paris, Éd. du Seuil, 1976.

36 O artigo 142 da Constituição soviética de 1936 estipula: "Cada deputado deve prestar contas aos eleitores de seu trabalho assim como do trabalho do Soviet dos deputados dos trabalhadores; ele pode ser chamado a todo momento por decisão da maioria dos eleitores segundo o procedimento estabelecido pela lei." No mesmo espírito, o P.C.F. defenderá, em 1944, a criação de procedimentos constitucionais de revocabilidade de deputados (cf. Georges COGNIOT, "Comment démocratiser la constitution de la France", *La Pensée*, nº1, outubro-dezembro de 1944, p. 122-123).

37 Cf., por exemplo, Marcel CACHIN, "Candidats de classe", *L'Humanité*, 5 de abril de 1932. Ver também os longos argumentos sobre esse ponto de André RIBARD, *Le Peuple au pouvoir*, Paris, 1936 (uma das melhores sínteses sobre a visão comunista da democracia).

principalmente como tendo edificado um sistema que oferece um conteúdo concreto aos direitos e às liberdades, pois os trabalhadores dispõem de órgãos de imprensa, de salas de reunião e de outras facilidades materiais que lhes permitem ser verdadeiros atores da vida política. Mas ela é também colocada em destaque como o país que pratica os princípios, violados em outros lugares, de um autêntico governo representativo. Lá a escolha dos candidatos pode ser uma estrita "seleção dos melhores", pois todas as perturbações e manipulações sociais ou pessoais do laço representativo estão supostamente descartadas.[38] Os procedimentos representativos foram de tal forma aperfeiçoados que não há mais diferença substancial entre governo direto e sistema representativo, sustentam os bajuladores do sistema. Eles insistem no grande número de sovietes, no crescimento das comissões, na multiplicação das reuniões, na grande dimensão das assembleias representativas. As obras de propaganda em favor do regime acumulam orgulhosamente dados quantitativos sobre esses pontos. Algumas delas apontam para a existência de 50 mil sovietes, dois milhões de pessoas eleitas deputadas em sovietes de todos os níveis, 300 mil comissões que funcionaram em um ano, centenas de milhares de relatórios, de proposições, de reuniões organizadas, etc.; para deduzir triunfalmente que "82 milhões de pessoas participaram do programa do P.C.U.S.!".[39] A quantidade é então supostamente transformada em qualidade, até o ponto em que democracia direta e o governo representativo terminam por se sobrepor na prática. Marcel Cachin chegará mesmo a estimar, em uma fórmula extraordinária, que se trata da "única forma conhecida de representação direta do proletariado em seu conjunto".[40]

O fetichismo das formas e a pretensão de superá-las caminham juntos nesse caso, resolvendo assim todas as aporias constituintes do governo democrático. A sedução intelectual que esse modelo exerceu provém da extraordinária capacidade da retórica comunista de misturar água e fogo, a pretensão da realização da democracia representativa e sua negação radical. Nela podem se unir um hiperformalismo e um culto de uma democracia considerada mais "real". A visão comunista do político

---

38 Ver a exposição arquetípica de Jean BRUHAT, «Élections et démocratie en U.R.S.S», *Démocratie nouvelle*, nº3, 1947.

39 Cf. M. KROUTOGOLOV, «La participation du peuple soviétique à l'administration de l'État», in *Recueils de la Société Jean Bodin*, série *Gouvernés et gouvernants*, Bruxelas, 1965, t. XXVII, p. 333. Ver do mesmo autor e com a mesma verve, *Qu'est-ce que la démocratie soviétique?*, Moscou, 1978. Ver também Jean-Guy COLLIGNON, *La Théorie de l'État du peuple tout entier en Union soviétique*, Paris, P.U.F., 1967.

40 M. CACHIN, «Démocratie et soviétisme», art. citado.

oferece, de alguma forma, a perspectiva de uma verdadeira redenção salvadora das formas da democracia. No fim do caminho, é a dissolução da democracia que se confunde com sua realização. Lênin consagrou a esse tema algumas célebres páginas em *O Estado e a Revolução*, retomando de Marx a fórmula do "enfraquecimento da democracia".[41] A utopia de uma sociedade autorregulada na qual nenhum poder poderá constranger os homens[42] convive sem dificuldades com a existência de fato de uma sociedade absorvida pelo Estado, que não é compreendido senão como um instrumento puramente passivo dela. A negação da democracia e a pretensão de realizá-la podem se reunir de forma perturbadora, numa torsão perversa de palavras e de coisas. "A ditadura é a democracia", pode dizer, *in fine*, o mestre das palavras aos homens que aceitam que suas propaladas boas intenções autorizem-no a governar duramente suas imaginações e inteligências.

O nazismo também pretende oferecer uma resposta às aporias constitutivas do regime político moderno. Ele não é intelectualmente compreensível, assim como o comunismo, se não for remetido à história crítica do parlamentarismo e da democracia liberal que se desenvolve a partir do fim do século XIX.[43] A obra de Carl Schmitt oferece um observatório cômodo da gênese conceitual dessa segunda patologia da democracia.[44] A evolução de seu pensamento desde os anos 1920 até os anos 1930 mostra muito bem como se operou a passagem de uma reflexão interrogativa e suspeitosa sobre as transformações da democracia para um apelo à sua superação numa perspectiva perigosamente essencialista.

Em uma de suas primeiras obras, *A crise da Democracia Parlamentar*, publicada em 1923,[45] o grande jurista inaugura sua reflexão julgando o parlamentarismo. Não

---

41 "Em uma sociedade comunista, nota Lenin, a democracia começará a se extinguir pois, livres da escravidão capitalista, dos horrores, das selvagerias, dos absurdos, das ignomínias sem nome da exploração capitalista, os homens se habituarão gradualmente a respeitar as regras elementares da vida em sociedade conhecidas desde séculos, a respeitar sem violência, sem limites, sem submissão, sem aparelho especial de coerção que atende pelo nome de Estado" (*L'État et la révolution* [1917], nouv. éd. 1964, p. 102).

42 O leninismo-stalinismo retoma assim também as ideologias do governo simples do século XIX. Cf. a referência célebre de Lênin à capacidade da cozinheira para governar, que radicaliza esse tema.

43 Mesmo se essa dimensão "política" evidentemente não esgota o seu sentido e nem caracteriza de forma suficiente suas instituições.

44 Sem que precisemos para isso reduzir o pensamento do grande jurista a uma simples apologética do nazismo. Ver, sobre esta questão complexa, o argumento preciso de Olivier BEAUD, *Les Derniers jours de Weimar. Carl Schmitt face à l'avènement du nazisme*, Paris, Descartes et cie, 1997.

45 Carl SCHMITT, *Parlamentarisme et démocratie*, Paris, Éd du Seuil, 1988 (com um prefácio de Pasquale Pasquino).

havia então nada de original, como vimos, em meio às numerosas obras, tanto à direita quanto à esquerda, que multiplicavam as críticas contra um tipo de regime acusado de muitos males, tanto em seus princípios organizadores, considerados cegamente formalistas, quanto em seus modos de funcionamento, considerados muito abertos a distúrbios. Mas sua análise contrasta com os anátemas habituais. Se ele lamenta sem surpreender, como tantos outros, o caráter abstrato e redutor do exercício de um sufrágio universal que privatiza e individualiza a vida política, ele não se detém nesse ponto. O interesse de seu pensamento é construir metodicamente uma oposição entre democracia e parlamentarismo. A primeira é definida como a busca por um principio de identidade entre governados e governantes, enquanto o segundo é regido por um procedimento de autorização que tem como objetivo tornar possível uma discussão aberta entre representantes independentes. Enquanto a democracia se esforça por fazer viver o povo como poder e unidade, o universo liberal se satisfaz com uma soberania fragmentária e limitada. A realização da democracia supõe então para Carl Schmitt o rompimento com o universo liberal.[46] Essa distinção dos dois princípios de identidade (como qualidade social) e de representação (como procedimento) é sistematizada alguns anos mais tarde em sua monumental *Teoria da Constituição*,[47] onde examina as condições nas quais eles podem se unir no Estado moderno. Isso só é possível, aos seus olhos, sob a condição de considerar a representação como o processo pelo qual a unidade política se encarna na figura do Estado. Assim, a representação "democrática" consiste essencialmente em um trabalho de encarnação, enquanto a representação liberal tem por objetivo simplesmente legitimar uma delegação. Ao universo fragmentário e dividido com o qual se satisfaz e se alimenta a visão liberal do mundo, ele opõe a perspectiva de um mundo homogêneo. "A igualdade democrática, escreve ele, é essencialmente *homogênea*, a homogeneidade de um povo".[48] O liberalismo santifica num mesmo movimento um indivíduo separado e uma humanidade diversificada, quando se trata para Carl Schmitt de considerar o povo, em sua unidade, como o único sujeito pertinente ao político.[49] À eleição que isola os indivíduos, ele opõe

---

46 Schmitt nota já nessa época que "o bolchevismo e o fascismo são certamente antiliberais, como toda ditadura, mas não necessariamente antidemocráticos" (*Parlamentarisme et démocratie, op. cit.*, p.115).

47 Carl SCHMITT, *Théorie de la constitution* (1928), Paris, P.U.F., 1993 (com um importante prefácio de Olivier Beaud).

48 *Ibid.*, p. 371. Sublinhada por ele.

49 "A noção essencial da democracia é o povo e não a humanidade. Se a democracia deve permanecer

então de maneira lógica a aclamação (da qual o plebiscito pode ser considerado uma forma moderna) que os reúne e os constitui em um coro comum.[50]

A visão nacional-socialista se insere nesse antiliberalismo. Mas ela não poderia ser, no entanto, confundida com ele, já que essa cultura se desenhou de modo profundamente distintos no inicio do século XX. O sindicalismo revolucionário, o tradicionalismo católico,[51] o positivismo tecnocrático e o corporativismo foram assim, ao lado do marxismo-leninismo, algumas das culturas política que se definiram contra o liberalismo e o parlamentarismo. A particularidade do nacional-socialismo será a de privilegiar a perspectiva de uma alternativa autoritária. A partir daí se conduz uma dupla radicalização, da qual Schmitt se torna o teórico em um texto de 1933, *Estado, movimento, povo*.[52] Ele absolutiza de inicio o principio de encarnação-representação, colocando na sua frente a noção de liderança (Führertum). Assim, o líder cumpre o princípio representativo-encarnativo, dando realização plena ao poder da coletividade; a soberania torna-se *através dele* imediatamente ativa.[53] A divergência com a visão liberal de um poder fraco é reivindicada com clareza. Paralelamente, o nacional-socialismo dá inicio ao requisito de uma homogeneidade e uma unidade a partir do critério da raça. "Sem o principio da identidade racial, nota abruptamente Schmitt, o Estado nacional-socialista não poderia existir, e não poderíamos pensar sua vida jurídica".[54] Espera-se que a raça, nesse caso, torne tudo mais simples . Ela é uma metáfora terrivelmente eficaz, pois presumidamente ancorada na natureza, da unidade social. Nela, presume-se exprimir com evidência a homogeneidade encontrada do povo. "O nacional-socialismo, argumenta ainda ele, não pensa nem por abstrações, nem por estereótipos. Ele protege e cuida de cada verdadeira substância do povo lá onde ele a encontra, no espaço natural, na

---

uma forma política, só existirão democracias de povos e nunca democracia da humanidade" (ibid).

50 Ele escreve: "O método do voto individual secreto não é democrático: é uma expressão do individualismo liberal [...]. Pois no limite a eleição e a votação por voto individual transformam o cidadão - a figura especificamente democrática, ou seja, política - em um homem privado que, vindo da esfera privada, exprime uma opinião privada" (*ibid*., p. 383).

51 É nesse sentido que Schmitt previu no início de sua vida intelectual a superação do liberalismo. Cf. son *Römischer Katholizismus und politische Form*, Stuttgart, 1923.

52 Carl SCHMITT, *État, mouvement, peuple. L'organisation triadique du pouvoir*, Paris, Kimé, 1997 (Tradução, introdução e comentário de Agnès Pilleul).

53 Falando da liderança, ele nota: "é um conceito de uma contemporaneidade imediata e de uma *presença real*" (*État, mouvement, peuple...*,op. cit., p. 58, sublinhado por ele).

54 *Ibid*., p. 59. "Somente a identidade racial pode impedir que o poder do Führer se torne arbitrário ou uma tirania", ele afirma (ibid).

raça ou no estado (Stand)".[55] Desse modo, o poder do todo e a fraqueza do indivíduo se sobrepõem sem tensão. Na interseção dessas duas radicalizações dos princípios de encarnação e de homogeneidade, o partido exerce um papel de articulação. Ele não é mais, nota Schmitt, "um 'partido' ultrapassado no sentido em que se entende o sistema pluralista de partidos". Ele é mais profundamente "o corpo da liderança encarregado do Estado e do povo".[56] Nele se unem perfeitamente o corpo do povo e a determinação do *Führer*. A vontade é assim plenamente encarnada: a ação do *Führer* mantém forte e vivo o poder primitivo do povo e constitui a memória ativa dessa vontade primordial.[57] Essa ação pretende assim realizar, de um modo bem particular, a promessa de um povo soberano.

O desenvolvimento dessas duas perversões concorrentes e paralelas da ideia democrática alterará completamente o curso do século XX. Primeiramente, justificando regimes cuja história se confunde largamente com um repertório de desgraças e horrores. Mas elas também instilaram no imaginário democrático um conjunto de imagens e de argumentos que continuarão a ter peso, mesmo que de forma muito diferente para o leninismo-stalinismo e para o nazismo, tendo sido a perversidade do último mais imediata e evidentemente apreensível nos anos 1930.

A democracia negativa

O advento do comunismo, do fascismo e do nazismo sobre os escombros da Grande Guerra abalou verdadeiramente os termos nos quais se colocava a questão de democracia, tanto na França quanto além. Os novos regimes e suas novas ideologias se constituíram como referências atrativas para uma parte daqueles que se revoltavam com a impotência do parlamentarismo ou que se impacientavam com as excessivas prudências da república; eles também, no caso do fascismo e do nazismo, permitiram dar um ar de radicalidade a um obscuro ódio à democracia. Essas atrações e tentações foram frequentemente descritas. Mas elas não devem ser superestimadas. O fato notável é que essas tempestades não fizeram vacilar as instituições da 3ª República. Enquanto vários países europeus sucumbiam às

---

55 *Ibid.*, p. 48. "O reconhecimento da diversidade de vida própria a cada um, persegue ele, conduzirá imediatamente a uma desastrosa visão pluralista do povo alemão [...]. Cada unidade política precisa de uma idéia unitária de forma que reúna em seu conjunto todos os domínios da vida pública. Mesmo nesse sentido, não existe Estado normal se não for total"(ibid).

56 Ibid., p. 33.

57 Lembramos que a cineasta Léni RIEFENSTAHL havia dado o título *Le Triomphe de la volonté* ao documentário que ela realizou em 1934 sobre o congresso do N.S.D.A.P. em Nuremberg.

promessas venenosas do totalitarismo, a França permaneceu, segundo a expressão de Thibaudet, "A única grande nação continental do velho mundo onde se mantiveram as condições de um liberalismo médio".[58] Mesmo sendo as leis da sorte impenetráveis e as fórmulas da alquimia política imprecisas, resta ainda tentar esclarecer a questão decisiva da persistência de uma *democracia média* na França do entre guerras. O fato paradoxal é que ela se instala efetivamente no período em que vemos em outros países prosperarem os extremos. Analisamos anteriormente a nova economia global do político que conduziu ao seu surgimento. Resta agora explicar sua resistência à ameaça totalitária.

A primeira explicação que se pode dar desse fenômeno é de ordem quase mecânica. Ela leva a considerar que a conservação dessa democracia média procede essencialmente de uma reação majoritária do corpo social aos perigos sentidos do comunismo e do fascismo. Sabemos muito bem que as patologias políticas do século XX constituíram-se ao mesmo tempo em tentações e em salvaguardas. As prudências e as reservas se postaram várias vezes com sucesso frente às impaciências e aos excessos. O resultado se deve a uma questão aritmética. Um dos elementos dessa questão reside na ausência de simetria no confronto entre o fascismo e o comunismo. Uma parte majoritária da opinião se mostrou na França *ao mesmo tempo* antifascista e anticomunista (incluindo a esquerda, o que foi decisivo); o que não foi o caso da Alemanha, onde o anticomunismo alimentou diretamente o fascismo. Várias impaciências e insatisfações latentes se calaram diante do fato totalitário. A aceitação de uma visão mais limitada do político sucedeu então à busca por uma soberania do povo mais efetiva. O mecanismo dessa reação não tinha então nada de novo. De Benjamin Constant aos liberais doutrinários da monarquia de Julho e aos pais fundadores da III República, já se havia manifestado um mesmo desejo de exorcizar o desencadeamento das paixões políticas ao celebrar as vantagens de uma política modesta e apaziguada. É no confronto com "desregramentos" entendidos como igualmente ameaçadores (O Terror, os motins no início dos anos 1830, a Comuna), que se perpetuou depois do período revolucionário uma verdadeira cultura da democracia moderada. Mas essas tentativas precedentes falharam uma após a outra, chocando-se contra o 18 de

---

58 Albert Thibaudet, Les Idées politiques de la France, Paris, 1932, p. 239. "A Ditadura, acrescentava ele, se tornou o estado normal da Europa e da Ásia; entramos nela ao sair da ponte de Kehl, permanecemos nela até o Pacífico" (ibid.). Sobre essa "exceção francesa" e o apelo a uma apreciação mais correta da ameaça fascista nos anos 30, ver os comentários de Jean-François SIRINELLI em sua síntese, "Aux marges de la démocratie. De l'agora à la place des pas perdus", in Marc SADOUN, *La Démocratie en France*, t. II, *Limites*, Paris, Gallimard, 2000.

Brumário, as jornadas de fevereiro de 1848 e as resistências mais difusas das forças políticas e sociais no fim do século XIX. No entanto, a experiência é transformada no período do entreguerras. A razão principal dessa transformação está ligada ao fato de que já não são mais prudências intelectuais ou preconceitos sociais os fundamentos da defesa de uma visão realista e algo desencantada da política nos anos 1930. A virada da democracia contra si própria não é mais evocada somente como uma possibilidade e uma ameaça, associadas a episódios históricos circunscritos: ela se tornou um *fato* massivo, inscrito em instituições poderosas e influentes. O consentimento a uma democracia moderada é também derivado de uma experiência direta do corpo social. Deixada por sua própria conta, a história das ideias poderia se perder sobre esse ponto, sempre interessada a princípio pelas doutrinas mais evidentes. Mas a descrição do período entreguerras, dominado pela erupção de regimes e de pensamentos totalitários, corresponde apenas a uma parte da realidade. A voz, certamente mais discreta e mais suave, das maiorias, deve ser ouvida para se compreender a história desse período.

Assim, a democracia média se impõe também no entreguerras como uma *democracia negativa*. O medo do totalitarismo levou à satisfação com uma democracia imperfeita, senão mesmo à celebração de suas virtudes. A forma como se tecem os laços entre historia social e historia filosófica não é mais a mesma que no século XIX: os medos sociais e os preconceitos ligavam-se completamente às questões de fundo, o que não é mais o caso hoje. A velha desconfiança contra o poder do número subsiste, mas ela está atenuada. A questão da democracia é melhor compreendida em sua dinâmica interna. Malgrado as ameaças e anátemas proferidos, é impossível convencer que o anticomunismo procede somente de um medo de classe. O combate sobre esse ponto foi decisivo, sabemos, já que a retórica leninista-stalinista via nele uma das chaves da justificação do sistema soviético. Mas é justamente essa redução de uma profunda divergência filosófica sobre a natureza da democracia a um simples conflito social que não se operou nessa época. As condições nas quais a S.F.I.O claramente e constantemente se opôs ao bolchevismo atestam amplamente esse fato. Diante de um Maurice Thorez que se queixava de que a França se tornava um "país infestado pela democracia",[59] Léon Blum sempre sublinhou com intensidade que o comunismo repousava sobre uma perversão dos

---

59 Citado por J.-Fr. SIRINELLI, "Aux marges de la démocratie", art. cité, p. 255.

princípios democráticos e que ele viria a criar simplesmente uma "ditadura sobre o proletariado".[60]

Por outro lado, a percepção sobre os termos da historia da democracia se modificou progressivamente com a nova compreensão da relação entre representantes e representados trazida a partir do inicio do século pelas ciências sociais. Bryce, Michels, Ostrogorski ou Pareto revelaram, cada um a seu modo, as condições nas quais certas formas de aristocracia renasciam na democracia. As constatações cínicas ou desiludidas – como a de Pareto quando fala da democracia como "a arte de enganar a *dèmos*",[61] ou Weber estimando que a noção de vontade do povo não era mais que uma ficção[62] – se apoiavam para na consideração de dados julgados objetivos. Assim, Michels, por exemplo, falava da "lei de ferro das oligarquias".[63] O que antes era compreendido como um conflito entre os de cima e os de baixo passou a ser pouco a pouco entendido como uma divisão quase funcional, regida por mecanismos objetivos cuja possibilidade de superação completa é ilusória. A ascensão do deputado em um verdadeiro tipo social, fato que já assinalamos, atesta essa interpretação funcional do laço eleitoral. O fato de que quase todos os partidos pudessem ser compreendidos em termos semelhantes, para além da reivindicação de excepcionalidade de alguns deles,[64] só faz reforçar esse sentimento. A antiga dialética dos medos e impaciências foi substituída pela tensão mais silenciosa da resignação e da decepção. A prudência derivada da

---

60 Cf. Léon Blum, "Controversia sobre a ditadura", *Le Populaire*, 19 de julho de 1922, in *L'Oeuvre de Léon Blum*, op. cit., t. III, vol. 1, p. 245-252.

61 Wilfredo PARETO, *Traité de sociologie générale* (1916), Genève, Droz, 1968, p. 1442. Ver também sua célebre teoria da história como um "cemitério de aristocracias" exposta anteriormente em *Les Systèmes socialistes*, publicados em 1902-1903 (Genève, Droz, 1965, 2 vol.), assim como *La Transformation de la démocratie* (1921), Genève, Droz, 1970. "A teoria que vê em nossos parlamentos a representação do conjunto da nação, escreve ele nessa última obra, não passa de uma ficção. Na realidade, os parlamentos representam somente uma parte da nação que domina a outra, seja pela astúcia quando prevalece o primeiro termo da plutocracia demagógica, seja pelo número quando o segundo toma vantagem" (*op. cit.*, p.40).

62 "Noções como a vontade do povo, a verdadeira vontade do povo, não existem mais para mim há muito tempo. São ficções", escreve Max Weber em 1908 (carta a Roberto Michels citada por Wolfgang MOMMSEN, *Max Webet et la politique allemande, 1890-1920*, Paris, P.U.F., 1985, p. 493).

63 Cf. Roberto MICHELS, *Les Partis politiques. Essai sur les tendences oligarchiques des démocraties* (1911), Paris, 1914.

64 Não surpreende a obsessão do P.C.F. em sublinhar que os deputados do partido são diferentes dos outros e que eles escapam aos males da traição representativa. Cf., por exemplo, M. CACHIN, «Candidats de classe», art. citado, ou a brochura *Comment choisir des élus qui ne trahissent pas leurs engagements*, Paris, 1951.

ameaça totalitária e os desencantamentos com uma história já longa dos governos representativos se misturaram no entreguerras para limitar as expectativas de vários cidadãos. A democracia doravante é frequentemente reduzida nos espíritos a um regime protetor de liberdades, distante da ambição mais antiga de uma soberania do povo condutora. "O princípio democrático, escrevem então alguns professores eminentes, deve ser somente compreendido como um ideal racional temperado por considerações de ordem prática".[65] A democracia é compreendida como um tipo de ideia reguladora, no sentido kantiano do termo, e não mais como uma norma condutora.

Um fato significativo que ilustra esse momento de reconhecida dissociação entre o ideal e a realidade é a mudança imperceptível no sentido do termo democracia. Ele deixará de remeter à visão de um povo legislador e magistrado para designar em primeiro lugar um regime protetor das liberdades, ao mesmo tempo dissolvendo a antiga tensão entre a liberdade dos Antigos e a dos Modernos. A partir dos anos 30, a democracia passa a ser pensada acima de tudo como o contrário da ditadura; ela não é mais prioritariamente relacionada ao tema da superação dos problemas do sistema representativo e à crítica sociológica das formas aristocráticas. Uma página decisiva é virada com esse deslocamento semântico. Essa nova compreensão da democracia foi por toda parte legitimada intelectualmente em termos inéditos Não tanto na França quanto no exterior, aliás. Se colocamos à parte Élie Halévy, são, com efeito, sobretudo pensadores como Kelsen, Popper e Schumpeter que reformulam filosoficamente, nos anos 30 e 40, a ambição democrática na era do totalitarismo e do realismo sociológico. Eles transformarão a modéstia democrática em argumento teórico, convidando a substituir por uma visão puramente procedural da legitimação política a metafísica anterior da soberania do povo.

Aluno de Max Weber, o jurista austríaco Hans Kelsen teve um papel chave na redação da Constituição austríaca de 1919, inserindo nela, pela primeira vez numa constituição escrita, um mecanismo de controle jurisdicional de constitucionalidade das leis. Ele publica em 1929 *A Democracia. Sua natureza. Seu valor,*[66] obra na qual se propõe a descrever o *conceito* da democracia. Na contramão das concepções anterior-

---

65 J. BARTHÉLEMY e P. DUEZ, Traité élémentaire de droit constitutionnel, op. cit., p. 71.
66 Uma reedição da tradução francesa de Charles EISENMANN (1932) foi publicada em 1988 na Économica com uma apresentação de Michel Troper. Sobre a teoria kelseniana da democracia, ver também seu importante artigo "Foundations of Democracy", Ethics, outubro de 1955, p. 1-101. Para uma introdução ao autor, se reportar a «La pensée politique de Kelsen», *Cahiers de philosophie politique et juridique de l'université de Caen*, n°17, 1990.

mente dominantes, ele contenta-se em compreendê-la de maneira positivista como "uma forma, um método de criação da ordem social".[67] Ao mesmo tempo em que é favorável ao desenvolvimento do procedimento referendário, Kelsen coloca a liberdade e não a igualdade e a participação como fundamento da ideia democrática. Como bom positivista, ele recusa a ficção de um governo representativo que seria compreendido como um substituto da democracia direta, estimando que a única realidade tangível é a de uma democracia de partidos (cujo funcionamento ele é um dos primeiros a teorizar). O sentido último da democracia não pode de forma alguma repousar, a seus olhos, sobre o princípio da soberania do povo, na medida em que ele pressuporia a capacidade do eleitor de encarnar o justo ou o razoável. A democracia só tem sentido relacionada a uma epistemologia relativista. A aceitação de um poder fundado por uma maioria só é legitimada pelo caráter variável e reversível desse poder. "Tal é o verdadeiro sentido desse sistema político que chamamos democracia e que só difere do absolutismo por ser a expressão do relativismo político", sublinha ele na conclusão de sua obra.[68] Portanto, a democracia não é um valor, mas um método político cuja superioridade repousa unicamente em seu caráter prudencial. Não há mais nenhuma tensão entre o número e a razão nessa perspectiva, assim como não há mais contradição entre o liberalismo e a democracia. Com essa concepção "realista" da qual ele é o primeiro grande teórico, a reflexão sobre a democracia muda de registro. Ela se torna essencialmente relacionada a uma teorização sobre as condições políticas da liberdade e não mais a uma busca pela realização da promessa rousseauniana. Após Kelsen, as obras de Popper e Schumpeter irão prolongar com brilho essa abordagem. Nascido, assim como Kelsen, na capital do Império austro-húngaro e tendo frequentado como ele o Círculo de Viena,[69] o apóstolo da sociedade aberta se faz também defensor de uma concepção negativa da democracia. Alimentada por uma meditação sobre o totalitarismo, sua grande obra *A Sociedade aberta e seus inimigos* (1945) propõe substituir a velha interrogação de Platão e de Rousseau sobre "quem deve governar?" por uma busca dos meios que permitam evitar a violência e a opressão nas mudanças de

---

67 *La Démocratie*, op. cit., p. 89.
68 Ibid., p. 93. "Existe, escreve ele ainda, uma certa conexão entre a concepção metafísico-absolutista do mundo e uma atitude favorável à autocracia de uma parte; e entre uma atitude favorável à democracia e uma concepção crítico-relativista do mundo de outra" (ibid., p. 91).
69 Sobre a relação entre epistemologia e política nos meios do Círculo de Viena, ver as análises e documentos reunidos nas duas coletâneas de Antonia SOULEZ, *Manifeste du Cercle de Vienne et autres écrits*, Paris, P.U.F., 1985, e Antonia SOULEZ e Jan SEBESTIK, *Le Cercle de VIenne, doctrines et controverses*, Paris, Klincksieck, 1986.

governo. "Realizar a democracia não significa tanto colocar o povo no poder quanto se esforçar para evitar o perigo da tirania", escreve ele.[70] Se "o verdadeiro problema da democracia[...] consiste em prevenir a ditadura", não se pode considerar sem perigo a palavra democracia como "poder do povo".[71] Sublinhando que a democracia tem por principal objetivo impedir a ditadura, Popper compreende o papel das eleições como um "tribunal popular" e não mais como exercício direto da vontade. Schumpeter segue nessa linha em sua obra *Capitalismo, socialismo e democracia* (1942). Ele também denuncia como perigosa a ideia de "vontade popular".[72] Aplicando à política sua visão da economia, ele concebe a democracia como um sistema concorrencial no qual os empreendedores políticos operam sobre votos para obter o poder de decisão[73]. Com efeito, ele constata lucidamente que esses empreendedores, e não o povo, é que são verdadeiramente soberanos. Nessas condições, insiste ele, "Democracia significa somente que o povo pode aceitar ou descartar os homens convocados para governá-lo".[74]

Esses pioneiros terão vários continuadores mais ou menos talentosos, constituindo, de Robert Dahl a Giovanni Sartori, a imponente galáxia de "teóricos realistas" da democracia, presumindo fazer coincidir a constatação do funcionamento efetivo de regimes qualificados como tal com certas normas desejáveis. Doravante, não será mais preciso desprezar ou suspeitar da democracia para distanciar-se dela. É no seio mesmo de sua definição que supostamente se resolverão as aporias que constituem-na. Certamente, aparecem ainda no entreguerras construções como as de Ortega y Gasset, vituperando contra o surgimento do "homem massa", com acentos emprestados tanto de Le Bon quanto de Guizot.[75] Mas as abordagens

---

70 Karl POPPER, *La Leçon de ce siècle*, Paris, Anatolia, 1993, p. 89. Citamos essa coletânea pois ela contém um conjunto de textos muito representativos da concepção popperiana da democracia. Ver também seu artigo "Sur la théorie de la démocratie", *Médiaspouvoirs*, n°10, abril-junho de 1988. Sobre a relação entre política e epistemologia no autor, ver Alain BOYER, "Libéralisme, démocratie et rationalité", in *L'Âge de la science. Lectures philosophiques, vol. I, Éthique et philosophie politique*, Paris, Odile Jacob, 1988.

71 Ibid., p. 131 e 89.

72 A vontade do povo não é nada mais do que "um emaranhado confuso de impulsos vagos fracamente ligados a slogans prontos e a impressões errôneas" (Joseph Schumpeter, *Capitalisme, socialisme et démocratie*, Paris, Payot, 1972, p. 334).

73 Daí sua célebre definição: "O método democratico é o sistema institucional, resultando em decisões políticas, no qual os indivíduos adquirem o poder de pronunciar-se sobre essas decisões após uma luta concorrencial sobre os votos do povo" (ibid., p. 355). Ver todo o capitulo XXII, "Une théorie alternative de la démocratie", assim como a conclusão da obra. Cf. a esse propósito Lucien-Pierre BOUCHARD, *Schumpeter, la démocratie désenchantée*, Paris, Michalon, 2000.

74 *Ibid.*, p. 375.

75 Cf. José ORTEGA Y GASSET, *La Révolte des masses* (1929), trad. fr., Paris, 1937.

pseudocientíficas dessa natureza não teriam então mais o eco nem a utilidade que tinham no final do século XIX. A modéstia democrática poderia doravante ostentar uma nova dignidade filosófica e histórica. A plana visão churchilliana da democracia supunha poder reunir sábios e cidadãos numa mesma visão apaziguada do político.

Uma história ordinária e sua transformação

Temos insistido que a historia da democracia foi permeada de contestações e tensões sempre renascentes. Tensões entre o número e a razão, entre o povo e seus representantes, entre a vida das instituições e os sentimentos da sociedade, entre a organização das liberdades e a expressão de um poder coletivo. A aculturação do sufrágio universal não conduziu à sua superação. Não mais do que o advento dessa democracia média, sempre instável, resultado de compromissos e de composições circunstanciais. Teria a concepção de uma democracia negativa enfim concluído todos esses debates e experiências? Terá ela feito entrar nas águas pacíficas do porto liberal a ideia democrática? Alimentada por justas prevenções contra as patologias da vontade e as pretensões dos regimes totalitários em confundir o Estado e a sociedade, poderia a visão negativa de democracia constituir o horizonte suficiente do ideal político? É o que acreditaram sinceramente os que teorizaram sobre ela em meados do século XX. Mas isso rapidamente se revelou uma ilusão. Do seio mesmo das prudências mais lúcidas sobre os abismos que cercavam o caminho dos anseios e das utopias, não cessou de renascer o desejo de homens e mulheres em forjar seu próprio destino. Por isso nunca a busca de uma auto-instituição da sociedade pôde simplesmente se confundir com a orgulhosa tentativa de forçar o real a se acomodar a planos pré-fabricados. Sempre foi impossível se contentar em dizer que "para amar de verdade a democracia, é preciso amá-la moderadamente".[76] Nunca cessaram de surgir insatisfações e novos projetos.

No entanto, trata-se a partir da segunda metade do século XX de uma história ordinária, reduzida a seus mecanismos essenciais. A visão de uma democracia negativa pesou de forma decisiva, sobretudo no jogo político, instituindo o medo do comunismo, então a única imagem viva do totalitarismo, em eixo simplificador de várias competições eleitorais. Malgrado o peso intelectual e político do partido comunista e da pregnância de velhas utopias da transparência ou do governo

---

76 A expressão é de Pierre MANENT na conclusão de seu *Tocqueville et la nature de la démocratie*, op. cit., p. 181.

simples, o quadro da democracia média, desenhado no entreguerras, não sofreu nenhum distúrbio. No imediato pós-guerra, as aspirações a uma intervenção mais ativa dos cidadãos foram relegadas a segundo plano, embora a Constituição tenha sido submetida a um referendo. São, sobretudo, as questões de governabilidade e de responsabilidade que irão mobilizar as atenções depois de 1945. O grande tema é o da racionalização do parlamentarismo, mais do que a fabricação de procedimentos de participação mais direta. Nenhum movimento de opinião exprime, por exemplo, a aspiração a uma eleição direta dos governantes; nenhum grupo vai às ruas para reivindicar um poder mais ativo para os cidadãos. É também nesse momento que se coloca verdadeiramente em prática uma democracia de partidos, tendo estes finalmente tomado uma forma moderna, tanto à direita quanto à esquerda. Não há nada de *intelectualmente* notável a assinalar nesses anos quanto à história da democracia francesa. Todas as grandes reformas do período consistiram mais em colocar em funcionamento os elementos de uma cidadania econômica e social muito mais consistentes, com a instituição dos comitês de empresas, a criação do sistema de seguridade social ou ainda a instalação do Conselho econômico e social. A realização de um número significativo de nacionalizações industriais e financeiras também contribuiu para não fazer da reforma das instituições um tema de urgência, enquanto o inicio da expansão econômica enfim dava aos franceses o sentimento positivo de que viviam em um país em movimento.

Não obstante, a democracia média do fim dos anos 40 e dos anos 50 permaneceu frágil. O mau funcionamento e os defeitos precedentes do parlamentarismo foram fortemente exacerbados pela dificuldade reiterada em dar solução a uma série de desafios, dentre os quais figura em primeiro lugar a gestão do problema da Argélia. Nesse contexto, o advento da V República abriu caminho para uma evolução sensível da democracia francesa. Evidentemente, não é possível abordar aqui, mesmo que rapidamente, a questão da interpretação da República gaullista. Várias obras de constitucionalistas e de historiadores já realizaram amplamente esse trabalho. Mas, ao menos podemos sublinhar que é necessário considerar esse regime do ponto de vista de uma *história longa* da democracia francesa, para além de todas as contingencias que de imediato parecem ter comandado sua irrupção. Devemos, a esse respeito, reter nossa atenção na introdução do referendo em 1958 e, em seguida, na eleição do chefe de Estado por meio do sufrágio universal em 1962.[77] Se foi

---

77 Esperamos sobre esse ponto a obra de Gaetano Quagliariello dedicada à gênese da idéia de refe-

necessária uma mudança de república para alcançá-las, é ainda no interior do quadro da democracia média que precisamos situar essas inovações. Elas participaram de um movimento geral de evolução das democracias, terminando por fechar, depois dos redemoinhos e difamações que conhecemos, o longo parêntese aberto na França um século mais cedo pelo pavor do cesarismo. Ainda assim, nada estava concluído. Isso foi amplamente atestado, nos anos 1960, pela emergência de vários movimentos reivindicando uma "democracia de base" expandida. Surgiram várias associações e movimento cívicos de um novo tipo, que propagaram tal reivindicação e por vezes experimentaram esse modelo. A aparição da palavra de ordem "autogestão" reuniu sob uma bandeira cômoda essas aspirações e experiências.

O tema da autogestão atravessou como um meteoro o céu da política francesa nos anos 1970. Raramente a fortuna de uma palavra foi tão súbita e brilhante. Quando foi forjado, em 1960, o neologismo surgiu do termo servo-croata que qualificava o modo de gestão das empresas iugoslavas calcado em um conselho eleito pelos trabalhadores assalariados.[78] Ele tinha então uma consonância quase "técnica" e pertencia ao vocabulário do mundo cooperativo. Tudo se altera com os eventos de maio de 1968, quando bruscamente a referência à autogestão se expande. "É preciso substituir a monarquia industrial e administrativa por estruturas democráticas com base na autogestão": propondo tal objetivo ao "movimento",[79] a C.F.D.T. lhe dá uma linguagem. A referência à autogestão torna-se rapidamente o agregador adequado da soma de esperanças e de promessas que se exprimem confusamente em Maio. Estava-se doravante muito longe de limitar as reivindicações à gestão das empresas. A autogestão ganhará rapidamente revistas e mesmo centros de pesquisa. Partindo da C.F.D.T., dos meios libertários e do P.S.U, a onda da autogestão submerge toda a esquerda e vai além. Em pouco tempo o termo "autogestão" está em todas as bocas e em tudo o que se escreve sobre o tema. Ele se torna praticamente a *palavra-chave* dos anos 70.

---

rendo na V República.
78 A primeira menção a esse termo em francês se encontra, ao meu conhecimento, numa série de artigos consagrados à Iugoslavia publicados no *Le Monde*, entre 1º e 7 de março de 1960, da autoria de G. CASTELLAN ("Yougoslavie: un protestantisme marxiste"). O primeiro artigo tem como sub-título: "Le self-government: l'autogestion ouvrière"). Ver também, um pouco mais tarde, o memorável livro de Albert MEISTER, *Socialisme et autogestion: l'expérience yougoslave*, Paris, 1964. A revista da C.F.D.T., *Formation*, publicará igualmente em 1964 dois artigos (muito positivos) dedicados à autogestão iugoslava, na sequência da visita de vários de seus responsáveis ao país (nº 58 e 60).
79 Comunicado do Escritório confederal de 16 de maio de 1968.

Como definir essa autogestão que se celebra como a grande ideia nova do período? A onda que a rodeia constrói paradoxalmente sua força. A coisa não é inédita: a vida política é sempre alimentada de palavras que colhem os desejos para fabricar o pão dos sonhos. Tratava-se então para muitos de rebatizar um combate pela emancipação que o socialismo burocrático e o marxismo oficial desfiguraram e que o liberalismo limitou. Dessa forma, o tema da autogestão contribuiu para canalizar uma poderosa recomposição da paisagem política francesa ao servir de suporte à constituição de uma alternativa à cultura política estatal anteriormente dominante. A bandeira do "socialismo autogestionário" permitiu a uma nova sensibilidade política afirmar-se positivamente, pondo fim à noção anterior de esquerda "não comunista", puramente negativa. Começa-se então a falar de "corrente" socialista democrática autogestionária. Uma "segunda esquerda" identifica-se e constitui-se sobre essa base.[80]

Dessa forma, a corrente autogestionária redesenhou o mapa político francês nos anos 1970, antecipando à sua maneira o declínio do voto comunista nos anos 1980. A importância do termo autogestão não pode, contudo, ser somente ligada a essa consequência. Ela deveu-se em primeiro lugar ao eco dos temas dos quais o termo era portador. Tendo se livrado cedo de qualquer referencia a um modelo institucional preciso de gestão de empresas, a referencia à autogestão traduziu antes a emergência de uma nova relação com a democracia. Especialmente em três planos. Primeiramente, ela exprimiu um movimento de recusa e de contestação a todo sistema centralizado e hierárquico, e traduziu dessa forma a aspiração a uma espécie de *extensão generalizada* dos procedimentos democráticos para a gestão de diferentes esferas da vida social. Em seguida, ela marcou a busca de uma superação dos limites procedurais da democracia representativa tradicional. E enfim, ela correspondeu a uma nova compreensão da relação entre vida pública e vida privada, "a autogestão de si" sendo entendida como o corolário tão legítimo quanto lógico das reformas de ordem mais institucional.

Para além das palavras de ordem anteriores do referendo ou da democracia industrial, a ideia de autogestão remete a uma perspectiva de um certo tipo de *democracia generalizada*. Certamente refere-se à autogestão nas empresas, mas também na cidade, na escola e mesmo na família. Todas as instituições parecem

---

80 Cf., sobre esse ponto, as análises que desenvolvi em *L'Âge de l'autogestion*, Paris, Éd. du Seuil, 1976, assim como em *Pour une nouvelle culture politique*, Paris, Éd. du Seuil, 1977 (em colaboração com Patrick VIVERET).

então suscetíveis de serem autogeridas. Alguns nem mesmo hesitaram em considerar a autogestão na polícia e no exército! Começou-se, de forma geral, a falar de "autogestão do cotidiano".[81] O desenvolvimento na década de 1970 de uma *grass roots democracy*, com a multiplicação de comitês de bairro, de associações de consumidores, de vários grupos de intervenção cívica e de tudo que se batizou genericamente de "novos movimento sociais", deu, é bem verdade, um tipo de consistência a esse imperativo. Em consonância com a palavra de ordem de 68, "mudar a vida", e associada à sua popularidade (o partido socialista acabou mesmo por se apropriar dela), essa perspectiva exprimiu a busca de responsabilidade e de conquista de uma autonomia maior em todas as esferas da vida social. Não se satisfazendo somente em votar na esquerda, certas pessoas quiseram nessa época "viver à esquerda".[82] Mas, ao mesmo tempo, não era uma questão para os apóstolos da fé autogestionária exaltar algum tipo de parlamentarização generalizada; nem mesmo retornar simplesmente às ideologias do governo direto ou do movimento conselhista. A ideia de autogestão visou antes, de forma confusa e generosa, ao mesmo tempo superar de vez as formas tradicionais da democracia representativa e recusar o caminho das "democracias populares", caracterizadas pela incorporação da sociedade no Estado. Como? Concebendo implicitamente a democracia tanto como uma cultura quanto como um procedimento. Por isso, a ressonância do tema autogestionário foi tão poderosa quanto sua instrumentalização permaneceu vaga. Pela mesma razão a era da autogestão foi tão breve.

Através dessas inovações e reivindicações, a democracia francesa seguiu um curso que podemos chamar de comum até os anos 1970, as perplexidades e utopias ligando-se em uma história normalmente contrastante e disputada. Mas tudo mudou nos anos 1980. Uma série de perturbações levou a repensar em termos inéditos a questão das formas adequadas da soberania do povo. A vitória eleitoral da esquerda em 1981 modificou então para uma parte do país a percepção das urgências: a cada vez que sobe ao poder um novo governo, seus apoiadores contam mais com a

---

81 Cf. Jacques DELORS, «Vers une autogestion du quotidien», *Le Nouvel Observateur*, 12 de setembro de 1977. "Hoje, escreve ele, a experimentação social tornou-se um combate contra a tentação estatal e a favor de um tipo de autogestão do cotidiano." Ver também o dossiê «Autogestion de la vie quotidienne», *Échanges et projets*, n°6, 1975. Ver igualmente *Vivre, produire et travailler autrement. Éléments de programme autogestionnaire proposés par le P.S.U.*, Paris, 1978.

82 Título de um número especial publicado conjuntamente em novembro de 1977 pela revista *Faire* e pelo *Le Nouvel Observateur* para informar sobre um fórum sobre o experimento social organizado pelas duas publicações.

ação do alto do que com sua própria mobilização nas bases para fazer avançar suas reivindicações. Houve assim um tipo de "efeito mecânico", ligado ao simples fato da alternância, para explicar, por exemplo, a queda para segundo plano de um tema como o da autogestão, tendo a prioridade subitamente recaído sobre um conjunto de reformas imediatamente instrumentalizáveis pelo alto.[83] Mas esse efeito não deve ser superestimado. O novo mal da democracia nos anos 1980 não foi de modo algum próprio da França. Ele foi sentido por todos os lados. Dois fatores principais devem ser considerados para medirmos seu tamanho: a globalização dos mercados, com a revolução das formas de regulação que a acompanhou, e a queda do comunismo.

A queda do comunismo teve por consequência maior transformar completamente os termos da experiência democrática. Não tendo o campo das democracias mais inimigos – pelo menos tão poderosos quanto ele –, o resultado foi um movimento de descompressão. As qualidades negativas e contrastivas da democracia se tornaram de um só golpe desvalorizadas e ressurgiram as interrogações sobre seu fundamento e seus meios.

A mundialização econômica conduziu, por sua vez, a um sentimento de crescente falta de controle dos homens sobre a realidade. Os progressos da construção europeia, frequentemente revelados à consciência do grande público pelo seu impacto prático na vida do país, aumentaram a confusão, como atestam com clareza os debates por ocasião do referendo organizado em 1992 para ratificar o tratado de Maastricht. Toda uma parte da opinião se sentiu transposta para um mundo sobre o qual os cidadãos não possuíam nenhum controle. Várias reformas, mesmo que aguardadas, foram nesse contexto percebidas negativamente como ameaças que conduziam à restrição das margens de manobra política. Foi assim com a introdução de instâncias de regulação que afrouxaram o controle do Estado sobre as mídias ou a organização de certas liberdades. O mesmo aconteceu ainda com a consolidação do Conselho constitucional, acusado por alguns de limitar a ação da representação nacional. A linguagem política dos anos 80 e 90 só fez avivar esse mal-estar: os governantes invocavam cada vez mais as "limitações" para justificar suas políticas, fazendo do fatalismo um aliado confuso que os dispensava de mostrar positivamente sua ação reformadora.

---

83 Ao mesmo tempo que reformas precisas eram realizadas em campos como o da democratização da empresa com a lei Auroux de 1982: adoção de um direito de expressão dos assalariados; alargamento dos direitos sindicais; instauração de uma "obrigação de negociar" para os empregadores.

Esses diferentes fatores contribuíram para o desenvolvimento de um mal-estar democrático inédito nos anos 1990, o sentimento novo de um declínio da vontade se sobrepondo às insatisfações anteriores com as disfunções "comuns" do governo representativo. Vários foram os cidadãos que, de um só golpe, passaram a acreditar na inefetividade da lei dos homens e fizeram da recusa de impotência um vetor de um desejo difuso e confuso por novidades. Mas seriam as coisas tão simples assim? É preciso se dedicar a compreender o que se esconde realmente por trás desses sentimentos e dessas reações.

O declínio da vontade?

Como compreender essa mudança dos anos 1990, que viu aumentar o desencantamento das democracias no mesmo momento em que a queda do comunismo parecia consagrar sua supremacia? Ela é fruto somente de uma concessão silenciosa às facilidades ideológicas do tempo? De um abandono impensado, que não se percebeu por muito tempo, às consequências deletérias da construção europeia? De uma discreta renúncia do político diante das novas potências da economia mundial? A cegueira dos homens e as renuncias dos governos têm certamente sua parte nessa inversão histórica, que cada um apreciará segundo seus próprios critérios. Toda situação é em parte resultado de decisões fracassadas e eventos incontroláveis. Mas não se trata apenas disso. Não podemos nos contentar em apreender esse problema nos termos simples de uma espécie de física política, medindo a relação das forças "positivas" da vontade em oposição às forças "negativas" de uma suposta renúncia. O que está em jogo vai muito mais longe e concerne à essência do político e ao sentido da democracia. O que pode a política? O que é querer em política? São essas duas questões radicais que estão efetivamente colocadas. O declínio aparente de uma democracia da vontade nos remete a uma interrogação sobre os fundamentos da política moderna. Se há alguma coisa desabando, é antes de tudo uma certa concepção histórica da política como "ciência da vontade".[84] concepção diretamente derivada de uma visão teológico-política do poder, ligada também ao pressuposto de uma sociedade ao mesmo tempo *una* e *inconsistente* em si mesma. É preciso partir desse ponto para conduzir a investigação sobre a confusão política sobre a qual se abre o século XXI.

---

84 Para Hegel, nota Éric Weil, "a política não é outra coisa que a ciência da vontade" (*Hegel et l'État*, Paris, Vrin, 1970, p.32).

Retornemos à origem, se podemos dizer assim: a história da política moderna é verdadeiramente inseparável de uma exaltação da vontade.[85] Maquiavel é o primeiro a produzir uma ruptura com a ordem antiga ao mostrar que a política não é essencialmente a busca de uma ação virtuosa ou a constituição de um regime conforme as leis da natureza. A política se torna com ele uma arte singular cujo objetivo é erigir a cidade em potência autônoma, constituí-la como ator soberano de sua própria história. Ao mesmo tempo, o príncipe não é mais um líder comum cuja ação deveria somente ser guiada e enquadrada para que ela se exerça em conformidade com os requisitos da moral e da justiça. Ele se torna o agente histórico da encarnação de uma vontade coletiva, permitindo à cidade existir em si e por si no tempo. Rousseau amplia essa ruptura dois séculos e meio mais tarde, apelando à mistura do príncipe com o povo. Com o *Contrato Social*, a democracia torna-se o regime definido pelo fato de ser radicalmente fundado na vontade humana. O problema é que essa sagração da vontade nunca foi livre de ambiguidades. Nela se sobrepõem o principio de emancipação e a afirmação de uma pretensão a substituir todos os poderes que a precederam. Daí a suspeita de que o voluntarismo político alimenta um orgulho que se arrisca a conduzir os homens ao abismo. De Louis de Bonald a Donoso Cortès, toda uma linhagem de pensadores tradicionalistas descreveram apressadamente aquilo que eles qualificavam de "loucura democrática". Meditando sobre os avatares da Revolução Francesa, os liberais apelarão paralelamente a uma política mais modesta que afasta o exercício de uma vontade excessivamente empreendedora.

Dessa forma, a sagração da vontade e o "ódio da vontade"[86] se enfrentarão, misturando-se as reações de uns e as prudências de outros para alimentar a interrogação sobre os perigos e as fragilidades que o programa rousseauniano contém. Essas prevenções não careciam de fundamento. Vários males do século XIX e mais ainda do século XX, como vimos, procederam da tentativa de atribuir artificialmente sentido e forma ampliada a um poder coletivo que dificilmente existia ordinariamente. Mas a vontade política não se manifestou somente na forma de sua *hubris*. Ela existiu também mais modestamente e mais pacificamente no

---

85 Sobre esse ponto ver as belas paginas de Pierre MANENT no capítulo "Le triomphe de la volonté" de *La Cité de l'homme*, Paris, Fayard, 1994. Podemos nos reportar também à síntese de Nicolas TENZER em seu artigo "Volonté" do *Dictionnaire de philosophie politique* de Philippe RAYNAUD e Stéphane RIALS (Paris, P.U.F., 1996).
86 Cf. Stéphane RIALS, "La droite ou l'horreur de la volonté", *Le Débat*, n°33, janeiro de 1985.

cotidiano das ações públicas e das reformas, constituindo uma espécie de horizonte de fato intransponível da ação política moderna. O desejo de fazer a história e de rasgar a resistência da natureza e o peso das heranças não cessou de guiar a utopia positiva de homens e mulheres de fundar um mundo habitável por todos. E isso tanto mais quanto cada indivíduo, tomado separadamente, descobriu no curso de sua emancipação que sentia-se menos seguro de si próprio. A era da democracia como sagração da vontade coletiva e a era da psicanálise como reconhecimento da impotência do indivíduo são facilmente relacionáveis.[87] Há assim uma dimensão também de ordem antropológica no projeto político moderno. A política parece destinada a resgatar a fraqueza dos indivíduos pela construção de uma potência social redentora.

A trajetória desse projeto nunca tomou, como sabemos, a forma de uma avenida tranquila. O declive dos abandonos e das resignações sempre foi acentuado. Da mesma forma, sempre foi recorrente o desencantamento nascido da constatação de que a realidade não se submeterá facilmente às projeções imaginadas pela vontade. Daí as tentações permanentes de superar a timidez de ação e a resistência dos fatos apelando ao surgimento de circunstâncias excepcionais, consideradas as únicas capazes de dar efetividade e brilho sensível a uma vontade vacilante ou contrariada. Como se fosse preciso criar a prova de situações limite para que a política reencontrasse consistência e visibilidade. A celebração marcial de um decisionismo livre das demoras da deliberação foi, infelizmente, compreendida em determinado momento – de modo diferente pela esquerda a direita e pela esquerda - como o caminho monárquico de uma restauração da vontade.[88] Da mesma forma afirmou-se frequentemente, numa perspectiva idêntica, a crença cega na técnica, esperando mobilizar e revolucionar um mundo que a ação dos homens só mudava lentamente.[89] Assim, a sagração da

---

87 Sobre a questão da descoberta do inconsciente e da consequente dissolução da imagem de um homem senhor e dono de si-mesmo, ver os argumentos interessantes de Marcel GAUCHET, *L'Inconscient cérébral*, Paris, Éd. du Seuil, 1992. Sobre os problemas e tensões da soberania individual no mundo contemporâneo, ver também Alain EHRENBERG, *La Fatigue d'être soi. Dépression et société*, Paris, Odile Jacob, 1998.
88 É suficiente fazermos referência a Carl Schmitt, de um lado, e a Lênin, do outro, para termos uma idéia. A celebração comum das duas obras por alguns mereceria aliás ser analisada com mais precisão.
89 Ver, por exemplo, a celebração emblemática da figura do trabalhador por Ernst Jünger. "A técnica, escreve ele, é o modo pelo qual a figura do trabalhador mobiliza o mundo" (*Der Arbeiter*, citado por Jean-François KERVÉGAN, *Hegel, Carl Schmitt. Le politique entre spéculation et positivité*. Paris, P.U.F., 1992, p. 106.

vontade provou-se sempre um problema e uma solução. A relação com a vontade política nunca conseguiu ser simples, sendo muitas vezes remetida de maneira banal à evidência de sua realização imediata. Ela sempre precisou ser colocada em cena para parecer decifrável: é a função dramática frequentemente atribuída à retórica política na democracia. É preciso teatralizar as decisões para que elas se constituam em gestos incisivos e eficazes. A democracia é, simultaneamente, exercício *e* religião da vontade. Daí a importância das ações ou das realizações que possam aparecer com evidência. É o caso na França, por exemplo, da política secular das "grandes obras". Monumentos e construções públicas de prestígio estão aí para atestar aos olhos de todos a materialidade do poder público. Eles manifestam com clareza que um "eu quero" do chefe de Estado traz consequências visíveis e duráveis. A filosofia política da vontade, que está no coração do imaginário democrático, transformou-se progressivamente em uma verdadeira *religião da vontade,* com seu catecismo, seus padres, seus ritos, seus sacramentos e, algumas vezes, seus milagres.

Foi todo esse sistema que rachou brutalmente no fim do século XX. Vários fatores, políticos, sociológicos e simbólicos concorreram para precipitar essa situação. O primeiro, e provavelmente o mais importante, procede das transformações que afetaram as diferentes formas de regulação econômica e social. A visão clássica do exercício da vontade política pressupunha um Estado forte, o único capaz de tomar o controle de uma sociedade dispersa, sem consistência própria. Não podendo pretender insistuir a sociedade, salvo em circunstâncias raras, a ação política facilmente confundiu regulação e exercício da vontade. Esse movimento foi particularmente sensível na França, onde um organismo de planejamento estatal deveria projetar de forma organizada, durante um período de ao menos 30 anos após 1945, a orientação do país em seus diversos elementos e domínios. Mais do que em outros lugares, a ideia de vontade estava sobreposta na França àquela de regulação. Ora, as condições dessa última foram completamente transformadas no último quarto do século XX.

A "desregulação" que acompanhou a mundialização da economia seria, então, a grande culpada pelo declínio da vontade política? Não podemos nos contentar em compreender nesses termos esse processo. Se ele registra o declínio relativo de certos atores como o Estado, ele corresponde igualmente à multiplicação de agentes decisores e partes particulares interessadas. Dito de outra forma, o crescimento da capacidade de auto-organização da sociedade civil que é o fenômeno notável. Um sistema complexo de interesses e de vontades substituiu o antigo tipo ideal *da* vontade política, que pressupunha a unidade do ator. Disso resultou um tipo de regulação econômica e social muito mais disseminada e fragmentária. As regulações não desapareceram, mas perderam sua globalidade e, sobretudo, sua clareza. A sociedade não parou de "desejar", mas ela só exprime esse desejo em surdina, alegando por vezes terem sido impostas, por forças anônimas, escolhas implícitas das quais não se orgulhava.[90] A sociedade civil conduz uma "política", mas uma política discreta e silenciosa, resultado de uma multidão de deliberações em voz baixa e de escolhas discretas, nunca expostas abertamente. Não há teatralização possível para os ajustes de mercado ou dramaturgia nas negociações descentralizadas![91] O sentimento de um esfacelamento do político corresponde assim a um problema real, ao mesmo tempo em que ele repousa sobre a confusão da regulação com um exercício simples da vontade.

Em consequência e em paralelo a isso a sociedade se complexificou, o que conduziu à perda de evidência da noção de vontade coletiva. A estigmatização de uma soberania confiscada aparecia claramente no momento em que a unidade da sociedade e a evidência de um desejo comum caminhavam juntas; a esse propósito já nos remetemos antes à importância do tema da unanimidade social em todas as visões radicais da democracia dos séculos XVIII ao XX.[92] As coisas mudam na medida em que não se pode encontrar o povo e que ele não tem mais a forma de uma totalidade claramente coerente. O princípio de uma vontade forte e visível se dissipa com o eclipse do sujeito que deveria exprimi-lo. Por trás do tema do declínio da vontade se esconde a dificuldade em efetuar certas arbitragens para dar consistência ao laço social. A "falta de vontade" não remete tanto à fraqueza de caráter dos governantes quanto a um cegamento da sociedade sobre si própria. Ela corresponde a um *estado social* no qual se distendeu o senso de obrigações coletivas. Sua invocação é ao mesmo tempo um meio de tentar exorcizar as covardias e renúncias de cidadãos

---

90 Podemos nos remeter sobre esse ponto a todos os debates sobre a política de empregos nos anos 80 e 90. Diante daqueles que lamentavam a ausência de uma "verdadeira vontade política" para fazer guerra ao desemprego, lembrou-se justamente que era preciso pensar sobre o sentido da "preferência" implícita e silenciosa pelo desemprego que resultava do comportamento real de alguns autores econômicos e sociais.

91 É preciso lembrar também, para retomar a tipologia de Albert Hirschman, que a sociedade civil se exprime frequentemente através da defecção (exit), como é notadamente o caso no que diz respeito às arbitragens de mercado, enquanto a sociedade política vive mais no universo da tomada de palavra (voice).

92 Cf. ainda recentemente Benjamin BARBER, *Strong Democracy. Participatory Politics for a New Age*, Berkeley, University Press of California, 1984.

que se recusam a considerar lucidamente os efeitos de seu comportamento sobre o resto da sociedade.

Mas não são apenas as mudanças que afetam os modos de regulação e as formas do "nós" que conduziram a transformar a compreensão da ideia de vontade política. Foi também uma relação mais desencantada com a precedente religião da vontade. A direção do político se desvaneceu em um tempo onde a invocação dos "limites exteriores" se tornou uma das figuras obrigatórias do discurso político. Na era do governo pouco caro e da palavra de ordem generalizada da baixa de impostos, a modéstia, mesmo que sinceramente reformadora, não entusiasma os cidadãos. A vontade e os governantes caíram juntos. As ciências sociais, por sua vez, contribuíram discretamente para o desencantamento. Ao desmontar o mecanismo de efeitos inesperados, a sociologia, por exemplo, contribuiu fortemente para a redução do reino da vontade política, sublinhando sua falta de efetividade prática. O lado sublime e poderoso dessa vontade foi seriamente desvalorizado pelo desnudamento dos mecanismos reais de bricolagem e de gestão aproximativa das decisões coletivas. Todos esses fatores contribuíram para desacralizar a política.

Esse desencantamento foi sentido por todos os lados. Mas ele produziu efeitos particularmente sensíveis na França, por razões estruturais e políticas. O Estado ali sempre teve um papel mais central, pretendendo encarnar uma exigência coletiva forte. A recomposição, a partir dos anos 1980, de suas formas de intervenção foi por isso sentida com particular acuidade, gerando mais fortemente o sentimento de renúncia e de abandono. Os fatores políticos também foram importantes. Ao mesmo tempo em que se desmanchava a imagem de um Estado regulador keynesiano, o gaullismo via sua identidade histórica se dissipar. Não foi apenas uma página política que se virava. O gaullismo encarnava, com efeito, um *estilo político* muito particular, justamente centrado na dramatização permanente. Herdeiro de uma cultura política da resistência e da dissidência de uma cultura militar da ação e da decisão, o gaullismo pôde simbolizar por um longo tempo, mesmo para além de seus simpatizantes, uma democracia da vontade.[93] As maneiras teatrais próprias do General não faziam senão aumentar essa percepção. A decomposição do gaullismo exacerbou simbolicamente na França o desencantamento democrático. O declínio

---

93 Cf. sobre esse ponto os argumentos de Jean-Marie DONEGANI e de Marc SADOUN, *La Vª République, naissance et mort*, op. cit., assim como a discussão de suas teses, principalmente por Guy CARCASSONE e Bernard MANIN, na coletânea dedicada pelo *Le Débat* a essa obra (nº106, setembro-outubro de 1999).

do partido comunista e o colapso da U.R.S.S. prolongaram essa percepção, tanto desfazendo a imagem de uma grande noite compensadora de todos os pesos da história quanto dramatizando os termos de um confronto político doravante inscrito nos ciclos ordinários da alternância. O cenário político cessou, então, de ser o lugar de um choque frontal e vital de princípios e de vontades que davam aos adversários o sentimento de uma participação essencial no jogo, tanto na afirmação de si mesmos quanto na resistência aos outros.

Exposta nesses termos, a história do "declínio da vontade" sugere que foi sobretudo uma *metafísica da vontade* que se desfez no fim do século XX. É impossível continuar a pensar a democracia a partir do modelo teológico-político que a constituía implicitamente. Não é certo que "todos os conceitos da teoria política são conceitos teológicos secularizados", como queria Carl Schmitt.[94] Mas é inegável no que tange à vontade geral. O *Contrato Social* compreendeu o novo poder dos homens como uma forma laicizada do poder divino, apelando ele também à criação de um povo.[95] Ele supôs que essa vontade não poderia tomar forma se a sociedade não formasse um corpo unido, uma totalidade personificável. Foi essa representação que se encontrou colocada em cheque. Sempre apoiada na ideia da formação e da direção de uma vontade criadora todo-poderosa, teria a soberania do povo cessado de fazer sentido? Certamente que não. Mas no atual momento é preciso compreendê-la em termos radicalmente dessacralizados, rompendo com o imaginário demiúrgico precedente sobre o qual cresceu implicitamente o projeto democrático. Isso não significa renunciar a fazer a história dos homens, ou pelo menos a dominá-la. Mas sim propôr entrar numa *era ordinária do político* ao parar de acreditar que o político só tem sentido através do ferro e do sangue de circunstâncias excepcionais ou que ele só existe como criação fugaz de um verbo criador. É preciso pensar uma era ordinária e dessacralizada longe das restaurações impossíveis, das nostalgias perversas ou das renúncias silenciosas.

---

94 Carl SCHMITT, *Théologie politique*, Paris, Gallimard, 1988.
95 Ver sobre esse ponto os argumentos de Patrick RILEY que mostrou de forma convincente que Rousseau tomou de Malebranche a idéia de vontade geral, usada pelo último para qualificar a modalidade de intervenção de Deus na história (*The General Will before Rousseau. The Transformation of the Divine into the Civic*, Princeton University Press, 1986).

Conclusão
Os novos caminhos
da soberania do povo

O caminho para uma democracia ao mesmo tempo ordinária e exigente não é fácil de encontrar. É preciso primeiro conhecer as ilusões e tentações que podem-na ameaçar. A primeira tentação, e a mais difundida, é simplesmente abandonar a ideia de soberania do povo. Vários são os que pensam que as democracias devem se contentar em responder à sua definição mínima, negativa. Um grande número de autores atentos ou de ideólogos apressados repete integralmente Popper ou Schumpeter, ao declarar definitivamente ultrapassada a perspectiva de uma sociedade que pretendia se autogovernar. O triplo reinado do mercado, dos direitos do homem e da opinião constitui para eles um ideal suficiente, capaz de manter à distância o espectro sempre ameaçador de uma soberania que se transformaria em uma tirania implacável. Novas fronteiras, tais como o direito de ingerência, a reorganização das formas de cooperação entre nações ou, mais proximamente, o desenvolvimento das solidariedades locais, podem certamente continuar ainda a mobilizar as energias nesse contexto. O triunfo da democracia negativa não significaria necessariamente, portanto, o fim da história. Mas, com certeza, o fim de um ciclo muito longo das representações herdadas do político. O problema é que a maior parte desse autores, antes qualificados de "teóricos empiristas" da democracia e hoje imprecisamente batizados de "liberais", assimilam muito rapidamente a denuncia justa do "construtivismo social" à desqualificação de qualquer projeto coletivo positivo, juntando-se, de fato, à demonstração de Hayek que não via qualquer intermediário pensável ou possível entre a ordem espontânea do mercado e a ditadura totalitária.[1] Esses autores também não distinguem suficientemente a "metafísica da vontade geral", cuja exaustão já sublinhamos, da democracia definida como a tentativa de instituir um conjunto de indivíduos em uma comunidade. Ao contrário de uma visão cautelosa e confortável de uma democracia definitivamente desencantada, é necessário devolver uma centralidade maior à função política,[2] com a condição, certamente, de repensar e reformular a última de modo radical.

As duas ilusões

Contudo, é preciso fazer um preâmbulo dessa tarefa: que consiste em denunciar *as formas ilusórias* que se oferecem sedutoramente, para constituir formas enganosas da restauração da vontade coletiva. Podemos distinguir essencialmente duas, com sentidos opostos: a *ilusão soberanista* e a *ilusão mundialista*. A primeira pretende devolver o sentido e o poder da vida política ao estigmatizar os "abandonos da soberania". Mas o faz pressupondo que a questão da soberania se passa unicamente no nível do Estado e das relações internacionais. A defesa da nação e a reconquista da soberania do povo são, então, compreendidas como estritamente equivalentes. Os campeões dessa concepção agem como se a questão da soberania do povo fosse unicamente de ordem "externa" e "institucional". Ao mesmo tempo em que eles estigmatizam as supostas renúncias dos governantes, eles não sabem apelar senão à restauração de uma vontade encantada. Daí a demonstração de uma nostalgia resistencialista, misturando o culto do General àquele do autor de *A Estranha Derrota*, associando de forma improvável Joana d'Arc, os soldados do ano II, Napoleão e Clemenceau. Termina-se por acreditar que uma postura moral é suficiente para regular os problemas constitucionais e resolver as interrogações filosóficas. A soberania não é pensada senão num esforço de heroicização do cotidiano, como se somente as circunstancias excepcionais pudessem permitir

---

1 É o tema central de obras como *La Route de la servitude* (1944) ou *La Constituition de la liberté* (1960). Essa perspectiva pressupõe, certamente, o que é altamente contestável, que não há diferença entre liberalismo econômico e político (cf. sobre esse ponto minha introdução, "O mercado e as três utopias liberais", na reedição de 1999 de *Le Capitalisme utopique, op. cit.*).

2 Sublinhemos que numerosos movimentos radicais afastaram-se, de fato, da questão do político, ao se situarem quase exclusivamente no terreno dos direitos. Ver as considerações esclarecedoras de Philippe RAYNAUD, "Les nouvelles radicalités. De l'èxtrême gauche en philosophie", *Le Débat*, n.105, maio-agosto, 1999.

pensar a democracia.[3] Na sua ausência, batalhas imaginadas e resistências de papel são projetadas e simuladas. O problema de fundo dessa abordagem qualificada de soberanista é que ela pressupõe resolvida a questão das formas pertinentes da soberania do povo. Ela concebe a soberania como um tipo de capital fixo, dado e conhecido, e que para restabelecê-la seria suficiente anular as decisões que levaram à sua dissipação desatenta ou mal-intencionada (seja das usurpações de Bruxelas ou daquelas do Conselho constitucional). Supõe-se que a determinação dos procedimentos do governo representativo não abrigava nenhuma das interrogações que transpassaram a história da democracia. Presume-se ainda que o povo constitui, enquanto nação, um sujeito evidente, naturalmente unido em um bloco sem falhas. Fantasmagoricamente restauradora, a perspectiva soberanista, então, coloca de lado os dois problemas que constituem a dificuldade democrática: o da determinação de suas formas políticas e o de sua constituição sociológica.

A ilusão mundialista é o inverso da precedente. Ela subentende também que não há nada de novo a dizer ou a pensar quanto ao conteúdo da idéia democrática, residindo o único problema na distância entre a dimensão herdada das instituições e o novo espaço dos problemas a considerar. O projeto é, então, transpor ao nível mundial, ou europeu, os procedimentos do governo representativo. Várias proposições foram formuladas nesse espírito para dar existência a uma cidadania e a uma democracia planetária: a criação de uma segunda câmara da ONU, onde se encontrariam as ONGs, empresas e sindicatos para discutir as questões e as formas da mundialização; a criação de fóruns capazes de exprimir uma "opinião mundial" sobre os grandes problemas e de favorecer a emergência de um *planet governance*,[4] etc. Essas diferentes sugestões tem em comum o fato de não discutir os fundamentos e o funcionamento da democracia de opinião ou do governo representativo.

É preciso retornar e nos confrontar com essas questões no momento. Não para pretender dar uma "solução" às aporias que constituíram a democracia como um problema. Mas ao menos para tentar indicar quais poderiam ser os eixos de um programa de trabalho que visasse redefinir o imperativo democrático na era de uma sociedade civil plenamente emancipada. A apresentação desses elementos

---

3 Além disso, salientemos que se o problema fosse somente o de encontrar uma vontade forte, o meio provavelmente não seria a democracia. Sobre esse ponto, as lições de Carl Schmitt são suficientemente edificantes para serem meditadas.

4 Cf. as múltiplas proposições dessa natureza que foram emitidas quando da reunião da Organização mundial do comércio em Seattle em dezembro de 1999.

constituirá a matéria de um livro próximo. Nos limitaremos aqui a apresentar sumariamente alguns temas gerais, explorando sucessivamente os caminhos de uma nova soberania complexa, a pluralização das temporalidades do político e, enfim, a perspectiva de uma emancipação generalizada.

A soberania complexa

A concepção tradicional da soberania do povo, já insistimos nesse ponto, participa de uma visão monista do político. Podemos falar a seu respeito de uma *soberania polarizada*, em um duplo sentido. Primeiramente, ela pressupõe que o voto é o único princípio de formação dessa soberania: a expressão da vontade geral é apreendida no contexto de um cálculo de soma zero entre os diferentes poderes. O crescimento do papel de uma instancia não eleita é, então, mecanicamente percebido como um atentado ao poder das urnas. A soberania é, na verdade, pensada da mesma forma que a independência (para a qual o desenvolvimento de uma interdependência significa automaticamente uma perda). Uma polarização "sociológica" se sobrepõe, em segundo lugar, a essa polarização "mecânica": a soberania monista do povo sugere sua unidade. As divisões são sentidas como uma patologia social ou um resíduo histórico, e a unanimidade é compreendida como a figura normal e desejável da expressão social. O cesarismo exacerbou essa polarização que a República também reivindicou de uma forma mais suave. A exaustão da metafísica da vontade anterior selou o fim dessa concepção. Mas isso não significa que a ideia de uma soberania ativa do povo se encontre destituída de todo conteúdo, condenada a uma consequente decadência; com a condição de ser concebida de uma forma pluralista e não mais monista.

A soberania do povo, é preciso relembrar, expressou-se *praticamente* de uma forma plural ao longo dos séculos XIX e XX. Estudamos anteriormente algumas de suas formas não institucionalizadas, como a opinião e a manifestação (notando as reticências da cultura política republicana em reconhecê-las). Mas ela não foi de forma alguma *pensada* dessa forma. Salvo, talvez, durante a Revolução Francesa, no momento em que alguns publicistas procuravam em 1791 encontrar formas de expressão política intermediárias entre a democracia direta e os procedimentos representativos, ou quando Condorcet preparou em 1793 o primeiro projeto de constituição. No mesmo espírito, Lezay-Marnézia incitou a "pluralizar as molas" do poder social para torná-lo mais efetivo.[5] É preciso agora partir novamente dessas instituições esquecidas para sistematizá-las.

A perspectiva de uma soberania complexa deve ser apreciada tanto em suas formas quanto em seus procedimentos. A pluralidade das formas é a mais simples e a mais evidente. Ela corresponde ao fato do voto ser apenas um dos modos de expressão das preferências e das vontades. Ora, há outras formas, para um indivíduo ou uma coletividade, de tomar a palavra, formular opiniões, exercer um controle, emitir um julgamento, fiscalizar, manifestar um acordo ou uma oposição; de participar, em uma palavra, da vida pública. Um tipo de "cidadania social" se constituiu ao lado da cidadania política formalmente ligada ao ritual eleitoral.[6] Evidentemente, não são os mesmo tipos de sanções e obrigações que regem esses dois registros. Mas eles se tornaram, de fato, complementares, integrando-se em uma mesma economia do político, como ressaltaram vários trabalhos de sociologia ou de ciência política.[7] A "influência" exercida pelos cidadãos, para empregar a expressão mais ampla, é claramente, aos olhos de todos os atores, a resultante desses diversos modos de intervenção. Mas a pluralização da soberania não se manifesta somente nesse registro. Ela pode também tomar a forma de uma *multiplicação dos níveis da representação*.

Os representantes do povo são, a principio, aqueles que ele elegeu. Mas não unicamente eles. Podem ser igualmente considerados como representantes aqueles que falam, que agem e que decidem "em nome do povo". É notadamente o caso dos juízes, sejam eles judiciários ou constitucionais;[8] mas é também, por extensão, o daqueles que ocupam as múltiplas autoridades de regulação. A representatividade é, com efeito, uma qualidade que pode ter duas origens: funcional ou procedural.[9] A *representatividade*

---

5 Adrien LEZAY, *Qu'est-ce que la Constitutution de 93 ?*, Paris, ano III, p. 10. A divisão dos poderes políticos particulares é nesse contexto a condição para um poder social real mais forte.

6 Eu prefiro a expressão "cidadania social" à expressão "cidadania civil" utilizada por Catherine COLLIOT-THÉLÈNE ("L' ignorance du peuple", in Gérard DUPRAT, *L'Ignorance du peuple : essais sur la démocratie*, Paris, P.U.F., 1998), pois esta última pode deixar supor que ela não é tão "política" quanto a forma de cidadania expressa pelo voto. Mas a perspectiva é a mesma.

7 Basta referir-se às bibliografias de manuais usuais para ter ideia da imensa literatura dedicada a essas questões.

8 Cf. Dominique TURPIN, "Les juges sont-ils représentatifs ? Réponse : oui », *Commentaire*, verão de 1992, ver igualmente sobre esse ponto os célebres debates do período revolucionário.

9 Além disso, conviria desenvolver, o que não podemos fazer aqui, a questão da representatividade de *ordem moral* que têm certos atores em sua função de alerta quanto a emergências, a situações inapercebidas de sofrimento, etc.

funcional é aquela organizada e reconhecida pelos textos que ordenam a vida pública, como as leis e, sobretudo, a Constituição; enquanto a representatividade procedural é diretamente constatada pelo corpo eleitoral. A visão monista do político durante muito tempo só reconheceu a representação procedural, derivada da unção eleitoral, com todas as consequências que conhecemos.[10] A perspectiva de uma soberania complexa rompe com essa abordagem, ao fazer do reconhecimento do pluralismo representativo a chave de um tipo de governo mais fiel e mais atento à vontade geral. A consideração de uma dimensão funcional no processo representativo seria um golpe assestado contra a soberania do povo, tendo as instancias não eleitas se arrogado um poder que irá limitar aquele dos representantes imediatamente consagrados pelas urnas? Não podemos raciocinar nesses termos, já que foi o povo mesmo, no caso da Constituição, ou seus representantes diretos que criaram essas funções (a representatividade de um juiz constitucional não é mais indireta do que a de um senador eleito em segundo grau mas, de fato, nomeado por seu partido). Assim, as duas formas de representatividade são complementares, mesmo sendo elas sempre *in fine* hierarquizadas e ordenadas, dado que a legitimação eleitoral constitui a pedra angular do edifício. A diversificação dos representantes é mesmo, nesse caso, a condição de uma submissão global mais efetiva do governo representativo aos cidadãos. Laboulaye disse de forma muito esclarecedora a esse propósito que uma constituição deve ser compreendida como "a garantia do povo contra aqueles que conduzem seus interesses, afim de que eles não abusem do mandato contra aqueles mesmos que lhes confiaram".[11] A multiplicação da soberania contribui dessa forma para seu crescimento, e não para sua diminuição. Isso levou à transformação completa dos termos do debate sobre a relação entre democracia direta e governo representativo. Eles formam, com efeito, um cálculo de soma positiva com a representação multiplicada, e não mais um cálculo de soma zero. Nessa perspectiva, podemos mesmo dizer que o equivalente mais próximo da democracia direta consiste em um sistema de *representação generalizada*. Os diferentes poderes e funções representativos terminam por se controlar e se fiscalizar mutuamente com a mesma eficácia que poderia ter um povo constantemente ativo. Um sistema em que todos os poderes estão simultaneamente fiscalizando e sendo fiscalizados transforma a cena política em um tipo de sala dos espelhos. Isso conduz, especialmente, a

---

10 Notadamente a recusa a um controle de constitucionalidade das leis.
11 Édouard LABOULAYE, *Questions constitutionnelles*, Paris, 1872, p. 373.

repensar e relativizar a questão da extensão do referendo, frequentemente apresentada abusivamente como o vetor maior de um progresso democrático.[12]

As relações entre liberalismo e democracia podem assim ser compreendidas de forma nova nessa perspectiva. Na soberania complexa, a multiplicação das instancias funcionais – frequentemente qualificadas de "liberais" no sentido em que elas limitam o poder incondicional dos eleitos – é um meio positivo de aumento da influencia da sociedade no processo político. A situação é, portanto, rigorosamente inversa daquela que prevalecia no modelo da democracia iliberal, na qual uma soberania mais consequente do povo acabava por implicar o cerceamento de certas liberdades públicas (de forma a realizar uma melhor polarização do político). A democracia pode, ao contrário, ser plena e absolutamente liberal com a afirmação da soberania complexa. Democracia e prudência, ou democracia e razão, cessam de um só golpe de ser antinômicas.[13] O progresso da democracia passa, então, por certa dessacralização da eleição,[14] mesmo que ela continue sendo, certamente, uma garantia incondicional, ao mesmo tempo fundadora e última, operando sempre periodicamente uma relegitimação e uma hierarquização das diferentes formas de poder e de representação.

A soberania complexa encontra sua justificação como forma política adequada de uma expressão mais fiel, posto que funcional e materialmente multiplicada, do povo. Mas ela corresponde também ao caráter "inencontrável" do povo. Longe de formar um bloco, onde a unanimidade desvela o segredo da substância, o povo permanece sendo uma potência que ninguém pode pretender possuir ou encarnar. O povo é o sujeito central e ausente do processo político; ele excede sempre qualquer

---

12 Haveria muito a dizer sobre esse assunto, tanto sobre o uso, de fato, declinante do procedimento do referendo quanto sobre as hesitações em torno da questão de sua extensão aos problemas sociais. Na falta de poder desenvolver aqui essa questão, para uma primeira aproximação aos problemas, remetemo-nos a algumas reflexões pertinentes sobre esses assuntos: Gérard CONAC e Didier MAUSS (ed.) *Le Referendum, quel avenir ?*, Paris, Éd. S. T. H., 1990 ; Francis HAMON, "Actualité du référendum", *Le Débat*, setembro-outubro de 1997 ; Laurence MOREL, « Le référendum, état des recherches », *La Revue administrative*, novembro-dezembro de 1979 ; Serge SUR, « Un bilan du référendum en France », *Revue du droit public*, n.3, 1985.

13 Deve-se notar que essa visão, sempre fortemente discutida, foi adotada como um dado natural no interior da noção de "julgamento democrático" (por um júri popular julgando em nome do povo francês) com o princípio da possibilidade de apelo dos veredictos do tribunal do júri adotado em 2000. Poder-se-ia também interpretar nessa perspectiva de uma "democracia prudencial" o fato da coabitação que resulta das expressões contrastantes da vontade popular.

14 Claude ÉMERI escreve justamente a esse propósito que "o medo do governo dos juízes é mais manifesta porque ela repousa sobre uma sacralização da eleição como fonte do poder" ("Gouvernemet des juges ou veto des sages ?", *Revue du droit public*, março-abril de 1990, p. 336).

aproximação que lhe seja feita. Por meio das eleições, ele existe de uma forma instantânea e evanescente. Ele não se materializa senão de uma forma aproximada. Dado que é assim tão complexo, inacabado, sempre renovado, o povo só não pode ser apreendido por uma representação multiplicada e difratada. Ao contrário do que afirmavam os teóricos liberais dos anos 1830, que se apoiavam numa relativização sociológica para invocar a necessidade de limitar a soberania do povo,[15] é preciso, inversamente, ressaltar que o reconhecimento da complexidade do povo deve conduzir ao crescimento de seus meios de expressão. Compreendida nesses termos, a democracia é então uma forma política essencialmente inacabada; ela permanece sendo sempre uma aproximação de si mesma que somente uma complexificação da soberania permite tornar menos imperfeita.

Se o futuro da democracia tomar o caminho indicado, o problema de sua re-simbolização constituirá um tema decisivo. A história da soberania do povo sublinha, com efeito, a importância dos mecanismos de teatralização do poder. Como colocar em cena a nova soberania complexa e celebrar um povo doravante ausente? Isso não será realizado com a reprodução ou readaptação da velha metafísica da vontade. A simbolização do político não será mais então uma transfiguração calorosa e reencantada da realidade, mas a invocação do apelo permanente de um objetivo a se cumprir: a constituição de um povo inencontrável em uma comunidade política viva.

As temporalidades plurais do político

Multiplicar então as formas e o sujeito da soberania. Mas não somente. É também o tempo da democracia que deve ser reconsiderado. É preciso constatar a indiferença da teoria política quanto a esta dimensão. A duração das instituições e os ritmos da democracia não são, de fato, reconhecidos como variáveis decisivas. As temporalidades do político são percebidas como simples limites técnicos. Elas são no máximo relacionadas a uma física e uma química elementares do poder. Sublinha-se, por exemplo, que um mandato legislativo muito longo tende a exacerbar a distância entre representante e representado ou, ao contrário, que um mandato executivo

---

15 No entanto, podem-se notar sobre esse ponto as reflexões de Sismondi. Partindo do fato de que a plena soberania só pode ser um atributo da unanimidade (poder e liberdade se sobrepondo então perfeitamente), ele compreendera as instituições de regulação e de controle dos poderes como sistemas prudenciais ligando o princípio democrático da maioria e o imperativo filosófico de unanimidade. Cf. suas *Recherches sur les constitutions des peuples libres*, Droz, 1965 (ver o capítulo II como um todo, « De la souveraineté du peuple »). Mas a maior parte dos grandes autores liberais dos anos 1830 preferirão desconstruir a noção de soberania propriamente dita.

muito curto reduz a governabilidade do sistema. O tempo é apreendido como uma variável puramente mecânica, aumentando ou diminuindo as contradições e as tensões ordinárias da democracia. A questão central implícita permanece sempre sendo o relacionamento entre governo direto e sistema representativo. Mas essa é uma visão muito restritiva das coisas. A utopia de uma *democracia imediata* exerce, com efeito, um papel tão decisivo quanto aquele de uma democracia direta. O exame dessa figura pode por isso constituir um ângulo interessante para tentar começar a elaborar a questão do relação entre a democracia e o tempo.

Partamos de uma fórmula de Renan. "O governo direto, nota ele, é o estado onde a vontade geral não será mais que o capricho de cada hora".[16] O autor de *La Réforme Intellectuelle et morale [A Reforma Intelectual e moral]* sublinha o que poderia ser considerado como um *limite lógico* de uma certa concepção do reino da soberania do povo. Se a democracia é o regime dessa soberania, é preciso que a fidelidade ao exercício da vontade geral seja constante. Ela deveria, idealmente, poder ser reconhecida e verificada de maneira permanente. Ora, o problema é que essa permanência, essa imediaticidade, conduziria paradoxalmente à sua destruição: ela acabaria, assim, por dissolver-se ao segmentar-se e tornar-se submissa a variações perpétuas. O obstáculo a uma democracia imediata não é, portanto, simplesmente de ordem mecânica, remetendo à impossibilidade de organizá-la na prática. Ele é de ordem filosófica. Se a vontade geral não pode ser um "capricho do instante", para retomar a forma imaginada por Renan, é porque ela é *substancialmente* uma elaboração do tempo. A relação entre a democracia imediata e a democracia representativa não é da mesma natureza que a da democracia direta com essa última. A impossibilidade de uma democracia direta apresenta de fato mais um caráter mecânico, mesmo se, como vimos, ela está longe de sustentar-se apenas nesse fator.[17]

O exame desse paradoxo lógico do imediato sugere que a democracia não tem sentido nem história senão como a *construção de uma história*. Não podemos nos contentar nem com uma definição procedural (os mecanismos de decisão e de

---

16 Ernest RENAN, *La Monarchie constitutionnelle en France*, Paris, 1870, p. 127.

17 O caráter *indireto* da democracia representativa tem uma função positiva própria. No mínimo, ele visa distinguir a decisão da deliberação, e consequentemente, alargar a participação na deliberação (enquanto a democracia direta aumenta a participação na decisão, reduzindo de fato a participação na deliberação). Sobre esse ponto, ver as observações profundas de George KATEB, *The Inner Ocean ; Individualism and Democratic Culture*, Ithaca, Cornell University Press, 1992 (capítulo "The Moral Distinctiveness of Representative Democracy" e de Robert DAHL, *Democracy and its Critics*, New Haven, Yale University Press, 1989 (capítulo "Democracy, Polyarchy and Participation")

legitimação), nem com uma abordagem essencialista (tomando em consideração a "qualidade social" do poder e dos representantes). A democracia é uma função do tempo. Esta qualificação *a contrário*, derivada da constatação da impossibilidade lógica de uma democracia imediata, é corroborada sociologicamente. O povo, como sujeito político coletivo, é, com efeito, ele mesmo uma figura do tempo. Ele *é* substantivamente uma história. A democracia não é, portanto, somente o sistema que permite a uma coletividade governar a si-própria, ela é também o regime no qual se constrói uma identidade comum. Nessa medida, a memória é uma variável chave da democracia. Ela articula as temporalidades da vontade, liga a liberdade e a identidade, dissocia o reconhecimento positivo da tradição da reclusão em si própria.[18]

Essas observações conduzem a ressaltar que a possibilidade técnica de uma "teledemocracia", na era da internet, não constitui de forma alguma uma resposta às aporias constitutivas do regime político moderno. As ideias de uma assembleia eletrônica permanente (*electronic town meeting*) ou da democracia de apertar botões (*televote*) avançaram de fato de vento em popa nos anos 1990, sugerindo a entrada próxima numa era onde o próprio conjunto de cidadãos poderia permanentemente conduzir o país.[19] Certas pessoas nem sequer hesitaram em celebrar um mundo no qual o peso dos cidadãos na política se faria desta forma tão permanente e onipresente quanto aquele dos consumidores em economia.[20] O que invalida essa concepção não é apenas a subestimação do momento deliberativo que ela implica,[21] mas deriva mais profundamente do fato de que ela acaba por apagar a dimensão histórica da democracia. Esta é também, aliás, a crítica principal que se pode direcionar a todas as pretensões midiáticas e "sondagistas" de fazer viver a democracia de modo mais

---

18 Isso vai portanto mais longe do que a "democracia adiada" (*deferred democracy*) evocada por Iris Marion YOUNG, que consiste somente em segmentar as diversas fases da proposição, da deliberação, e da decisão, em uma perspectiva próxima à de Condorcet (ver seu artigo "Deferring Group Representation" *Ethnicity and Group Rights*, revue *Nomos*, vol. XXXIX, New York University Press, 1997).

19 A bibliografia sobre a questão é considerável. Citemos as obras mais importantes : Christopher ATERTON, *Teledemocracy. Can Technology Protect Democracy ?*, Beverly Hills, Sage Publications, 1987 ; Jeffrey ABRAMSON, Christopher ATERTON, Garry ORREN, *The Eletronic Commonwealth : the Impact of Media Technologies on Democratic Politics*, Nova York, Basic Books, 1988 ; Christal Darryl SLATON, *Televote. Expanding Citizen Participation in the Quantum Age*, Nova York, Praeger, 1992.

20 Cf. "The Future of Democracy" *The Economist*, 17 de junho de 1995, e "Happy 21st Century Voters. A Survey of Democracy", *The Economist*, 21 de dezembro de 1996.

21 Cf. Francis BALLE, "Mythes et réalités de la démocratie électronique », *Connaissance politique*, n. 2, maio de 1983, e Michael SCHUDSON, « The Limits of Teledemocracy », *The American Prospect*, outono de 1992.

eficaz que o sistema político, pretendendo levar os cidadãos a manifestarem de modo contínuo seus sentimentos, já que as urnas só os solicitam em intervalos por demais extensos. Não se deve suspeitar desses procedimentos somente em razão de seu caráter informal ou de uma confiabilidade técnica contestável. O mais problemático reside na presunção de que o imediatismo constitui a qualidade mais desejável da expressão do povo.

Ao contrário dessas abordagens, é preciso insistir na necessária pluralização das temporalidades da democracia. A construção de uma história, assim como a gestão do presente implicam, com efeito, articular relações muito diferentes com o tempo social. Tempo vigilante da memória, tempo longo da constituição, tempo variável das diversas instituições e tempo curto da opinião devem se ajustar e se harmonizar. Certamente, a vida política é feita de inevitáveis colisões entre essas temporalidades diversas. Essas últimas são, aliás, explicitamente previstas pelas instituições. Os ritmos ordinários da democracia se entrecruzam e se sobrepõem, as durações dos diferentes mandatos são variáveis, assim como as datas das diferentes eleições não coincidem e as datas dos escrutínios parciais ultrapassam sempre os calendários estabelecidos. O princípio da dissolução – o qual se disse constituir uma das "formas oficiosas da democracia direta"(Georges Burdeau) – conduz, ele também, à perturbação das temporalidades e à ressincronização das expressões da soberania do povo. Mas a pluralização de temporalidades da democracia que evocamos ultrapassa o quadro institucional: ela liga as diferentes facetas da vontade, garantindo que nenhuma delas eclipse as outras.

Essa visão, é preciso sublinhar, não se contenta em repetir os escritores do século XIX, como Fouillée, Renan ou mesmo Barrès, que convidaram, cada um à sua maneira, a considerar o povo como uma realidade cuja sua unidade só se desenvolveria de maneira transgeneracional. Lembremos, por exemplo, da fórmula de Barrès que definiu a nação como "a posse de um antigo cemitério e a vontade de fazer valer essa herança indivisa". Para esses autores, a consideração do tempo conduzia, sobretudo, a pensar o limite da vontade imediata a partir de uma problemática da dívida social.[22] Se excetuarmos Fouillée, que via nessa realidade

---

22 Um Charles MAURRAS falava assim de "o imenso capital material e moral indiviso" e notava: "A necessidade de ter e de salvar esse fruto do labor de nossos mortos pode então servir para designar o que é lícito ordenar e proibir, excluir e manter" (*Discours préliminaire de l'enquête sur la monarchie*, in CH. MAURRAS, *Dictionnaire politique et critique*, Paris, 1932, t. V, p. 405). Ele falava sobre essa base de "a vontade injustificada do soberano eleitor" (*ibid.*).

um fato gerador de uma espécie de balanço entre as gerações, tal perspectiva esteve geralmente com os conservadores ou reacionários. Tratava-se de fazer pesar sobre os vivos um tipo de soberania dos mortos e de atribuir poder à tradição.

Ao contrário, a concepção de um reconhecimento das pluralidades do tempo político tem por objetivo estender e multiplicar a participação cívica. A degradação da democracia – ou mesmo sua negação – provém quase sempre, em sentido inverso, de uma recusa dessa complexidade. Concepção dos conservadores que gostariam de ver triunfar sozinho o tempo da tradição, armadilha da democracia iliberal polarizada sobre a vida das instituições, atenção midiática concedida às pulsações instantâneas do público, celebração revolucionária do momento constituinte: é sempre uma apreciação muito estreita dos tempos da democracia que leva a mutilá-la ou a negá-la. Isso nos incita, aliás, a apreciar nesse mesmo quadro o sentido dos conflitos entre militantes, jornalistas, eleitos, governantes, intelectuais e juízes. Cada uma dessas figuras da cena política e social se coloca implicitamente como guardião de uma certa temporalidade, originada no seio de suas funções. *Guardiães das temporalidades do político*: o reconhecimento dessa característica nos diferentes atores que mencionamos leva-nos a estender nossa compreensão da vida e do desenvolvimento da democracia. Multiplicação das formas e conjugação dos tempos se reagrupam nesse ponto para convidar-nos a considerar a perspectiva de uma *democracia plural*.[23]

Tal questão nos permite, mais uma vez, apreender em termos renovados a questão das relações entre direito e democracia, poder judiciário e legislativo. Ao invés de considerá-los como antagonistas, ou mesmo, de forma mais positiva, como poderes felizmente chamados a se conter mutuamente, é possível pensá-los num contexto unificado: o direito constitucional está inscrito numa temporalidade longa da democracia, enquanto as decisões do poder executivo ou as formulações do legislativo se inscrevem em ciclos mais curtos. Afora essa abordagem, os compromissos com o passado, mesmo o mais próximo, se arriscariam a ser sempre percebidos como a aceitação absurda de que "a vontade se dá amarras para o futuro" (Rousseau); a simples existência de uma constituição poderia ser considerada como uma

---

[23] Emprego aqui essa expressão de preferência à de democracia contínua, cunhada por Léo HAMON ("Du referendum à la démocratie continue", *Revue française de Science politique*, agosto-outubro de 1984) e retomada por Dominique ROUSSEAU (*La Democratie continue*, Bruxelas, Bruylant, 1995), mesmo se ambas noções apresentam pontos em comum.

insuportável limitação da vontade geral.[24] No limite, somente "o capricho do instante" terminaria por ser democraticamente admissível. É preciso, na contramão dessa visão, dar uma espessura temporal ao projeto de uma construção democrática e ligá-la ao desenvolvimento do Estado de direito. Podemos considerar nesta perspectiva o direito como uma espécie de memória da vontade geral, sobre a qual Victor Hugo nos deu uma bela fórmula: "o direito brilha no imutável; o sufrágio universal age no momentâneo. O direito reina; o sufrágio universal governa".[25] É nesse sentido que se deve raciocinar. O desenvolvimento das liberdades e a consolidação da democracia participativa podem então serem perseguidos de comum acordo.

A emancipação generalizada

A pluralização dos *tempos* e das *formas* da democracia deve se prolongar numa reconsideração dos *campos* do político. O problema central da modernidade reside, nessa perspectiva, numa relação indecisa entre os dois imperativos da independência pessoal e do poder social. O liberalismo e a democracia, para retomar esse binômio, apareceram há dois séculos como irmãos gêmeos, mas também como irmãos separados ou inimigos. Irmãos gêmeos, pois eles representam as duas faces de um mesmo programa moderno de emancipação. De um lado, a ascensão ao poder da coletividade. O objetivo da democracia é substituir por um princípio de autoinstituição do social todos os poderes anteriormente impostos a partir do exterior. Do outro lado, a afirmação de um princípio de autonomia pessoal dos indivíduos. O objetivo liberal é proteger cada um contra os poderes, quaisquer que sejam. Locke e Rousseau encarnaram esses dois momentos e essas duas faces da emancipação moderna. O problema é que esses irmãos gêmeos logo se revelaram também irmãos inimigos. A democracia apareceu algumas vezes como um risco que conduz a uma tirania das maiorias. Ao inverso, o objetivo de proteção radical dos indivíduos pareceu esvaziar de seu sentido a idéia de um projeto coletivo, a sociedade de indivíduos minando toda idéia de comunidade política. A história política dos séculos XIX e XX deriva largamente dessa contradição. Ela permite compreendermos claramente a oscilação entre os momentos de *democracia iliberal*

---

24 Sobre essa questão decisiva, ver a contribuição sugestiva de Stephen HOLMES, "Precommitment and the Paradox of Democracy" *in* Jon ELSTER e Rune SLAGSTAD, *Constitutionalism and Democracy*, Cambridge University Press, 1988.

25 Victor HUGO, *Choses vues*, edição estabelecida por Hubert Juin, t. III (1849-1869), Paris, Gallimard, 1972, p. 352.

(o bonapartismo) e os períodos de *liberalismo não democrático* (a Restauração e a monarquia de julho, por exemplo) que já analisamos.[26]

Essa tensão fundadora pode ser reconsiderada hoje em dia por razões ao mesmo tempo antropológicas, sociológicas e políticas. As razões antropológicas estão ligadas à relação nova entre o eu e os outros que se teceu progressivamente. O indivíduo moderno tornou-se *ao mesmo tempo* mais autônomo e mais inscrito numa dinâmica de interação social, muito distante da perspectiva atomística que implicitamente se revelava no individualismo liberal nascente.[27] Isso não significa que o indivíduo tenha sido mais absorvido na comunidade, transformado num "indivíduo-massa" como temiam, há um século atrás, os pioneiros das ciências sociais. Essa questão remete somente ao fato de que os modos de produção da identidade se complexificaram e diferenciaram, não estando mais somente fundados sobre uma lógica da similaridade e sobre um pertencimento mecanicamente inclusivo; eles implicam no desenvolvimento de um processo que liga reconhecimento e diferenciação. De maneira esquemática, podemos dizer que um pouco de individualismo moderno havia afastado o social, muito individualismo moderno o aproximou. Paralela e simultaneamente, a percepção do "social" também se modificou. Este é menos concebido como a aglomeração de existências particulares, distribuídas em grupos claramente distintos e estáveis, e mais como o sistema complexo das figuras criadas por homologias de trajetórias e por comunidades de circunstancias, formando um emaranhado de laços tão múltiplos quanto variáveis. *Ele associa histórias e experiências*, e não somente qualidades essenciais. A constituição da cidade e a construção de si tornam-se ao mesmo tempo mais embaralhadas; conquista da autonomia e afirmação do poder social se sobrepõem; desenvolvimento dos direitos e vida da democracia se entrelaçam.

Assim, os diferentes registros da emancipação começaram a se descompartimentalizar. Esse movimento foi percebido de fato após 1968, especialmente na França onde o tema da autogestão uniu em termos inéditos libertação individual e mudança política. Ao mesmo tempo em que participou da mutação indissociavelmente cognitiva, cultural, organizacional e política dos anos 1970, a ideia de autogestão

---

26 Cf. F. ZAKARIA, "De la démocratie illibérale », art. cit.

27 A perspectiva atomista não sendo aliás tão fundada antropologicamente quanto justificada historicamente, como condição da liberação da sociedade de corpos. Sobre essa questão ver as colocações salutares de Alain RENAUT, *L'Ère de l'individu. Contribution à une histoire de la subjectivité*, Paris, Gallimard, 1989.

acompanhou a entrada em um mundo onde a emancipação não poderia mais ser compreendida senão de um modo indissociavelmente individual *e* social. A consideração de si e o combate político se esforçaram para não mais serem antinômicos, conduzindo a uma reavaliação fundamental do horizonte anterior da militância. De forma certamente confusa, a onda autogestionária contribuiu para a introdução nessa época de uma nova compreensão do imperativo democrático, levando à sua desinstitucionalização e expansão. Seu refluxo subsequente não significou o fracasso dessa virada. Ele resultou, sobretudo, de um processo de decantação, ao mesmo tempo dissipador e reorganizador, desse tema, dissociando o registro de uma mutação da linguagem ainda arcaica (com acentos "esquerdistas" e inocentemente utópicos) na qual ele foi expresso.[28] Se a era da autogestão pode parecer, em consequência, já ultrapassada, a era de uma nova exigência democrática sobreviveu. A vida da democracia não pode, doravante, se limitar nem ao momento do voto nem somente à esfera política. Ela cumpriu verdadeiramente, mas radicalizando-a, a visão daqueles que lhe davam uma definição societal no século XIX. O antagonismo anterior entre as duas abordagens da democracia, a política e a civil, foi ao mesmo tempo quase dissolvido. Atesta esse processo a ascensão, nos anos 1980, da noção de cidadania. A exigência de sua expansão – começou-se a falar de "nova cidadania econômica", de "cidadania social" – substituiu gradualmente o projeto de uma extensão dos procedimentos democráticos.[29] A ideia democrática foi finalmente generalizada a partir da concepção do triunfo do direito. No fim do caminho, ela deixou de ser considerada como um simples método político: ela tornou-se uma norma moral e social.

Assim, a nova percepção do imperativo democrático convida a considerar o caráter multiforme da emancipação dos homens. O objetivo da democracia não é desenvolver uma força, mas conduzir um processo de emancipação generalizada, ligando e pondo em sintonia as experiências pessoais e as situações sociais. A

---

28 Sobre esse ponto, permito-me remeter aos dois artigos que dediquei à questão: "Mais où est donc passée l'autogestion?", *Passé présent*, n.4, 1984 ; "Formation et désintegration de la galaxie "auto" ", in *L'Auto-organisation, de la physique au politique*, sob direção de Paul DUMOUCHEL e de Jean-Pierre DUPUY, Paris, Éd.. du Seuil, 1983.

29 A mudança de tom com relação às abordagens dos anos 1970 é visível no relatório enviado por Jean AUROUX, então ministro do Trabalho, sobre *Les Droits des travailleurs* (La Documentation française, setembro de 1981). "Cidadãos na cidade, os trabalhadores devem sê-lo também na sua empresa", lê-se na introdução (p.3). A democracia econômica é a partir de então assimilada à realização de uma "empresa de direito". O relatório vai ao ponto de notar que "não se trata de questionar no setor privado a unidade de direção e de decisão na empresa" (p.4), ao passo que a palavra autogestão não é pronunciada nenhuma vez.

noção de soberania só conserva um sentido se ela também for concebida como um multiplicador das liberdades e das oportunidades e se, longe de indicar uma limitação, marcar uma abertura.[30]

A interpenetração das formas de emancipação conduz a reformular o próprio objeto do político. Não se trata somente de colocar o povo no poder, todavia, mais radicalmente, de instituir uma coletividade coerente. O conceito político central não é mais o da vontade, mas o da justiça. Passamos assim de uma democracia da vontade a uma *democracia das instituições,* cujo objetivo é organizar a vida comum pelo regulamento e a distribuição dos direitos e dos bens entre os homens e as mulheres. A discussão sobre as normas da justiça e sua administração está em seu centro.[31] Essa perspectiva vai, certamente, na contramão de todas as abordagens soberanistas nas quais o povo existe como um dado imediatamente coerente, com uma identidade evidente, suficientemente determinada pelo confronto com um "exterior". Ela considera, com efeito, que a vontade do povo é um problema a ser resolvido tanto quanto uma solução a ser colocada em prática. Distancia-se, portanto, do fantasma populista para o qual o povo preexiste à democracia como uma forma de totalidade idealizada. Um fantasma que não cessa de se nutrir da perigosa exaltação de uma homogeneidade excludente. A rejeição do estrangeiro torna-se, nesse caso, a imagem através da qual desvia-se dos termos da dívida social. A nação passa a proceder de uma simples oposição a terceiros; ela não é fundada em obrigações recíprocas que constituem um espaço de redistribuição. Ao contrário dessa visão falsa e perversa da unidade social, o objetivo é, ao contrário, organizar positiva e claramente o laço social a partir de suas diferenças.

A idéia republicana correspondeu a esse objetivo no século XIX. Mas os termos dessa iniciativa mudaram. Não é mais suficiente, nos dias de hoje, referir-se a princípios jurídicos gerais sobre a laicidade, o Estado de direito ou a igualdade de oportunidades para construir uma nação. Esses princípios devem se materializar nos assuntos econômicos, sociais e fiscais. Para além da questão chave do multiculturalismo, organizar a vida comum de seres diversos supõe falar de um Estado-providência e de política redistributiva, traçando definitivamente a linha divisória entre diferenças

---

30 Cf. as observações esclarecedoras de Jean COMBACAU, "Pas une puissance, une liberté : la souveraineté internationale de l'État », *Pouvoirs,* n. 67, 1993.

31 Por onde, aliás, se reencontra a perspectiva aristotélica clássica. Cf. sobre esse ponto Cornelius CASTORIADIS, *Les Carrefours du labyrinthe,* Paris, Éd. Du Seuil, 1978, e Pierre MANENT, *La Cité de l'homme, op. cit.*

aceitáveis e desigualdades insuportáveis. O povo da democracia é um povo frágil, sempre inacabado, e não um povo em bloco. No lugar de engrandecer uma unidade impossível, é preciso então, ao contrário, tornar permanentemente sensíveis, para tentar superá-las, as tensões da vida comum. Longe de apelar a um hipotético retorno da "vontade" de um Estado que se projetaria sobre os homens e transcenderia suas diferenças, é preciso talvez partir de uma constatação lúcida sobre a sociedade real produzida pelas interações da sociedade civil. Para além da análise e da crítica eventual às disfunções dos mecanismos de mercado, é preciso apreender e tratar as *civil society failures*.[32] Essa abordagem, notemos, leva a sobrepor às perspectivas redistributivas do socialismo as preocupações instituidoras do social na democracia. Ela restaura uma unidade perdida às visões do progresso político.

Mas o imperativo democrático não se limita a essa iniciativa. Ele prolonga essa missão estimulando a universalização do projeto de emancipação dos homens. A democracia tende, com efeito, a transbordar o limite nacional original e procura conceber a emancipação e a justiça em escala mundial. As formas pluralizadas do político já conduziram, por sua parte, a colocar em novos termos a questão do campo democrático. Se os mecanismos de eleição permanecem ainda essencialmente nacionais (com exceção para nós das eleições do parlamento europeu), o espaço público se mundializou parcialmente, trazendo formas de fiscalização e de controle inéditos. Consequentemente, o espaço de emancipação se encontra também parcialmente alargado. Testemunho disso é a formação, certamente difícil, de normas internacionais em matéria de direitos do homem. O movimento está lançado, tão irremediável quanto a conquista do sufrágio universal no século XIX. Porém, ele não tomará o mesmo caminho. A mundialização da democracia provavelmente só dará a luz a uma "democracia" parcial, limitada à garantia de alguns direitos, distante da adoção de procedimentos eleitorais comuns, frequentemente mesmo relegada a tarefas puramente reguladoras. Esse extraordinário alargamento do nosso campo de visão e de envolvimento não deve nos confundir. Há uma distância entre o crescimento de um campo de consciência e a criação de uma instituição. Há uma distância, também, entre a internacionalização crescente dos mecanismos de regulação e a criação de uma forma de soberania supranacional. A soberania de regulação não é a soberania de instituição.[33] É por isso que a ideia democrática não

---

32 Expressão cunhada por analogia a *state failure* ou a *market failures*.
33 Essa distinção essencial entre regulação e instituição deveria ser desenvolvida para pensar a questão europeia ou a noção de federalismo.

está pronta para romper os laços que a unem à idéia de nação. Por uma razão muito simples: a nação permanece ainda um objeto a ser construído, ela ainda está por se realizar, na encruzilhada dos dados da memória, das normas elaboradas pela justiça e dos requisitos de uma emancipação generalizada. A nação "aberta", que podemos opor à nação fechada do soberanismo, tem assim diante de si um futuro a ser escrito.

Nada impede *a priori* que as nações possam um dia morrer ou se transformar. Mas é preciso constatar que tal questão não está na ordem do dia. Bem longe de poder sonhar com uma superação pelo alto das nações, nós somos antes confrontados com o risco de uma desagregação *por baixo*. Ao mesmo tempo em que os elementos do direito e as formas de regulação se internacionalizam, as formas de solidariedade se encolhem. Isso se atesta pela multiplicação de movimentos separatistas pelo mundo. Ao invés de simplesmente remeter a um fechamento das culturas e uma exaltação positiva das identidades, esses movimentos traduzem frequentemente recuos nas normas aceitas de solidariedade. Mais do que operar algumas redistribuições custosas, alguns desejam limitar a dimensão dos Estados-nação a corpos mais homogêneos. As tentações são muitas na Europa: Os Flamengos e os Valões não querem mais fazer parte do Estado-providência comum na Bélgica, os primeiros acreditando que pagam muito em benefícios dos segundos; um número crescentes de italianos do norte (Padânia) clamam por uma separação política do sul, considerado muito pobre; os Tchecos e os Eslovacos se separaram pelas mesmas razões. Hoje não há mais nenhum argumento econômico que se oponha a tais movimentos. Não era assim no passado. Os grandes Estados-nações podiam ser socialmente custosos, mas eram necessários para constituir grandes mercados. Assim, o século XIX marcou a ascensão das grandes nações, não somente por razões militares. Pensava-se que elas valiam mais do que as pequenas pois gozavam de um grande mercado interior e, portanto, de uma economia mais forte. As unificações alemã e italiana constituíram-se a partir desse modelo, cuja referência permanece sendo os Estados Unidos. Protegidos por um protecionismo militante, os Estados Unidos permitiram a suas empresas realizar formidáveis economias de escala, inserindo-as no gigantismo do capitalismo nascente. Um grande mercado, um Estado federal poderoso para proteger o mercado interior e uma moeda única para soldar esse mercado (essa última tendo tardado em algumas partes, como na Europa, a ser fundada institucionalmente): os esforços de unidade nacional no último século se fundaram sobre tal exemplo, como é o caso da construção europeia ainda nos dias de hoje.

Esta visão não se mantém nos dias de hoje. O poder econômico, a dimensão territorial e a massa demográfica podem ser fragmentadas. A globalização permite mesmo às pequenas nações ter facilmente acesso aos grandes mercados. O sucesso de minúsculas cidades-Estado como Hong Kong e Singapura mostram que a existência de um grande mercado interior não é mais a condição da riqueza e do crescimento. A teoria econômica até sublinha hoje em dia que as pequenas nações "custam" menos que as grandes. Quanto mais um Estado-nação é vasto, maior é a heterogeneidade das populações que o compõem. E maiores serão, em consequência, os custos de redistribuição para gerir essas diferenças. Inversamente, quanto menor e mais homogênea for uma nação, menor serão as despesas com o Estado-providência.[34] Os benefícios econômicos do grande tamanho equilibravam em outros tempos seu custo social. Não é esse o caso hoje em dia, e é isso que permite explicar em parte o vasto movimento de separações políticas que estão em obra no mundo. Por trás do nacionalismo cultural e político que parece estar em obra se afirma silenciosamente uma concepção empobrecida da solidariedade.

Ao mesmo tempo em que se abrem as fronteiras e as consciências, o sentido daquilo que é participável e passível de ser compartilhado se retrai. Nossas sociedades se tornam cada vez mais esquizofrênicas moralmente, fazendo coexistir pacificamente a compaixão sincera diante da miséria do mundo e a defesa selvagem dos interesses conquistados. A causa é a degradação do espaço propriamente cívico: a solidariedade não está suficientemente estruturada por ele. O sentimento de solidariedade não consegue se exprimir de forma coerente, ele "flutua" de certa forma entre o muito próximo e o muito longínquo. O desenvolvimento do "humanitário" concomitantemente a uma fuga crescente dos débitos fiscais e sociais é seu sintoma. Opõem-se em nossa sociedade, cada dia mais visivelmente, duas concepções de solidariedade: a *solidariedade de humanidade* de um lado, e a *solidariedade de cidadania* de outro. A primeira atesta uma consciência nova e alargada das responsabilidades sem fronteiras dos homens uns com os outros. Mas essa extensão da consciência está ligada a um dever mínimo de solidariedade: impedir, se possível, que pessoas possam ser subtraídas do mundo comum pela fome ou pelo genocídio. Ela corresponde a uma exigência financeira que as Nações

---

34 Cf. sobre esse ponto Daniel COHEN, *Richesse du monde et pauvreté des nations*, Paris, Flammarion, 1997 ; Allen BUCHANAN, *Secession. The Morality of Political Divorce*, Boulder, Westview Press, 1991 ; Alberto ALESINA e Enrico SPOLAORE, « On the Number and the Size of Nations », *The Quarterly Journal of Economics*, novembro de 1997.

unidas fixam convencionalmente em um valor na ordem de 1% da riqueza mundial. Já a solidariedade de cidadania é bem mais exigente. Ela implica realizar ao mesmo tempo certa igualdade de oportunidades e de alcançar uma proximidade, mesmo que de maneira muito relativa, dos padrões de vida. Nos países industrializados, ela se traduz por um débito obrigatório que oscila entre 35% e 50% da riqueza nacional. A diferença filosófica entre as duas concepções está assim ligada a uma diferença material considerável. A grande tentação atual, em obra por toda parte, é ver regredir essa exigente solidariedade de cidadania em proveito de uma solidariedade de humanidade menos custosa economicamente e mais espetacular midiaticamente. O sentimento de solidariedade se mundializa, mas o conteúdo dele se apequena: é a face moral escondida, e calada, da globalização.

Por essa razão, uma visão renovada e exigente da nação ainda tem um futuro. Ela tem por missão realizar em pequena escala aquilo que o mundo não pode fazer em grande escala. É nela que podem se ligar positivamente o geral e o particular. Entre o próximo e o longínquo, ela é um elo, ela ensaia a forma de uma experimentação prática do universal. As interrogações sobre a mundialização e as reflexões sobre a solidariedade convergem assim para trazer para o centro de nossas sociedades a questão da democracia em seu laço com a da nação. Longe de desaparecer no vão criado entre a vida acrescida dos indivíduos e a abertura acelerada ao mundo, a idéia de soberania do povo tem um longo futuro pela frente. Mas ela só terá sentido se for situada no movimento irremediavelmente complexo dos tempos e das formas através dos quais tentará se esboçar o sentido de uma vida comum.[35]

35

Alameda nas redes sociais:

Site: www.alamedaeditorial.com.br
Facebook.com/alamedaeditorial/
Twitter.com/editoraalameda
Instagram.com/editora_alameda/

Esta obra foi impressa em São Paulo no inverno de 2018. No texto foi utilizada a fonte Minion Pro em corpo 10,25 e entrelinha de 15,5 pontos.